T5-BPY-064

PERSON-EXEGESE UND CHRISTOLOGIE
BEI AUGUSTINUS

PHILOSOPHIA PATRUM

INTERPRETATIONS OF PATRISTIC TEXTS

EDITED BY

J.H. WASZINK AND J.C.M. VAN WINDEN

VOLUME VIII

LEIDEN

E. J. BRILL

1986

PERSON-EXEGESE UND CHRISTOLOGIE BEI AUGUSTINUS

ZUR HERKUNFT DER FORMEL *UNA PERSONA*

VON

HUBERTUS R. DROBNER

LEIDEN

E. J. BRILL

1986

Gedruckt mit Hilfe des Erzbischofs von Paderborn, Johannes-Joachim Degenhardt, des Bischofs von Mainz, Karl Lehmann, und der Geschwister Boehringer Ingelheim Stiftung für Geisteswissenschaften in Ingelheim am Rhein

BT
198
.D76
1986

ISBN   90 04 07875 4

Copyright 1986 by Hubertus R. Drobner, Paderborn, Germany

All rights reserved. No part of this book may be reproduced or translated in any form, by print, photoprint, microfilm, microfiche or any other means without written permission from the publisher

DEN BISCHÖFEN VON MAINZ
HERMANN KARDINAL VOLK
UND KARL LEHMANN
IN DANKBARER VEREHRUNG

INHALT

ERSTER TEIL: *PERSONA* BEI AUGUSTINUS

X

VORWORT

Die vorliegende Studie wurde im Sommersemester 1984 vom Institutum Patristicum „Augustinianum" der Päpstlichen Lateran-Universität in Rom als Dissertation angenommen. Zur Veröffentlichung wurde sie leicht überarbeitet, später erschienene Literatur wurde nach Möglichkeit noch berücksichtigt.

Gern danke ich allen, die mich bei meinen Studien begleitet und gefördert haben: Herrn Professor Dr. Basil Studer OSB, der als Moderator der Arbeit mich mit großer Sachkenntnis und steter Bereitschaft geleitet hat; den Korreferenten der Dissertation, Professor Dr. Vittorino Grossi OSA und Professor Dr. Paolo Siniscalco für ihren Rat; dem Rektor des Collegio Teutonico, Herrn Prälat Professor Dr. Erwin Gatz, für die freundliche Aufnahme in das Kolleg.

Herzlich danke ich den Bischöfen von Mainz, Hermann Kardinal Volk und Karl Lehmann, für die großzügige Freistellung zum Studium und der Studienstiftung des Deutschen Volkes für ihr Stipendium.

Mein Dank gilt auch den Herausgebern der Reihe „Philosophia Patrum" für die freundliche Aufnahme der Arbeit, sowie meinem Bruder, Herrn Dipl.-Theol. Karl-Heinz Drobner, Herrn Dipl.-Theol. Bernd Schumacher und meinem Assistenten, Herrn Joachim Suppelt, für ihre unermüdliche Hilfe beim Lesen der Korrekturen.

Paderborn, am Gedenktag der Taufe des Hl. Augustinus 1986

Hubertus R. Drobner

EINLEITUNG

1. FORSCHUNGSSTAND,
PROBLEMLAGE UND AUFBAU DER ARBEIT

Im Jahre 1980 veröffentlichte K. FLASCH ein 487 Seiten starkes Buch über „Augustin. Einführung in sein Denken", das zum ersten Mal seit Jahrzehnten im deutschen Sprachraum wieder eine „Gesamtdarstellung des Denkens Augustins" versucht. Ein Abschnitt über die Christologie Augustins ist darin jedoch nicht zu finden. Dieser Mangel ist bezeichnend für die Erforschung Augustins insgesamt[1]. Während seine Person und Vita, seine Philosophie, Gnadenlehre oder Ekklesiologie viel beachtet wurden[2], stand seine Christologie am Rande, weil sie zumeist als „weitgehend traditionell" beurteilt wurde[3]. Einige wenige Monographien nur sind dazu in großen zeitlichen Abständen erschienen.

Nach dem mehr soteriologischen Ansatz von K. KÜHNER (1890)[4] und J. GOTTSCHICK (1901)[5] leitete O. SCHEEL (1901) Augustins „Anschauung über Christi Person und Werk" vornehmlich aus dessen Kenntnis der neuplatonischen Philosophie ab. Danach dauerte es ein halbes Jahrhundert, bis T. J. van BAVEL sich 1954 mit der These SCHEELs kritisch auseinandersetzte und aufgrund eingehender Untersuchungen der Terminologie Augustins zu dem Ergebnis gelangte, daß der neuplatonische Einfluß auf die Christologie Augustins wohl nicht als so überragend einzuschätzen sei, wie dies SCHEEL getan habe. Insbesondere habe sich Augustinus darin von neuplatonischer Doktrin abgesetzt, daß er eine akzidentelle Einheit von Gott und Mensch in Christus ablehne und die volle Integrität beider Naturen in der Personeinheit vertrete. Unabhängig von T.J. van BAVEL versuchte gleichzeitig

---

[1] Vgl. GEERLINGS 1-9.

[2] Vgl. R. LORENZ, Augustinusliteratur seit dem Jubiläum von 1954: ThR 25 (1959) 1-75; DERS., Zwölf Jahre Augustinusforschung (1959-1970): ThR 38 (1973) 292-333; 39 (1974) 95-138, 251-286; 40 (1975) 1-41, 97-149, 225-261; C. ANDRESEN (Hrsg.), Zum Augustin-Gespräch der Gegenwart I-II (= WdF 5, 327), Darmstadt 1962 (²1975)-1981, die keinen einzigen Beitrag zur Christologie enthalten; GEERLINGS 1.

[3] Z. B. von J. A. DORNER, Entwicklungsgeschichte der Lehre von der Person Christi, Bd. 2, Stuttgart-Berlin ²1853, 88f.; H. REUTER, Augustinische Studien, Gotha 1887, 230; SCHEEL 274. Diese Auffassung wird vor allem kritisiert von T. J. van BAVEL, Christologie 176 und GEERLINGS 1.

[4] K. KÜHNER, Augustins Anschauung von der Erlösungsbedeutung Christi im Verhältnis zur voraugustin'schen Erlösungslehre bei den griechischen und lateinischen Vätern, Diss. Heidelberg 1890.

[5] J. GOTTSCHICK, Augustins Anschauung von den Erlöserwirkungen Christi: ZThK 11 (1901) 97-213.

W. SCHOLZ (1955) eine Gesamtschau der Christologie Augustins, eingebettet in dessen Trinitätslehre und Soteriologie. Er ging dabei im
wesentlichen von demselben Ansatz aus wie T. J. van BAVEL. Nicht
die Philosophie übe den beherrschenden Einfluß aus, sondern vielmehr
die Tradition *(regula fidei)* und die Exegese der Bibel. Wieder dauerte es
zwanzig Jahre, bis J. T. NEWTON (1976) nochmals die neuplatonischen
Einflüsse auf Augustins Lehre von der Person Christi untersuchte. W.
GEERLINGS (1978) schließlich ging zunächst von einer frömmigkeits-
geschichtlichen Fragestellung aus, untersuchte dann aber die Christologie Augustins breiter, vor allem hinsichtlich der bereits erwähnten
Spannung zwischen Hl. Schrift und Neuplatonismus, sowie der Termi-
nologie der lateinischen Tradition. Er weist auch auf weitere Desiderate
der Erforschung der Christologie Augustins hin: die Klärung der
östlichen Einflüsse, eine stärkere Berücksichtigung der rhetorischen
Tradition u. a.[6]. Letzteres wurde 1983 durch das Buch von P. de LUIS
VIZCAINO über „Die Taten Jesu in der Predigt des Hl. Augustinus.
Die klassische Rhetorik im Dienst der patristischen Exegese" erfüllt. B.
STUDER wies (1979) in seiner Rezension des Buches von GEER-
LINGS[7] auf ein weiteres wichtiges Desiderat hin: die Klärung des
Einflusses der grammatischen (Person-)Exegese der Bibel auf die
Entwicklung der christologischen Formel *una persona* bei Augustinus.

Diese Frage scheint von daher besonders interessant, als C. ANDRE-
SEN (1961) nachgewiesen hat, daß die grammatische (Person-)Exegese
bei Tertullian, der ja als erster die Formel *una persona,* allerdings in
trinitätstheologischem Kontext, entwickelte, maßgeblichen Einfluß
ausgeübt hat. Augustinus stand in derselben Situation. Er war aufgrund
seiner Schulbildung mit den Techniken der grammatischen (Person-
Exegese) bestens vertraut und mußte die christologische Formel ebenfalls neu entwickeln, da sie sich nach Tertullian nicht durchgesetzt hatte.
Wenn die Zueignungen und Datierungen aufrecht erhalten werden
können, wird die Formel *Christus una persona* zwar bereits vor Augustinus Ende des 4. Jh. wieder entdeckt (bei Isaak dem Juden und Pseudo-
Vigilius), ist dort aber weder in ein umfassendes christologisches
Denken eingebettet, noch scheint sie von dort weiteren Einfluß ausgeübt zu haben[8]. Augustins Schriften sind jedoch Leo dem Großen
bekannt[9], und er zitiert Augustins christologischen Traktat *Contra*

---

[6] GEERLINGS 6, 112, 235–237.

[7] STUDER, Christologie 541 f.

[8] SIMONETTI *(Persona Christi* 98) vertritt zwar die Auffassung, der *Tomus ad Flavianum* sei von Pseudo-Vigilius trin 10 und 11 (CCL 9, 144, 160) abhängig, ohne dies jedoch näher zu begründen.

[9] Vgl. STUDER, Exegese 915–930 und die in Anm. 10 zitierte Literatur.

sermonem Arianorum im *Tomus ad Flavianum*[10]. Von der Erforschung der Herkunft und der Bedeutung der Formel *una persona* bei Augustinus ist daher ein Beitrag zur Erklärung auch der Christologie Leos des Großen und des Konzils von Chalkedon zu erwarten, was allerdings durch eine noch ausstehende, eingehende Untersuchung der Beziehungen zwischen Augustinus und Leo zu ergänzen wäre.

Da es sich also um eine Frage der Herkunft einer dogmatischen Formulierung handelt, muß die vorliegende Studie einen doppelten Weg beschreiten: einen terminologischen und einen theologiehistorischen. Zunächst ist zu klären, wie Augustinus das Wort *persona* gebraucht und versteht, inwieweit dieser Sprachgebrauch von seiner (schulischen) Kenntnis des profanen Lateins geprägt ist, inwieweit er eine eigene Sprache entwickelt oder bereits in der Tradition einer christlichen Sondersprache steht und welche Rolle dabei die grammatische (Person-)Exegese spielt. Dies soll geschehen auf der Basis einer vollständigen Sammlung der *persona*-Stellen im Werk Augustins[11], dem lateinischen Schrifttum bis Ende des 2. Jh. n. C.[12] und den lateinischen Grammatikern[13], sowie einer Auswahl der christlichen Autoren bis Augustinus[14]. Der erste Teil der Arbeit will so nicht nur einen Beitrag leisten zur Erforschung der Exegese und der sprachlichen Grundlage der Christologie Augustins, sondern auch für die noch ausstehenden Darstellungen des Wortes *persona* im *Thesaurus Linguae Latinae* und dem *Augustinus-Lexikon,* sowie für die weitere Klärung der christlichen Sondersprache Augustins[15].

---

[10] Schon die Mauriner notierten, daß Leo im *Tomus* (ep 28,5: PL 54,771) Augustinus, *c s Arian* 8 zitiert (PL 42, 688–689), worin die Formel der *unitas personae Christi* enthalten ist. Vgl. R. V. SELLERS, The Council of Chalcedon. A Historical and Doctrinal Survey, London 1953, 240f.; CANTALAMESSA, Formule christologique 148. A. DORNER (Augustinus. Sein theologisches System und seine religionsphilosophische Anschauung, Berlin 1875, 105–107) stellt die enge Verwandtschaft des *Tomus* mit AUG trin fest. SELLERS 240f. und ABRAMOWSKI (Συνάφεια 107) meinen jedoch, Leo sei von Tertullian, Ambrosius und Augustinus abhängig. Zum Einfluß Augustins auf Leo vgl. weiterhin P. Th. CAMELOT, Ephesus und Chalkedon (= Geschichte der ökumenischen Konzilien 2), Mainz 1963, 161; NEWTON, Neoplatonism 110–135; STUDER, Exegese *passim.*

[11] Sie wurde zunächst auf der Basis des Index zum CCL des *Thesaurus Linguae Augustinianae* (Turnhout) und eigener Lektüre der Werke Augustins erstellt. Nach Erscheinen des Wortindex zum Augustinus-Lexikon (Gießen) wurde diese Sammlung überprüft und ergänzt, wobei sich aber keine wesentlichen neuen Aspekte ergaben.

[12] Aufgrund der Zettelkästen des *Thesaurus Linguae Latinae* (München), da der Artikel *persona* noch aussteht.

[13] Eigene Durchsicht der Bände der *Grammatici Latini* (ed. KEIL).

[14] Die Auswahl ist deckungsgleich mit der des zweiten Teiles, da diese Autoren die für Augustinus wichtigsten sind. Ein breiter Vergleich muß einer Monographie zum Wort und Begriff der *persona* in Antike und Christentum vorbehalten bleiben.

[15] Dazu ist neben einzelnen Bemerkungen nur ein einziges Werk erschienen: MOHRMANN, Sondersprache, das aber auch nicht auf das Wort *persona* speziell eingeht.

Der zweite Teil der Arbeit wird untersuchen, auf welche ideengeschichtliche Situation die neue Formel traf, welche Vorbilder sie sowohl
hinsichtlich der Terminologie als auch ihres Gehaltes hat und welche
theologische wie sprachliche Entwicklung Augustinus schließlich im
Jahre 411 zur Entdeckung der Formel *una persona* führte. Dazu wird der
gesamte christologische *persona*-Sprachgebrauch Augustins ausgewertet, sowie diejenigen christlichen Autoren vor ihm herangezogen, die
entweder ebenfalls schon die Formel *una persona* kannten (Tertullian,
Isaak der Jude, Pseudo-Vigilius), oder deren Theologie Augustinus
wohl beeinflußt hat (Hilarius von Poitiers, Hieronymus, Ambrosius,
Ambrosiaster). Zusätzlich werden zwei griechische Autoren, die Augustinus wohl nicht kannte[16], als Parallele dargestellt (Nemesios von
Emesa, Theodor von Mopsuestia) und die dogmengeschichtliche Entwicklung bis zu Augustinus insgesamt, soweit nötig und möglich, mit
berücksichtigt. Das letzte Kapitel wird schließlich zeigen, wie für
Augustinus nach 411 der neuentdeckte Begriff der *una persona Christi*
zum Schlüssel seiner ganzen Christologie und zur Lösung aller christologischen Probleme wird. Die Lösung des Falles Leporius faßt das
vollentwickelte christologische Gedankengut Augustins zusammen und
deutet bereits auf die Zukunftsträchtigkeit der augustinischen Christologie hin.

Die doppelte Methodik der Arbeit (sprachlich-lexikalisch/dogmenhi-
storisch) schließt sich Werken wie denen von F. ERDIN zum Wort
Hypostasis[17] und A. GRILLMEIER zum Gottmenschen[18] an, über die
GRILLMEIER selbst urteilt: „kein Zweifel, daß damit ein gewisser
Beitrag zur Geschichte christlicher Sprachbildung gemacht werden
kann"[19]. Was die Literaturauswahl betrifft, gilt wohl heute das Wort
H.-I. MARROUs aus dem Jahre 1938 mehr denn je: „Die Literatur zu
Augustinus ist so umfangreich, daß wohl niemand sich rühmen kann, er
habe sie ganz bewältigt. Ich habe mich bemüht, mir wenigstens das
Wesentliche anzueignen."[20]

Themenstellung, Stoffauswahl und Methodik bestimmen auch die
Grenzen der vorliegenden Studie. Die starke Hervorhebung des Wortes

---

[16] Zu seinen Kenntnissen der griechischen Väter vgl. vor allem ALTANER, Kleine
Schriften 129–331; J. P. BOUHOT, Version inédite du sermon „Ad neophytos" de S.
Jean Chrysostome, utilisée par S. Augustin: REAug 17 (1971) 27–41; M.-B. von
STRITZKY, Beobachtungen zur Verbindung zwischen Gregor von Nyssa und Augustin:
VigChr 28 (1974) 176–185; E. LUPIERI, Agostino e Ireneo: VetChr 15 (1978) 113–115;
GEERLINGS 236f.
[17] Das Wort Hypostasis. Seine bedeutungsgeschichtliche Entwicklung in der altchristli-
chen Literatur bis zum Abschluß der trinitarischen Auseinandersetzungen (= FThSt 52),
Freiburg 1939.
[18] RAC 12 (1982) 312–366.
[19] Ebd. 314.
[20] MARROU, Antike Bildung XXI Anm. 12.

persona schließt die Behandlung anderer christologischer Termini Augustins weitgehend aus. Die strikte Begrenzung auf *persona* in der Christologie geht nicht auf die Zusammenhänge der Christologie Augustins mit seiner Trinitätslehre und Ekklesiologie ein, obwohl dort das Wort *persona* früher verwandt wurde und wohl auch zur Findung der Formel *una persona* beigetragen hat. Alle diese Themen wären aber eigene Monographien wert. Dies gilt auch für die Erforschung der grammatischen (Person-) Exegese in der Alten Kirche insgesamt und für die meisten Autoren vor Augustinus, deren Christologien hier nur auswahlweise, insofern sie eben den Gedanken der Einheit von Gott und Mensch in Christus betreffen und zur Erklärung Augustins dienen, herangezogen werden.

Ein letztes Wort ist noch zur Definition der bereits im Werktitel und im Laufe der Einleitung mehrfach verwendeten Terminologie der grammatischen und der Person-Exegese zu sagen. Aufgrund der erwähnten bislang spärlichen Behandlung des Themas hat sich noch keine feste Terminologie herausgebildet. Eine Reihe von Begriffen wurde bisher verwendet, ohne jedoch näher differenziert zu werden: prosopographische[21], prosopische[22], grammatikalische[23] und Person-Exegese[24]. Grundsätzlich ist zwischen grammatischer Exegese und Person-Exegese zu unterscheiden. Die grammatische Exegese nimmt die rein grammatikalische Analyse eines Satzes vor, fragt nach den Satzteilen, nach ihren Formen und Funktionen. Sie stellt auch die Frage nach dem Subjekt des Satzes, aber nach rein grammatikalischen Kriterien. Ist es eine 1., 2. oder 3. Person, steht sie im Singular oder Plural und: welche Person des Textes ist das grammatische Subjekt des Satzes? Sie fragt aber nicht nach dem Sinn-Subjekt des Satzes. Die Frage „wer spricht?", die Ermittlung des Subjektes als konkrete Person und vor allem die Deutung des Satzes *ex persona alicuius,* die nicht einmal unbedingt zu den im Text vorkommenden Personen gehören muß, ist Aufgabe der Person-Exegese. „Grammatische Exegese" könnte nur insofern als Oberbegriff gelten, als sie die Grundstufe darstellt, aus der die Person-Exegese hervorgeht. Im Kontext der biblischen Exegese handelt es sich aber, auch bei Augustinus, fast immer um Person-Exegese, der daher in unserem Fragehorizont die weitaus größere Bedeutung zuwächst.

---

[21] ANDRESEN, Personbegriff 12,22 u. ö.; STUDER, Hypostase 1258.
[22] STUDER, Entwicklung der Trinitätslehre 86 Anm. 25.
[23] Ebd. 85; DERS., Christologie 542.
[24] STUDER, Christologie 542.

2. ETYMOLOGIE UND BEDEUTUNGEN DES WORTES
PERSONA

Der Ursprung des lateinischen Wortes *persona* konnte trotz zahlrei-
cher Versuche bis heute nicht zweifelsfrei geklärt werden. Nach bis in
die Antike zurückreichenden Versuchen, *persōna* von *per-sônare*
(durchtönen)[25], *perzōnare* (umgürten)[26], **perces* (Hülle)[27], **pers*
(Kopf)[28] oder aufgrund von volksetymologischer Umbildung direkt von
griechisch πρόσωπον[29] abzuleiten, war man sich seit den Forschungen
von F. SKUTSCH (1908)[30] weitgehend einig, daß *persona* aus dem
Etruskischen entlehnt sei. Die weitere Diskussion beschäftigte sich
lediglich mit den Fragen[31]:
– von welchem etruskischen Wort *persona* abzuleiten sei, von *φersu*[32],
  φersup[33], *pers-una*[34], *φersuna*[35] oder *Persephone*[36];

---

[25] So erstmals GAVIUS BASSUS apud GEL 5,7: die Maske verstärke die Stimme des
Schauspielers. Siehe auch in: Grammaticae Romanae Fragmenta, ed. H. FUNAIOLI,
Leipzig 1907, 490f. (frg. 8(6)). Gleiche Etymologie, allerdings nicht von der Maske,
sondern der grammatischen Person abgeleitet, im *Commentum Einsidlense in Donatum
artem maiorem* (GLSup 248,33–249,2): *Persona, verbale nomen a verbo ,persono,
personas'...eo quod per se sonet.* Nochmals 257,1: *personae verbi accidunt tres. et dicitur
persona, quod per se sonet: habet enim suam vocem per se, ut ,lego'.*
Zur reichen Rezeption dieser Etymologie in Mittelalter und Neuzeit vgl. J. de GHEL-
LINCK, L'histoire de „personne" et d'„hypostasis" dans un écrit anonyme porrétaine du
XIIe siècle: RNSP 36 (1934) (= Mélanges M. de WULF) 125–127; KAPP 294–298; J.
WIESNER, Der *Person*-Begriff als sprachwissenschaftliches Problem: Zeitschrift für
deutsche Sprache 25 (1969) 52f. In neuerer Zeit vertreten durch DOWDALL 231–235.
Dagegen: BREAL/BAILLY 260; SCHLOSSMANN 12f. Anm. 1; WALDE/HOFMANN
[3]II 292.
[26] J. M. STOWASSER, Persona: WSt 12 (1890) 156f.: *persona* bezeichne daher nicht
die Maske, sondern die ganze Kleidung des Schauspielers. Dagegen: KELLER 126;
WALDE/HOFMANN [3]II 292.
[27] O. WIEDEMANN, Etymologien: Beiträge zur Kunde der indogermanischen
Sprachen 28 (1904) 190. Dagegen: SCHLOSSMANN 12f. Anm. 1.
[28] WAGENINGEN 114–118. Dagegen: SKUTSCH, Literaturbericht 406; WALDE/
HOFMANN [3]II 292: „geht im Positiven fehl".
[29] BREAL/BAILLY 260; DOWDALL 231–235; KELLER 127. Dagegen: WALDE/
HOFMANN [3]II 292.
[30] SKUTSCH, Persona 145f. und nochmals in: Literaturbericht 406.
[31] Zum Stand der Diskussion vgl. A. von BLUMENTHAL, Persona: PRE 19/1 (1937)
1036–1040; NEDONCELLE 184–293; KAPP 298–300. Literatur bei de SIMONE I 139.
[32] SKUTSCH, Persona 145f.; DERS., Literaturbericht 406; FRIEDLÄNDER
164–168; LATTES, *dossenus* 269f.; DERS., Ancora etr. *φersu* lat. *persona* (Glotta II
270): Glotta 3 (1912) 67; G. DEVOTO, L'Etrusco come intermediario di parole greche:
Studi Minori 2, Florenz 1967, 119–123; ALTHEIM, Persona 35–52; DERS., Terra Mater
48–65; DERS., Lat. Sprache 328–345, 389f.; WALDE/HOFMANN [3]II 292; ERNOUT/
MEILLET 500; L. BIELER, Geschichte der römischen Literatur. I: Die Literatur der
Republik, Berlin-New York [3]1972, 24; HAMP 299. Dagegen: SZEMERENÝI 311f.

– was das etruskische Urwort bedeutete, „Abbild des Totengottes"[37], „Totendämon"[38] oder „Maskierter"[39];
– wie das etruskische Wort mit griechisch πρόσωπον zusammenhänge[40] und
– wie der Übergang vom etruskischen zum lateinischen Wort vor sich ging, ob es ein Zwischenwort *persum (Kopf)[41] oder anderes[42] gab.

Diese Diskussion und unterschiedliche Beantwortung der Fragen berührt jedoch nicht den allgemeinen Konsens, daß *persona* durch Vermittlung des Etruskischen letztlich von griechisch πρόσωπον stammt und wie dieses in seiner Grundbedeutung die Gesichtsmaske bezeichnet, die der Schauspieler auf der Bühne trägt.

Neben dieser Grundbedeutung „Maske" bezeichnet *persona* in der Theatersprache weitergehend auch die Rolle, die der Schauspieler spielt, die Person, den „Charakter", den er im Stück darstellt, sowie die Person des Schauspielers selbst. Im Kontext des Theaters verwendet Augustinus *persona* allerdings in seinem ganzen Werk nicht. Alle *persona*-Bedeutungen des Theaters werden jedoch auch auf die „Bühne des Lebens" übertragen und bezeichnen dort die Maske, die ein Mensch im Leben trägt, die Rolle, die er im Leben spielt, seine Person, seine Persönlichkeit, seinen Charakter. In diesen Übertragungen ist *persona* auch bei Augustinus zu finden.

Die verschiedenen Bedeutungen des Wortes *persona* lassen sich nach RHEINFELDER[43] folgendermaßen schematisch darstellen:

[33] E. FIESEL, Namen des griechischen Mythos im Etruskischen (= Ergänzungshefte zur Zeitschrift für vergleichende Sprachforschung auf dem Gebiete der indogermanischen Sprachen 5), Göttingen 1928, 35.

[34] A. ROSENBERG, Etruskisches: Glotta 4 (1913) 52f.

[35] F. MULLER, Zur Geschichte der römischen Satire: Ph. 78 (1923) 264; VETTER 1057; de SIMONE II 297; SZEMERENYI 310.

[36] NEDONCELLE 293.

[37] ALTHEIM, Persona 35–52; DERS., Terra Mater 48–65; DERS., Lat. Sprache 328–345, 389f.

[38] VETTER 2058.

[39] ALTHEIM, Persona 35–52; VETTER 2057.

[40] E. NORDEN, Die römische Literatur, Leipzig [6]1961, 4 (= A. GERCKE/E. NORDEN, Einleitung in die Altertumswissenschaft, Bd. 1, Leipzig-Berlin 1910, 452); F. RIBEZZO: RIGI 16 (1932) 263; VETTER 2057; NEDONCELLE 293; HAMP 300.

[41] WAGENINGEN 118; RHEINFELDER 18–26. Dagegen: M. LEUMANN, Literaturbericht für das Jahr 1929. Lateinische Laut- und Formenlehre: Glotta 20 (1932) 283: „weniger glücklich".

[42] FRIEDLÄNDER 165; LATTES, *dossenus* 269f.; HAMP 300f.

[43] Vgl. RHEINFELDER 17. Weiterhin: NEDONCELLE 293–297.

Der auf der „Bühne" Auftretende trägt eine
p e r s o n a

als Darsteller		als Dargestellter
Maske		Maske
(die er anlegen mußte)		(die er nicht ablegen darf)
│		│
der Darsteller		der Dargestellte
		(„Person" im Drama)
│		│
das Dargestellte		das Dargestellte
(kritisch gedacht)		(naiv gedacht)
die Rolle		das Wesentliche (Charakter)

(Mitteltext, senkrecht): Alle Bedeutungen auch in bewußter Übertragung auf die Bühne des Lebens. Als Vergleich empfunden.

- -

(außerhalb des Theaters)

die Aufgabe		das Wesentliche
		(Ureigenste des
		Menschen)

(betrachtend)	(wägend)	(zählend)
Menschsein	Wertsein	Gegenstandsein
│	│	│
Mensch als Mensch	Mensch als Wert	Mensch als Gegenstand

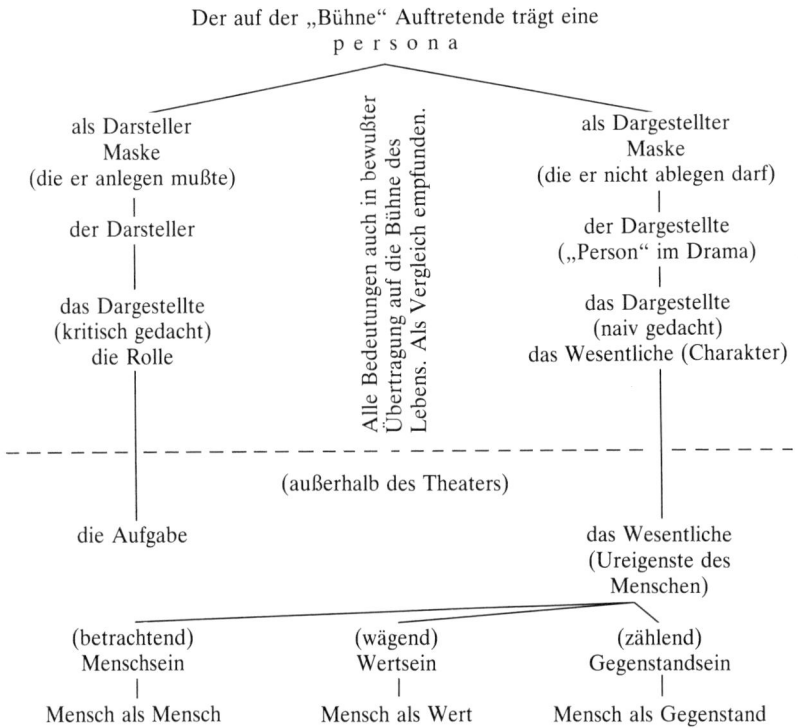

Persona kann also, je nach Blickwinkel, sowohl das Äußere eines Wesens, als auch seine innere Wirklichkeit bezeichnen. In dieser Doppelbedeutung besteht daher auch eine der Hauptschwierigkeiten der Entwicklung und des Verständnisses eines christlichen, sowohl trinitarischen wie christologischen, Personbegriffes im 4. Jh. Ganz parallel übrigens zu den Bedeutungen der griechischen Begriffe ὑπόστασις und πρόσωπον[44].

Die folgende Analyse des Wortgebrauches von *persona* im Werk Augustins wird allerdings nicht seinen Bedeutungen, sondern formalen Kriterien folgen (exegetischer, anthropologischer, juridischer, rhetorischer Gebrauch), da ja der Einfluß der Person-Exegese untersucht werden soll. Die inhaltliche Gliederung wird aber dabei ebenfalls immer präsent sein.

---

[44] Vgl. STUDER, Hypostase 1257 f.; MILANO 57–64.

ERSTER TEIL

PERSONA BEI AUGUSTINUS

1. KAPITEL: *PERSONA* IN DER GRAMMATIK UND GRAMMATISCHEN / PERSON-EXEGESE

I. AUGUSTINS KENNTNIS DER GRAMMATIK

Am weitaus häufigsten verwendet Augustinus das Wort *persona* im grammatischen Sinn und in der grammatischen Exegese, die ihm aufgrund seiner Schulbildung und seiner beruflichen Laufbahn vor der Konversion bestens vertraut waren. Er hatte den üblichen Unterricht des gebildeten Mannes seiner Zeit erhalten[1], der sich in zwei Phasen gliederte[2]. Der erste Unterricht beim *grammaticus*, den Augustinus in seinem Heimatort Thagaste besuchte[3], hatte das theoretische Studium der Sprache und ihrer Gesetze, also die Grammatik im engeren Sinne, sowie die Lektüre und Erklärung der wichtigsten Autoren zum Inhalt. Der darauf aufbauende Unterricht beim *rhetor*, zu dem Augustinus 369 als 15-jähriger nach Madaura und zwei Jahre später nach Karthago ging[4], lehrte die Rhetorik und die übrigen *artes liberales* der antiken ἐγκύκλιος παιδεία (Arithmetik, Musik, Geometrie, Astronomie, Philosophie)[5]. Diese Ausbildung blieb für das ganze Leben Augustins

---

[1] Es ist die griechische Bildung, die in hellenistischer Zeit ihre endgültige Gestalt gewann, von den Römern übernommen und adaptiert wurde und bis zum Ausgang der Antike Gültigkeit behielt. Es ist die einzige Ausbildung, die sowohl Heiden wie Christen genossen (obwohl diese oft dagegen polemisierten), da es eine selbständige christliche Schulbildung nicht gab.
Zur antiken Schulbildung vgl. FUCHS, Bildung 346–350; DERS., Enkyklios Paideia 365–390; MARROU, Education 17–450; BLOMENKAMP 501–516; BARAVALLE 31–222; H.-Th. JOHANN (Hrsg.), Erziehung und Bildung in der heidnischen und christlichen Spätantike (= WdF 377), Darmstadt 1976 (reiche Bibliographie). Zur christlichen Bildung in der Antike vgl. FUCHS, Bildung 350–359; DERS., Paideia 390–396; MARROU, Education 451–484; BLOMENKAMP 524–557; BARAVALLE 225–292.
Zu Augustins Bildung vgl. vor allem MARROU, Antike Bildung und die dort verzeichnete Literatur. Dazu noch: SOLIGNAC, n. 5: BAug 13 (1962) 659–661; BARAVALLE 259–292.

[2] Vgl. zu Augustinus speziell MARROU, Antike Bildung 9–26, 45–83.

[3] Conf 1, 9, 14 (CCL 27, 8, 5f): *inde in scholam datus sum, ut discerem litteras.*

[4] Conf 2, 3, 5 (CCL 27, 19, 1–5): *dum mihi reducto a Madauris, in qua vicina urbe iam coeperam litteraturae atque oratoriae percipiendae gratia peregrinari, longinquioris apud Carthaginem peregrinationis sumptus praeparabantur.* 2, 3, 6 (20, 19f); 3, 3, 6 (19, 13–17); 3, 4, 7 (29,1–30,6).

[5] Zur Entwicklung der ἐγκύκλιος παιδεία und ihrer Fächer vgl. R.-M. MARTIN, Arts libéraux (sept): DHGE 4 (1925) 827–831; MARROU, Antike Bildung 163–203; FUCHS, Paideia 365–398. Zur Kenntnis der *artes liberales* seitens Augustinus vgl. speziell MARROU, Antike Bildung 205–236; FUCHS, Paideia 391–395; Guy-H. ALLARD,

prägend. Er wurde selbst Lehrer der Grammatik und Rhetorik in Thagaste, Karthago, Rom und schließlich Mailand für insgesamt 13 Jahre (375–388)[6]. Er begann, einen Zyklus von Abhandlungen zu allen Disziplinen der *artes liberales* zu schreiben, wovon er allerdings nur *De grammatica* und sechs Bücher *De musica* vollendete, die übrigen fünf (*De dialectica, De rhetorica, De geometrica, De arithmetica, De philosophia*) lediglich begann[7]. Aber auch nach der Abwendung von der Rhetorenlaufbahn übten Grammatik und Rhetorik weiterhin beständigen Einfluß auf sein Denken und Werk aus. „Er ist sein ganzes Leben hindurch Grammatiker geblieben" (MARROU)[8].

II. INHALTE UND FORM DER GRAMMATISCHEN AUSBILDUNG AUGUSTINS

Was und wie Augustinus im Grammatikunterricht lernte, läßt sich, teils aus eigenen Äußerungen, teils aus den gerade zu seiner Zeit blühenden und gut überlieferten Grammatikbüchern, recht gut rekonstruieren[9]. Grundlage des Unterrichts waren die Lektüre, Analyse und

---

Arts libéraux et langage chez saint Augustin: Arts libéraux et philosophie au Moyen-Age (Actes du Quatrième Congrès International de Philosophie Médiévale, Université de Montréal 27 août – 2 septembre 1967), Montréal 1969, 481–492.

    [6] Conf 6, 7, 11 (CCL 27, 80,4–6): *nam et studuerat* (sc. *Alypius*) *apud me, cum in nostro oppido docere coepi, et postea Carthagini.* 4, 2, 2 (40,1 f.): *docebam in illis annis artem rhetoricam et victoriosam loquacitatem victus cupiditate vendebam.* 5, 8, 14 (64,1 f.): *egisti ergo mecum, ut mihi persuaderetur Romam pergere et potius ibi docere quod docebam Carthagini.* 5, 12, 22 (69,1–3); 5, 13, 23 (70,1–6): *itaque posteaquam missum est a Mediolanio Romam ad praefectum urbis, ut illi civitati rhetoricae magister provideretur …veni Mediolanium.* POSS v Aug 1, 2 (134,6–10 Bastiaensen): *nam et grammaticam prius in sua civitate et rhetoricam in Africae capite Carthagine postea docuit, consequenti etiam trans mare in urbe Roma et apud Mediolanium.*

    [7] AUG retr 1,5 (CSEL 36, 27,12–28,7): *per idem tempus, quo Mediolani fui baptismum percepturus, etiam disciplinarum libros conatus sum scribere…sed earum solum de grammatica librum absolvere potui…et de musica sex volumina…de aliis vero quinque disciplinis illic similiter incoatis, de dialectica, de rhetorica, de geometrica, de arithmetica, de philosophia, sola principia remanserunt.* Vgl. auch POSS indic 9 (MAg 2, 175,3–5 Wilmart = PL 46, 10,2–6).
Zu Überlieferung und Bestand der enzyklopädischen Schriften Augustins vgl. MARROU, Antike Bildung 471–481 und die dort verzeichnete Literatur.

    [8] MARROU, Antike Bildung 13.

    [9] So z.B. CHARISIUS, Ars Grammatica, ed. C. BARWICK, add. et corr. F. KÜHNERT, Leipzig 1964; DIOMEDES, Artis grammaticae libri tres, ed. H. KEIL: GL I (1857) 297–529; DONATUS, Ars grammatica, ed. H. KEIL: GL IV (1864) 367–402; PRISCIANUS, Institutiones grammaticae, ed. M. HERTZ: GL II (1855), GL III (1859) 1–377. Augustinus selbst nennt Asper, Cornutus und Donatus als Klassiker der Grammatik: util cred 7, 17 (CSEL 25, 21, 24 f.).
Zu den Grammatikern vgl. M. SCHANZ, Geschichte der römischen Literatur bis zum Gesetzgebungswerk des Kaisers Justinian IV.1 (= HAW 8, 4, 1), München [2]1914, 141–187; IV.2 (= HAW 8, 4, 2), München 1920, 189–263.

Erklärung der Werke weniger ausgewählter Autoren, deren Sprache als vorbildlich betrachtet wurde[10]: Vergil[11], Terenz[12], Cicero[13] und Sallust[14] für das Latein, Homer für das Griechische[15]. Diese Werke wurden aber nicht im Zusammenhang gelesen und interpretiert, sondern Vers für Vers, ja Wort für Wort analysiert und die grammatischen Phänomene daran geübt. Zunächst wurde der Vers laut im Versmaß gelesen, dann auf die Fragen des Lehrers hin im einzelnen analysiert, die grammatischen Begriffe definiert und geübt. Diese Methodik ist gut in den *Partitiones duodecim versuum Aeneidos principalium* des Priscianus, eines Zeitgenossen Augustins, erhalten[16].

Lehrer: Trage den Vers vor.
Schüler: *Conticu-ere om-nes in-tentique ora te-nebant (Aen 2,1).*

---

[10] Zur Auswahl der Schulautoren Augustins, die dieselbe war wie für die lateinische Antike davor, vgl. MARROU, Antike Bildung 15f.

[11] Conf 1, 13, 20 (CCL 27,11,11f.): *...quibus tenere cogebar Aeneae nescio cuius errores oblitus errorum meorum et plorare Didonem mortuam.*
Zu Augustins Kenntnis der Schriften Vergils vgl. J. VASOLD, Augustinus quae hauserit ex Vergilio, 2 Teile, Wissenschaftliche Beilage zum Jahresbericht des K. Theresiengymnasiums, München 1907/1908; D. BASSI, Sant' Agostino e Virgilio: Annali dell' Istruzione Media 6 (1930) 420–431; SCHELKLE; OROZ RETA 10–13; HAGENDAHL I 316–375, II 384–463; MARROU, Antike Bildung (Lit.!); O'DONNELL 166.

[12] Conf 1,15,26 (CCL 27,14,21): *...nisi Terentius induceret.* Vgl. A. PILS, Augustinus quae hauserit ex Terentii comoediis, Diss. Wien 1921 (daktyl.); HAGENDAHL I 254–264, II 377–383; O'DONNELL 164f.

[13] Conf 3,4,7 (CCL 27,30,4–6): *perveneram in librum cuiusdam Ciceronis...et vocatur Hortensius.*
Vgl. TESTARD; MARROU, Antike Bildung (Lit.!); OROZ RETA 13–17; HAGENDAHL I 35–169, II 479–588; J. DOIGNON, Un adage de De finibus de Cicéron passé inaperçu dans le Contra Iulianum d'Augustin: WSt NF 14 (1980) 152–157; O'DONNELL 151–158.

[14] Vgl. HAGENDAHL I 225–244, II 631–649; G. CHARNAY, Salluste dans le Cité de Dieu de saint Augustin, Toulouse 1980, 10–12; O'DONNELL 163f.

[15] Conf 1,13,20 (CCL 27,11,1–14): *quid autem erat causae, cur graecas litteras oderam...1,14,23 (12,1–13,17): cur ego graecam etiam grammaticam oderam talia cantantem? nam et Homerus peritus texere tales fabellas et dulcissime vanus est.*
Zu Augustins Griechischkenntnissen vgl. O. ROTTMANNER, Zur Sprachkenntnis des hl. Augustinus: ThQ 77 (1895) 269–276; S. SALAVILLE, La connaissance du grec chez saint Augustin: EOr 21 (1922) 387–393; P. GUILLOUX, Saint Augustin savait-il le grec?: RHE 21 (1925) 79–83; B. ALTANER, Augustinus und die griechische Sprache: Pisciculi (Festschrift F.J. DÖLGER), hrsg. Th. KLAUSER und A. RÜCKER (= AuC.E 1), Münster 1939, 19–40 (= DERS., Kleine Schriften 129–153); L. FINALE MONTALBANO, Sulla conoscenza del greco di S. Agostino: Humanitas 6 (1951) 1095–1097; M. MELLET/Th. CAMELOT, n. 24: BAug 15 (1955) 577f.; A. SOLIGNAC, n.6: BAug 13 (1962) 662; MARROU, Antike Bildung 25–41.

[16] Ed. H. KEIL: GL III (1859) 457–515. Priscianus lebte zur Regierungszeit Kaisers Anastasius (491–518). Zu seinem Leben vgl. R. HELM, Priscianus 1: PRE 22/2 (1954) 2328–2330, zur genannten Schrift ebd. 2341f.; SCHANZ/HOSIUS/KRÜGER 4/2 (1920) 221–238; MARTINDALE II 905.

L: Nenne die Zäsuren.
S: Semiquinarien, nach *conticuere omnes*.
L: Wieviele Formen hat er?
S: Zehn.
L: Warum?
S: Weil er zwei Daktylen und drei Spondeen hat.
L: Behandle die Versfüße.
S: *Conticuere omnes...*
L: *Conticuere*, welcher Satzteil ist das?
S: Das Verb.
L: Welche Form?
S: Das Perfekt.
L: In welchem Modus?
S: Im Indikativ der zweiten Konjugation.[17] Etc.

Nach dieser Analyse des Verses und der Wortformen folgten, wie gesagt, Definitionen und Übungen der grammatischen Phänomene.

Lehrer: Was ist ein Pronomen?
Schüler: Der Teil des Satzes, der für ein Nomen steht, beinahe dasselbe
        bedeutet und bisweilen eine Person annimmt.
L: Wieviele Akzidentien hat das Pronomen?
S: Sechs.
L: Welche?
S: *Qualitas, genus, numerus, figura, persona, casus.*[18] Etc.

Abgeschlossen wurde diese Analyse des Verses durch eine Paraphrase des Verses in den eigenen Worten des Schülers, worin sich Augustinus, wie er selbst berichtet, besonders auszeichnete[19].

Mit derselben Methode lehrte auch Augustinus selbst, wie es in *De magistro* vom Unterricht seines Sohnes Adeodatus erhalten ist[20].

---

[17] PRISC aen 2,44f. (GL III 469,15–23).

[18] DON gramm (GL IV 357,2–4). Weitere „Schulbeispiele" siehe PRISC aen 5,99–6,110 (GL III 482–484); 7,135–142 (491f.); DON gramm (GL IV 359f.); MAX VICTORIN gramm (GL V 201).

[19] Conf 1,17,27 (CCL 27,15,6–13): *cogebamur et tale aliquid dicere solutis verbis, quale poeta dixisset versibus...mihi recitanti acclamabatur prae multis coaetaneis et conlectoribus meis.*

[20] Ed. K.D. DAUR: CCL 29 (1970) 157–203. Einführung, Übersetzung und Kommentar von E. SCHADEL, Bamberg 1975. Vgl. J. COLLART, Saint Augustin grammairien dans le *De magistro*: REAug 17 (1971) 279–292; G. MADEC, Analyse du *De magistro*: REAug 21 (1975) 63–71; M. CASOTTI, I „De magistro" di S. Agostino e di S. Tommaso: Nuove questioni di storia della pedagogia. I: Dalle origini alla riforma cattolica, Brescia 1977, 365–386.

Augustinus: Wieviele Worte sind in diesem Vers: *„Si nihil ex tanta*
superis placet urbe relinqui"? (VERG *Aen* 2,659).
Adeodatus: Acht.
Aug: Es sind also acht Zeichen.
Ad: Ja.
Aug: Ich glaube, daß Du diesen Vers kennst.
Ad: Genügend, glaube ich.
Aug: Sage mir, was die einzelnen Worte bedeuten.[21]
Etc.

Weitere Spuren dieser grundlegenden grammatischen Ausbildung
Augustins sind an verschiedenen Stellen seiner Werke nachweisbar. So
behandelt er im ersten Kapitel *De dialectica* die einfachen Worte *(verba*
simplicia), zu denen alle gehören, die nur eine einzige Bedeutung
(significatio) haben, ohne Rücksicht darauf, ob sie nun der Form nach
einfach oder zusammengesetzt sind, wie z.B. *homo, equus, disputat,*
currit. Zu den *verba coniuncta* gehören indes alle Verbformen der ersten
und zweiten Person, da sie zum Inhalt des Wortes auch noch eine
bestimmte Person bezeichnen, während die dritte Person unbestimmt
ist[22]. Ähnlich wird auch in *De magistro* noch zweimal die Person des
Verbs behandelt[23].

Diese rein grammatische Analyse gewinnt jedoch für Augustinus in
der Bibelexegese theologische Aussagekraft. In *De doctrina christiana*
erläutert er die Theologie des *Christus caput et corpus,* wobei ihm
wichtig ist zu zeigen, daß Christus dennoch eine Einheit, eine Person ist,
was er mit Hilfe von *Is* 61,10 belegt: „Wie einem Bräutigam setzte er mir
die Mitra auf, und wie eine Braut hat er mich mit Schmuck bekleidet".
Obwohl dies offenbar im ersten Teil auf Christus als Haupt, im zweiten
auf den Leib Christi, die Kirche zu deuten ist, spricht doch nur eine
Person, das Subjekt des Satzes steht im Singular. Das beweist Augustin,
daß *Christus caput et corpus* ein und dieselbe Person *(una eademque*
persona) ist[24]. Man sieht an diesem Beispiel gut, wie die grammatische
Person-Bedeutung in eine dogmatisch-theologische übergeht, wie aus
der grammatischen Exegese eine theologische Aussage erwächst – ein
Phänomen, das im folgenden und speziell in der Christologie noch öfter
zu beobachten sein wird.

---

[21] Mag 2,3 (CCL 29,160,6–13).
[22] Dial 1 (PL 32,1409).
[23] Mag 5,15 (CCL 29,174,170); 5,16 (174,184). Vgl. weiterhin cons eu 2,95,46 (CSEL
43,204,25); 2,138,70 (242,10); Gn litt imp 15 (CSEL 28/1,494,19).
[24] Doctr chr 3,31,44 (CCL 32,104,1–11):... *in qua scientes aliquando capitis et corporis*
id est Christi et ecclesiae, unam personam nos imitari...quando a capite ad corpus vel a
corpore transitur ad caput tamen non receditur loquitur dicens: ,sicut sponso imposuit mihi
mitram, et sicut sponsam ornavit me ornamento', et tamen quid horum duorum capiti, quid
corpori, id est quid Christo, quid ecclesiae conveniat, utique intellegendum est.

Dasselbe gilt für die trinitätstheologische Exegese der Gotteserscheinung bei der Eiche von Mamre (*Gen* 18, 1–15)[25]. Augustinus
beschreibt, wie Abraham drei Männer auf sich zukommen sieht, sie aber
im Singular anredet: „Herr, wenn ich Gnade vor dir gefunden habe,
gehe nicht an deinem Knecht vorüber." Erst dann spricht er im Plural:
„Man soll Wasser bringen, und ich will eure Füße waschen, und erfrischt
euch unter dem Baum". Augustinus deutet diesen Wechsel vom Singular zum Plural so, daß Abraham immer, wenn er zu seinem Gott spricht,
in der Einzahl redet, wenn er dagegen menschliche Dinge zu ihnen sagt,
im Plural und so die drei Personen der einen Gottheit zeigt. Zur
Bestätigung verfolgt Augustinus diesen beständigen Personwechsel
durch den ganzen Rest der Mamre-Erzählung.

III. TECHNIK UND REGELN DER PROFANEN
GRAMMATISCHEN/PERSON-EXEGESE AUGUSTINS

Der Grammatikunterricht endete jedoch nicht mit der rein technisch-
grammatischen Analyse der Literatur, sondern lehrte darüber hinaus
auch die inhaltliche und ästhetische Analyse und Kommentierung des
Textes, wie sie in den antiken Kommentaren erhalten ist[26]. Dazu
gehörten Etymologie, Synonymik, interpretierende Paraphrase,
Sacherklärungen, literarhistorische Interpretation und Literarkritik[27]
bis hin zur allegorischen Auslegung der Dichtertexte[28]. Diese Allego-
rese geht bis in die griechische Klassik zurück (dort allerdings ὑπόνοια
genannt, erst in hellenistischer Zeit ἀλληγορία[29]). Sie dient zum einen
dafür, anstößige Stellen in den *carmina* zu glätten, andererseits aber

---

[25] C Max 2,26,5 (PL 42,806): *denique tres videt, et non dominos, sed dominum appellat,
quoniam trinitas tres quidem personae sunt, sed unus dominus deus.* (Zitat *Gen* 18,2–3)
deinde tres personae pluraliter alloquitur, dicens (Zitat 4 f.).
[26] So z. B. in DONATUS, Commentum Terentii, ed. F. LINDENBROGIUS, Frankfurt 1673; POMPONIUS PORPHYRIO, Commentum in Horatium Flaccum, ed. A.
HOLDER (= Scholia Antiqua in Q. Horatium Flaccum 1), Otting 1894; SERVIUS, In
Vergilium Commentarius, ed G. THILO, vol. 1, Leipzig 1881. Vgl. SCHANZ 4/1,
537–539; 4/2, 344.
[27] MARROU, Antike Bildung 17–23; SCHRECKENBERG 1174–1179.
[28] Vgl. z. B. A. B. HERSMANN, Studies in Greek allegoric interpretation, Chicago
1906; GEFFCKEN 327–331; K. MÜLLER, Allegorische Dichtererklärung: PRE Suppl.
4 (1924) 16–22; F. WEHRLI, Zur Geschichte der allegorischen Deutung Homers im
Altertum (Diss. Basel), Borna-Leipzig 1928; J. C. JOOSEN/J. H. WASZINK, Allego-
rese: RAC 1 (1950) 283–287; BÜCHSEL 260–264; R. LAURENTI, L'iponoia di
Antistene: RCSF 17 (1962) 123–132; K. THRAEDE, Epos: RAC 5 (1962) 984–1007;
SCHRECKENBERG 1174–1194.
[29] Vgl. GEFFCKEN 327; H. N. BATE, Some technical terms of Greek exegesis: JThS
24 (1923) 60f.; BÜCHSEL 260.

dazu, den tieferen Sinn des Dichtertextes, speziell der homerischen
Gesänge, die als inspiriert galten, zu heben.

Ein Spezialfall dieser Exegese ist die grammatische Exegese, die
Frage nach dem Subjekt des Satzes, der sprechenden Person[30]. Sie
bildet schon deswegen eine Ausnahme, weil sie eigentlich Teil der
Literalexegese ist. Sie stellt die Frage „wer spricht?" *(quis dicit?)*[31],
wobei für die Antwort drei Fälle möglich sind:

1. Das Subjekt kann im Satz ausgedrückt und somit eindeutig klar sein.
2. Das Subjekt muß aufgrund der Verbform oder grammatischen Form
   der Adjektive, Pronomina u.a. erschlossen werden. Schon in diesem
   Falle kann es sein, daß das Subjekt des Satzes keine der Personen des
   Stückes sein kann, sondern z.B. der Dichter selbst *(ex sua persona)*
   spricht[32].
3. Noch eher ist dies möglich, wenn das Subjekt aus dem Inhalt des
   Satzes oder seinem Kontext erschlossen werden muß. Es kann sich
   dann um dasselbe Subjekt wie im vorhergehenden Satz handeln, es
   kann aber auch ein unausgesprochener Personwechsel *(mutatio
   personae)*[33] stattgefunden haben. Es kann der Dichter, aber auch
   irgendeine sonstige außerhalb des Stückes stehende Person sein.
   Kriterium der Entscheidung ist neben den rein grammatisch-forma-
   len Gründen die Frage, zu welcher Person der Satz inhaltlich paßt
   (cui aptum)[34].

Dieses inhaltliche Kriterium des *aptum/ineptum* wird aber schließlich
auf alle Fälle angewandt, indem man auch bei eindeutigem grammati-
schem Subjekt fragt, ob die betreffende Aussage nicht passender
(aptius) von einem anderen gemacht würde, das grammatische Subjekt
also stellvertretend *(ex persona)* für einen anderen spricht. Damit nähert
sich die grammatische Exegese der allegorischen, indem sie hinter dem
wörtlichen Sinn einen tieferen vermutet und diesen durch die Bestimmung der sprechenden Person zu heben sucht.

Wie diese Person-Exegese und mit welcher Terminologie sie im
einzelnen arbeitet, wird unten im Detail gezeigt werden. Hier nur einige
„klassische" Beispiele aus den Homer- und Horazscholien, die Augustinus mit Sicherheit während seiner Schulzeit kennengelernt hat:

- Scholion zu *Ilias* 5,297 Αἰνείας δ'ἀπόρουσε σὺν ἀσπίδι δουρί τε
  μακρῷ: dies ist klar von Hektor her gesagt" (ἐκ τοῦ Ἕκτορος

---

[30] Vgl. H. DACHS, Die λύσις ἐκ τοῦ προσώπου. Ein exegetischer und kritischer
Grundsatz Aristarchs und seine Neuanwendung auf Ilias und Odyssee, Diss. Erlangen
1913.

[31] S. u. S. 24f.

[32] S. u. S. 69.

[33] S. u. S. 52f.

[34] S. u. S. 25–27.

προσώπου)[35]. Der Sprecher, d.h. Homer als der Autor selbst, wird durch Hektor ersetzt, weil die Sicht, aus der er spricht, Hektor entspricht.

– Scholion zu *Ilias* 8,406–8 (Zorn der Zeus auf seine Tochter Athene): „zur Person des Zeus passen die Worte, zur Person der Iris aber nicht mehr".[36] Hier muß entschieden werden, wem die Worte zuzuordnen sind, Zeus oder der gleichzeitig anwesenden Iris.

– Kommentar des Pomponius Porphyrio zu Horaz, *ep* 2,1, 39–45 (Horaz fragt nach der Zahl der Jahre eines dichterischen Werkes, wenn es wegen seines Alters geschätzt werden soll. Wie lange muß der Dichter schon tot sein? Hundert Jahre?):

v. 39: „Ja, er ist alt und achtbar."
Kommentar: „Das ist gleichsam von einer anderen Person *(ex alia persona)* gesagt."
v. 40: „Und wenn ein Jahr fehlt?"
K: „Das sagt Horaz aus seiner Person."
v. 43: „Auch dieser gehört noch zu den Alten."
K: „Das aus einer anderen Person."
v. 45: „Danke für die Erlaubnis."
K: „Aus seiner (Person)."

Augustinus selbst wendet in seinen Werken einige Male die Technik der Person-Exegese auf klassische Texte an. So deutet er in *Contra academicos* die Gestalt des Meergottes Proteus in „den Gesängen" (Homers) so, daß dieser als Bild der Wahrheit eingeführt wird *(in imaginem veritatis inducitur)* und die Person der Wahrheit zeigt und trägt *(veritatis ... ostentat sustinetque personam)*[37]. In *sermo* 105 über *Lk* 11,5–13 (Gleichnis von dem Mann, der zur Nachtzeit zum Freund geht, um Brot zu leihen und es nur wegen seiner Hartnäckigkeit erhält) kommt Augustinus auf den Vers *Lk* 1,33 „und seines Reiches wird kein Ende sein" zu sprechen[38]. Dazu zieht er als Kontrast Vergil, *Aeneis* 1,278f. heran: „Diesen setze ich kein Ende der Dinge, keine Zeiten. Eine Herrschaft ohne Ende habe ich gegeben" (Jupiter)[39]. Dagegen steht allerdings *Lk* 21,33 „Himmel und Erde werden vergehen". Der Widerspruch löst sich für Augustinus, indem er zeigt, daß der Vergilvers ja *ex persona Jovis*, nicht von Vergil selbst gesagt ist. Dessen eigene

---

[35] II 49,40f. Erbse.
[36] II 371,48–50 Erbse. Weitere Stellen: Ilias 1,195 (I 64,19 Erbse); 2,570 (I 306,53–56); 8,485 (II 379,62–64) u.ö.
[37] C acad 3,6,13 (CCL 29,42,6–13).
[38] S 105,7,10 (PL 38,622–623).
[39] *His ego nec metas rerum, nec tempora pono, imperium sine fine dedi.*

Meinung spiegele vielmehr *georgica* 2,498 wider, wo er *ex sua persona* spricht: "... nicht der römische Staat und vergängliche Reiche"[40].

Noch ein drittes Mal wendet Augustinus die Person-Exegese auf einen profanen Text an, im 10. Buch *De civitate Dei*[41]. Er spricht dort davon, daß Christus sündelos den ganzen Menschen angenommen habe, um ihn ganz von der Sünde zu erlösen, so daß nicht einmal eine Spur der Sünde zurückbliebe. Dies habe bereits Vergil in verhüllter Redeweise *(in alterius adumbrata persona)* vorausgesagt (*ecl* 4,13f.): „Unter deiner Herrschaft werden, wenn irgendwelche Spuren unseres Verbrechens bleiben, sie aus ewiger Angst die Länder erlösen"[42]. Er schließt sich damit der langen Tradition der Deutung der vierten Ekloge Vergils auf Christus hin an[43].

Diese drei Stellen zeigen gut die aktive Vertrautheit Augustins mit der Person-Exegese antiker Texte und, daß er deren Übung sein ganzes Leben hindurch nicht unterließ (*c acad*: 386/87, *s* 105: 410/11, *ciu* 10: 417).

IV. TECHNIK UND REGELN DER CHRISTLICHEN GRAMMATISCHEN/PERSON-EXEGESE AUGUSTINS

Augustinus bleibt jedoch nicht dabei stehen, die Technik der grammatischen/Person-Exegese, die er an profanen Texten gelernt hat, auch nur auf profane Texte anzuwenden, sondern überträgt sie auf die Exegese der Bibel, wo er sie vor allem gebraucht. Auch darin ist er allerdings nicht der erste, sondern steht in einer langen, bis ins Neue Testament selbst zurückreichenden[44] Tradition derer, die wie er, ihre Schulbildung zur Interpretation der Schrift anwenden. Er steht in der langen Reihe eines Justin[45], Irenäus[46], Clemens von Alexandrien[47],

---

[40] *Non res Romanae perituraque regna.*

[41] Ciu 10,27 (CCL 47,302,33–43).

[42] *Te duce, si qua manent sceleris vestigia nostri, irrita perpetua solvent formidine terras.*

[43] Vgl. E. NORDEN, Die Geburt des Kindes. Geschichte einer religiösen Idee (= SBW 3), Leipzig-Berlin 1924; J. CARCOPINO, Virgile et le mystère de la IVe Eclogue, Paris 1930; A. KURFESS, Vergil, der Prophet. Zum großen Vergiljubiläum (30 v. Chr.–1930 n. Chr.): PastB 41 (1930) 262–271; W. M. A. van de WIJNPERSSE, Vergilius bij Augustinus: StC 7 (1930–31) 138–140; SCHELKLE 16–22; A. KURFESS, Vergils vierte Ekloge bei Hieronymus und Augustinus „Iam nova progenies caelo demittitur alto" in christlicher Deutung: SE 6 (1954) 5–13; P. COURCELLE, Les exégèses chrétiennes de la quatrième Eclogue: REA 59 (1957) 294–319.

[44] Z. B. *Apg* 2,25–28 (Zitat *Ps* 16,8–11 „du wirst meine Seele nicht im Hades lassen") wird *ex persona Christi* gedeutet. Ebenso *Hebr* 2,6–8 (Zitat *Ps* 8,5–7) und *Hebr* 5,6 (Zitat *Ps* 110,4). Vgl. LINTON 145f.

[45] Apol 1,36,1–2 (51 Goodspeed); 37,1 (51); dial 36,6 (133); 88,8 (203). Vgl. ANDRESEN, Personbegriff 12.

Tertullian[48], Hippolyt[49], Origenes[50], Eusebius[51], Hieronymus[52] und Theodor von Mopsuestia[53], die sich bis hin zu Cassiodor[54] erstreckt. Gerade in den letzten Jahren hat sich die Forschung stärker mit den Verbindungen und Einflüssen von antiker Schulwissenschaft und christlicher Exegese und Theologie beschäftigt[55], ohne jedoch im Detail auf Technik und Vokabular der grammatischen und Person-Exegese einzugehen, was nun hier für Augustinus geschehen soll.

O. LINTON hat in einem Vortrag auf der Patristischen Konferenz in Oxford 1959 einen Überblick über die „Interpretation der Psalmen in der Frühen Kirche" gegeben, wobei er die Technik der grammatischen Exegese folgendermaßen darstellt:
1. Übertreibung der wörtlichen Bedeutung,
2. Zurückweisung des „natürlichen" Subjekts als unmöglich,
3. Einführung eines neuen Subjekts.[56]

Mag diese Analyse auch durchaus zutreffend die Vorgehensweise der christlichen Person-Exegese der Psalmen beschreiben, geht sie doch ganz an den gedanklich-theologischen Voraussetzungen und Regeln vorbei, die erst das Vorgehen dieser Exegese erklären.

Augustinus legt an mehreren Stellen die Regeln seiner Exegese dem Hörer/Leser ausdrücklich dar:

---

[46] Haer 5,15,4 (SC 153,210–213); dem 55,15 (SC 62,117f.). Vgl. ANDRESEN, Personbegriff 10; LINTON 149.

[47] Paed 1,7,56,1–3 (GCS 1,123,6–22); str 6,6,49,2 (GCS 2,456,28–457,1). Vgl. ANDRESEN, Personbegriff 13; LINTON 150.

[48] Marc 2,10,3 (CCL 1,486,18–487,15); an 17,12 (CCL 2,806,81–86); Scorp 7,1 (CCL 2, 1081,24–29). Vgl. ANDRESEN, Personbegriff 9–12.

[49] Dan 4,29,1 (GCS 1,260,19f.); Noet 17 (16,28–30 Schwartz). Vgl. ANDRESEN, Personbegriff 13.

[50] Cels 2,20 (GCS 1,149,12); Jo 2,35 (GCS 4,93,32). Vgl. ANDRESEN, Personbegriff 13.

[51] Dem ev 4,15,52 (GCS 6,181,18–24); 4,16,1–8 (183,31–185,20). Vgl. ANDRESEN, Personbegriff 13; LINTON 151f.

[52] Ps Comm 1,1 (CCL 72,179,11–13); 2 (181,2–14); 3 (183,1–15). Vgl. LINTON 154f.

[53] Exp Ps 2 pr (CCL 88 A,9,2–10); 8 pr (37,1–38,7); 4 pr (188,2–12). Vgl. LINTON 152f.; DEVREESSE 70–72, 76–78.

[54] Vgl. HAHNER; SCHLIEBEN, Christliche Theologie 6–33; DERS., Cassiodors Psalmenexegese 20–93 (ausführliche Originalfassung des vorhergehenden Titels).

[55] ANDRESEN, Personbegriff (1961); LINTON (1961); HAHNER (1973); SCHÄUBLIN (1974); SCHLIEBEN, Christliche Theologie (1974); W. ERDT, Christentum und heidnisch-antike Bildung bei Paulinus von Nola mit Kommentar und Übersetzung des 16. Briefes (= BKP 82), Meisenheim/Glan 1976; SCHLIEBEN, Cassiodors Psalmenexegese (1979).

[56] LINTON 144.

A. REGELN ZUR EXEGESE DER PROPHETEN

„Alle jene Verse sprach der Herr; zwar sprach der Prophet, aber in Stellvertretung *(ex persona)* des Herrn. Auch wenn der Prophet in eigener Person *(ex sua persona)* spricht, spricht der Herr selbst durch ihn, der ihm die Wahrheit, die er spricht, vorsagt."[57] „Wie nämlich das Wort Gottes im Propheten ist und zu Recht gesagt wird ‚es spricht der Prophet', wird ebenso zu Recht gesagt ‚es spricht der Herr', weil das Wort Gottes, das Christus ist, im Propheten die Wahrheit spricht. So spricht er auch selbst im Engel, wenn der Engel die Wahrheit verkündet. Und zu Recht wird gesagt ‚Gott spricht' und ‚Gott erscheint' und ebenso zu Recht wird gesagt ‚der Engel sagte' und ‚ein Engel erschien', wie jenes gesagt wird aus der Person des einwohnenden Gottes, dieses aus der Person der dienenden Kreatur. Nach dieser Regel sagt auch der Apostel: ‚Wollt ihr etwa einen Beweis dessen, der in mir spricht, Christi?' (*2 Kor* 13,3)."[58]

Augustinus geht also grundsätzlich von der Inspiration der prophetischen Texte aus; Gott spricht durch den Mund des Propheten, gleichgültig, ob dieser nun explizit *ex persona Dei* oder *ex persona sua* spricht.[59] Er steht damit ganz in Parallelität zum antiken Kommentar der Gesänge Homers oder Vergils, dessen allegorische Auslegung ja auch auf der Überzeugung der göttlichen Inspiration dieser Werke beruhte.

Besonders deutlich wird diese Inspiration dort, wo der Prophet dies selbst anzeigt mit Ausdrücken wie „spricht der Herr" (z. B. *Is* 3,16) oder „so spricht der Herr" (z. B. *Jer* 2,2)[60].

B. REGELN ZUR EXEGESE DER THEOPHANIEN IM AT

Parallel zur Exegese der prophetischen Texte sind, wie gesehen, die Erscheinungen Gottes als Engel im AT zu interpretieren, auf die Augustinus immer wieder zurückkommt und die eine wichtige Stelle in seiner Theologie einnehmen[61]. Ein spezieller Fall dieser Exegese ist die

---

[57] En Ps 56,13 (CCL 39,702,2–703,6).
[58] C Adim 9 (CSEL 25,132,22–133,3).
[59] Vgl. auch s Denis 11,1 (MA 1,43,17): *deus ergo pater, id est, persona dei patris per prophetam loquitur.*
[60] Trin 3,9,19 (CCL 50,146,13f.).
[61] Vgl. F. de PAULE BLACHERE, Saint Augustin et les Théophanies dans l'Ancien Testament: RAug 1 (1902) 595–613; J. LEBRETON, Saint Augustin théologien de la Trinité. Son exégèse des Théophanies: MAg 2 (1931) 821–836; MAIER, Missions divines 101–121, 199–204; van der LOF 485–499; STUDER, Theophanie-Exegese; GEERLINGS 55f.

Benennung Christi als Engel, wie Augustinus an *Mal* 2,7 zeigt. Mala-
chias spricht dort *ex persona Dei* über den Sohn: „... weil er ein Engel
des allmächtigen Herrn ist". Augustinus erklärt: „Man wundere sich
nicht, daß Christus Jesus Engel des allmächtigen Herrn genannt wird.
Wie er nämlich Knecht ist wegen der Gestalt des Knechtes, in der er zu
den Menschen kam, so Engel wegen des Evangeliums, das er den
Menschen verkündete."[62] Der Engeltitel des Logos, schon von den
Apostolischen Vätern (Hirt des Hermas[63]) und den Apologeten
(Justin[64]) herstammend, bot im 4. und 5. Jh. in den christologischen
Kontroversen ein besonderes Problem. Die Arianer wiesen nämlich
dem Logos aufgrund des Engelstitels (z. B. auch in *Is* 9,6) auch nur die
Engelsnatur, also die, wenn auch höchste Form der Kreatürlichkeit zu[65].
Dagegen argumentierten bereits Tertullian und die Väter des Ostens,
unter ihnen vor allem auch die Kappadokier, daß der Engelstitel des
Logos seine Funktion als Bote des Vaters bezeichne und keine Aussage
über seine Natur mache[66]. In diese Reihe stellt sich nun auch Augustinus.

Zur Geschichte der Theophanie-Exegese vgl. N. N., Beiträge zur Lösung der Maleach-
Jahve-Frage: Kath. 62/2 (1882) 149–169; Th. de REGNON, Etudes de théologie positive
sur la sainte Trinité. III: Théories grecques des processions divines, Paris 1898, 63–66,
88–101, 135–139; G. LEGEAY, L'Ange et les Théophanies dans l'Ecriture Sainte d'après
la doctrine des Pères: RThom 10 (1902) 138–158, 405–424; 11 (1903) 46–69, 125–154; A.
d'ALES, La Théologie de Tertullien, Paris ²1905, 75–77, 101 f.; DERS., Novatien. Etude
sur la théologie romaine au milieu du IIIe siècle, Paris 1924, 111 f.; DERS., La Théophanie
de Mambre devant la tradition des Pères: RSR 20 (1930) 150–160.

[62] Ciu 18,35 (CCL 48,630,52–56): *nec mirandum est, quia Domini omnipotentis
angelus dictus est Christus Iesus. sicut enim servus propter formam servi, in qua venit ad
homines, sic angelus propter evangelium, quod nuntiavit hominibus.*

[63] Z. B. Sim 7,1 (GCS 64,6); 8,1,2 (65,20). Vgl. J. LEBRETON, Histoire du dogme de
la trinité des origines au concile de Nicée. II: De saint Clément à saint Irénée, Paris 1927/
28, 651–659; BARBEL 47–50.

[64] Z. B. Apol 1,6,1–2 (29 Goodspeed); dial 58–60 (161–166). Vgl. BARBEL 50–63.
Zur Engelchristologie bei den Vätern vgl. weiterhin A. BAKKER, Christ an Angel?:
ZNW 32 (1933) 255–265; WERNER 302–388; MICHAELIS; F. SCHEIDWEILER,
Novatian und die Engelchristologie: ZKG 66 (1954/55) 126–139; KRETSCHMAR; J.
DANIELOU, Trinité et angélologie dans la théologie judéo-chrétienne: RSR 45 (1957)
5–41; DERS., Théologie du Judéo-Christianisme. Histoire des Doctrines chrétiennes
avant Nicée I, Paris 1958, 167–198; J. BARBEL, Zur „Engel-Trinitätslehre" im
Urchristentum: ThRv 54 (1958) 49–58, 103–112; DERS., Zur „Engelchristologie" bei
Novatian: TThZ 67 (1958) 96–105; M. WERNER, Die Entstehung des christlichen
Dogmas problemgeschichtlich dargestellt (= Urban-Bücher 38), Stuttgart 1959, 92–100
(Kurzfassung des obigen); MICHL 148 f.

[65] Vgl. WERNER 372–388; MICHAELIS 172–186; BARBEL 70–79, 115–122,
136–142; MICHL 149.

[66] TERT carn 14,3 (CCL 2,899,13–21) antignostisch; ATH Ar 1,55 (PG 26,125 C-127
A); vgl. ebd.

C. REGELN DER CHRISTOLOGISCHEN INTERPRETATION

Die christologischen Regeln sind vielfältig. Zunächst knüpft Augustinus an die schon erwähnte Stelle *2 Kor* 13,3 an („wollt ihr etwa einen Beweis dessen haben, der in mir spricht, Christi?"). Sie zeigt deutlich, daß Paulus *ex persona Christi* spricht[67]. Im übrigen gilt die Regel, daß nur dort die christologische Exegese eindeutig ist, wo Christus ausdrücklich dazusagt „ich aber sage euch". Ansonsten kann die betreffende Aussage sowohl *ex persona* des natürlichen (grammatischen) Subjektes gemacht sein als auch *ex persona Christi*[68].

Zur Unterscheidung des Sohnes vom Vater gelten in der Exegese zwei Regeln. Dort, wo die Schrift von Tätigkeiten Gottes spricht (z. B. im Schöpfungsbericht), spricht sie vom Sohn, da der Vater unbewegt und unsichtbar ist, aber durch sein WORT alles schafft und wirkt[69]. Man sieht, wie hier weitverbreitetes philosophisches Gedankengut des von der Schöpfung und jeder Tätigkeit völlig remoten Gottes dahintersteht.

Weiterhin gilt folgende Regel: „Haltet also dieses fest: ich gebe euch die Regel, damit ihr euch nicht entsetzt, wenn der Sohn etwas sagt, wo es scheint, daß der größere Vater etwas zeigt. Entweder sagt er es aus der Person des Menschen, weil Gott größer als der Mensch ist; oder er spricht aus der Person des Gezeugten zur Ehre dessen, von dem er gezeugt ist."[70] Auch diese Regel ist eine „antihäretische", um zu verhindern, daß aus Bibelstellen, die von der Unterordnung des Sohnes unter den Vater sprechen, auf die untergeordnete Natur des Sohnes geschlossen wird.

D. REGELN DER EKKLESIOLOGISCHEN INTERPRETATION

Die christologische Exegese führt direkt zur ekklesiologischen, weil der eine Christus *(Christus totus)* in der Schrift sowohl als Haupt seines Leibes *(ex persona capitis)*, d. h. als Gott, als auch für seinen Leib *(ex persona corporis)*, die Kirche, spricht[71]. Gerade in der Psalmenexegese ist mit dieser Konzeption eine Endstufe erreicht. „Denn mit Augustins Konzeption des *Christus totus* sind der christologische und paränetische, der dogmatische und fromme Gebrauch der Psalmen – beide wesentlich für die Kirche – in Einklang gebracht."[72] Zur Begründung dieser

---

[67] En Ps 77,5 (CCL 39,1069,7–1070,12). S. auch oben Anm. 58.

[68] C Faust 19,27 (CSEL 25,529,7–14).

[69] Trin 2,10,17 (CCL 50,102,18–103,34).

[70] S Morin 3,7 (PLS 2,666,4f.).

[71] En Ps 39,12 (CCL 38,434,23f.): *Christus enim ille est Dominus noster, modo loquens ex membris suis, modo loquens ex persona sua.*

[72] LINTON 156.

Exegese zieht Augustinus vor allem den Vergleich der Einheit von Haupt und Gliedern mit der Einheit von Mann und Frau heran[73]. Daraus ergibt sich auch, warum Christus selbst in seinen Aussagen nie anzeigt, ob er nun *ex persona capitis* oder *corporis* spricht, weil damit die wesenhafte Einheit zerteilt würde[74]. Die hauptsächliche Bibelstelle, die diese Theologie stützt, ist *1 Kor* 12,27: „ihr seid der Leib Christi und seine Glieder"[75].

E. REGELN DER THEOLOGISCHEN INTERPRETATION

Als letzte ist schließlich eine allgemeine Regel der theologischen Interpretation zu nennen: alles, was in der Bibel Hartes oder Wildes *ex persona Dei* oder seiner Heiligen gesagt oder getan wird, ist gegen das Reich des Bösen, der Begierde, gesagt bzw. getan[76] – denn, das ist das zugrundeliegende Argument, dies wäre sonst *ineptum* zum Wesen Gottes bzw. zum Charakter seiner Heiligen. Dieses Argument führt nun zu den Kriterien, unter denen die vorgestellten Regeln anzuwenden sind.

V. DIE KRITERIEN DER PERSON-EXEGESE

A. DIE *PERSONA LOQUENS (DICENS)*

Die Grundfrage, die die Person-Exegese stellen muß, heißt „wer spricht?" *(quis dicit/loquitur?)*, die allerdings so in der profanen Literatur nicht, bei Augustinus jedoch öfter in dieser Form gestellt wird[77]. Die Antwort darauf nennt die *persona loquens/dicens* und eröffnet die Exegese *ex persona alicuius*.

In der profanen Latinität ist auch dieser Ausdruck *persona dicens* überhaupt nicht, *persona loquens* bzw. *persona qui loquitur* lediglich einmal, bei den Grammatikern, zu finden. Die *Explanatio in Donatum*

---

[73] S. u. Anm. 74 und En Ps 74,4 (CCL 39,1027,12–33); 138,2 (CCL 40,1990,1 – 1991,40).

[74] En Ps 138,21 (CCL 40,2005,1–6): *loquitur enim, ut iam commendavi, Christus. sed multa dicta sunt ex persona corporis; audi et ex persona capitis; et non quasi distinguit, ut inducat ipsas personas, modo caput, modo corpus. si enim distinguit, quasi dividit; non erunt duo in carne una; noli mirari si duo sunt in voce una.* Ebenso En Ps 40,1 (CCL 38,447,6–15); 142,3 (CCL 40,2061,31 f.). Vgl. auch SCHOLZ 300–303 und u. S. 73 f.

[75] En Ps 58,1,2 (CCL 39,730,1–731,32); 138,2 (CCL 40,1990,1–1991,40); 140,3 (2027,27–31).

[76] Doctr chr 3,11,17 (CCL 32,88,1–3).

[77] En Ps 39,5 (CCL 38,428,2).

definiert die drei *genera dictionum*: „Dramatisch ist, wo die Personen allein sprechen, ... dihegematisch, wo der Dichter allein spricht, ... gemischt, wo sowohl der Dichter als auch die Person spricht."[78]

Bei Augustinus kommt dieser Ausdruck insgesamt siebenmal vor. Immer ist es der Anfang oder das Ende der Exegese zur Bestimmung bzw. zum Resümee der sprechenden Person. Dreimal ist es die Antwort auf die direkt formulierte Frage *„quis dicit?"*[79]. Fast ausschließlich verwendet Augustinus diesen Ausdruck bei der Psalmenexegese. So bestimmt er für die Psalmen 9, 39 und 140 Christus als die sprechende Person[80], für Psalm 44,2 („meinem Herzen entströmt Lobgesang") Gott Vater[81], für Psalm 118 die Kirche[82], für Psalm 42,5 („was bist du so traurig, meine Seele, und bist so unruhig in mir?") den Geist *(mens)* des Menschen, der zur Seele spricht[83]. In *Gen* 34,8 ist es Hamor, der Vater Sychems, der Dina vergewaltigt hat, der nun für seinen Sohn um Dina wirbt[84].

An diesen Stellen sind gut die verschiedenen Stufen grammatischer Exegese abzulesen. Bei *Gen* 34,8 steht im Bibeltext dabei „Hamor sprach zu ihnen". Die Bestimmung des Subjektes ist also eine reine Schulfrage. Das Subjekt ist wörtlich klar, es wird kein tieferer Sinn gesucht. In *Ps* 42,5 ist das Subjekt nicht genannt, ist aber aus dem Satz implizit klar. Nur der Leib oder der Geist des Menschen kann so zur Seele sprechen. Die übrigen Auslegungen aber ersetzen das natürliche grammatische Subjekt durch ein Subjekt des tieferen allegorischen/ typologischen Sinnes.

B. DAS *APTUM/INEPTUM*

Das entscheidende Kriterium zur Beantwortung der Grundfrage nach der sprechenden Person wie für die oben genannten Regeln ist die Bestimmung dessen, zu welcher Person die Aussage/Handlung dem Inhalt wie der Form nach paßt *(cui aptum, conveniens, congruens etc.)*. In diesem Kriterium decken sich grammatische Exegese und Rhetorik, die ebenfalls dem Redner vorschreiben muß, seine Rede den auftretenden und beteiligten Personen gemäß zu gestalten[85]. So stellt Quintilian

---

[78] Explan in Don 1 (GL IV 487,16–21): *dramaticos est, ubi personae solae loquuntur, ...diegematicos est, ubi solus poeta loquitur, ...mictos est, ubi poeta loquitur et persona.*
[79] S. o. Anm. 77.
[80] En Ps 9,4 (CCL 38,59,1 f.); 39,5 (428,2 f.); 140,3 (CCL 40, 2027,3).
[81] En Ps 44,4 (CCL 38,496,2 f.).
[82] En Ps 118,32,7 (CCL 40,1775,1 f.).
[83] En Ps 42,6 (CCL 38,478,7–33).
[84] Qu Gen 117,5 (CCL 33,44,1499–1501).
[85] Vgl. LAUSBERG II 648; MARTIN 250.

fest: „Es ist von gleicher Wichtigkeit, die Rede den Orten, Zeiten und Personen anzupassen" (*inst* 6,5,11)[86]. Und Cicero schreibt: „Wenn wir auf diese Weise sorgfältig achtgeben, erkennen wir, daß diese unter sich stimmig sind, was die Attribute der Tätigkeiten und was die Attribute der Personen sind (*inv* 2,13,44)[87]. Das gleiche gilt für die Grammatiker: „Und sie (sc. die *fabula*) wird wahrscheinlich, wenn die Dinge, die den Subjekten zukommen, den Personen passend wiedergegeben werden" (Priscianus)[88]. „Sie (sc. die *allocutio*) soll aber einen den vorgestellten Personen angemessenen Stil haben."[89]

Synonym mit dem Ausdruck *personae aptum* sind die Formulierungen *congruere*[90], *congruens*[91], *convenire*[92], *conveniens*[93], *decet*[94], *dignum*[95], *proprium*[96], *proprietas personae*[97]. Fast alle diese Ausdrücke gebraucht auch Augustinus als Kriterien der Personbestimmung in der Exegese und einige darüber hinaus: *accommodatius*[98], *aptum*[99], *congruens*[100], *non incongrue*[101], *non incongruenter*[102], *congruere personae*[103], *convenienter*[104], *non inconvenienter*[105], *convenire personae*[106], *proprium*[107].

Die inhaltliche Füllung dieser formalen Kriterien, was also welcher Person aufgrund welcher Eigenschaften, Umstände oder Doktrinen passend ist, ist im einzelnen vielfältig und braucht hier nicht entfaltet zu

---

[86] *Aptare etiam orationem locis, temporibus, personis est eiusdem virtutis.*
[87] *Hoc modo si diligenter attendamus, apta inter se esse intellegimus haec, quae negotiis, et illa, quae personis sunt adtributa.* Weitere Stellen: CIC Att 9,11A,1; de orat 3,15,53; off 34,125; orat 22,74.
[88] PRISC rhet 2 (GL III 430,11): *et fit verisimilis, si res quae subiectis accidunt personis apte reddantur.*
[89] PRISC rhet 28 (GL III 438,19).
[90] CIC de orat 3,55,210; QUINT inst 4,2,89; 11,1,4.
[91] DIOM gramm 1 (GL I 379,28).
[92] CIC off 28,98; QUINT inst 1,8,17; 3,8,51.
[93] QUINT inst 11,3,180.
[94] CIC off 28,97–98; QUINT inst 10,3,15.
[95] CIC inv 2,58,176; off 27,97; 28,97.
[96] MAR VICTORIN rhet 1,24 (RLM 214,33; 215,2.5).
[97] PRISC rhet 28 (GL III 438,9).
[98] En Ps 44,8 (CCL 38,500,4).
[99] En Ps 2,2 (CCL 38,4,3).
[100] Ep 82,14 (CSEL 34/2,363,23).
[101] Gn c Man 15,38 (PL 34,15,38).
[102] Trin 2,17,28 (CCL 50,117,1).
[103] Conf 3,7,13 (CCL 27,34,47); doctr chr 4,6,9 (CCL 32,122,11); 4,7,21 (131,252); ep 47,5 (CSEL 34/2,135,5); 56,2 (214,11).
[104] Qu Eu 2,33 (PL 35,1347,34).
[105] Trin 1,8,16 (CCL 50,50,72).
[106] Ciu 17,14 (CCL 48,579,33); c Iul 2,50 (CSEL 85/1,199,5); diu qu 53,2 (CCL 41 A,87,55); doctr chr 3,12,19 (CCL 32,89,1); trin 15,3,5 (CCL 50 A,468,3); 15,25,45 (524,33).
[107] En Ps 140,3 (CCL 40,2027,31); trin 6,10,11 (CCL 50,241,2); 8 pr 1 (268,2).

werden. Sie ist zum Teil in den schon oben behandelten Regeln der grammatischen Exegese Augustins enthalten und wird im übrigen bei der folgenden detaillierten Darstellung des Vokabulars der Person-Exegese deutlicher werden.

VI. DAS VOKABULAR DER PERSON-EXEGESE AUGUSTINS

Das Vokabular der Person-Exegese Augustins läßt sich in drei Gruppen gliedern:

A. Interpretationsanweisungen an den Leser/Hörer. In ihnen wendet sich der Autor (Augustinus) direkt an den Adressaten der Schrift/ Rede, um ihm deutlich zu machen, wie er den besprochenen Text zu verstehen habe.

B. Die zweite Gruppe bilden die Ausdrücke, die die Technik der Autoren der auszulegenden (Bibel-)Texte beschreiben.

C. Die dritte und größte Gruppe bilden die Ausdrücke, die die Handlungen und Äußerungen der Personen des Textes selbst sozusagen von innen heraus beschreiben.

A. INTERPRETATIONSANWEISUNGEN AN DEN LESER / HÖRER

1. *PERSONAS DISCERNERE / DISCRETIO PERSONARUM / PERSONAE DISCRETAE*

Diese Ausdrücke sind in der profanen Latinität ausschließlich Ausdrücke der Grammatik. Sie werden zur Beschreibung von Wortformen verwendet, ob sich in ihnen die grammatische Person unterscheiden läßt oder nicht. Dies gilt vor allem für das Verb, dessen Formen, abgesehen vom Infinitiv und Partizip, immer die grammatische Person unterscheiden. So definiert Priscianus das Partizip im Gegensatz zu den anderen Verbformen: „Das Partizip ist also der Teil der Rede, der wie ein Verb verstanden wird, aus dem es auch natürlicherweise abgeleitet wird; es hat Genus und Kasus wie das Nomen und vom Verb die Akzidentien, aber ohne Unterscheidung der Person und der Modi."[108] Ähnlich der Kommentar zu Donatus: „Es gibt auch den Infinitiv, wo nicht die Person unterschieden wird, noch der Numerus."[109] Neben dem Verb ist es die

---

[108] PRISC gramm 11,8 (GL II 552,18–20): *participium est igitur pars orationis, quae proverbo accipitur, ex qua et derivatur naturaliter, genus et casum habens ad similitudinem nominis et accidentia verbo absque discretione personarum et modorum.*

[109] Explan in Don 1 (GL IV 504,10): *est etiam infinitivus, ubi non discernitur persona nec numerus.*

Eigenschaft des Personalpronomens, die grammatischen Personen zu
unterscheiden und zum Verb hinzutretend die Person zu betonen:
„Wenn wir aber die Verschiedenheit einer Sache betonen wollen, fügen
wir ein Pronomen hinzu, dessen Eigenschaft es ist, die Personen zu
unterscheiden … wie ‚*ich* bin zwar dort gewesen, *du* aber nicht‘“.[110]

Augustinus verwendet diese Ausdrücke in seinen Werken in diesem
grammatischen Sinne nicht. Einmal gebraucht er *discernere personam* in
juridisch/rhetorischem Sinn, als er in Auseinandersetzung mit Julian
von Eclanum diesem entgegenhält, er könne nicht Gott und die
Menschen als Richter mit dem gleichen Maßstab messen, sondern müsse
Personen und Fälle *(causae)* unterscheiden.[111]
Im übrigen sind die Ausdrücke *personas discernere* etc. trinitätstheologische Termini für Augustinus. In derselben Schrift *(c Iul imp)* wirft er
Julian vor, daß „wie die Arianer, während sie die Sabellianer fliehen, in
Schlimmeres verfallen sind, weil sie gewagt haben, nicht die Personen,
sondern die Naturen der Trinität zu unterscheiden: so die Pelagianer.
Während sie die Pest der Manichäer im Gegenteil zu meiden suchen,
kommen sie zu der Überzeugung, über die Frucht der Ehe noch
Verderblicheres zu glauben als selbst die Manichäer, indem sie glauben,
daß die Kinder Christus als Arzt nicht brauchen.“[112] Neben dieser
Beschreibung der arianischen Häresie (Unterscheidung der Naturen
statt der Personen), betont Augustinus als Gegensatz zur Unterschei-
dung der drei göttlichen Personen die Einheit Gottes, was ja das
Grundproblem aller Trinitätstheologie ist: „du bittest, daß ich das
Problem der Trinität, das heißt die Einheit der Gottheit und die
Unterscheidung der Personen vorsichtig und klug erörtere“[113]; „die
allerhöchste Dreifaltigkeit ist, trotz der bleibenden Unterscheidung der
Personen, ein Gott“[114]. Wenn nun auch, wie man sieht, die Ausdrücke

---

[110] PRISC gramm 17,88 (GL III 157,8–13): *sin autem alicuius rei discretionem volumus
manifestare, addimus pronomen, cuius proprium est discernere personas…ut ‚ego quidem
affui, tu vero non‘.*
Vgl. weiterhin GL III 12,22; 118,17.20.25.26; 119,4; 140,1.8.10.11; 149,27; 199,11; 200,14.
IV 504,13.16.19.21.

[111] C Iul imp 3,34 (CSEL 85/1,374,33). Zur Unterscheidung von *persona* und *causa* im
juridischen Sprachgebrauch s. u. S. 98–101.

[112] C Iul imp 5,25 (PL 45,1463,1–7): *sicut Ariani dum Sabellianos fugiunt, in peius
aliquid inciderunt, quia Trinitatis ausi sunt non personas discernere, sed naturas: ita
Pelagiani dum Manichaeorum pestem in perversum vitare conantur, de nuptiarum fructu
ipsis Manichaeis convincuntur pernociosiora sentire, credendo parvulos Christo medico
non egere.* Wörtlich nochmals in nupt et conc 2,23,38 (CSEL 42,292,22–293,3).

[113] Ep 120,1,2 (CSEL 34/2,705,18–20): *quod autem petis, ut quaestionem trinitatis, hoc
est de unitate divinitatis et discretione personarum discutiam…*Vgl. weiterhin ep 119,4
(CSEL 34/2,701,14); trin 1,7,28 (CCL 50 A,571 app).

[114] C adu leg 2,11,37 (PL 42,662,24):*…summa trinitas manente personarum discretione
unus est deus.*

personas discernere etc. in der Trinitätstheologie Augustinus keinen direkten grammatischen Kontext aufweisen, ist dennoch nicht auszu-schließen, daß Augustinus sie in diesem Zusammenhang deswegen gebraucht, weil sie ihm von seiner Schulbildung her vertraut sind.

2. *PERSONAS DISTINGUERE / DISTINCTIO PERSONARUM*

Synonym mit *personas discernere* ist der Ausdruck *personas distin-guere.* In den profanen Texten ist er jedoch kein Begriff der Grammatik, sondern ist überhaupt nur zweimal nachzuweisen: in rhetorischem Kontext bei Cicero (*de orat* 2,80,328): „aber auch die *narratio* besitzt Festlichkeit, wenn sie durch Personen variiert *(personis distincta)* und Reden aufgelockert wird"; im Kontext der Dichtung bei Vitruv (5 *pr* 1): „Die Metren und Versfüße der Gedichte und Gesänge aber, sowie die elegante Anordnung der Worte und Sätze zwischen verschiedenen Personen, der Vortrag der Verse üben ihre Reize auf die Sinne der Leser aus."

Augustinus verwendet die Ausdrücke *personam distinguere/distinctio personarum* weitgehend synonym zu *personam discernere* etc. und im gleichen Kontext, der Trinitätslehre. An allen Stellen ist aber ein exegetisch-grammatischer Kontext festzustellen.

Zweimal stellt Augustinus die Frage, ob bei den Erscheinungen Gottes im Alten Testament einmal der Vater, einmal der Sohn und einmal der Heilige Geist erscheint, oder ob es einfach der eine Gott ohne Unterschied der Person ist, der aus den Engeln spricht[115]. Es geht hier also um die grundlegende Frage der *persona loquens.*

Daß auch die Entwicklung von der Exegese zur Trinitätstheologie geht und nicht etwa das Trinitätsmodell zur Interpretation der Bibel dient, zeigt eine spätere Stelle in *De trinitate*[116]. Dort interpretiert Augustinus *Gen* 1,26 „wir wollen einen Menschen machen nach unse-rem Bild und Gleichnis" und erörtert vom Plural des Verbs ausgehend Einheit und Verschiedenheit der göttlichen Personen.

Noch deutlicher wird dies im Johanneskommentar Augustins, da dort jeder systematische Ansatz, wie er in *trin* von der Themenstellung her gegeben war, fehlt. Augustinus erklärt *Jo* 8,16 „und wenn ich richte, ist

---

[115] Trin 2,18,34 f. (CCL 50,125,55–126,62): *visus est dominus Abrahae, non unus aut duo sed tres apparuerunt viri (Gen* 18,1–3: Mamre)*…primus quaerere instituimus utrum pater an filius an spiritus sanctus; an aliquando pater, aliquando filius, aliquando spiritus sanctus; an sine ulla distinctione personarum sicut dicitur deus unus et solus (Jo* 17,3)*, id est ipsa trinitas, per illas creaturae formas patribus apparuerit.* Ebenso: trin 2,7,13 (97,20); 3,11,26 (157,184).

[116] Trin 7,6,12 (CCL 50,267,175).

mein Gericht wahr, weil ich nicht allein bin, sondern ich und der mich gesandt hat, der Vater" im Gegensatz zu den Sabellianern[117]: „damit du nicht eine Person verlierst, unterscheide die Personen!" Er belegt dies mit der grammatischen Erklärung von *Jo* 10,30 „ich und der Vater sind eins". *Unum* als Singular zeige die Einheit von Vater und Sohn, der Plural *sumus* die Verschiedenheit. Ebenso sind *Jo* 14,23 „wir werden zu ihm kommen und bei ihm Wohnung nehmen" die drei Personen der Gottheit im Plural *wir* zu unterscheiden[118]. Auch in *Jo* 17,12 „solange ich bei ihnen war, habe ich sie bewahrt in deinem Namen" sind Sohn und Vater als Sprecher und Angesprochener zu unterscheiden[119].

Diese Stellen zeigen, wie Augustinus aus der Person-Exegese die dogmatischen Erklärungen der Personen der Trinität schöpft. Da die Ausdrücke *personas distinguere* und *personas discernere* synonym gebraucht werden, lassen sie auch vermuten, daß auch *personas discernere*, obwohl dort kein exegetischer Kontext nachweisbar war, aus der Grammatik und der Person-Exegese von Augustinus in die Trinitätstheologie übernommen wurde.

In rein trinitätstheologischem Sinn ohne exegetischen Kontext gebraucht Augustinus den Ausdruck *distinctio personarum* schließlich in *sermo* 52 (a. 410–412)[120]. Er stellt die Verschiedenheit der Personen Gott Vaters und des Sohnes ihrer einheitlichen Wirksamkeit als Gott gegenüber. Zwar sei nicht der Vater, sondern der Sohn geboren worden, und nicht der Vater, sondern der Sohn habe gelitten, Geburt und Passion seien aber als Vorgänge von Vater und Sohn als einem Gott bewirkt worden.

Noch zweimal verwendet Augustinus *personas distinguere*; beidemale in der Exegese, aber mit etwas anderem Sinn. Bei *Jo* 10,11 (Gleichnis vom Guten Hirten) macht er darauf aufmerksam, alle *personae* (Rollen) Christi in diesem Gleichnis zu unterscheiden, als Hirt, als Tür, als Weg usw.[121] Bei der Auslegung von *Lev* 18,16 („du sollst die Scham der Frau deines Bruders nicht aufdecken; es ist die Scham deines Bruders") geht es um die Frage, warum die Personen des Hauses *(personae domesticae)* durch das Gesetz besonders unterschieden werden, wo es doch das allgemeine Gebot gibt, nicht die Frau des anderen zu begehren[122]. Hier ist *persona* eher synonym mit *homo*, aber eben nur aus dem Blickwinkel des Gesetzes, als Objekt des Gesetzes.

---

[117] Io eu tr 36,9 (CCL 36,329,12).
[118] Io eu tr 94,5 (CCL 36,564,17).
[119] Io eu tr 107,6 (CCL 36,615,17).
[120] S 52,5,14 (PL 38,359,45). Vgl. VERBRAKEN 65.
[121] Io eu tr 46,1 (CCL 36,398,9).
[122] Qu Leu 61 (CCL 33,218,1546).

3. *PERSONAE DIVERSAE / DIVERSITAS PERSONARUM*

Für diese Ausdrücke gilt zunächst dasselbe wie für *personas discernere* etc. Sie gehören zur Grammatik und bezeichnen die verschiedenen Personen des Verbs u.ä.[123]

Bei Augustinus hat jedoch *diversitas personarum* weder grammatische noch theologische Bedeutung. Das einzige Mal, wo von der „Verschiedenheit der göttlichen Personen" die Rede ist, handelt es sich um ein Zitat aus dem *Thesaurus* der Manichäer[124]. Im übrigen ist es die Verschiedenheit der Menschen, die Augustinus damit ausdrückt[125].

4. *PERSONAS / EX-IN PERSONA INTELLEGERE*

ist wie das Folgende, damit synonyme *a-ad-de-ex-in persona accipere* eine Anweisung an den Leser/Hörer, wie er den vorliegenden Text zu verstehen habe. Es ist kein Ausdruck der profanen Latinität, bei Augustinus jedoch insgesamt 28mal bei der Auslegung verschiedenster Bibelstellen und in verschiedenstem Kontext zu finden. Möglicherweise sind diese Wendungen von Augustinus selbst geprägt, wahrscheinlicher scheint jedoch, daß sie durchaus schon vor ihm Termini der – auch profanen – Exegese waren, uns nur nicht als solche überliefert sind. Vornehmlich verwendet Augustinus sie in seinen Werken *en Ps* und *trin*. Dies ist für *en Ps* als ein exegetisches Werk sofort einsichtig, bei *trin* zeigt es jedoch, wie sehr seine an sich dogmatischen Werke von der Exegese durchdrungen sind.

In der allgemeinen Exegese verwendet Augustinus *personam intellegere* zur Auslegung von:
- *1 Kön 3,16–27:* Bei Salomos Urteil zwischen den beiden Frauen über ihr Kind ist die eine, die ihr Kind verloren hat und jetzt das der anderen haben will, als das jüdische Volk zu interpretieren. Die zweite Frau, der das lebende Kind gehört und der es auch zugesprochen wird, verkörpert die Heidenvölker[126]. Der dahinterstehende,

---

[123] GL II 102,20; 175,11. III 45,19; 160,29; 165,1; 178,8; 181,6; 184,2; 197,2.24; 199,1; 204,12; 206,22. Außerdem: HYG apud GEL 10,16,15.

[124] Nat b 44 (CSEL 25,883,24).

[125] C ep Pel 2,7,14 (CSEL 60,475,9–11): *nec personarum nec meritorum diversitas hoc fecerunt, quid restat, quantum ad baptizatum adtinet, nisi gratia dei...*Ep 11,26,1 (CSEL 88,69,10–12): *mittere epistolam iubeat, per quam et provinciarum et personarum et dogmatum diversitas declarata diversam doceat proferri debere sententiam.* Ep 138,1,4 (CSEL 44,129,11); ep 153,21 (CSEL 44,421,6).

[126] S 10,2 (CCL 41,154,52).

aber nicht ausdrücklich erläuterte Gedanke sieht in dem Kind den
Glauben, der bei den Juden tot ist, bei den Heiden aber lebendig und
ihnen auch rechtmäßig zugesprochen wird.

– *Ez 14,13–14:* „Wenn der Herr das Schwert auf die Erde sandte, auch
  wenn in ihrer Mitte Noe, Daniel und Iob wären, würden sie ihre
  Söhne und Töchter nicht retten; sondern allein sie selbst würden
  gerettet." Noe bedeutet wegen seiner Leitung der Arche die Leiter
  der Kirche, Daniel verkörpert das beschauliche Leben in Ehelosig-
  keit, in der Person Iobs ist der zu erkennen, der zwar die Güter der
  Welt besitzt, sich aber in der Versuchung bewährt. Insgesamt stellen
  sie also die drei verschiedenen Arten der Menschen dar[127].
– *Lk 15,29:* Der Ausspruch des älteren Sohnes zum Vater im Gleichnis
  vom verlorenen Sohn „mir hast du nie ein Böcklein gegeben, um mit
  meinen Freunden zu feiern" ist entweder vom Volk her zu interpretieren, das zu seinem Fürsten spricht, oder von den Juden her, die
  zum Volk Jerusalems sprechen[128].
– *1 Kor 9,19–22:* In dem Satz Pauli „allen bin ich alles geworden" sind
  vier Personen zu erkennen: die Juden, die unter dem Gesetz Stehenden, die ohne Gesetz und die Schwachen. Dazu kommt nach *1 Kor
  2,6* („wir reden Weisheit unter den Vollkommenen") eine fünfte
  Person, die Paulus verkörpert: die Vollkommenen[129].

Am häufigsten sind es christologische Deutungen, die Augustinus mit
personam intellegere vorstellt:
– *Gen 37,10:* Jakob zu seinem Sohn Joseph über seinen Traum
  „kommen ich und deine Mutter und deine Brüder, um dich auf der
  Erde zu verehren?" muß von Christus gesagt verstanden werden, da
  diese Worte im eigentlichen Kontext nicht passen. Die Mutter
  Josephs ist nämlich schon tot, kann also nicht mehr kommen, um ihn
  auf der Erde zu verehren. Von Christus her ist der Satz aber sehr gut
  zu verstehen, da ihm ein Name gegeben ist, der alle Namen übertrifft
  (*Phil 2,9f.*)[130].
– *Ex 33,20–23:* „Du kannst nicht mein Angesicht sehen, ... wenn ich
  vorübergegangen bin, wirst du meinen Rücken sehen" interpretiert
  Augustinus zweimal christologisch. Zunächst in *trin:* Der Rücken
  (posteriora) bedeutet die Menschwerdung *(caro)* Christi wegen der
  Sterblichkeit *(propter posteritatem mortalitatis)*, die er am Ende der
  Zeiten auf sich nimmt[131]. In *en Ps 138* vom 27./29. Dezember 412[132]

[127] En Ps 132,5 (CCL 40,1929,1–1930,31).
[128] Qu Eu 2,33 (PL 35,1348,8f.).
[129] C adu leg 2,2,3 (PL 42,638,35–639,1).
[130] Qu Gen 123 (CCL 33,48,1630–1640).
[131] Trin 2,17,28 (CCL 50,117,1–6).
[132] Vgl. ZARB 173f. = CCL 38,XVII, 96.

ist die Deutung einfacher: Christus ist derjenige, der spricht, da er ebenso unsichtbar ist wie sein Vater[133].

- *Ps 16* ist als ganzes *in persona dominici hominis* zu verstehen, d. h. also gesprochen von Christus als Mensch[134], was dann natürlich auch für Vers 13 gilt („rette, Herr, mein Leben vor den Bösen, den Speer deiner Hand vor den Feinden"), aber von Augustinus nochmals betont wird[135].
- *Ps 31,4* „Tag und Nacht liegt auf mir deine Hand" spricht Christus zu den Juden, die ihn bedrängen, wobei der Tag seine Wunder andeutet, die ihn bezeugen, die Nacht seinen Tod[136].
- *Jo 3,28* „wie mich der Vater gelehrt hat, das spreche ich" ist wiederum von Christus als Mensch her zu verstehen, denn der Sohn braucht als Gott ja nicht belehrt zu werden[137].
- *Ro 1,4:* Wenn Paulus hier mehrfach vom Sohn Gottes spricht, ist immer ein und dieselbe Person Christi zu erkennen[138]. In dieser Interpretation verschwimmen exegetische und dogmatische Bedeutung des Wortes *persona*. „*Non cogimur intellegere aliam personam sed unam eandemque, scilicet filii dei domini nostri Iesu Christi*" formuliert Augustinus. Gewiß ist es eine Interpretationsanweisung zur Exegese, welche (sprechende) Person zu erkennen ist. Dennoch geht die Betonung der „einen und selben Person" Christi darüber hinaus. Sie spricht in der Terminologie der *una persona Christi*, was auch von daher nicht verwundert, wenn man bedenkt, daß Buch 12 von *trin* wohl im Jahre 412 geschrieben wurde[139], also zur selben Zeit, in der Augustinus die Formel der *una persona Christi* neu entdeckt[140]. Wesentlich zu sehen ist aber der exegetische Zusammenhang und die exegetische Terminologie, die zur Erklärung der Formel heranzuziehen ist.

Aus der Christologie folgt aufgrund der Theologie des *Christus totus* ganz natürlich die ekklesiologische Deutung der Schrift. Und auch hier ist wieder dieser Übergang von Exegese zu Dogmatik zu beobachten. Augustinus deutet *Ps 61,4* „tötet alle" von der Kirche, dem Leib Christi her, und ausgehend von dieser Stelle entwickelt er seine Theologie des *Christus caput et corpus*[141]. Die Exegese dieser Stelle ist also Anlaß und Grundlage der dogmatischen ekklesiologischen Entfaltung.

---

[133] En Ps 138,8 (CCL 40,1995,43).
[134] En Ps 7,20 (CCL 38,49,1).
[135] En Ps 7,13 (CCL 38,45,11).
[136] Trin 2,17,31 (CCL 50,121,91).
[137] En Ps 118,22,3 (CCL 40,1738,24–34).
[138] Trin 12,6,7 (CCL 50,362,51–58).
[139] Zur Chronologie von *trin* vgl. u. S. 119 Anm. 187.
[140] S. u. S. 169–171.
[141] En Ps 61,4 (CCL 39,773,3 f.).

Nach traditionellem allegorischem Schema werden zwei weitere
Stellen durch *personam intellegere* ekklesiologisch gedeutet:
- *Cant 1,10–11:* „Wir wollen Bildchen von Gold für dich machen mit
  Mustern von Silber, solange der König bei seiner Tafelrunde weilt."
  So sprechen die Engel zur Braut, d. h. der Kirche, solange Christus
  noch verborgen ist[142].
- *Mt 15,28* (Heilung der Tochter der kanaanäischen Frau): Die Frau
  verkörpert entweder die Heiden, die Christus rettet, ohne daß er zu
  ihnen kommt, oder aber die Kirche, deren Kinder auf ihre Bitten hin
  gerettet werden[143].

Als letzte sind nun die trinitarischen Deutungen vorzustellen. War
zuvor zu bemerken, wie bisweilen exegetische Terminologie in dogmatische übergeht, muß man hier sagen, daß alle trinitätstheologischen
Deutungen mit dem Terminus *personam intellegere* dogmatischen Charakter haben, ob sie nun dogmatischen *(trin)* oder exegetischen Werken
(en Ps, Gn litt, qu Deut) entnommen sind. Trinitarisch gedeutet werden:
- *Gen 1,7:* Gemäß der oben genannten Regel, daß der im Schöpfungsbericht Sprechende der Vater, der Handelnde der Sohn ist[144], sind
  die Worte „es entstehe ein Firmament – und Gott machte ein
  Firmament" einerseits von der Person des Vaters, andererseits von
  der Person des Sohnes zu interpretieren[145].
- *Gen 1,26:* Etwas anders sind die Worte „er machte den Menschen
  nach seinem Bild" zu deuten. Hier ist die Trinität als Subjekt zu
  verstehen, da es vorher hieß „laßt *uns* den Menschen machen"[146].
- *Gen 19,17–19:* Hier ist das grammatische Problem zu lösen, warum
  Lot die zwei Engel, die ihn aus Sodom führen, im Singular anspricht:
  „*Rogo, Domine*". Die Lösung kann nur heißen: die zwei Engel sind
  die zwei Personen des Vaters und des Sohnes, da aber Gott nur einer
  ist, redet sie Lot im Singular an[147].
- *Prov 31,2* spricht der Vater zum Sohn „Erstgeborenen nenne ich
  dich, Sohn". Es sind also zwei Personen der Trinität Subjekt und
  Objekt des Satzes[148].
- Zu *Ps 44,2* stellt Augustinus die „Schulfrage": „Wer spricht? Der
  Vater oder der Prophet?", wenn gesagt wird „meinem Herzen
  entströmt Lobgesang". Antwort: Der Vater, der von der Zeugung

---

[142] Trin 1,8,16 (CCL 50,50,72).
[143] Qu Eu 1,18 (PL 35,1327,10–17).
[144] S. o. S. 23.
[145] Gn litt 2,6 (CSEL 28/1,40,20).
[146] Trin 12,6,7 (CCL 50,362,60).
[147] Trin 2,11,22 (CCL 50,109,29–39).
[148] Qu Deut 23 (CCL 33,290,526).

seines Sohnes spricht. Dieser Exegese schließt sich dann ein langer theologischer Exkurs über die Personen der Trinität an[149].

An zwei weiteren Stellen verwendet Augustinus *personam intellegere* in dogmatischer Bedeutung bei exegetischem Zusammenhang, ohne daß dies jedoch an einer einzelnen Bibelstelle festzumachen wäre[150]. Man sieht aber an den vorgestellten Beispielen recht deutlich, wie in trinitätstheologischem Kontext zwar die Fragen immer exegetischer Natur sind, die Ausdrücke *persona patris, filii, trinitatis* exegetische Bedeutung haben, indem sie das grammatische Subjekt oder Objekt der Sätze sind. Gleichzeitig aber sind diese Wendungen dogmatische trinitätstheologische Termini.

5. *A-AD-DE-EX-IN PERSONA(M) ACCIPERE*

Mit *personam intellegere* synonym sind die Ausdrücke *a-ad-de-ex-in persona(m) accipere* „in-von einer Person her annehmen". Auch sie sind in der profanen lateinischen Literatur nicht zu finden, Augustinus gebraucht sie jedoch insgesamt 22mal in verschiedenem Kontext, vor allem in den *en Ps*. Davon zu unterscheiden ist allerdings *personam accipere*, der ein Terminus der juridischen Sprache ist[151].

In der allgemeinen Exegese werden von Augustinus folgende Bibelstellen ausgelegt:
– *Ps 2* ist als von denen gesagt zu verstehen, die in Vers 1 angeredet werden „was schmieden die Völker nichtige Pläne"[152].
– *Ps 4* ist von den an Christus Glaubenden her zu interpretieren[153].
– *Ps 44,2–3* „meinem Herzen entströmt Lobgesang", das in derselben Erklärung erst kurz zuvor als vom Vater zum Sohn in der Freude über dessen Zeugung gesprochen verstanden wurde[154], wird hier jetzt als vom Propheten gesagt interpretiert[155].
– *Ps 72,22–23* „wie das Vieh bin ich bei dir, und ich bleibe immer bei dir" ist *ex persona* der Synagoge gesprochen[156].
– *Mt 27,9–10* zitiert nach Jeremias und Zacharias „die Söhne Israels nahmen den Preis und gaben ihn für den Töpferacker, wie es mir der

---

[149] En Ps 44,4 (CCL 38,496,1–497,35).
[150] Trin 2,10,18 (CCL 50,104,66); 2,15,26 (114,47).
[151] S. u. S. 88–94.
[152] En Ps 2,2 (CCL 38,4,3).
[153] En Ps 4,2 (CCL 38,14,19); 4,5 (16,5).
[154] Vgl. o. Anm. 149.
[155] En Ps 44,8 (CCL 38,500,4); 44,9 (500,2).
[156] Qu Eu 2,33 (PL 35,1347,34).

Herr aufgetragen hat". So steht dieses Zitat aber bei den Propheten nicht. Augustinus schließt daraus, daß man den Satz vom Evangelisten gesagt verstehen muß, der ihn so abgewandelt passend einfügt[157].

- *Ro 7,14* „wir wissen nämlich, daß das Gesetz geistig ist, ich aber fleischlich". Der Apostel Paulus will dies nicht nur von sich selbst, sondern von allen verstanden wissen, da alle in dieser Spannung stehen[158].

Christologisch interpretiert Augustinus die Psalmen 3 und 140:
- *Ps 3* zeigt schon in der Überschrift, wie er gedeutet werden muß: „Psalm Davids, als er vor seinem Sohn Absalom floh". Gemeint ist Leiden und Auferstehung Christi[159].
Schwierig ist jedoch Vers 5 zu verstehen „er erhörte mich von seinem heiligen Berg". Wenn er von Christus gesagt verstanden werden soll, müßte man interpretieren „er erhörte mich von mir selbst, gleichsam als seinem heiligen Berg, da er in mir wohnt, d. h. auf dem Berg selbst". Deswegen ist dieser Vers besser *(planius et expeditius)* so zu verstehen, daß Gott über seine Gerechtigkeit spricht, von der ja auch gesagt wird „deine Gerechtigkeit ist wie die Berge Gottes"[160].
Eine letzte Möglichkeit ist aber auch, Psalm 3 auf den *Christus totus* zu deuten[161].
- *Ps 140,3* „stelle, Herr, eine Wache vor meinen Mund" wird von Christus gesagt[162].

Ekklesiologisch (auf den *Christus totus*) deutet Augustinus
- *Ps 68,4* „mir sind die Augen ermattet vor Hoffen auf meinen Gott" kann nicht von der *persona capitis* verstanden werden, da Christus, in dem nicht nur Gott ist, sondern der selbst Gott ist, nicht so sprechen kann. Es muß daher von seinem Leib, der Kirche gesagt sein[163].
- *Ps 138,2* „du weißt, wann ich mich niedersetze und wann ich aufstehe" kann doppelt interpretiert werden:
ex persona capitis: dann bedeutet *sessio* das Leiden Christi, *resurrectio* seine Auferstehung;
ex persona corporis: dann bedeuet *sessio* die Erniedrigung des Menschen in der Buße, *resurrectio* seine Auferstehung in der Vergebung der Sünden[164].

---

[157] Cons eu 3,31,7 (CSEL 43,308,8).
[158] C ep Pel 1,10,17 (CSEL 60,440,1); vgl. retr 1,22,2 (CSEL 36,105,8).
[159] En Ps 3,1 (CCL 38,7,2).
[160] En Ps 3,4 (CCL 38,9,14–24).
[161] En Ps 3,9 (CCL 38,11,1).
[162] En Ps 140,3 (CCL 40,2027,11).
[163] En Ps 68,1,8 (CCL 39,908,2).
[164] En Ps 138,4 (CCL 40,1992,1–23).

- *Ps 141,5* „es vergeht die Flucht vor mir" ebenso:
  ex persona capitis: Christus ist für alle gestorben;
  ex persona corporis weist es auf die Martyrer hin, die für ihre Brüder leiden[165].
- *Job 24,9* „sie raubten die Waise von der Brust": Waisen und Witwen verkörpern die Person der Kirche[166].

In der trinitätstheologischen Deutung wiederholt Augustinus seine Auffassung, daß *Gen 1,26* von der Person der Trinität als Einheit her verstanden werden muß[167]. Weiterhin deutet er trinitarisch

- *Ps 44,2* „meine Zunge ist wie der Griffel des Schreibers" spricht Gott Vater. Das gesprochene Wort ist nämlich flüchtig, das niedergeschriebene dagegen beständig. Gottes Wort jedoch hat in sich Bestand wie die Schrift[168].
- *Mt 9,37* „die Ernte ist groß, aber es gibt nur wenige Arbeiter" spricht wiederum Gott Vater, der wegen des Mangels an geistlichen Gütern seinen Sohn in die Welt sandte[169].

Waren es bisher durchgehend rein exegetische Verwendungen der Ausdrücke *a-ad-de-ex-in persona(m) accipere,* ist zum Schluß wieder eine Interpretation vorzustellen, wo Augustinus aus der Exegese ein Stück seiner Christologie und Trinitätstheologie entwickelt. *Jo 16,13* „denn er spricht nicht aus sich selbst, sondern, was er hört, sagt er" ist vom Hl. Geist gesagt. Augustinus veranlaßt diese Stelle aber, einen theologischen Exkurs über die Erscheinungsform des Hl. Geistes als Taube (Personeinheit?) und die Personeinheit Christi als Gott und Mensch anzuschließen, sowie ihre Beziehung zum Vater zu erläutern[170].

Gleichbedeutend mit *in persona accipere* ist das Kompositum *in persona suscipere,* das im profanen Latein gar nicht, bei Augustinus nur ein einziges Mal vorkommt in der Auseinandersetzung mit Maximinus. Dieser vertrat die Meinung, daß *Jo 1,3* „Alles ist durch ihn geworden, und ohne ihn ist nichts geworden" nicht vom Hl. Geist verstanden werden kann, sondern nur vom Sohn. Augustinus entgegnet, daß der Geist ebenso wie der Vater und der Sohn Schöpfer ist, da er wie diese der eine Gott ist, der als Einheit schafft und wirkt[171].

---

[165] En Ps 141,11 (CCL 40,2053,15–2054,19).
[166] Adn Iob 24 (CSEL 28/2,559,2–4).
[167] C s Arian 16 (PL 42,695,34); s. o. Anm. 146.
[168] En Ps 44,6 (CCL 38,498,13–18).
[169] En Ps 11,6 (CCL 38,83,6).
[170] Io eu tr 99,1 (CCL 36,582,49–583,53). Vgl. u. S. 262f.
[171] C Max 2,17,1 (PL 42,783,6). Vgl. coll Max 2,17 (PL 42,734,40).

6. *IN PERSONA CONSTITUERE*

Eine letzte, allerdings nur dreimal verwendete, Formulierung einer Interpretationsanweisung an den Hörer/Leser ist *in persona constituere* „sich in der Person vorstellen". Auch dieser Ausdruck ist nicht klassisch und bei Augustinus ausschließlich in den Predigten zu finden. Er verwendet ihn in Verbindung mit *personam intellegere* bei der Deutung des salomonischen Urteils (*1 Kön* 3,16–27)[172]. Bei *Ez* 34,23 „sie wird mein Knecht David weiden" führt die Exegese zur trinitätstheologischen Aussage „Gott weidet, Vater, Sohn und Heiliger Geist". Davon zu unterscheiden ist allerdings die Gestalt des Knechtes, aber nicht „in eine andere Person zu stellen", da der Schöpfer das Geschöpf annimmt ohne Änderung[173]. An der dritten Stelle zeigt Augustinus, ohne sich direkt auf ein Bibelzitat zu beziehen, daß man sich in Johannes dem Täufer alle Stimmen vor ihm vereint vorzustellen hat[174].

B. BESCHREIBUNGEN DER TECHNIK DER AUTOREN

Die zweite Gruppe der grammatisch-exegetischen Person-Ausdrücke ist zahlenmäßig die kleinste. Zwar gehören zu ihr neun verschiedene Termini, sie kommen jedoch alle zusammen nur 26mal im Werk Augustins vor. Sie sind teils schon in der profanen Latinität vor Augustinus nachzuweisen, teils erst bei Augustinus zu finden.

1. *PERSONAM INDUCERE*

Personam inducere, „eine Person einführen", stammt wohl ursprünglich vom Theater: „eine Person auf der Bühne auftreten lassen", ist uns aber nur in der literarkritischen Betrachtung der Stücke erhalten. So beschreibt Sueton den Unterschied zwischen der niedrigen Komödie *(togata tabernaria)* und der Komödie *(comoedia)* darin, „daß in der Komödie der griechischen Art auch griechische Charaktere eingeführt werden, wie Laches oder Sostrata; in jener aber lateinische"[175]. Auch die Grammatiker verwenden diesen Ausdruck häufig so. Diomedes zitiert zwar Sueton, sieht aber den Unterschied zwischen *togata tabernaria* und *comoedia* auch in der verschiedenen *dignitas* der eingeführten Personen. Sind es in letzterer Könige und Heerführer, haben erstere

---

[172] S 10,2 (CCL 41,153,40–154,53). S. o. Anm. 126.
[173] S 47,20 (CCL 41,593,656).
[174] S 288,4 (PL 38,1306,45).
[175] Poet (15,10–13 Reifferscheid). Zitiert bei: DIOM gramm 3 (GL I 490,14–20).

niedere Personen zum Gegenstand[176]. Priscian erläutert Terenz und generell die *fabulae*[177].

Vom Theater und der Literarkritik/Grammatik geht *personam inducere* in die Rhetorik über. Cicero (*Cael* 15,35) spricht davon, in seine Rede eine „gewichtige Person eingeführt zu haben" *(gravem personam induxi)*, und stellt in *De inventione* (1,52,99) zur *enumeratio* fest: „du (kannst) dann aber eine Person oder Sache einführen und ihr die ganze *enumeratio* zuschreiben". Diesen Gebrauch nimmt der Rhetor Aquila auf, indem er Cicero *Cael* beschreibt und die dort (§ 33) eingeführte Person als Beispiel der Prosopopoiie nimmt[178].

Für Augustinus ist *personam inducere* im Anschluß an den grammatischen Gebrauch ein Terminus der Exegese (sechsmal).

Gegen die Pelagianer, die *Ro* 7,18 („ich weiß, daß in mir, das heißt in meinem Fleisch, das Gute nicht wohnt; es zu wollen liegt bei mir, das Gute aber ausführen kann ich nicht") als Beleg ihrer Gnadentheorie aufgrund der Willensentscheidung des Menschen sehen, argumentiert Augustinus: Paulus spricht hier nicht von sich selbst, sondern führt eine andere Person ein, die er allerdings auch nicht identifizieren kann[179].

Gegen Julian streitet er um die Auslegung von *Ro* 7,24f. „ich elender Mann, wer wird mich von dem Leibe dieses Todes befreien? Die Gnade Gottes durch Jesus Christus unseren Herrn." Julian schließt daraus, daß Paulus noch nicht unter der Gnade Gottes stehe, daß also die Vervollkommnung von ihm selbst abhänge, die Gnade folge. Augustinus bestreitet dagegen, daß Paulus hier eine Person einführe, die noch nicht unter der Gnade Christi stehe[180].

In *ciu* argumentiert er gegen die Stoiker, die die Existenz Gottes verneinen. Sie würden in Ciceros *De natura deorum,* auf die sie sich dabei stützen, (unberechtigterweise) die Person eines anderen für Gott einführen[181].

In *loc Gen* gestaltet sich die Auslegung von *Gen* 34,7 („und die Söhne Jakobs kamen vom Feld und, als sie hörten, wurden die Männer zornig ...") schwierig für Augustinus, weil keine explizite Person eingeführt wird[182].

Als letzter exegetischer Gebrauch des Ausdrucks *personam inducere* ist die Regel der ekklesiologischen Interpretation zu nennen, daß

---

[176] DIOM gramm 3 (GL I 489,23–30).
[177] PRISC gramm 8,101 (GL II 448,29); Terent 18 (III 426,1); rhet 2 (III 430,16).
[178] AQUILA rhet 3 (RLM 23,26).
[179] C ep Pel 1,8,13 (CSEL 60,433,11).
[180] C Iul imp 1,67 (CSEL 85/1,69,112).
[181] Ciu 5,9 (CCL 47,140,153).
[182] Loc Gen 125 (CCL 33,393,462).

Christus in den Psalmen als *caput et corpus* spricht und die Personen selbst einführt[183].

Schließlich verwendet Augustinus ihn einmal in nicht-exegetischem, sondern übertragenem Sinn, als er den Manichäern vorwirft, sie wollten die Person Manis unter die Zahl der Apostel einführen[184]. Hier gehört allerdings eher „*persona Mani*" als objektivierender Ausdruck für einfach „Mani" zusammen als *personam inducere*.

2. *PERSONAM INTRODUCERE*

ist ebenfalls ein Ausdruck der Rhetorik und der Literarkritik. Cicero (*Cael* 15,35) gebraucht ihn als das Einführen der Person in die Rede („warum habe ich eine so gewichtige Persönlichkeit eingeführt?"), also praktisch synonym mit *personam inducere*, was von Quintilian (*inst* 9,2,60) als Beispiel der Theopoiie angeführt wird. Seneca (*con* 2,4,9) verwendet ihn hingegen in literarischem Kontext. Er bezeichnet die Person eines Stückes, die dort als hart und rauh dargestellt (eingeführt) wird.

So übernahmen die Grammatiker diesen Terminus zur Texterklärung. Diomedes erklärt Horaz „daß nicht die vierte Person sich anstrengt zu reden". Die vierte Person auf der Bühne sei stumm. Aber die Lateiner hätten mehrere Personen in ihre Stücke eingeführt[185]. Gleiches gilt für Charisios bei der Erklärung des Terenz (*Eun* 1); die eingeführte Person stelle sich selbst zweifelnde Fragen[186].

Dieser Befund zeigt, daß *personam introducere* wohl wie *personam inducere*, mit dem es synonym gebraucht wird, ursprünglich ein Terminus des Theaters war und die Einführung, das Auftretenlassen einer Person auf die Bühne bezeichnete. Dies wird dann auf die Beschreibung des Stückes und literarischer Werke übertragen und schließlich auch auf die Rede. Es ist ein Ausdruck, der vom Kritiker her die Aktion des Autors beschreibt.

Augustinus verwendet *personam introducere* nur zweimal, beidemale in der Exegese. Wieder geht es um die Auslegung des Römerbriefes im Streit mit den Pelagianern. Ab *Ro* 7,7 sei Paulus selbst das Subjekt *(introducit personam suam)*, nicht jemand anderes, für den er spricht *(in se alium transfiguravit)*, wie die Pelagianer annehmen. D. h. sie wollen

[183] En Ps 138,21 (CCL 40,2005,2–4); s. o. Anm. 74.
[184] Util cred 7 (CSEL 25,10,7).
[185] DIOM gramm 3 (GL I 490,27–491,3).
[186] CHAR gramm 4 (372,5–10 Barwick).

als Subjekt den noch dem Gesetz unterworfenen Menschen sehen, nicht schon den durch die Gnade befreiten[187].

Im gleichen Kontext zitiert Augustinus aus den *Definitiones* des Caelestius[188], wo er seine eigene Person einführe, wie sie gleichsam mit einem anderen diskutiert[189].

Es scheint, als ob der Gebrauch der Termini *personam inducere* und *personam introducere* maßgeblich von der pelagianischen Kontroverse angeregt ist.

3. *EX-IN PERSONA PONERE*

Diese Ausdrücke kommen je zweimal bei Augustinus vor. Am wichtigsten ist dabei eine Stelle in *c Faust*. Augustinus stellt dort die zunächst rein grammatische Frage, warum der Heilige Geist in die dritte Person gesetzt wird. Faustus sieht nämlich die drei Namen des einen Gottes, Vater, Sohn und Hl. Geist, nur als Benennungen des einen ohne realen Unterschied. Augustinus verteidigt dagegen die Person-Dreiheit nach dem Grundsatz "soviele Namen, soviele Personen"[190].

Im übrigen sind es Termini der Exegese:
- *Mk 14,35–36:* Markus stellt die Geschehnisse am Ölberg *ex sua persona*, aus seiner Sicht dar, mit ihm selbst als Sprecher[191].
- *1 Tim 2,15* „Adam wurde nicht verführt, die Frau aber wurde verführt": Paulus stellt die Frau in die Rolle der Wirkerin des Fleisches *(operatricis carnis)*[192].

Ein mehr literarkritischer Gebrauch von *ex persona ponere* findet sich in *retr*. Augustinus bezieht sich dort auf seine Kritik an Pelagius in *pecc mer*, daß dieser seine Theologie nicht *ex sua persona* darlege, sondern andere für sich sprechen lasse[193].

---

[187] C ep Pel 1,8,14 (CSEL 60,435,9–13).

[188] Caelestius, geb. um 380, Anhänger des Pelagius, Verfasser einer Reihe theologischer Traktate. Die Reste seiner Schriften sind gesammelt bei MARIUS MERCATOR, Dissertatio V: PL 48,497–508. Reste der *Definitiones* (knapp gefaßte und mit Schriftstellen belegte theologische Sätze) aus den Schriften Augustins gesammelt bei MARIUS MERCATOR, Dissertatio VI: PL 48,617–622.
Vgl. zu seinem Leben und Werk A. JÜLICHER, Caelestius 2): PRE 3 (1897) 1251f.; SCHANZ IV/2,503f.; G. de PLINVAL/J. de la TULLAYE, n. 9, 17, 23: BAug 21 (1966) 588, 592f., 597; MARTINDALE II 247.

[189] Perf iust 7,16 (CSEL 42,13,14–16).

[190] C Faust 20,12 (CSEL 25,551,29–552,9): *ipse denique spiritus sanctus cur in tertia persona ponitur, cum sit inter innumerabiles?...in scriptis Fausti...ait: ‚igitur nos patris quidem dei omnipotentis et Christi filii eius et spiritus sancti unum idemque sub triplici appellatione colimus numen?' cur enim sub triplici ac non potius sub multiplici non appellatione tantum, sed etiam re, si quot nomina, tot personae sunt?*

[191] Cons eu 3,13,4 (CSEL 43,284,9).

[192] En Ps 83,7 (CCL 39,1151,42).

[193] Retr 2,59,2 (CSEL 36,171,12). S. u. S. 77 Anm. 476.

4. *EX PERSONA INTERPONERE*

ist, wie auch die noch folgenden Ausdrücke, kein Terminus der profanen Latinität. Er ist bei Augustinus fünfmal zu finden und erklärt dem Leser, wann in einem Text ein Stück von einer anderen Person her gesagt eingeschoben wird, also ein Personwechsel stattfindet[194]. Im Unterschied zur Beschreibung des Personwechsels, der Vorgänge im Text selbst beschreibt und daher zur folgenden Gruppe zu rechnen ist *(mutare personam)*, geschieht hier die Analyse aus dem Blickwinkel des Autors. Er schiebt etwas ein „aus einer anderen Person".

Folgende Texteinschübe in der Bibel erkennt Augustinus:
- *Gen 46,32* (Bericht des Joseph an den Pharao nach Ankunft seines Vaters Jakob und seiner Brüder): der Satz „sie treiben nämlich Viehzucht" ist vom Verfasser als Erläuterung eingeschoben[195].
- *Ps 73,8* „Kommt, wir vernichten alle Heiligtümer des Herrn von der Erde": das Wort „des Herrn" *(domini)* muß vom Psalmisten als Erklärung eingeschoben worden sein, weil die Vernichter der Heiligtümer sie nie als „die Heiligtümer des Herrn" bezeichnen würden. So kann nur der sprechen, der die Heiligtümer als solche anerkennt[196].
- *Mt 26,18* (Sendung der Jünger zur Bereitung des Paschamahles) „geht zu dem und dem *(quendam)*": Dieses *quendam* ist vom Evangelisten eingeschoben, weil er offenbar den Namen des Mannes nicht wußte oder nicht nennen wollte, Jesus selbst kann so nicht gesprochen haben, sondern muß den Mann beim Namen genannt haben[197].

Man sieht an diesen Beispielen die epexegetische Funktion der Einschübe. Der Autor will dem Leser einen Sachverhalt klarmachen, der aus dem Text selbst nicht klar wird. Der Exeget geht den umgekehrten Weg. Er sieht, daß gewisse Ausdrücke, sei es grammatikalisch, sei es vom Sinn her nicht in die Aussage des Textes passen, erkennt sie als Einschübe des Autors und erklärt sie seinerseits seinem Leser als *ex persona auctoris (evangelistae) interposita*.

Einmal schließlich verwendet Augustinus den Ausdruck im Zusammenhang einer Cicerostelle in der Auseinandersetzung mit Julian, der die Aussage des Balbus bei Cicero, *De natura deorum* gegen die Lust für eingeschoben hält[198].

---

[194] Zum Personwechsel s. u. S. 52f.
[195] Loc Gen 193 (CCL 33,400,738).
[196] En Ps 73,11 (CCL 39,1011,3f.).
[197] Cons eu 2,157,80 (CSEL 43,264,18. 265,22).
[198] C Iul 5,15,76 (PL 44,777,34); vgl. CIC nat deor 2.

5. *PERSONAM OSTENDERE / OSTENTARE*

Eine weitere Absicht des Autors, die der Exeget zu erklären hat, ist es, eine Person in gewisser Weise darzustellen, auf eine gewisse Person hinweisen zu wollen *(ostendere)*. Auch dieser exegetische Terminus ist erst bei Augustinus zu finden (siebenmal), häufig (viermal) in Verbindung mit *personam intellegere*. Augustinus will also gleichzeitig die Absicht des Autors zeigen und den Leser darauf hinweisen, wie er sie zu verstehen habe. *Personam ostendere/ostentare* ist ein Ausdruck, den Augustinus fast ausschließlich in christologischem und trinitarischem Kontext verwendet, und, obwohl er ein exegetischer Terminus ist, ist gerade bei ihm wieder zu beobachten, wie die exegetische Begrifflichkeit zu einer dogmatischen führt.

Gen 1,6–7 ist für Augustinus Anlaß zu einer Erklärung der drei Personen der Trinität. Die Doppelung „es werde – und er machte" *(fiat – fecit)* zeige zwei Personen, die des Vaters (als Planer) und die des Sohnes (als Schaffender)[199]. Warum aber zeigt uns die Schrift nicht die dritte Person Gottes? Antwort: Sie tut es in dem Satz „und er sah, daß es gut war". Denn der Erkennende ist der Geist[200].

Das gleiche gilt für die Szene der Verklärung Jesu, die alle drei göttlichen Personen zeigt[201].

Darüber hinaus kann *personam ostendere/ostentare* aber auch ein Terminus zur Beschreibung der Aktion einer Person in dem auszulegenden Text sein. Jeder Mensch kann von sich „eine Person zeigen", d. h. sich als jemand zeigen, sich gebärden als jemand, eine gewisse Rolle oder Seite hervorkehren.

So kritisiert Augustinus z. B. diejenigen, die bei der Behandlung einer wichtigen und schwierigen Fragestellung sich als große Lehrer gebärden, obwohl sie in Wirklichkeit selbst persönlich und sachlich ungebildeter sind als der, den sie damit beeindrucken wollen[202].

Bei der Hochzeit zu Kana zeigt Christus in seiner Antwort an seine Mutter „Was ist mir und dir, Frau? Meine Stunde ist noch nicht gekommen" *(Jo* 2,4) seine *persona maiestatis*. Dieser Satz ist für Augustinus Anlaß zu einer Erörterung der Gottheit und Menschheit

---

[199] Vgl. o. Anm. 145.
[200] Gn litt 2,6–7 (CSEL 28/1,40,22–42,20).
[201] Trin 2,10,18 (CCL 50,104,66–76): *cur ibi personam dei patris non intellegam nescio quandoquidem persona eius ostenditur…non quia fieri potuit vox sine opere filii et spiritus sancti (trinitas quippe inseparabiliter operatur), sed quia ea vox facta est quae solius personam patris ostenderet, sicut humanam illam formam ex virgine Maria trinitas operata est, sed solius filii persona est, visibilem namque filii solius personam invisibilis operata est.*
[202] Duab an 10 (CSEL 25/1,63,23).

Jesu: „er mahnt vielmehr, daß wir erkennen, daß er nicht als Gott eine Mutter hat ...“[203]. Als er am Kreuz als Mensch stirbt, erkennt er seine Mutter.

Überhaupt zeigt der Gottessohn in seiner Menschwerdung seine göttliche Person in einem Menschen, damit der Mensch lerne, von der Eitelkeit seines Hochmutes nach dem Beispiel Christi herabzusteigen zur Niedrigkeit[204].

6. *PERSONAM INSINUARE/DEMONSTRARE*

„Eine Person bekannt machen" ist praktisch synonym zu *personam ostendere* und steht ebenfalls auf der Grenze von exegetischem und dogmatisch-theologischem Vokabular. Es wird fast ausschließlich in christologischem und trinitätstheologischem Kontext gebraucht.

So erklärt Augustinus den Unterschied zwischen den Evangelienprologen des Matthäus und des Lukas so, daß Matthäus in seiner Genealogie die königliche Person Christi bekanntmachen will, Lukas dagegen die priesterliche[205]. Bedenkt man, daß gerade diese Unterscheidung in königliche und priesterliche Person Christi eine bedeutende Rolle in der Erklärung seiner zwei Naturen spielt[206], sieht man auch hier wieder deutlich den Zusammenhang von Exegese und Dogmatik.

In demselben Zusammenhang verwendet Augustinus einen weiteren, synonymen Ausdruck: *personam demonstrare*. Markus scheine in dem Geheimnis der vier Tiere die menschliche Person Christi zeigen zu wollen.[207]

Trinitätstheologisch sind die Stellen *Gen* 1,26 und *Jo* 14,26 zu deuten. Im ersten Fall macht der Plural „laßt uns den Menschen machen" die Mehrzahl der göttlichen Personen klar[208], im zweiten deutet Christus selbst die einzelnen Personen der Trinität an, wenn er sagt „der Hl. Geist, den der Vater in meinem Namen senden wird"[209].

---

[203] F et symb 4,9 (CSEL 41,12,18–13,14): *nec nos ad negandam Christi matrem cogit, quod ab eo dictum est: ‚quid mihi et tibi est, mulier? nondum venit hora mea', sed admonet potius, ut intellegamus secundum deum non eum habuisse matrem, cuius maiestatis personam parabat ostendere aquam in vinum vertendo.*

[204] Ep 232,6 (CSEL 57,515,22).

[205] Cons eu 2,8,4 (CSEL 43,89,1); 4,11,10 (407,5).

[206] S. u. S. 165–168.

[207] Cons eu 4,11,10 (CSEL 43,406,25).

[208] Gn litt 3,19 (CSEL 28/1,85,19).

[209] Io eu tr 77,2 (CCL 36,520,10).

Vollends in die theologische Sprache Augustins ist *personam insinuare* in *De trinitate* übergegangen, wenn er ohne exegetischen Zusammenhang davon spricht, daß die Person des Hl. Geistes in der Trinität klar gezeigt wird[210].

Nur einmal verwendet Augustinus den Ausdruck in ekklesiologischem Kontext. In *2 Kor* 2,14 „wir sind der Wohlgeruch Christi an jedem Ort" wolle Paulus die Person der Kirche bekannt machen[211].

C. BESCHREIBUNGEN DER HANDELNDEN/SPRECHENDEN PERSON

Die dritte Gruppe der person-exegetischen Termini, die sozusagen „von innen her", d. h. aus der Perspektive der handelnden/sprechenden Person, den Text analysieren, ist sowohl dem Umfang der Stellen nach (einige hundert), als auch der Differenziertheit der Terminologie nach (über 50 verschiedene Ausdrücke) die bei weitem größte. Sie läßt sich nochmals in drei kleinere Einheiten untergliedern:
- Ausdrücke der „Bewegung", die das Annehmen *(assumere, imponere, suscipere)*, Ablegen *(ponere)* oder Wechseln der Person *(mutare, transire, transfigurare)* bezeichnen;
- „statische" Ausdrücke, die das Haben bzw. Darstellen einer Person bezeichnen *(agere, gerere, gestare, sustinere, habere, portare, ferre, significare, figurare)*;
- Ausdrücke der sprechenden Person *(ex/in persona dicere, loqui* etc.).

1. *PERSONAM ASSUMERE*

Das Kompositum *personam assumere* kommt in der profanen Latinität nicht vor, wohl aber das Simplex *personam sumere*. Es ist zunächst ein Ausdruck der Magistratssprache. So berichtet Cicero (*Planc* 41,100), daß Plancius „die Person (= das Amt) des Quästors abgelegt und die des Comes angenommen" habe. Gleichermaßen schreibt Plinius (*ep* 8,7,2): „ich will die Person (= das Amt) des Lehrers übernehmen".

Dann ist er aber auch eine Bezeichnung der Rolle, die man im Leben spielt, *persona* synonym mit *homo*: „Halte es für eine große Sache, nur einen Menschen zu spielen *(unum hominem agere)*. Außer dem Weisen spielt niemand nur einen Menschen, wir übrigen sind vielgestaltig ... wir wechseln die Person und nehmen eine der, die wir abgelegt haben,

---

[210] Trin 11,5,9 (CCL 50,345,52–55): *voluntas ergo, quae utrumque coniugit magis, ut dixi, spiritalis agnoscitur, et ideo tamquam personam spiritus insinuare incipit in illa trinitate.*

[211] En Ps 21,2,2 (CCL 38,122,6).

gegensätzliche an *(mutamus subinde personam et contrariam ei sumimus quam exuimus)"* (SEN *ep ad Luc* 19/20,120,22).

Schließlich ist *personam sumere* ein Terminus des antiken Kommentars. So erläutert Pomponius Porphyrio Horaz, *ep* 1,18,52 *("Adde, virilia quod speciosus")*: „Dieser zeigt, daß es unziemlich ist, daß der Stärkere nachlässig ist, sogar denen gegenüber, die nur schwächer arbeiten können. Und das ist von der Person her genommen."

Bei Augustinus ist *personam sumere* nicht, *personam assumere* viermal zu finden. An der (chronologisch) ersten Stelle argumentiert Augustinus gegen die Auffassung, Gott sei wandelbar, und schickt den Grundsatz voraus, daß „jeder Irrtum sich die Person (= die Maske und damit die Würde) göttlicher Autorität anmaßt"[212]. Er knüpft damit also an die Amtsbedeutung von *personam sumere* an. Die Aussage selbst aber setzt Augustins grundlegendes Theologumenon voraus, daß in Christus die Wahrheit Gottes Person und Autorität wird, weil jede Autorität an eine Person gebunden ist[213]. Parallel gilt dies für die falsche Autorität des Irrtums, die sie sich unter der Maske der Wahrheit und ihrer wahren Autorität anmaßen muß.

Im übrigen ist *personam assumere* bei Augustinus ein exegetischer Terminus, wie eine Stelle aus den *En Ps* zeigt, wo Augustinus das Wort des Paulus „Ist denn Paulus für euch gekreuzigt worden, oder seid ihr im Namen Pauli getauft worden?" (*1 Kor* 1,13) so auslegt, daß hier Paulus seine eigene Person (= Würde) annimmt[214]. Während Paulus nämlich an anderen Stellen in der Person Christi spricht, setzt er hier sich selbst hintenan, um dadurch Christus um so mehr zu verherrlichen. Gleichermaßen nimmt ein Prophet in seinen Aussagen eine bestimmte Person an[215].

Die vierte Stelle ist ein Zitat Julians von Eclanum, der Augustinus auffordert: „nun laßt uns schon als die Personen, die wir angenommen haben, in der Rede wirken"[216]. Hier ist es nun ein rhetorischer Kontext, und die Bedeutung von *persona* tendiert zu „Rolle". Man sieht die Nähe des Ausdrucks zur Theatersprache, aus der er wohl letztlich stammt, und daß er, obwohl ihn die profanen Schriften so nicht kennen, keine Besonderheit der Sprache Augustins ist.

---

[212] Lib arb 3,21,60,205 (CCL 29,310,37f.): *sed quisquis error personam sibi divinae auctoritatis adsumit.*

[213] Vgl. F. J. THONNARD: BAug 6 (1952) 438; K.-H. LÜTCKE, „Auctoritas" bei Augustin. Mit einer Einleitung zur römischen Vorgeschichte des Begriffs (= TBAW 44), Stuttgart u. a. 1968, 125f.

[214] En Ps 35,9 (CCL 38,328,36–38).

[215] Gn litt 11,1 (CSEL 28/1,334,4).

[216] C Iul imp 6,14 (PL 45,1525,43f.): *nunc iam personae, quam assumimus, oratione fungamur.*

2. *PERSONAM (SIBI) IMPONERE*

ist vor allem ein ciceronianischer Ausdruck und bezeichnet dort vor allem das Amt bzw. die (bedeutende, schwere etc.) Rolle, die Cicero vom Staat übertragen worden ist: „Jene Rolle der Gewichtigkeit und Strenge habe ich nicht erstrebt, sondern unternahm ich *(sustinui)* als eine mir vom Staat auferlegte *(a re publica mihi impositam)*" (CIC *Mur* 2,6). „Ihr selbst, Quiriten, habt mir als Prätor vor zwei Jahren an ebendiesem Ort dieses Amt übertragen ..." (*leg agr* 2,18,49)[217]. *Personam imponere* kann aber auch umgekehrt die Rolle bezeichnen, die der Staat selbst spielt: „Soll der ehrenwerten Bürgerschaft die überaus schändliche Rolle der Schurkerei auferlegt werden?" (CIC *Ver* 2,17,43) und allgemein die Rolle, die einem Menschen zufällt: „Und diesen zwei Rollen, über die ich oben sprach, wird eine dritte hinzugefügt, die der Zufall oder die Zeit auferlegt" (CIC *off* 32, 115).

Neben Cicero verwenden auch Ovid, Seneca d.J. und Plinius d.J. diesen Ausdruck je einmal in ihren Werken, allerdings mit verschiedenem Sinn. Bei Ovid (*Pont* 3,43) und Seneca (*dial* 11,6,1) geht es um die „große Persönlichkeit" *(magna persona)*, die einem Menschen in Büchern bzw. in der Volksmeinung zugeschrieben wird. Plinius gebraucht *personam imponere* als einziger reflexiv: „Aber für dich (will ich nochmals sagen) ist am wichtigsten, wofür du das Tribunat hältst, welche Aufgabe du dir auferlegst" (*ep* 1,23,5), wobei dies wieder die ciceronianische Bedeutung des Ausdrucks ist.

Augustinus verwendet *personam imponere* siebenmal, fast ausschließlich in der Exegese. Dem profanen Sprachgebrauch am nächsten stehen zwei Stellen in *ep* 22 und *doctr chr*. In beiden Fällen bezeichnet *persona* das Amt, das jemandem übertragen wurde; in Brief 22 das Bischofsamt, das Aurelius[218] durch den Hl. Geist übertragen worden ist[219], in *doctr chr* allgemein das Amt des Lehrers in der Kirche[220].

In der Exegese ist zunächst aufschlußreich zu sehen, daß Augustinus den Ausdruck auch zur Exegese eines nichtbiblischen Textes verwendet. In *sermo* 105 behandelt er die Frage der ewigen Dauer irdischer Reiche, wie sie Vergil (*Aen* 1,278f.) dem römischen Reich voraussagt: „Diesen setze ich weder Grenzen der Dinge noch Zeiten; eine Herrschaft ohne Ende habe ich ihnen gegeben". Dagegen steht jedoch die

---

[217] Vgl. weiterhin CIC *off* 28,97; *Phil* 6,1,2; *Sul* 3,8 (bis).
[218] Bischof von Karthago (388–430). Vgl. AUDOLLENT, Aurelius 726–738; J. SAINT-MARTIN, n. 36: BAug 3 (1939) 538; MAIER, Episcopat 262f.; MANDOUZE 105–127; M. G. MARA, Aurelio di Cartagine: DPAC 1 (1983) 446–448.
[219] *Ep* 22,2 (CSEL 34/1,55,17).
[220] *Doctr chr* 4,16,33 (CCL 32,139,8).

Aussage des Evangeliums (*Lk* 21,33): „Himmel und Erde werden vergehen". Er löst schließlich das Problem durch die Interpretation, daß Vergil ja nicht selbst *(ex sua persona)* dies sagt, sondern Jupiter „die Maske der Falschheit auferlegt". Aus sich sagte er vielmehr: „Nicht (bleiben) der römische Staat und vergängliche Reiche" (*georg* 2,498)[221].

In der Bibelexegese wendet Augustinus den Ausdruck auf Paulus an, der sich in *Ro* 1,1–3 wider Erwarten nicht die Rolle der Römer, sondern dessen, der unter dem Gesetz steht, auferlegt[222].

In christologisch-exegetischem Kontext gebraucht Augustinus *personam imponere* einmal in den *En Ps.* Er zieht zur Erklärung von Psalm 4, den er grundsätzlich christologisch deutet, *Mt* 25, 35 heran, wo sich Christus die *persona* seiner Gläubigen auferlegt, sich mit ihnen identifiziert: „Ich war hungrig und du hast mich nicht gespeist, ich war durstig und du hast mir keinen Trank gegeben usw."[223]. Umgekehrt gilt für die Exegese, daß der Prophet die *persona* Gottes anlegt, insbesondere dort, wo er dies ausdrücklich anzeigt mit den Worten „spricht der Herr" (z. B. *Is* 3,16) oder „so spricht der Herr" (z. B. *Jer* 2,2)[224].

Diese Exegese führt schließlich zur Dogmatik, und zwar anhand der Exegese der Gotteserscheinung im brennenden Dornbusch (*Ex* 3,1–4). Es erscheint ein Engel des Herrn *(angelus Domini)*, sagt aber: „Ich bin der Gott deines Vaters, der Gott Abrahams, der Gott Isaaks und der Gott Jakobs". D. h. der Engel spricht *ex persona dei*, „*gerit personam domini sui*". An diese Exegese schließt nun Augustinus die Überlegung an: „Wenn es einer von den Engeln war, wer kann leicht behaupten, ob ihm die Person des Sohnes zur Verkündigung übertragen wurde oder des Hl. Geistes oder Gott Vaters, oder überhaupt der Trinität selbst, die der einzige und alleinige Gott ist?"[225] Zwar wird hier noch keine rein dogmatische Ebene erreicht, der Kontext ist rein exegetisch, aber die Formulierungen „Person des Vaters, des Sohnes, des Hl. Geistes" sind bereits die Ausdrücke der Trinitätstheologie Augustins.

3. *PERSONAM SUSCIPERE*

kann zunächst ganz allgemein bedeuten „eine Rolle annehmen", die Rolle eines guten Mannes[226], ein gewichtiges Amt[227]. Vor allem ist es aber ein Terminus der Rhetorik und der Gerichtssprache: z. B. die

---

[221] AUG s 105,7,10 (PL 38,622f.); vgl. o. S. 18f.
[222] C adu leg 2,2,4 (PL 42,639,46).
[223] En Ps 4,2 (CCL 38,14,26).
[224] S. o. Anm. 60.
[225] Trin 2,13,2 (CCL 50,110,1–111,28).
[226] CIC Clu 36,101: *persona boni viri suscepta.*
[227] CIC Att 10,15,3: *nisi cuius gravioris personae suscipiendae spes erit.*

Aufgabe/Rolle der Verteidigung übernehmen[228] oder in einer Rede eine gewisse Person annehmen[229]. Schließlich kann es rein grammatische Bedeutung haben in bezug auf das Verb, das bestimmte Personen annimmt[230].

Augustinus verwendet den Ausdruck in rhetorisch/juridischem Sinn zweimal. Einmal, als er im *Breviculus* von den sich tagelang hinziehenden Verhandlungen über die Präliminarien der Diskussion auf der Synode mit den donatistischen Bischöfen in Karthago 411 berichtet, daß die Donatisten sich weigerten, die Rolle des Klägers zu übernehmen[231]. Ein zweites Mal findet er sich in Brief 22 der neuentdeckten Sammlung. Dort fürchtet Augustinus, daß die Kirche, wenn sie sich weiterhin über die *improbi* beklagt, die Rolle des Klägers *(accusatoris)* anzunehmen scheint[232].

Im übrigen ist *personam suscipere* bei Augustinus ein exegetischer Terminus, der bei folgenden Stellen Verwendung findet:
- *Ps 50,6–7:* „Dir allein habe ich gesündigt und Böses vor Dir getan ... Denn siehe, in Sünden bin ich empfangen." Da David nicht aus einem Ehebruch hervorgegangen ist, paßt dieser Satz nicht auf ihn selbst, er kann nicht von sich selbst sprechen. Er nimmt hier die Person des Menschengeschlechtes als ganzes an.[233]
- *Ps 140* ist vom *Christus totus* her zu interpretieren. Er nimmt die *persona* aller Glieder seines Leibes an.[234]
- Die Theophanien im AT sind zum Teil so zu deuten, daß in ihnen Engel die Person Gottes annehmen, wobei sie allerdings unter unterschiedlichen Gestalten sich manifestieren[235].
- *Mt 26,38–39* „Meine Seele ist betrübt bis in den Tod" und „Vater, wenn es geschehen kann, gehe dieser Kelch an mir vorüber": Christus nimmt in seiner Passion die Person der Schwachen an *(personam infirmorum).*[236]
- An *Mt 23,10* „wollt nicht Lehrer genannt werden, einer ist euer Lehrer, Christus" anknüpfend erläutert Augustinus, daß es gefährlich sei, sich Lehrer nennen zu lassen, ja sogar verboten. Deswegen

---

[228] CIC de orat 1,37,169.
[229] QUINT inst 4,2,95: *et ideo a se parasiti personam esse susceptam.*
[230] MACR exc gramm 8 (GL V 636,17): *personas easdem quas Graeci totidemque suscipit naturali ratione.*
[231] Breuic 3,4,4 (CCL 149 A,273,13). Vgl. u. S. 96, 100.
[232] Ep 22,3,3 (CSEL 88,114,26).
[233] En Ps 50,10 (CCL 38,606,9).
[234] En Ps 140,3 (CCL 40,2028,38).
[235] Trin 3,10,9 (CCL 50,146,5–15). Vgl. u. S. 134–141.
[236] En Ps 103,3,11 (CCL 40,1510,13–22).

sage Paulus, weil er das Amt *(personam)* des Lehrers übernommen hat: „Mit großer Furcht und Zittern war ich bei euch" (*1 Kor 2,3*)[237]. Dieser Gebrauch von *personam suscipere* geschieht zwar in exegetischem Kontext, nimmt aber die antike Bedeutung „eine Rolle übernehmen" auf.

– Wenn Paulus *1 Kor 15,52* sagt, daß bei der Auferstehung der Toten „auch wir werden verwandelt werden", nimmt er die Person aller noch lebenden Menschen an[238].

– *1 Thess 2,7* „wie ein Kind bin ich in eurer Mitte geworden, wie eine Amme, die ihre Kinder betreut" bietet das logische Problem, daß Ammen eben nicht ihre eigenen Kinder betreuen, Mütter aber *betreuen* sie nicht, sondern sorgen für sie als Mütter. Es handelt sich also um zwei verschiedene Personen (Rollen). Paulus aber nimmt beide an.[239]

Drei weitere Verwendungen findet *personam suscipere* bei Augustinus. Einmal erklärt er den Unterschied zwischen der literarischen Absicht der Evangelisten Matthäus und Lukas. Matthäus spreche über Christus als König, Lukas habe es übernommen, über die Person Christi als König zu erzählen *(regiam personam Christi narrandam susceperat)*[240]. Diese Formulierung hat nichts mit der exegetischen Verwendung des Ausdrucks zu tun. Lukas übernimmt ja nicht die *persona Christi* als Erzählender, er spricht nicht *ex persona Christi*. Es ist lediglich die elegantere Formulierung des Finalsatzes „*susceperat (opus), ut narraret personam regiam Christi"*.

Im zweiten Fall spricht er über Cicero, „er werde die Person des Patronus ablegen und die des Philosophen und Trösters annehmen"[241]. Auch dies ist die klassische Bedeutung des Ausdrucks, verwendet an einem klassischen Text.

In *cura mort* schließlich erläutert Augustinus die Frage, wie die Hilfe der Martyrer, zu denen wir beten, wirksam wird. Ob sie selbst anwesend sind, ob nur das Gedenken an sie bereits wirkmächtig ist, oder ob Engel wirken, die die Gestalt der Martyrer annehmen *(personam martyrum suscipientes)*, kann und will Augustinus nicht entscheiden[242].

---

[237] S 23,2 (CCL 41,309,22).
[238] S 362,18,21 (PL 39,1626,6).
[239] S 23,3 (CCL 41,310,60).
[240] Cons eu 1,3,6 (CSEL 43,6, 10). Vgl. u. S. 165.
[241] C acad 3,16,35 (CCL 29,56,31f.): *ponet igitur personam patroni et philosophi consolatoris suscipiet.*
[242] Cura mort 16,20 (CSEL 41,654,16).

4. *PERSONAM PONERE*

Personam ponere oder auch *deponere* ist zunächst ein Terminus der Theatersprache („die Maske ablegen"), wie er noch bei Quintilian und Paulus (Festus) überliefert ist: „Ich habe oft Schauspieler und Komödiendarsteller noch weinend weggehen sehen, obwohl sie schon die Maske von einem irgendwie gewichtigeren Akt abgelegt hatten" (Quint *inst* 6,2,35). „Denn sie (sc. *comoedi*) hatten das Recht, nicht gezwungen zu werden, hinter der Bühne ihre Maske abzulegen, was die übrigen Schauspieler geschehen lassen müssen." (PAUL *Fest* 217).

Von dort wird der Ausdruck ins Leben des Menschen und in die Rhetorik übertragen („eine Rolle ablegen"). So spricht Cicero davon, daß jemand, der über seinen Freund zu Gericht sitzen muß, „seine Rolle als Freund ablegt, wenn er das Amt des Richters übernimmt"[243]. Ebenso gebraucht er den Ausdruck, wenn er in *Quinct* 13,4 fragt: „Können wir die Rolle des Bittstellers ergreifen und die des Anklägers ablegen?"[244]. Wir befinden uns hier allerdings schon in rhetorischem Zusammenhang, da *persona petitoris* und *persona accusatoris* Personen der Gerichtsrede sind[245].

Einen letzten Bedeutungswandel erfährt *personam ponere* schließlich in der Grammatik. Dort bedeutet es „eine grammatische Person für eine andere einsetzen": „Die fünfte Art (sc. des Soloecismus) geschieht durch die Vertauschung der Personen, wie wenn einer eine Person für eine andere einsetzt, wie *‚haec prima piacula sunto'*, während er *‚sint'* hätte sagen müssen; er setzte die zweite für die dritte Person ein."[246]

Augustinus verwendet den Ausdruck *personam ponere* in zwei Bedeutungen, beide allerdings im Kontext der Person-Exegese:
1. „Eine Person vor Augen stellen". Er spricht bei der Auslegung des Gleichnisses vom guten Hirten (*Jo* 10,11–13) davon, daß „wir alle Personen, die er (sc. Christus) hier vorstellt, aufsuchen, unterscheiden, wissen müssen"[247], d.h. die *personae*, die hier Christus verkörpern, die Tür, der Weg, der Hirt. Es handelt sich also um eine Personifizierung von Gegenständen.
2. Die zweite Bedeutung, „eine Rolle ablegen", ist bereits oben dargestellt worden[248].

---

[243] Off 2,10,43: *ne si iudex quidem erit de ipso amico; ponit enim personam amici cum induit iudicis.*

[244] *Possumus petitoris personam capere, accusatoris deponere?*

[245] Vgl. LAUSBERG 88f. § 146; MARTIN 9f.

[246] DIOM gramm 2 (GL I 454,16–19).

[247] Io eu tr 46,1 (CCL 36,398,9f.). Vgl. auch s 13,9 (CCL 41,183,207): *non recedo a personis, eos ipsos ante oculos pono.*

[248] S. o. S. 51.

5. *PERSONAM MUTARE / MUTATIO PERSONAE*

Personam mutare ist ursprünglich ein Ausdruck des Theaters „die Maske wechseln": „Nachdem sie in Latein vorgetragen hatten, legten sie die Toga ab, zogen ein Pallium an, kehrten mit gewechselter Maske zurück und trugen in Griechisch vor." (SEN *con* 9,3,13). Er wird dann auf die „Bühne des Lebens" übertragen „die Rolle wechseln": „Nachdem das Testament unterzeichnet worden war, wechselt er die Rolle und richtet seine Rede an dieselben Ärzte ..." (PLIN *ep* 2,20,8). Ebenso bei Seneca: „Wir wechseln gleich danach die Rolle und nehmen die gegenteilige an zu der, die wir abgelegt haben" (*ep* 19/20, 120,22)[249].

Bei Augustinus haben diese Ausdrücke ausschließlich exegetischen Sinn. Vor allem bei der Exegese der Psalmen beschreibt er damit den Wechsel der Personen im Psalm.

Zentral ist dafür seine Deutung des Psalmes 44, Vers 2 „meinem Herzen entströmt Lobgesang, ich sage meine Werke dem König. Meine Zunge ist wie der Griffel des Schreibers, der schnell schreibt" muß als vom Vater gesagt verstanden werden[250]. Ebenso Vers 3a „schön bist du vor allen Menschensöhnen. Anmut ist ausgegossen auf deinen Lippen." Vers 3b „deshalb hat dich Gott in Ewigkeit gesegnet" macht jedoch Schwierigkeiten, vom Vater her verstanden zu werden. Angemessener *(accommodatius)* solle man ihn daher vom Propheten gesagt verstehen *(accipere)*. Daraufhin läßt sich Augustinus auf einen Diskurs über die *mutatio personae* in der Bibel ein. Sie seien plötzlich *(repentinae)* und überraschend *(ex improviso)*. So z.B. *Ps* 119,2–5 „Herr rette meine Seele vor den bösen Lippen und vor der trügerischen Zunge. Was soll dir gegeben werden, oder was dir zugeteilt werden gegen die trügerische Zunge?" Diese zwei Sätze haben zwei verschiedene Subjekte; zunächst spricht der Bittende, dann der Helfende. Vers 6 wechselt wieder zurück: „Weh mir! Meiner Einwohnerschaft ist schon zu lange!" An diesem Beispiel zeigt Augustinus, daß die Schrift den Personwechsel nicht ankündigt und es die Aufgabe des Interpreten ist, ihn zu erkennen.[251]

Weitere Personwechsel stellt Augustinus in folgenden Psalmen fest:
– *Ps 4,2* „Als ich rief, erhörte mich der Gott meiner Gerechtigkeit. In der Bedrängnis hast du mir Raum geschaffen." Der Wechsel der Person könnte um der Abwechslung willen gemacht sein *(varietatis ac suavitatis causa)*, sinnvoller scheint aber Augustinus, daß hier ein Wechsel von Christus, der, wie er kurz zuvor festgestellt hat, die sprechende Person des Psalmes ist, zu den Gläubigen stattfindet, da

---

[249] S. o. S. 45f.
[250] S. o. S. 35.
[251] En Ps 44,8 (CCL 38,500,5–14).

der zweite Satz nicht zu Christus paßt *(non congruit)*. Der göttliche Mensch *(homo dominicus)*, den die Weisheit Gottes angenommen hatte *(quem suscepit Dei sapientia)*, wurde nie von ihr verlassen. Also kann hier Christus nur für seine Gläubigen sprechen.[252]

- *Ps 31,6* „Deswegen wird zu dir jeder Heilige beten zur rechten Zeit. Aber in der Flut vieler Wasser werden sie ihn nicht erreichen": Hier findet ein Person-, aber kein Subjektswechsel statt. Gott wechselt oft die Person *(solet personam mutare)*.[253]
- Zu *Psalm 90* erklärt Augustinus grundsätzlich, daß die Schrift, wenn Christus das Subjekt ist, ohne Personwechsel teils über Christus als Haupt, teils als Leib spricht.[254]

Das einzige Mal, wo Augustinus *personam mutare* nicht in exegetischem Kontext, aber in gleichem Sinn verwendet, ist in *sermo* 288. Dort spricht er von den verschiedenen Worten für Gott in den verschiedenen Sprachen (Latein, Griechisch, Punisch, Hebräisch, Koptisch, Indisch) und ruft schließlich aus: „Wieviele Ausdrücke hätte das Wort des Herzens durch den Wechsel der Personen machen können, ohne jeden Wechsel und Verschiedenheit seiner selbst?"[255]

Mutatio personae kann also bedeuten: grammatischer Personwechsel ohne Subjektswechsel oder aber Subjektswechsel ohne Wechsel der grammatischen Person oder den Wechsel beider zugleich.

6. *A PERSONA AD PERSONAM TRANSIRE*

Synonym mit *personam mutare* ist der Ausdruck *a persona ad personam transire* „von einer Person zu einer anderen wechseln". Während jedoch *personam mutare* in verschiedenen Kontexten verwendet wurde und noch seinen Ursprung vom Theater erkennen ließ, ist *a persona ad personam transire* ein rein grammatischer Terminus und bezeichnet den Übergang (Wechsel) von einer zur anderen grammatischen Person, bzw. von einem zum anderen Subjekt. So zitiert z. B. Charisios einen Vers aus einer sonst nicht weiter bekannten Tragödie: „Thesprote, wenn einer einen aus deinem Blute entsprossenen Nachkommen auf heiligen Altären opferte, was würde er verdienen?" und kommentiert: „Hier wechselt er von seiner Person zu einer anderen, um durch jene argumentierend zu zeigen, was er betonen will."[256]

---

[252] En Ps 4,2 (CCL 38,14,11).
[253] En Ps 31,2,18 (CCL 38,238,3).
[254] En Ps 90,2,1 (CCL 39,1266,68).
[255] S 288,3 (PL 38,1305,69).
[256] CHAR gramm 4 (374,8–15 Barwick). Vgl. weiterhin VAR L 9,108; DIOM gramm 2 (GL I 437,26); PRISC gramm 11,12 (GL II 555,5); 14,15 (GL III 32,24); 14,40 (45,20); 18,1 (210,18); 18,8 (212,22); Comm. Einsidl. (GL Sup 249,24).

Augustinus verwendet diesen Ausdruck nur zweimal in seinem Werk, in *trin.* Er erläutert dort den Schöpfungsbericht und kommentiert: „Der Kontext der Schrift selbst läßt nirgendwo spüren, daß er von einer zur anderen Person übergeht." D. h. es scheint, als ob alles in der Schöpfungsgeschichte vom Vater gesagt ist. Theologisch ist aber zu überlegen, daß der Vater unbewegt und unsichtbar ist und alles durch sein Wort schafft und wirkt. Augustinus schließt daraus, daß die Schrift dort, wo sie im Schöpfungsbericht von Tätigkeiten Gottes spricht, „im Verborgenen zu einer anderen Person gewechselt ist" und vom Sohn spricht.[257]

Einen anderen Übergang bemerkt man in diesem Text. *A persona ad personam transire* ist bei Augustinus ein Ausdruck der grammatischen Exegese, der aber bereits mit dogmatischem Sinn gefüllt wird. Wenn er hier von der „Person des Vaters" und der „Person des Sohnes" spricht, haben diese Worte weit mehr Gehalt als nur das grammatische Subjekt der Sätze zu bezeichnen. Er ist bereits der trinitätstheologische Begriff, der hier in der Exegese entdeckt wird.

7. *PERSONAM / EX PERSONA TRANSFIGURARE*

sind beide keine Ausdrücke der profanen lateinischen Schriften und auch bei Augustinus recht selten zu finden: *personam transfigurare* viermal, *ex persona transfigurare* zweimal. Sie beschreiben eine, immer reflexive, Handlung des Autors: „eine Person auf sich übertragen".

Der Kontext ist in der Mehrzahl der Fälle christologisch, alle in *En Ps*:
- *Ps 37,22* „verlasse mich nicht, Herr, mein Gott": dazu ist zur Erklärung *Ps 21,2* heranzuziehen „mein Gott, mein Gott, warum hast du mich verlassen", was Christus am Kreuze spricht, und *Ps 21,1* „die Worte meiner Missetaten". Sie zeigen, daß Christus die Worte der Sünder auf sich überträgt.[258]
- Denn schon kurz zuvor hatte Augustinus *Mt 27,46* (= Zitat *Ps 21,2*) so gedeutet, daß Christus die *persona* des ersten Menschen auf sich überträgt.[259]
- Das gleiche gilt für *Mt 25,35* „ich war hungrig und ihr habt mir zu essen gegeben". Christus überträgt diese Worte *ex persona hominis* auf sich.[260]

---

[257] Trin 2,10,17 (CCL 50,102,18–103,34). S. o. S. 23.
[258] En Ps 37,27 (CCL 38,400,19).
[259] Ebd. 400,11.
[260] En Ps 32,2,1,2 (CCL 38,248,25).

Zwei weitere Stellen stehen in *ciu* in prophetischem Kontext. Der Prophet überträgt Aussagen und Taten künftiger Generationen auf sich:

- *Ps 88,50* „wo sind deine alten Erbarmungen, Herr, die du David in deiner Wahrheit geschworen hast?" ist ursprünglich von den Israeliten jener Zeit gesagt. Der Psalm aber überträgt prophetisch diese Worte auf die späteren Generationen, indem er die *persona* dieser Generationen auf sich überträgt.[261]
- Dasselbe tut Paulus in *1 Thess* 4,13–17, wenn er von der Auferstehung des Menschen am Ende der Zeiten spricht.[262]
- Einmal schließlich überträgt Paulus (*Ro* 7,7) die Person eines jeden Menschen auf sich, wenn er sagt: „Ich habe die Sünde nur durch das Gesetz kennengelernt. Denn ich hatte die Begierde nicht gekannt, wenn das Gesetz nicht sagte ‚Du sollst nicht begehren'".[263]

Dies ist der letzte der Ausdrücke, die eine „Bewegung" der Personen bezeichnen. Es folgen die Termini, die das „Tragen einer Person" ausdrücken, die in ihren Formulierungen zwar nicht differenzierter, aber doch viel häufiger und daher einflußreicher sind. Ihr wichtigster Ausdruck ist

8. *PERSONAM GERERE / GESTARE*

Den Ausdruck *personam gestare* kennt die profane Latinität nicht. Auch *personam gerere* ist lediglich zweimal bei Cicero, *De officiis* zu finden. In *off* 1,32,115 spricht er vom Verhältnis der äußeren Umstände zum persönlichen Willen: „Denn Reiche, Herrschaften, Adel, Ehren, Reichtümer, Vermögen und deren Gegenteil, die auf den Zufall gründen, werden von den Zeitläufen gelenkt; welche Rolle wir selbst aber spielen wollen *(gerere quam personam velimus)*, hängt von uns selbst ab. Deswegen wenden sich die einen der Philosophie, die anderen dem Staatsrecht, wieder andere der Rhetorik zu." *Personam gerere* bezeichnet hier also die Rolle, die der Mensch im Leben spielt, indem er sich einen entsprechenden Beruf oder Tätigkeit seiner Wahl zuwendet. *Persona* ist der Stand in der Gesellschaft, dem man aufgrund seines Berufes, nicht etwa aufgrund persönlicher oder charakterlicher Eigenschaften einnimmt.

An der zweiten Stelle (*off* 1,34,124) nimmt dieser Ausdruck jedoch eine ganz andere Bedeutung an. Cicero spricht von den Aufgaben des Magistrats: „Es ist also die ureigene Aufgabe des Magistrats zu erkennen, daß er den Staat repräsentiert *(se gerere personam civitatis)* und er

---

[261] Ciu 17,12 (CCL 48,576,17).
[262] Ciu 20,20 (CCL 48,734,17).
[263] S 153,7,9 (PL 38,830,19).

dessen Ehre und Würde aufrecht erhalten muß." Der Magistrat ist die Personifikation der sonst nicht greifbaren Größe „Staat". Der Magistrat ist nicht der Staat, es besteht keine Identität, die Bindung von Magistrat und Staat ist aber weit enger als zwischen dem Menschen und seiner Rolle, die er spielt. Während der Mensch seine Rolle ändern oder gar ablegen kann, gehört die Repräsentation des Staates zum Wesen des Magistrates, ohne die er es nicht ist.

Augustinus kannte Ciceros *De officiis*[264], wohl durch die Lektüre in jungen Jahren[265], und zitiert einige Male daraus in den Werken der Jahre 386–416[266], ohne daß diese Stellen jedoch Bedeutung gewinnen[267]. Dennoch bleibt im Folgenden zu fragen, inwieweit Ciceros Gebrauch von *personam gerere* sich bei Augustinus wiederfindet.

Im Gegensatz zur profanen Literatur verwendet Augustinus *personam gerere* und *personam gestare* sehr häufig in seinen Werken (41 bzw. 25mal), ihre Bedeutung und Gebrauch sind jedoch nicht deckungsgleich. Während *personam gestare* ausschließlich als exegetischer Terminus verwendet wird und in diesem Bereich gleichbedeutend ist mit *personam gerere*, nimmt letztere Formulierung darüber hinaus weitere, nicht mehr exegetische Bedeutungen an. Folgende exegetischen Verwendungen von *personam gerere/gestare* sind festzustellen:

Auffallend häufig ist die Formulierung *personam Iudaeorum (populi Israel) gerere/gestare*. So legt Augustinus die Stellen aus
- *Ex 33,20* (Gott spricht zu Moses: „mein Angesicht kannst du nicht schauen"): Moses verkörpert die Juden, die Christus im Fleisch nicht erkannten[268].
- *1 Sam 15,28:* Saul verkörpert figurativ *(figurate)* das Volk Israel, von dem das Reich genommen wird durch den Neuen Bund[269].
- *Ps 108,6* „setze über ihn einen Sünder, und der Teufel soll zu seiner Rechten sitzen": Wie Petrus die Kirche personifiziert, so personifiziert Iudas *in figura* (als Typos) das jüdische Volk, da es sich, nachdem es Christus zurückgewiesen hat, dem Teufel unterworfen hat.[270]

---

[264] Vgl. PEUSCH 187; TESTARD I 377; HAGENDAHL II 522f.
[265] Vgl. HAGENDAHL II 523.
[266] Die Texte sind gesammelt bei PEUSCH, Ergänzungsband 305–309 (vgl. dazu die Kritik von HAGENDAHL I 13 Anm. 2); TESTARD II 25, 53; HAGENDAHL I 110–112.
[267] HAGENDAHL II 522: „De officiis has left only a few, rather insignificant traces." Dieses Urteil darf nun insofern ergänzt werden, als es in Bezug auf Augustins Vokabular offenbar doch recht einflußreich war.
[268] En Ps 138,8 (CCL 40,1995,59. 1996,64f.).
[269] Ciu 17,7 (CCL 48,568,24–29).
[270] En Ps 108,18 (CCL 40,1593,4–10).

- *Is 53,2* „wir sahen ihn, und er hatte keine Gestalt und keine Schönheit": Isaias verkörpert die Juden beim Tod Christi[271].
- Jonas, der den Untergang der Stadt Ninive erwartet und traurig ist über deren Rettung, ist Typos *(figura)* des Volkes Israel, das über das Heil der Heiden trauert[272].
- *Mt 3,7* ist mit der *„generatio viperarum"* das Volk der Juden gemeint, das durch Judas verkörpert wird[273].

Generell ist es eben in der Bibel üblich, daß eine Person von Fall zu Fall eine immer neue Rolle übernimmt. So verkörperte Moses das jüdische Volk unter dem Gesetz und war gleichzeitig sein Typos zur Zeit Christi[274].

Am weitaus häufigsten sind sie jedoch Ausdrücke der ekklesiologischen Exegese:
- *Ex 24,11:* Die 70 Ältesten um Mose verkörpern die Erwählten im Volke Gottes, der Kirche[275].
- Moses als Lehrer des Volkes ist Typos Christi, verkörpert die Person Christi[276].
- Job als Person stellt die Kirche dar, wegen seiner Schwäche[277], was also auch für *Job 38,23* gilt: „was dir aufbewahrt ist für die Zeit der Feinde und den Tag des Kampfes und des Krieges". Job ist *figura* des Gottesvolkes im Kampf gegen den Teufel[278].
- *Ps 32,11* „frohlocket ihr alle mit lauterem Herzen" in Verbindung mit *Job 1,21* „der Herr hat gegeben, der Herr hat genommen, der Name des Herrn sei gepriesen" ist ein Beispiel des lauteren Herzens: dort, wo Christus leidet, repräsentiert er die Kirche, seinen Leib[279].
- *Mt 16,19:* Petrus, dem die Schlüssel des Himmelreiches, Binde- und Lösegewalt übergeben werden, repräsentiert die Kirche *(in figura)* (sechsmal)[280].
- *Mt 14,28:* Petrus, der über das Wasser des Sees Genezareth auf Christus zugeht, vertritt die Kirche auf ihrem Weg zu Christus[281].
- *Jo 10,11f.* (Gleichnis vom Guten Hirten): Der Mietling verkörpert die Selbstsüchtigen in der Kirche[282].

---

[271] En Ps 44,3 (CCL 38,495,36).
[272] Qu c pag 35 (CSEL 34/2,574,10).
[273] C Faust 22,86 (CSEL 25,691,8).
[274] C Faust 16,17 (CSEL 25,458,2.3).
[275] Qu Ex 102 (CCL 33,119,1704).
[276] S 137,6,6 (PL 38,758,6).
[277] Adn Iob 39 (CSEL 28/2,626,29–627,2).
[278] Adn Iob 38 (CSEL 28/2,607,24).
[279] En Ps 31,2,26 (CCL 38,243,17–244,20).
[280] En Ps 108,1 (CCL 40,1585,14–16); s 295,2,2 (PL 38,1349,7 bis); Io eu tr 124,5 (CCL 36,684,50); s 149,6,7 (PL 38,802, 3.11); Io eu tr 118,4 (CCL 36,657,25).
[281] S 75,9,10 (PL 38,478,4).
[282] Io eu tr 46,5 (CCL 36,400,6).

- *Jo 20,21–23:* Die Binde- und Lösegewalt wird der Kirche übergeben, die von den Jüngern repräsentiert wird (zweimal)[283].
- *Jo 20,17:* Maria, die den Auferstandenen nicht berühren darf, bevor er aufgefahren ist, verkörpert die Kirche, die erst nach der Himmelfahrt Christi glaubt[284].
- *Jo 21,15* (Fragen Jesu an Petrus „Liebst du mich?"): Petrus verkörpert die Kirche, die Christus liebt[285].
- *Apg 11,5–10:* Die Vision Petri aller reinen und unreinen Tiere in einem an den vier Enden gehaltenen Tuch, die er schlachten und essen soll, bedeutet die Kirche, die alle Menschen aus den vier Himmelsrichtungen aufnimmt[286].
- *Apok 1,4:* Die sieben Kirchen Asiens, an die Johannes die Apokalypse adressiert, stellen die Weltkirche dar[287].
- *Apok 2,2–3:* Der Engel der Gemeinde Ephesus stellt die ganze Kirche dar[288].

Personam gerere/gestare ist also hauptsächlich ein Terminus der typologischen/figurativen Exegese, was sich in der Vielzahl der Ausdrücke *praefigurare, in figura, figurata, figurate* zeigt, die bei den Auslegungen Verwendung finden.

Überraschend wenig wird *personam gestare* in christologischem oder trinitarischem Kontext verwendet. Allerdings ist hier wieder zu beobachten, daß der zunächst exegetische Terminus ins Dogmatische übergeht. Zweimal betont Augustinus, daß bei den Gotteserscheinungen im AT (Engel, der mit Jakob kämpft[289], Engel im brennenden Dornbusch[290]) die Engel „*personam Dei/Christi gerunt"*. Dies will aber mehr besagen, als daß der Engel die Rolle Gottes übernommen hat. Er *ist* Gott. Dasselbe gilt für die Formulierung „*personam sapientiae gerere"*, die schon gar nicht mehr in exegetischem Kontext steht. Während der Mensch weise ist, „*gerit Christus personam sapientiae"*. Christus *ist* selbst die Weisheit Gottes – ein Ausdruck, der Teil der Erörterung der Gottmenschheit Christi ist[291].

---

[283] Bapt 3,18,23 (CSEL 51,214,27); s 295,2,2 (PL 38,1349,23).

[284] S 243,2,2 (PL 38,1144,14).

[285] Agon 30,32 (CSEL 41,135,4); s Lambot 3 (PLS 2,756,34). Vgl. weiterhin qu Eu 2,6 (CCL 44 B,50,52).

[286] S 149,5,6 (PL 38,802,21); en Ps 30,2,2,5 (CCL 38,205,18).

[287] Gal exp 13 (CSEL 84,68,11).

[288] C Don p gesta 22,37 (CSEL 53,138,25).

[289] S 5,6 (CCL 41,57,222); s Guelf 10,2 (PLS 2,563,31).

[290] S 6,1 (CCL 41,62,16f.); trin 2,13,23 (CCL 50,110,20.111,42).

[291] Qu uet t 2 (CCL 33,469,26); agon 20,22 (CSEL 41,123,11); ep 118,23 (CSEL 34/2,697,9); qu Eu app 16 (CCL 44 B, app 22). Vgl. u. S. 159–165.

Schließlich nimmt *personam gerere* bei Augustinus auch die ciceronianischen Bedeutungen „eine Rolle spielen, ein Amt versehen" an. So schreibt er in *c Don p gesta:* „Da aber Gute und Böse dasselbe Wort Gottes gleichermaßen hören und gleichermaßen die Sakramente Gottes empfangen und trotzdem verschiedene Gründe ihrer Handlungen haben und aufgrund der Verschiedenheit ihres Willens unterschiedliche Rollen spielen ..."[292]. Dies ist genau die Auffassung Ciceros; der Wille entscheidet über die Rolle. In diesem Sinn ist *personam gerere* noch einige Male bei Augustinus zu finden: „die Rolle des Lehrers übernehmen[293], eine Rolle im Leben spielen[294], die Rolle im Dienste Christi[295], Johannes der Täufer hat die Rolle der Stimme[296]".

In der Bedeutung „ein Amt/eine Würde innehaben" kehrt der Ausdruck jedoch bei Augustinus wieder in den exegetischen Kontext zurück. So hat Moses das Amt des Gesetzes inne[297], Aaron dagegen das Amt des Priesters bzw. des Priestertums[298]. Das Amt der Prophetie versehen Job[299], Elias[300], Johannes der Täufer[301] und generell alle Propheten[302].

Zu erwähnen bleiben noch einige Einzelstellen, an denen Augustinus *personam gerere/gestare* zur Exegese heranzieht:

- *Gen 27,1–41* Segen Isaaks: Isaak verkörpert die Person des Alten Testamentes, das den älteren Sohn (= die Juden) segnen will, obwohl diese bereits in ihrem Eifer erlahmt sind. Rebecca hingegen verkörpert die Person der Kirche, die die nachgeborenen, geistlichen Kinder (= die Christen) in der Gestalt *(sub figura)* des Älteren segnen läßt.[303]
- Lot ist *figura* des künftigen Gesetzes. Wie seine Töchter bei ihm liegen, nachdem sie ihn trunken gemacht haben, wird auch aus dem Gesetz, wenn es unrecht gebraucht wird, das Werk des Unglaubens geboren[304].

[292] C Don p gesta 7,9 (CSEL 53,107,13); ebenso: 30,52 (153,8).
[293] Doctr chr 4,29,62 (CCL 32,165,7).
[294] Ep 22,2 (CSEL 34/1,55,17).
[295] Trin 3 pr 1 (CCL 50,127,5).
[296] S 288,4 (PL 38,1306,29).
[297] Qu Num 53 (CCL 33,269,1297); s 264,5 (PL 38,1216,22).
[298] Qu Num 53 (CCL 33,269,1296).
[299] En Ps 103,4,8 (CCL 40,1527,3).
[300] S 164,5 (PL 38,1216,19); doctr chr 1,16,25 (CCL 32,51,76).
[301] Diu qu 58,1 (CCL 44 A,104,4); 58,3 (107,86).
[302] Trin 3,10,19 (CCL 50,146,19)
[303] S 4,11 (CCL 41,27,232).
[304] C Faust 22,41 (CSEL 25,634,26).

- *2 Kön 2,23:* Elias, den die Kinder „Glatzkopf, Glatzkopf" *(calve, calve)* hänseln, ist Typos Christi, der verhöhnt auf Calvaria stirbt[305].
- *Mt 15,22:* Die kanaanäische Frau verkörpert die Heiden[306].

Personam gerere/gestare ist also bei Augustinus ein Ausdruck der Person-Exegese, den er vor allem in ekklesiologischem Kontext und gegen die Juden verwendet. Er nimmt aber auch die Bedeutungen „eine Rolle spielen, ein Amt innehaben" an, die er schon bei Cicero hatte, von wo ihn Augustinus wohl auch kennt. In der Bedeutung „das Amt" hat *personam gerere* immer exegetischen Kontext, da es Gestalten des Alten und Neuen Testamentes sind, von denen gesprochen wird. Schließlich tritt er aber auch in den systematisch-theologischen Sprachgebrauch über, besonders in der Christologie: eine Person verkörpern – eine Person sein.

9. *PERSONAM SUSTINERE*

ist wiederum hauptsächlich eine ciceronianische Wortverbindung, die in seinen Werken achtmal, außerhalb nur ein einziges Mal bei Apuleius zu finden ist. Sie hat zwei Bedeutungen:

1. Rhetorisch: Cicero läßt sich zuerst vom Klienten selbst über den Fall informieren, und wenn er allein ist, spielt er alle Möglichkeiten durch, indem er sich in die einzelnen Rollen versetzt, seine eigene als Verteidiger, die des Gegners und die des Richters[307]. Nicht ist jedoch angebracht, lächerliche Personen im Prozeß zu spielen, da sie nur Gelächter ernten[308].
2. Ein Ehrenamt/Staatsamt einnehmen, eine bedeutende Rolle spielen. So z. B. Cicero *Mur* 2,6: „Jene Person der Gerechtigkeit und Strenge habe ich nicht erstrebt, sondern trage sie als mir vom Staat auferlegte"[309]. Cicero *dom* 52,133: „Männer, die durch ihre Würde die Person des römischen Volkes und die Autorität des Imperiums repräsentieren."[310]

Augustinus verwendet *personam sustinere* weitgehend synonym zu *personam gerere*, aber bei weitem nicht so häufig. Es ist bei ihm auch ein rein exegetischer Ausdruck, der sich nicht am profanen Gebrauch orientiert.

---

[305] En Ps 83,2 (CCL 40,1147,15–19 bis).

[306] Rom inch exp 13,3 (CSEL 84,162,3).

[307] CIC de orat 2,24,102: *itaque quom ille discessit, tris personas unus sustineo summa animi aequitate: meam, adversari, iudicis.*

[308] CIC de orat 2,62,251: *morosum, superstitiosum, suspiciosum, gloriosum, stultum; naturae ridentur ipsae; quas personas agitare solemus, non sustinere.*

[309] Vgl. zu *personam imponere* o. S. 47 f.

[310] Vgl. weiterhin CIC har 28,61; Phil 6,1,2; Pis 11,24. 29,71. APUL met 5,10,2.

Dennoch verwendet er ihn zur Erklärung einer Homerstelle. Proteus, der Meergott, werde bei Homer als Bild der Wahrheit eingeführt *(in imaginem veritatis inducitur)*, zeigt und unterstützt die Person der Wahrheit *(ostentat sustinetque personam veritatis)*[311].

In der Bibelexegese erklärt er damit folgende Stellen:
- *Lk 16,16* „Gesetz und Propheten bis zu Johannes dem Täufer": Johannes verkörpert das Alte und gleichzeitig die Verheißung des Neuen[312].
- *Lk 18,2-8:* Der ungerechte Richter, der der Witwe nur ihrer Aufdringlichkeit wegen ihr Recht verschafft, verkörpert nicht Gott in allegorischer Weise *(allegorice)*[313].
- In *Jo 3,30* „Jener muß wachsen, ich aber abnehmen" spricht Johannes der Täufer stellvertretend für jeden Menschen, für das ganze Menschengeschlecht[314].
- *Ps 108,8* (vgl. *Apg 1,20*) „seine Tage seien wenige und sein Amt erhalte ein anderer": Judas verkörpert die Feinde Christi, die Juden, während Petrus die „Schlüssel des Himmelreiches", d.h. das Amt auf ewig erhält.[315]

Ekklesiologisch:
- Job verkörpert die Leidenden in der Kirche, insbesondere die in der Verfolgungszeit, von denen es drei Arten gibt: die, die zustimmen, die fliehen und die leiden.[316]
- *Mt 16,19:* Die Übergabe der Schlüssel des Himmelreiches an Petrus zeigt, daß er die Person der katholischen Kirche vertritt[317].
- *Mt 26,38-39* „meine Seele ist betrübt bis in den Tod. Vater, wenn es geschehen kann, gehe dieser Kelch an mir vorüber. Aber nicht, was ich will, sondern was du willst, Vater." Christus verkörpert die Person der Schwachen, d.h. seinen Leib, die Kirche.[318]

Christologisch:
- *Mt 25,40* „Was ihr dem geringsten meiner Brüder getan habt, das habt ihr mir getan": jeder Christ verkörpert Christus[319].

---

[311] C acad 3,6,13 (CCL 29,42,12).
[312] S 293,2 (PL 38,1328,8).
[313] S dom m 2,15,52 (CCL 35,142,1123).
[314] S 380,6 (PL 39,1680,35).
[315] En Ps 108,1 (CCL 40,1585,16).
[316] Adn Iob 24 (CSEL 28/2,558,10).
[317] Agon 30,32 (CSEL 41,134,24).
[318] En Ps 103,3,11 (CCL 40,1510,28).
[319] Gn c Man 15,38 (PL 34,216,26): *unusquisque christianus non incongrue sustinet personam Christi.*

Augustinus erläutert nochmals das für ihn in der Christologie wichtige
Theologumenon der *„persona sapientiae"*: „Eine andere Sache ist es
nämlich, lediglich weise zu werden durch die Weisheit Gottes, und eine
andere Sache, die Person der Weisheit Gottes selbst zu tragen." Es geht
hier um eine Seinsaussage. Der Unterschied zwischen *Christus caput*
und *corpus* ist der, daß Christus die Weisheit Gottes *ist*, der Mensch sie
nur *hat*. Das vollkommene Wort Gottes *ist* Fleisch geworden, die
Menschen *haben* nur *Anteil* an der Vollkommenheit[320]. Augustinus
erläutert also mit *personam sustinere* dasselbe Problem wie schon oben
mit *personam gerere*[321].

Der Gebrauch von *personam sustinere* entspricht also der exegetischen Bedeutung von *personam gerere*; Auch was die figurative Bedeutung betrifft und den Übergang zum dogmatischen Vokabular. So
erläutert Augustinus an einer Stelle seiner exegetischen Technik: „Alle
Bedeutungen *(significantia)* scheinen auf eine gewisse Weise die Person
der Dinge darzustellen, die sie verkörpern."[322] Und an einer anderen
Stelle nimmt er *Mt* 15,22–27 (die Kanaaniterin, die die Heiden verkörpert) als Anlaß zu einer trinitätstheologischen Spekulation[323].

10. PERSONAM AGERE

Ein zweiter Ausdruck, der *personam gerere* in Bedeutung und
Funktion sehr nahe steht, aber von Augustinus nur zweimal in *Gal exp*
und einmal in Brief 232 verwendet wird, ist *personam agere*. An der
ersten Stelle erklärt er *Gal* 3,19 (das Gesetz ist wegen der Übertretung
gegeben worden ... angeordnet durch Engel): „Deswegen ist jene
Einrichtung des Gesetzes durch Engel angeordnet, da sie bisweilen ihre,
bisweilen die Person Gottes ausüben, wie es auch bei den Propheten
üblich ist."[324] An der zweiten Stelle spricht er von Christus, der als der
eingeborene Sohn Gottes die Weisheit Gottes ist und von Natur aus die
Person der Weisheit „hat und führt" *(habendam naturaliter et agendam
personam sapientiae)*[325]. *Personam agere* ist hier also synonym mit

---

[320] Agon 20,22 (CSEL 41,122,11–13): *aliud est enim sapientem tantum fieri per
sapientiam dei et aliud est ipsam personam sustinere sapientiae dei.* Nochmals 122,24.
[321] S. o. S. 58.
[322] Ciu 18,48 (CCL 48,646,23).
[323] Rom inch exp 13,6 (CSEL 84,162,16).
[324] Gal exp 24 (CSEL 84,88,16–18): *quia per angelos disposita est illa dispensatio legis,
cum aliquando suam, aliquando dei personam, sicut prophetarum etiam mos est, agerent.*
[325] Gal exp 27 (CSEL 84,92,14–20):...*sed per fidem induendo Christum omnes fiunt
filii non natura sicut unicus filius, qui etiam sapientia dei est, neque praepotentia et
singularitate susceptionis ad habendam naturaliter et agendam personam sapientiae...*

personam sustinere, das eben dargestellt wurde[326]. Im ersten Falle steht der Ausdruck im Kontext der Theophanien bzw. der Exegese der Propheten[327]. Beidemal ist also klar ein exegetisches Anliegen zu erkennen.

In Brief 232 steht *personam agere* in Verbindung mit *personam ostendere*. Christus hat in seiner Menschwerdung, seinem Hinabsteigen in die Niedrigkeit, einen Menschen gewürdigt, daß in ihm seine göttliche Person sich zeigt und handelt.[328]

Personam agere kommt in der profanen lateinischen Literatur nicht vor. Lediglich das Intensivum *personam agitare* ist einmal bei Cicero belegt (*de orat* 2,62,251). Dies bedeutet jedoch gerade das Gegenteil: „eine Person verspotten". Cicero spricht von den rhetorischen Genera der Person und warnt davor, lächerliche Rollen zu übernehmen wie einen „Pedanten, Abergläubischen, Argwöhnischen, Prahlhans, Dummkopf; die Naturen selbst sind lächerlich; diese Personen pflegen wir zu verspotten, nicht zu spielen."[329]

11. *PERSONAM HABERE*

kann, wie unten noch zu zeigen sein wird[330], juridischer Terminus sein; bei Augustinus aber äußerst selten und erst entstehend. Erst später wird er zum juridischen Terminus technicus. Zur Zeit Augustins ist er vielmehr ein Ausdruck der Grammatik, wie er bei den Grammatikern vor und nach Augustinus häufigst zu finden ist. Ein Verbum hat eine Person/Personen: „Alle Verbformen haben drei Tempora und drei Personen" (VAR *L* 9,101)[331]. Von diesem rein grammatischen Gebrauch weicht Seneca ab, wo sich auch zeigt, daß'der Ausdruck zunächst durchaus vom Theater, von der Maske abgeleitet ist. Er spricht in *De beneficiis* 2,13,2 von dem Hochmut, der jede gute Tat ins Gegenteil verkehrt, und fährt fort: „Es bleibt daher zu fragen, warum er die Nase so hoch trage, warum er Miene und Mund so verzieht, daß er lieber eine Maske als ein Gesicht haben will? *(ut malit personam habere quam faciem)*". An einer anderen Stelle gebraucht er die Wendung in übertragenem Sinn: „Zwei Rollen *(personas)* hat ein Steuermann: eine gemeinsam mit allen, die in dasselbe Schiff steigen, worin er selbst Passagier ist; die andere spezielle als Steuermann" (SEN *ep ad Luc* 11,85,35).

---

[326] S. o. S. 62.
[327] Vgl. o. S. 21.
[328] Ep 232,6 (CSEL 57,515,22); vgl. o. S. 44.
[329] S. o. Anm. 308.
[330] S. u. S. 101 f.
[331] Vgl. weiterhin VAR L 10,31,32. GL I 340,35; 346,13; 398,7. GL II 173,5; 552,17.

Bei Augustinus ist *personam habere* vor allem ein Ausdruck der Exegese:

- *Ps 101,7–8:* „Ich bin dem Pelikan gleich geworden, der in der Einsamkeit wohnt; ich bin geworden wie eine Eule im Gemäuer. Ich wache und bin geworden wie ein einzelner Sperling auf dem Dach.": Ein Mensch kann die Personen der drei Vögel haben, und drei Menschen können die Personen der drei Vögel haben.[332]
- *Ez 1,5–10/Apok 4,6 7:* Das viergestaltige Tier (Mensch, Stier, Löwe, Adler) hat vier Personen und stellt die vier Evangelisten dar, nach denen die Texte interpretiert werden müssen.[333]
- *Lk 15,11–32:* Der Bruder des verlorenen Sohnes hat seine *persona* unter denen, die niemals von dem einen Gott zu den Götzen abgefallen sind.[334]
- *Mt 24,40/Lk 17,34:* „einer wird mitgenommen, einer zurückgelassen", weil jeder Beruf in der Kirche auch seine Heuchler hat. Nicht jeder Mensch ist ein Heuchler, sondern jeder Stand hat auch heuchlerische Personen *(habet personas fictas).*[335]

Christologisch:
- *Jo 3,13* „Niemand ist in den Himmel aufgestiegen, der nicht vom Himmel herabgestiegen ist" zeigt die eine Person der Gottheit und Menschheit Christi. Der Leib, den Christus aus der Jungfrau angenommen hat, hat in ihm keine eigene (andere) Person[336].
- *Ps 40,2* „Selig, wer des Dürftigen gedenkt und des Armen, am Tag des Unheils wird der Herr ihn retten": „Jener aber, der Gott ist, der eine Person im Menschen und mit dem Menschen haben wollte, konnte weder abnehmen noch wachsen, weder sterben noch auferstehen. Er ist gestorben aus der Schwäche des Menschen, im übrigen stirbt Gott nicht."[337]

Personam habere steht also in christologischem Kontext immer zur Betonung der einen Person Christi.

An zwei Stellen gebraucht Augustinus den Ausdruck in Argumenten gegen Donatisten und Julian von Eclanum, beidemale jedoch in Anlehnung an Bibelstellen. Er wirft den Donatisten vor, sie seien wie der

---

[332] En Ps 101,1,7 (CCL 40,1431,37 f.).

[333] Io eu tr 36,5 (CCL 36,327,11).

[334] Qu Eu 2,33 (PL 35,1347,29).

[335] En Ps 99,13 (CCL 39,1402,26).

[336] S 263,3 (PL 38,1211,16): *quanto magis illud corpus, quod de virgine assumpsit, aliam non potest in illo habere personam?* (= s Mai 98,3: PLS 2,496,19).

[337] En Ps 40,2 (CCL 38,449,14–16): *ille autem qui deus est, qui unam personam habere in homine et cum homine voluit, nec decrescere nec crescere potuit, nec mori nec resurgere.*

Taglöhner, der flieht, wenn er den Wolf kommen sieht (*Jo* 10,12f.).
D.h. die Donatisten lassen die von der Sünde (= Wolf) verfolgten
Menschen in der Kirche allein[338]. Julian wirft er vor, er eile, sogar
Flötenspieler und ähnliche schandbare Personen schlechten Rufes zu
haben, obwohl Paulus (*1 Kor* 9,25) lehrt, wer kämpfe, enthalte sich von
allem[339].

12. *PERSONAM PORTARE*

ist in der profanen Latinität nicht nachzuweisen, bei Augustinus
lediglich viermal, ausschließlich in der Exegese, verwendet:
- *Num 19,17–19:* Ein reiner Mann entsündigt die anderen. Er stellt die
  Diener der Kirche dar, die in Stellvertretung Christi *(portans personam domini)* durch die Spendung der Taufe die Menschen entsün-
  digen.[340]
- *Mt 6,12* „vergib uns unsere Schuld, wie auch wir vergeben unseren
  Schuldigern“: Wie Adam und Eva nicht jeder seine eigene Person
  trug, sondern eine Person, ein Mensch, wird der Mensch als ganzer
  gerichtet.[341]
- *Jo 2,15 (Ps 68,10)* „Der Eifer der Herrn verzehrt mich“: Jeder Christ
  wird als Glied Christi verzehrt. Jeder hat das zu tun, was er kann, je
  nach der Person, die er trägt (= je nachdem, welche Rolle er spielt,
  wer er ist).[342]
- *Jo 6,9* wunderbare Brotvermehrung. Die zwei Fische bedeuten die
  zwei im AT hervorragenden Personen, den Priester und den König.
  Sie deuten auf Christus, der beide Personen in sich trägt.[343]

13. *PERSONAM FERRE*

ist eines der Beispiele, an dem sich gut die Ursprünge der exegetischen Ausdrücke vom Theater, von der Maske her, spiegeln. Sueton
(*Ves* 19) erzählt, wie „beim Begräbnis Favor, der erste der Schauspieler,
seine (sc. des Kaisers) Maske trug *(personam eius ferens)*, wie es Brauch
ist.“ Bei Livius verschiebt sich die Bedeutung eher zur Rolle hin: „jenes
Ende war dem Appius das Tragen fremder Masken“ (= die Verkörpe-

---

[338] S 137,10,12 (PL 38,761,29).
[339] C Iul 4,18 (PL 44,746,40).
[340] Qu Num 33,11 (CCL 33,260,966).
[341] Trin 12,12,18 (CCL 50,372,46).
[342] Io eu tr 10,9 (CCL 36,106,27).
[343] Io eu tr 24,5 (CCL 36,246,18). S. u. S. 167f.

rung/Nachahmung fremder Rollen) (3,36,1)[344]. Ebenso verwendet
Horaz den Ausdruck: „Aristipp ... wird die eine wie die andere Maske
tragen" (= die Rolle des Reichen wie des Armen spielen) „ohne
Unsicherheit im Auftreten" (*ep* 1,17).

Bei Augustinus ist es ein exegetischer Ausdruck, der allerdings nur
ein einziges Mal vorkommt: bei der Deutung des Isaakssegens. Isaak
will den Älteren, Esau, segnen, segnet aber den Jüngeren, Jakob. Isaak
verkörpert das Gesetz, Esau die Juden, Jakob die Christen. D. h. der
Segen, das Reich, geht vom Gesetz auf die Christen über.[345]

Wir haben gesehen, daß die Person-Exegese, obwohl sie Teil der
Literalexegese, der grammatischen Analyse der Texte ist, zur allegorischen bzw. typologischen Deutung der Schrift dient, wie auch vom
Vokabular her deutlich wird *(allegorice, figura, typus* etc.). Am klarsten
drücken dies die beiden folgenden Wendungen aus: *personam signifi-
care/in persona significari* und *personam figurare/in persona figurari.*

14. *PERSONAM SIGNIFICARE / IN PERSONA SIGNIFICARI*

ist in der profanen Latinität ein rein grammatischer Ausdruck. Es geht
darum, ob grammatische Formen eine Person bezeichnen oder nicht. So
ist es die Aufgabe des Pronomens, bestimmt Personen zu bezeichnen[346].
Präpositionen, Konjunktionen und Interjektionen bezeichnen dagegen
keine Person[347]. Der Genetiv bezeichnet die Person des Eigentümers[348],
das Verb mehr eine absolute Person[349], der Infinitiv bezeichnet keine
Person[350]. Nur an einer Stelle ist der Ausdruck in etwas anderem Sinn
verwendet, in der *Ars* des Consentius. Er erläutert dort, daß die Namen,
die eine Person bezeichnen, in vier Kategorien unterteilt sind: *praeno-
men, nomen, cognomen, agnomen*[351].

Augustinus kennt die rein grammatische Verwendung und hat sie in
seinem Werk *De dialectica*[352]. Er erklärt dort gleich zu Beginn Begriff
und Aufgabe der Dialektik, die mit Worten arbeite. Worte ihrerseits
seien einzuteilen in *simplicia* und *coniuncta*, je nachdem sie ein oder

---

[344] Vgl. auch LIV 3,72,4.
[345] S 5,4 (CCL 41,54,142).
[346] PRISC gramm 2,18 (GL II 55,13f. 17f.).
[347] Ebd. 5,50 (173,24f.).
[348] Ebd. 12,7 (580,22).
[349] Ebd. 17,56 (GL III 141,18).
[350] PS-AUG reg (GL V 513,37).
[351] CONSENT gramm (GL V 339,10).
[352] Dial 1 (PL 32,1409,12).

mehrere Dinge bezeichnen. So gehören Nomina und die dritte Person des Verbs zur ersten Kategorie, die erste und zweite Person aber zur zweiten, weil sie neben ihrer inhaltlichen Bedeutung auch noch die Person bezeichnen.

Ansonsten ist *personam significare* bei Augustinus ein exegetischer Ausdruck, der allerdings bemerkenswert häufig im Kontext der wunderbaren Brotvermehrung auftaucht (*Jo* 6,9). Die beiden Fische bedeuten die zwei Personen, von denen das Volk Israel regiert wurde, König und Priester. Diese beiden Personen bildeten unseren Herrn voraus. Er allein trug nämlich beide und erfüllte beide nicht *figurative*, sondern *proprie*[353]. Auch *Mt* 1,1–17 bezeichne durch seine Genalogie die königliche Person Christi[354].

Zweimal wird *personam significare* in trinitätstheologischem Kontext verwendet. In *ep* 170 geht es um die sprachliche Analyse der Worte Vater und Sohn. Beide sind Menschen, d. h. ihre *natura* ist gleich, aber ihre *relatio* ist verschieden. Vater und Sohn bezeichnen also keine Naturen, sondern die Personen in Relation zueinander[355]. Die Gotteserscheinungen im AT sind entweder von der ganzen Gottheit her zu interpretieren oder von einer der drei Personen der Trinität, je nachdem welche der Kontext bezeichnet[356]. Wie man sieht, ist *personam significare* wieder einer der exegetischen Ausdrücke, die von der Exegese herkommend in Christologie und Trinitätslehre in dogmatische Bedeutung übergehen.

Nur einmal ist er in einfachem exegetischem Kontext zu finden: *Job* 6,25 „aber wie ich sehe, sprecht ihr die krummen Worte des wahren Menschen". Der wahre Mensch ist der, der die Personen des Büßenden bezeichnet[357].

In persona significari ist das Passiv zu *personam significare* und wird von Augustinus zweimal verwendet:
- *Mt 16,19* Schlüsselübergabe an Petrus: In Petrus werden die Guten in der Kirche, in Judas die Schlechten bezeichnet.[358]
- *1 Kor 15,54* zeigt, daß Paulus in seiner Person alle unter der Gnade Stehenden bezeichnet (gegen die Pelagianer)[359].

---

[353] Diu qu 61,2 (CCL 44 A,121,20); Io eu tr 24,5 (CCL 36,246,13). Nochmals aufgegriffen mit Korrektur in: retr 1,25,65 (CSEL 36,123,16): die Salbung beziehe sich nicht *nur* auf Priester und König, sondern *vornehmlich* (*maxime pertinebat*), da auch der Prophet gesalbt wird. Vgl. u. S. 168.

[354] Diu qu 61,2 (CCL 44 A,123,54).

[355] Ep 170,6 (CSEL 44,627,15–17): *quis enim non videat ista vocabula non in se ipsis demonstrare naturas, sed alterius ad alterum significare personas?*

[356] Trin 3 pr 3 (CCL 50,130,83). Vgl. u. S. 134–141.

[357] Adn Iob 6 (CSEL 28/2,520,25).

[358] Io eu tr 50,12 (CCL 36,438,20f.).

[359] C ep Pel 1,11,24 (CSEL 60,444,8).

15. *PERSONAM FIGURARE / IN PERSONA FIGURARI*

wird insgesamt neunmal (sechsmal aktiv, dreimal passiv) von Augustinus verwendet, fast ausschließlich in der christologischen Exegese. Nur ein einziges Mal ergänzt er in den *retr* zu *c Don p gesta* „auf Petrus ist wie auf einen Felsen die Kirche erbaut": Petrus ist *figura* der Kirche[360].

Im übrigen steht er, wie gesagt, in christologischem Kontext:
- Salomo und Melchisedek sind *figura* des Königtums und Priestertums Christi[361]. Ebenso David, weil er die Schaubrote ißt, die nur der Priester essen darf (vgl. *Mt* 12,4)[362].
- *Ex 40,34–35:* Moses kann nicht in das Bundeszelt eintreten, weil sich Gott in der Wolke darauf niedergelassen hat, obwohl er früher auf dem Sinai Gott in der Wolke begegnet ist. Dies bedeutet, daß er damals die *figura* derer war, die der Wahrheit Gottes teilhaftig werden, jetzt *figura* der Juden, die der Glorie des Herrn (d. h. der Gnade Christi) nicht teilhaftig werden[363].
- Die engelgleiche Natur Johannes' des Täufers konnte die Person Christi vorherbedeuten[364].
- *Jo 2,10* Hochzeit zu Kana: „Den guten Wein hast du bis jetzt aufgehoben". Der Bräutigam, zu dem dies gesagt wird, bedeutete die Person Christi voraus, der das Evangelium bis zur Gegenwart aufbewahrte[365].

Das Passiv *in persona figurari* (dreimal) ist ausschließlich dem Typos Christi als König und Priester gewidmet. So erläutert Augustinus in *c Faust* (397/98), daß David in einer Person *(in una persona) figura* sowohl des Königtums wie des Priestertums des *einen* Christus ist[366]. Ebenso erklärt er in *cons eu* die Herkunft Christi. Christus ist, wenn auch nicht leiblich, so doch wegen der Salbung Sohn Davids, da die Salbung Priester und König auszeichne[367]. In *diu qu* kommt Augustinus nochmals auf die beiden Fische der Brotvermehrung zurück, die *figurae* des Königs und Priesters Christus sind[368].

---

[360] Retr 1,20,2 (CSEL 36,98,10).
[361] Cons eu 1,3,5 (CSEL 43,5,15).
[362] En Ps 51,3 (CCL 39,624,4).
[363] Qu Ex 176 (CCL 33,152,2852).
[364] Trin 4,20,30 (CCL 50,202,153).
[365] Io eu tr 9,2 (CCL 36,91,20).
[366] C Faust 12,33 (CSEL 25,361,8).
[367] Cons eu 2,4,2 (CSEL 43,84,15).
[368] Diu qu 61,2 (CCL 44 A,125,109).

Dieses Bild der Einheit von Königtum und Priestertum in Christus als
Vergleich seiner Personeinheit von Gottheit und Menschheit wird unten
näher zu behandeln sein in seiner theologischen Aussagekraft[369]. Hier
ist lediglich zu zeigen, wie es mit dem exegetischen Vokabular der
Person-Exegese zusammenhängt.

Als letzte Gruppe der exegetischen *persona*-Ausdrücke sind nun die
Beschreibungen der sprechenden/handelnden Person *„ex persona alicuius"* bzw. *„in persona alicuius"* zu analysieren.

16. *EX PERSONA DICERE*

Der Ausdruck *ex persona dicere* und seine Synonyma *ex persona
loqui, inquit, ait* etc. sind das Hauptmittel der Person-Exegese. Sie sind
wohl ebenfalls ursprünglich vom Theater hergenommen „aus der Maske
sprechen", sind aber so nicht überliefert. Sie sind ausschließlich als
Termini der Exegese erhalten, um auszudrücken, daß in einem Vers
oder Satz der Literatur nicht das grammatische Subjekt des Satzes
Träger der Aussage ist, sondern sich dahinter eine andere Person
verbirgt. Aus dieser Person spricht ein anderer. Dies kann der Dichter
selbst, eine andere Person des Stückes oder auch der Leser/Hörer sein.
Ein besonders dichtes Beispiel der Interpretation *ex persona alicuius* ist
im Horazkommentar des Pomponius Porphyrio zu finden, das bereits
oben dargestellt wurde[370]. Man sieht daran gut, wie der Text von zwei
Personen her verstanden wird. Allerdings drängt sich dies vom Text
selbst her schon auf, da Horaz einen fiktiven Dialog gestaltet. Typisch
für die Interpretation vom Kommentator her ist Porphyrios' Kommentar zu Horaz, *sermo* 2,7,37: „Das sagt der Sklave aus der Person des
Horaz". In beiden Fällen ist das Kriterium das *aptum*. Im ersten Falle ist
es *ineptum*, daß Horaz beide Personen des Dialogs spricht, im zweiten
legt der Kontext die Interpretation nahe. In diesem Gebrauch ist *ex
persona dicere* eine Reihe von Malen in der profanen Literatur zu
finden[371].

Augustinus verwendet *ex persona dicere* nicht weniger als 89mal in
seinen Werken, und zwar in allen Perioden, besonders häufig (32mal)
allerdings in *en Ps*, wie es dem exegetischen Charakter des Werkes
entspricht. Aufgrund der Häufigkeit des Ausdrucks kann nun nicht jede

---

[369] S. u. S. 165–168.
[370] S. o. S. 18.
[371] HYG apud GEL 10,16,8. GEL 10,22,1.24. AQUILA rhet 3 (RLM 23,28). PORPH
Hor s 1,2,58–59; epod 15,13; ep 2,2,10.

einzelne Stelle ausführlich behandelt werden. Es genügt aber auch, quasi tabellarisch zu zeigen, in welchen Kontexten Augustinus *ex persona dicere* gebraucht und bei welchen Bibelstellen, und lediglich die Texte detailliert darzustellen, die für sein dogmatisches Denken von Bedeutung sind, da die exegetische Technik selbst bereits klar ist.

Folgende Kontexte sind zu ermitteln:
– Exegese allgemein: 16mal,
– Theologisch: siebenmal,
– Christologisch: 47mal,
– Ekklesiologisch 17mal.

Bei der allgemeinen Exegese werden folgende Bibelstellen ausgelegt (jeweils mit Angabe, aus welcher Person gesagt sie verstanden wird):
– *Ps* 34,17: *ex nostra persona*[372];
– *Ps* 50,7: *ex persona generali*[373];
– *Ps* 64,6: viele Menschen sprechen aus einer Person[374];
– *Ps* 74,2: dto[375];
– *Ps* 88,50–52: *ex persona Christianorum*[376];
– *Ps* 105,1: aus der Person derer, die um Vergebung bitten[377];
– *Job* 6,6: *ex sua persona*[378];
– *Mt* 26,18: *ex persona evangelistae*[379];
– *Mk* 14,1: *ex sua persona*[380];
– *Jo* 4,22: *ex persona Iudaeorum*[381];
– *Jo* 7,39: *Ioannes evangelista ex persona sua*[382];
– *Ro* 9,16: *ex persona Pauli*[383];
– *Ro* 9,27 (*Sir* 33,16. *Ro* 9,29): *ex persona* derer, die gerettet werden[384];
– *Ro* 11,25: aus der Person derer, die noch teils blind sind[385];

---

[372] En Ps 34,2,9 (CCL 38,318,3).
[373] Pecc mer 1,24,34 (CSEL 60,34,13).
[374] En Ps 64,9 (CCL 39,832,6).
[375] En Ps 74,4 (CCL 39,1026,2).
[376] Ciu 17,12 (CCL 48,576,6).
[377] En Ps 105,2 (CCL 40,1553,8).
[378] Adn Iob 6 (CSEL 28/2,518,23).
[379] Cons eu 2,157,80 (CSEL 43,266,11).
[380] Cons eu 2,152,78 (CSEL 43,256,19).
[381] Io eu tr 15,26 (CCL 36,161,11).
[382] S 270,2 (PL 38,1239,42).
[383] Gest Pel 16,39 (CSEL 42,94,22).
[384] En Ps 113,2,9 (CCL 40,1646,13); diu qu Simpl 1,2,20 (CCL 44,52,727).
[385] Adn Iob 36 (CSEL 28/2,591,24).

Bemerkenswert sind darüber hinaus drei weitere Stellen, zwei, weil Augustinus dort klassische Texte (Vergil/Cicero) behandelt, der dritte, weil er *ex persona dicere* in nicht-exegetischem Kontext verwendet.

Die Erklärung von Vergil, *Aeneis* 1,278f. und *georgica* 2,498 ist bereits oben dargestellt worden[386]. In *ciu* handelt Augustinus von Gott und dem *fatum* und setzt sich dabei mit Ciceros *De fato* und *De natura deorum* auseinander. Er beruft sich auf *Ps* 13,1 „es spricht der Tor in seinem Herzen: es gibt keinen Gott". Cicero verneint allerdings die Existenz Gottes nicht *ex sua persona*, sondern legt dies Gaius Aurelius Cotta[387] in den Mund, den er in *De natura deorum* den Standpunkt des Gottesverneiners vertreten läßt[388]. Diese beiden Stellen zeigen gut Augustins Kenntnis der klassischen Literatur und, daß er die exegetischen Techniken an den profanen Schriften gelernt hat und auch übt.

In Brief 75 an Hieronymus zitiert Augustinus aus dem Prooemium des Galaterkommentars des Hieronymus, wo dieser Augustinus als Gegenredner einführt, also *ex persona Augustini (mea)* spricht[389].

Ex persona Dei Patris sind folgende Bibelstellen zu verstehen:
- *Ex* 23,29f.[390];
- *Ps* 44,2 (ter)[391];
- *Ps* 109,3[392];
- *Apg* 2,9 (so die Manichäer, Augustinus dagegen)[393];
- *Ro* 2,5–9: *ex persona dei vel sanctorum eius*[394].

Die christologische Exegese ist, was schon von der großen Zahl her verständlich ist, sehr differenziert. Die Regeln der Exegese *ex persona Christi* sind bereits oben genannt worden[395]. Zu dieser christologischen Exegese gehören jedoch nicht nur die Bibelstellen, die *ex persona Christi* verstanden werden, sondern auch die, die *ex persona* eines anderen *(Dei, Iudaeorum, Davidis)* zu Christus sprechen. Auch die Exegese *ex persona Christi* selbst ist noch zu differenzieren, da er auch *ex persona hominis*, sowie *ex persona capitis et membrorum* spricht.

---

[386] S. o. S. 18f., 47f.
[387] Zu der Person des C. Aurelius Cotta vgl. E. KLEBS, Aurelius 96): PRE 2(1896) 2482–2484.
[388] Ciu 5,9 (CCL 47,136,16).
[389] HIER Gal pr (PL 26,308 A–B). AUG ep 75,3,4 (CSEL 34/2,285,17).
[390] Qu Iud 16,4 (CCL 33,344,329).
[391] En Ps 44,6 (CCL 38,498,14); 44,8 (500,20.27).
[392] C Max 2,18,1 (PL 42,785,17).
[393] S 50,1 (CCL 41,625,5).
[394] Doctr chr 3,12,18 (CCL 32,88,2).
[395] S. o. S. 23.

Ex persona Christi sind folgende Stellen zu interpretieren:
- *Dt* 33,1–5[396];
- *1 Kön:* Wenn Abimelech vom Reich seines Vaters spricht, spricht er
  ex persona Christi[397];
- *Ps* 2,1–9[398];
- *Ps* 3,6[399];
- *Ps* 15,3[400];
- *Ps* 21,2[401];
- *Ps* 21,2/ *Mt* 27,46/ *Mk* 15,34[402];
- *Ps* 29,2[403];
- *Ps* 31,4[404];
- *Ps* 68,22/ *Mt* 27,34.38: Leiden Christi[405];
- *Ps* 70,7[406];
- *Ps* 81,8[407];
- *Ps* 140,10[408];
- *Ps* 5,6[409];
- *Zach* 12,10[410];
- *Mt* 26,18[411];
- *Mk* 14,30[412];
- *Jo* 17,23[413];
- *1 Kor* 1,25[414].

Christus ex persona hominis:
- *Ps* 21,2–3[415];
- *Ps* 118,99[416].

---

[396] Qu Deut 56 (CCL 33,309,1248).
[397] En Ps 33,2,2 (CCL 38,282,23).
[398] C litt Pet 2,92,202 (CSEL 52,124,11).
[399] S Guelf 6 (PLS 2,553,12).
[400] Ep 149,1,8 (CSEL 44,355,18).
[401] En Ps 21,1,1 (CCL 38,117,5).
[402] Gr nou t 6,15 (CSEL 44,166,8).
[403] En Ps 29,2,11 (CCL 38,182,5).
[404] Trin 2,17,31 (CCL 50,121,91).
[405] Ciu 17,19 (CCL 48,586,5).
[406] En Ps 70,1,11 (CCL 39,949,16f.).
[407] En Ps 81,7 (CCL 39,1140,1).
[408] En Ps 140,26 (CCL 40,2045,14).
[409] En Ps 56,17 (CCL 39,707,23).
[410] Ciu 20,30 (CCL 48,755,72).
[411] Cons eu 2,157,80 (CSEL 43,265,25).
[412] Cons eu 3,7,2 (CSEL 43,278,6).
[413] Io eu tr 110,4 (CCL 36,624,9).
[414] Adn Iob 37 (CSEL 28/2,594,25).
[415] En Ps 43,2 (CCL 38,482,30).
[416] En Ps 56,8 (CCL 39,655,15f.).

Christus ex persona capitis et membrorum:
- *Ps* 62 pr[417];
- *Ps* 118,99[418].

Ex persona dei ad Christum:
- *Mal* 1,10f.[419];
- *Zach* 2,9[420];
- *Ps* 109,3[421];
- *Ps* 109,4[422];
- *Prov* 31,2[423].

Ex persona Iudaeorum de Christo:
- *Sap* 2,18.20.21[424];
- *Is* 53,2[425].

David ex persona humani generis ad Christum:
- *Ps* 50,6[426].

Eine Reihe dieser Stellen wird unten näher besprochen werden müssen, da sie für den systematischen Aufbau der Christologie wichtig sind. Einige davon zeigen auch wieder den Übergang von exegetischer zu systematischer Terminologie. Wichtig war hier nur zu zeigen, wo und in welcher Fülle Augustinus die Exegese *ex persona* in christologischem Kontext verwendet.

Ekklesiologisch *(ex persona ecclesiae, ex persona corporis Christi)* sind zu interpretieren:
- *Ps* 21,2[427];
- *Ps* 74,2[428];
- *Ps* 90 pr[429];
- *Ps* 138[430];
- *Ps* 140,1[431];
- *Ps* 140,5[432];

---

[417] En Ps 62,2 (CCL 39,794,1).
[418] En Ps 118,22,3 (CCL 40,1737,10).
[419] Ciu 18,35 (CCL 48,629,33–630,56).
[420] Ciu 20,30 (CCL 48,755,72).
[421] C Max 2,18,1 (PL 42,785,10).
[422] Doctr chr 4,21,45 (CCL 32,152,35).
[423] Qu Deut 23 (CCL 33,290,527).
[424] Gr nou t 7,20 (CSEL 44,170,21).
[425] S 138,6,6 (PL 38,766,17).
[426] S 170,3,3 (PL 38,928,3–7).
[427] En Ps 140,6 (CCL 40,2029,18); gr nou t 6,18 (CSEL 44,168,7f.).
[428] En Ps 74,4 (CCL 39,1026,2).
[429] En Ps 90,2,1 (CCL 39,1267,77–81); ebd. 1266,70–1267,79.
[430] En Ps 138,21 (CCL 40,2005,2–4).
[431] En Ps 140,4 (CCL 40,2028,3f.).
[432] C litt Pet 2,103,237 (CSEL 52,150,28. 151,1).

- *Ps* 141,4[433];
- *Cant* 1,11[434];
- *Job* 9,2[435];
- *Mt* 25,45[436];
- *Lk* 13,32[437].

Fast alle diese Stellen übersteigen die einfache Exegese *ex persona ecclesiae* und erläutern die Theologie des *Christus caput et corpus*, sowie die Einheit *(una persona)* Christi mit seiner Kirche.

17. *EX PERSONA LOQUI*

Synonym mit *ex persona dicere* ist der Ausdruck *ex persona loqui*, der allerdings in den profanen Texten nicht zu finden ist. Er wird ebenfalls in allen Perioden der Werke Augustins verwendet, insbesondere in *en Ps*, allerdings bei weitem nicht so häufig und im Gegensatz zu *ex persona dicere*, das ja überwiegend zur christologischen Exegese herangezogen wurde, vornehmlich zur ekklesiologischen Exegese gebraucht. Er kommt insgesamt 49mal vor:

- allgemeine Exegese: neunmal,
- theologisch: achtmal,
- christologisch: elfmal,
- ekklesiologisch: 21mal.

In der allgemeinen Exegese werden folgende Stellen von folgenden Personen her interpretiert:

- *Ps* 75,11: David spricht *ex persona omnium*[438];
- *Lk* 17,22: *ex persona* des Menschen in Bedrängnis[439];
- *Ro* 7,9: *ex persona hominis*[440];
- *Ro* 7,15: *ex suae personae introductione*[441];
- *Ro* 7,17: dto.[442];
- *Ro* 7,21.24–25a: dto.[443];

---

433 En Ps 140,9 (CCL 40,2033,40).
434 Trin 1,8,16 (CCL 50,50,72).
435 Adn Iob 29 (CSEL 28/2,569,16).
436 En Ps 37,6 (CCL 38,387,59).
437 Perf iust 15,35 (CSEL 42,36,19).
438 En Ps 75,15 (CCL 39,1047,20).
439 Adn Iob 29 (CSEL 28/2,570,2).
440 Diu qu Simpl 1,1,4 (CCL 44,10,70f.).
441 Nupt et conc 27,30 (CSEL 42,242,20).
442 Diu qu Simpl 1,1,9 (CCL 44,14,161).
443 Ebd. 1,1,1 (8,21).

Darüber hinaus spricht Augustinus in seiner Auseinandersetzung mit Cresconius, daß dieser ihn zitiert, d. h. *ex sua (mea) persona loquitur*[444].

Ex persona dei patris sind zu interpretieren:
- *Gen* 22,12[445];
- *Ex* 3,6[446];
- *Ps* 80,9[447];
- *Is* 52,13–53,12[448].

Vor allem legt Augustinus seine Theologie der Engelerscheinungen des AT dar, die *ex persona dei* sprechen[449], ebenso die Regel, wann ein Mensch *ex persona dei* spricht, die bereits oben erläutert wurde[450].

Auch in der christologischen Exegese sind es vor allem klare Regeln, die Augustinus gibt[451]. Im übrigen verwendet er *ex persona loqui* in christologischem Kontext nur in *en Ps:*
- *Ps* 15,1[452];
- *Ps* 21,7[453];
- *Ps* 29,2[454];
- *Ps* 40,7–8[455];
- *Ps* 68,27[456].

In allen Fällen sind die Psalmverse von der Menschheit Christi zu verstehen, von seiner Erniedrigung und Verfolgung. Keiner spricht von seiner Gottheit.

Gleiches gilt für die ekklesiologische Interpretation. Augustinus erläutert vielfach die Regeln der Interpretation *ex persona Christi capitis et corporis*[457] und verwendet den Ausdruck ausschließlich zur Auslegung der Psalmen:

---

[444] C Cresc 37,41 (CSEL 52,448,14).
[445] Qu Gen 59 (CCL 33,22,731).
[446] Trin 3,11,27 (CCL 50,158,196).
[447] Trin 3,10,20 (CCL 50,147,35–39).
[448] Ciu 18,29 (CCL 48,619,12).
[449] Trin 2,7,13 (CCL 50,98,26); 3,1,4 (130,5); 3,11,27 (158,196).
[450] Trin 3,10,19 (CCL 50,146,13). S. o. S. 21.
[451] C Faust 19,27 (CSEL 25,529,13); en Ps 56,13 (CCL 39,702,3–703,6); 77,5 (1070,9).
[452] En Ps 15,1 (CCL 38,90,2).
[453] Ebd. 21,1,7 (118,2).
[454] Ebd. 29,2,4 (177,14f.).
[455] F inuis 4,7 (CCL 46,12,33).
[456] En Ps 68,2,11 (CCL 39,925,14).
[457] En Ps 39,12 (CCL 38,434,24); 40,1 (447,9f.); 58,1,2 (CCL 39,731,22); 74,4 (1027,15–18); 138,2 (CCL 40,1990,2. 1991,31); 140,3 (2027,31); 142,3 (2061,31f.); Io ep tr 1,2 (SC 75,116,8).

- *Ps* 21,2[458];
- *Ps* 37,4[459];
- *Ps* 58,12[460];
- *Ps* 91,9[461];
- *Ps* 118[462];
- *Ps* 140,5[463].

Die einzige Ausnahme bildet die Exegese von *Gal* 4,19. Dieser Vers ist wie auch *1 Thess* 2,7 ebenfalls *ex persona ecclesiae* gesagt[464].

18. *EX PERSONA ...*

Neben diesen beiden Ausdrücken *ex persona dicere* und *ex persona loqui,* die einen wichtigen Platz in der Person-Exegese Augustins einnehmen, gibt es eine Anzahl weiterer synonymer Ausdrücke, sowie eine Reihe weiterer Formulierungen des *ex persona alicuius*-Sprechens oder -Handelns. Sie sind sehr zahlreich, aber vielfach nur ein einziges Mal verwendet, so daß sie hier lediglich aufzuzählen sind. Soweit sie theologische Relevanz erhalten, werden sie im zweiten Teil ausführlich mitbehandelt.

Folgende Ausdrücke *ex persona* sind (in alphabetischer Reihenfolge zu finden:

agere[465];	*commendare*[470];
ait[466];	*commemorare*[471];
alloqui[467];	*defendere*[472];
audire[468];	*deprehendere*[473];
canere[469];	*habere voces*[474];

---

[458] Gr nou t 6,18 (CSEL 44,168,7–10).
[459] En Ps 37,6 (CCL 38,386,10f.).
[460] S 201,3,3 (PL 38,1033,27).
[461] En Ps 91,10 (CCL 39,1286,5).
[462] En Ps 118,7,1 (CCL 40,1682,3).
[463] Ebd. 140,13 (2035,7f.).
[464] Gal exp 38 (CSEL 84,106,16).
[465] Trin 3,11,27 (CCL 50,158,196).
[466] En Ps 58,1,2 (CCL 39,731,30); 93,19 (1319,11); nat et or an 1,7,7 (CSEL 60,308,2).
[467] En Ps 58,1,11 (CCL 39,738,6).
[468] Ebd. 56,13 (703,4.6); 143,1 (CCL 40,2073,28).
[469] Ciu 17,18 (CCL 48,583,3); en Ps 81,1 (CCL 39,1136,24).
[470] Retr 1,3,8 (CSEL 36,20,6).
[471] Cons eu 2,25,12 (CSEL 43,123,7).
[472] En Ps 58,1,14 (CCL 39,740,8).
[473] Cons eu 3,7,2 (CSEL 43,276,10).
[474] En Ps 70,1,12 (CCL 39,949,24).

indare[475];	*obicere*[486];
inferre[476];	*operari*[487];
inquit[477];	*orare*[488];
inserere[478];	*praecipere*[489];
insinuare[479];	*praenuntiare*[490];
interrogare[480];	*proponere*[491];
legere[481];	*referre*[492];
manifestari[482];	*respondere*[493];
minari[483];	*scribere*[494];
monere[484];	*sequi*[495];
narrare[485];	*tractare*[496].

Schließlich gibt es noch einige wenige Formulierungen *ex persona*, denen das Verb fehlt oder die mit einem Substantiv zusammengesetzt sind[497].

19. *IN PERSONA* ...

Synonym zu den Ausdrücken *ex persona* sind die Formulierungen *in persona*. Lediglich der Aspekt ist verschieden. Der Blick geht nicht darauf, woher der Ausspruch bzw. die Tat geschieht, sondern in welcher

---

[475] Pecc mer 3,3,6 (CSEL 60,132,16).

[476] Ebd. 3,3,5 (131,27).

[477] En Ps 86,6 (CCL 39,1203,8); Gn litt 5,19 (CSEL 28/1,163,3).

[478] Gn litt 11,31 (CSEL 28/1,365,1f.); conf 9,6,14 (CCL 27,141,15).

[479] Cons eu 2,157,80 (CSEL 43,264,13).

[480] C Faust 2,2 (CSEL 25,254,22).

[481] Doctr chr 3,11,17 (CCL 32,88,48); Dulc qu 5,3 (CCL 44 A, 295,31); ep 138,1,7 (CSEL 44,132,12).

[482] En Ps 2,5 (CCL 38,5,3).

[483] S 51,9,14 (PL 38,340,55).

[484] S dom m 1,16,44 (CCL 35,50,1065).

[485] Ciu 17,18 (CCL 48,583,9); cons eu 2,157,80 (CSEL 43,265,10); Gn litt 11,31 (CSEL 28/1,365,2).

[486] Gr et pecc or 2,21,24 (CSEL 42,183,17).

[487] C Iul imp 6,36 (PL 45,1591,47).

[488] En Ps 140,4 (CCL 40,2028,4); 140,7 (2030,2).

[489] S. o. Anm. 484.

[490] Ciu 18,34 (CCL 48,628,17).

[491] C Faust 26,7 (CSEL 25,735,10).

[492] Cons eu 2,95,46 (CSEL 43,204,25).

[493] C litt Pet 2,103,237 (CSEL 52,151,4).

[494] Ep 11,1,5 (CSEL 88,52,11).

[495] En Ps 29,2,19 (CCL 38,185,1).

[496] Nat et gr 59,69 (CSEL 60,285,16).

[497] C Iul imp 4,88 (PL 45,1389,31); cons eu 2,157,80 (CSEL 43, 265,18); en Ps 73,4 (CCL 39,1007,2); 84,12 (1172,2); 140,25 (CCL 40,2044,12); ep cath 16,41 (CSEL 52,285,19); gr nou t 16,40 (CSEL 44,189,6f.).

Eigenschaft/Rolle gesprochen bzw. gehandelt wird. Diese Ausdrücke
sind bei Augustinus jedoch recht selten. Es kommen vor:
- *in persona dicere* (viermal)[498],
- *in persona loqui* (siebenmal),
- *in persona se figurare*[499],
- *in persona praedicere*[500],
- *in persona donare*[501].

In persona loqui ist unter all der Vielzahl der Ausdrücke neben *ex
persona dicere* der einzige, der auch in der profanen lateinischen
Literatur zu finden ist. Cicero schlägt in *Arch* 2,3 das ungewöhnliche
Vorgehen vor, „in einer Person der Art zu sprechen, die wegen der
Muße und des Studiums in Urteilen und Gefahren am wenigsten
behandelt worden ist".

Bei Augustinus kommt *in persona loqui* fünfmal allein in *c adu leg* vor.
Es geht dort darum, daß Paulus in *1 Kor* 9,19–22 in fünf Personen
spricht: der Juden, derer unter dem Gesetz, derer ohne Gesetz, der
Schwachen und der Vollkommenen[502].
Die anderen zweimal sind ekklesiologische Auslegungen von Psalm
24,1, wo Christus *in persona ecclesiae* spricht[503] und der generellen
Regel, daß er *in persona capitis et corporis* spricht[504].
Darüber hinaus gibt es noch drei weitere Erwähnungen des Terminus
in verschiedenen Zusammenhängen[505].

20. *SUB PERSONA LOQUI*

Als letzte Formulierung der exegetischen Sprache im Werk Augustins
ist *sub persona loqui* zu behandeln, weil sie zwar im Werk Augustins zu
finden ist, aber keine seiner Formulierungen ist. Sie stammt vom
Ursprung her mit Sicherheit aus der Theatersprache und hat auch im
übertragenen Sinn, wie oben gezeigt, die direkte Bedeutung „unter der
Maske etwas tun"[506].

---

[498] C adu leg 2,2,6 (PL 42,642,33); ciu 10,27 (CCL 47,302,40); gr et pecc or 1,39,43
(CSEL 42,156,27); s 5,6 (CCL 41,57,232).
[499] S 137,6,6 (PL 38,758,5).
[500] Ep 78,6 (CSEL 34/2,340,9).
[501] C ep Parm 3,1,3 (CSEL 51,103,15): Zitat *2 Kor* 2,10.
[502] C adu leg 2,2,3–2,9,33 (PL 42,638,29.45. 641,19. 657,51. 659,33).
[503] En Ps 24,1 (CCL 38,137,2).
[504] En Ps 140,3 (CCL 40,2028,34).
[505] En Ps 37,5 (CCL 38,386,55); 147,27 (CCL 40,2163,11); Io eu tr 4,8 (CCL 36,35,5).
[506] S. u. S. 103.

In exegetischer Bedeutung ist der Ausdruck bei Augustinus jedoch lediglich zweimal als Zitat aus den Werken Julians von Eclanum überliefert[507].

ERGEBNISSE

Die bis hierhin erarbeitete ausführliche, ja vollständige Darstellung des gesamten grammatischen und person-exegetischen *persona*-Gebrauchs im Werk Augustins geht weit über das Hauptziel, nämlich die Erforschung des Einflusses der Person-Exegese auf die Christologie Augustins und das dafür ausreichende Maß hinaus. Zu diesem Zweck allein hätte sicherlich auch eine treffende Auswahl der einschlägigen Stellen ausgereicht. Dennoch schien die vollständige Analyse aus zwei Gründen angezeigt.

1. Abgesehen von dem bereits in der Einleitung erwähnten Fehlen begriffsgeschichtlicher Vorarbeiten zum Wort *persona* (*Thesaurus Linguae Latinae,* Augustinus-Lexikon)[508] wurde eine so grundlegende Erörterung des grammatischen und person-exegetischen *persona*-Gebrauches noch für keinen Autor geleistet. Sie liegt überhaupt nur in Ansätzen für Tertullian vor. Carl ANDRESEN[509] wählte naturgemäß lediglich die für seine These einschlägigen Stellen aus, Ernest EVANS[510] und René BRAUN[511] kannten seine Ergebnisse noch nicht, Joseph MOINGT[512] kennt ANDRESENs Artikel zwar, rezipiert aber seine Ergebnisse kaum. So kommt es, daß die Analysen bei EVANS, BRAUN und MOINGT den Begriff der grammatischen Person-Exegese zu eng fassen. Sie analysieren lediglich nach einigen wenigen Kategorien *(ad/in personam, ex/in/sub persona)* und fassen andere Ausdrücke wie *personam inducere, suscipere, sustinere,* die eindeutig zur Person-Exegese gehören, unter die Kategorie „sens dramatique". Zwar ist richtig, daß alle Ausdrücke der Person-Exegese letztlich vom Theater herstammen, sie haben sich aber bereits in klassischer Zeit davon gelöst und sind, wie im einzelnen oben bereits gesehen, reine Termini der Literaturwissenschaft geworden. Die ausführliche Analyse des Sprachgebrauchs Augustins hofft damit einen Beitrag geleistet zu haben, zu zeigen, wie verzweigt das grammatisch/person-exegetische

---

[507] C Iul imp 1,67 (CSEL 85/1,67,40. 68,66).
[508] S. o. S. 3.
[509] ANDRESEN, Personbegriff.
[510] Q. Septimii Florentis Tertulliani adversus Praxean liber. Tertullian's Treatise against Praxeas. The Text edited, with an Introduction, Translation, and Commentary by E. EVANS, London 1948, 46–50.
[511] BRAUN 207–242, 704f.
[512] MOINGT vol. 2, 551–674; vol. 4, 142–147.

Vokabular ist, und damit hilfreich zu sein für die Analyse weiterer
Autoren.

2. Die ausführliche Analyse des exegetischen *persona*-Gebrauchs bei
Augustinus bietet einen Beitrag zur Erforschung der Geschichte der
Exegese, die angesichts ihrer hervorragenden Bedeutung für die Theologie der Väter und der Fülle der patristischen Forschung noch relativ
unzureichend untersucht ist[513].

Darüber hinaus macht erst die vollständige Analyse des *persona*-
Gebrauches deutlich, welchen Stellenwert die person-exegetische Verwendung im Vergleich zu den anderen *persona*-Bedeutungen einnimmt,
und welche Rolle sie auch außerhalb der Christologie, aber eben nicht
davon loslösbar, im theologischen Denken Augustins spielt.

Über zwei Drittel der insgesamt 1407 *persona*-Stellen[514] in den
Werken Augustins fallen unter die Person-Exegese. Schon dieses rein
zahlenmäßige Übergewicht macht wahrscheinlich, daß der exegetische
Person-Begriff, d. h. *persona* als Subjekt bzw. Sprecher von Aussagen
und Aktionen, auf die Sprache und die Theologie Augustins großen
Einfluß ausübt. Dies wird sich unten für die Christologie in der
Einzelanalyse bestätigen.

Die Konfrontation des Sprachgebrauchs Augustins mit dem der
klassischen Antike und speziell der lateinischen Grammatiker auch
seiner Zeit zeigte recht deutlich, wie sehr Augustinus doch seiner
Bildung, speziell Autoren wie Cicero und Quintilian, verpflichtet ist.
Dies gilt nicht für alle Ausdrücke. Viele davon sind so in der profanen
lateinischen Literatur nicht nachzuweisen. Dies mag zum Teil an der
lückenhaften Überlieferung der Schriften beruhen, liegt aber wohl auch
daran, daß im Christentum die Exegese natürlich eine weit herausragen-
dere Rolle einnimmt. Fast alle der „nicht-klassischen" Ausdrücke sind
nämlich schon bei anderen christlichen Autoren vor Augustinus zu
finden. Man vergleiche nur unten die ausführlichen Analysen von
Tertullian und Theodor von Mopsuestia[515]. D.h. das christliche Latein
entwickelt auch auf exegetischem Gebiet eine Sondersprache, indem es
ausgehend von dem klassischen Vokabular immer neue Ausdrücke in
den Dienst der Person-Exegese stellt. Damit wird auch ein Beitrag
geleistet zu der von Joseph SCHRIJNEN und Christine MOHRMANN
eingeleiteten Erforschung der christlichen Sondersprache[516].

---

[513] Vgl. die Bibliographie von H.J. SIEBEN, Exegesis Patrum. Saggio bibliografico
sull'esegesi biblica dei Padri della Chiesa (= Sussidi Patristici 2), Rom 1983, die zwar
bereits viele Titel verzeichnen kann, in der sich aber noch ebensoviele Lücken zeigen.

[514] Vgl. den Wortindex zum Augustinus-Lexikon, Gießen.

[515] S. u. S. 178–184, 232–236.

[516] Vgl. vor allem die Studien von MOHRMANN, Etudes sur le Latin des chrétiens.
Eine gute Einführung gibt V. LOI, Origini e caratteristiche della latinità cristiana (=
Supplemento al „Bollettino dei Classici" 1), Rom 1978. Zu Augustinus vgl. speziell

Die vollständige Analyse des grammatisch-exegetischen Vokabulars Augustins machte weiterhin deutlich, wie diese Technik nicht nur in die Christologie, sondern ebenso in die Trinitätslehre und Ekklesiologie Augustins formend eingreift. Dies zeigt die eminente Bedeutung dieser Technik für die gesamte Theologie Augustins, wenn im Rahmen dieser Arbeit darauf auch nicht näher eingegangen werden kann.

Noch wichtiger war zu sehen, wie bereits hier bei der Analyse nach zunächst rein sprachlichen Kriterien deutlich wurde, daß der exegetische *persona*-Begriff sowohl in der Christologie als auch in der Trinitätslehre in einen theologischen übergeht. Immer wieder geht Augustinus von der Frage „wer spricht?" aus, beantwortet sie mit der *„persona Christi"*, *„persona Patris"* etc. und benutzt im weiteren diese Begriffe in ihrem dogmatisch-theologischen Sinn, d. h. nicht mehr nur als „Subjekt", sondern als „subsistentes Einzelwesen". Dies ist bereits ein wichtiger Hinweis dafür, wie exegetischer und theologischer Personbegriff zusammenhängen und ist für die Christologie im zweiten Teil eingehend zu untersuchen.

MOHRMANN, Die Sondersprache in den Sermones Augustins und P. SINISCALCO, Christum narrare et dilectionem monere. Osservazioni sulla *narratio* del „De catechizandis rudibus" di S. Agostino: Aug. 14 (1974) 605–623. MOHRMANN, Etudes II 383–389.

2. KAPITEL:
PERSONA IN DER RHETORIK UND JURIDIK

I. *PERSONA* IN DER RHETORIK

Nach dem Grammatikunterricht, der so nachhaltig Leben und Werk Augustins, insbesondere auch seine Verwendung des Wortes *persona*, beeinflußte, nahm Augustinus in Madaura und Karthago Unterricht beim Rhetor, der erst die „klassische" Bildung des antiken Menschen vollendete, indem er ihn zum *vir eloquentissimus* heranbildete[1]. Aufgabe des Rhetoriklehrers war sowohl die Vermittlung der rhetorischen Theorie, wie sie von den griechischen Sophisten entwickelt, von den Römern übernommen und von Cicero in die gültige lateinische Terminologie gefaßt worden war, als auch auch die Lehre der praktischen Anwendung und Übung dieser Regeln. Hauptgrundlage dieser Ausbildung waren daher auch die rhetorischen Werke Ciceros[2], insbesondere *De inventione*[3], die Augustinus später zur Grundlage seines eigenen Unterrichts machte[4]. Daneben lernte er aber auch die Schriften Quintilianus[5], des Rhetors Seneca[6], Varros[7] und anderer Rhetoren kennen[8]. Es war ein recht starres Handbuchwissen, das sich Augustinus anzueignen hatte. Es galt, die vielfachen Regeln zu lernen und entsprechend anzuwenden, individuelle Originalität war nicht erstrebt[9]. Diese Rhetorik prägte Augustinus so, daß er, wie bereits erwähnt, selbst Rhetor und Lehrer der Rhetorik wurde[10]. Viele seiner Schriften sind nach den Regeln der klassischen Rhetorik aufgebaut, an vielen einzelnen Stellen ist die Anwendung rhetorischer Theorien und Vorschriften nachzuwei-

---

[1] S. o. S. 11 und zusätzlich MARROU, Antike Bildung 43–73; SEMPLE 140; GARCIA JIMENEZ 20f.

[2] AUG util cred 7,16 (CSEL 25/1,20,19–24); conf 3,4,7 (CCL 27,29,1–30,5). Vgl. MARROU, Antike Bildung 44; OROZ RETA 13–17.

[3] Vgl. MARROU, Antike Bildung 45.

[4] AUG cura mort 11,13 (CSEL 41,642,12–19); vgl. MARROU, Antike Bildung 44.

[5] P. KESELING, Augustin und Quintilian: AugM 1 (1954) 201–204 und HAGENDAHL I 224f., II 676 gegen MARROU, Antike Bildung 44 Anm. 8, dem allerdings nur die (ungenügenden) Vorarbeiten von Th. FRANCEY (Les idées littéraires de saint Augustin de le *De doctrina christiana*, Saarbrücken 1922, 39–41) vorlagen.

[6] Vgl. HAGENDAHL I 244.

[7] Vgl. ebd. I 265–316, II 589–630.

[8] Vgl. ebd. *passim*.

[9] Vgl. MARROU, Antike Bildung 45f.

[10] S. o. S. 11f. und SEMPLE 144–147.

sen, ja er selbst entwickelt, vornehmlich in *De doctrina Christiana*, eine
Theorie der christlichen Beredsamkeit, worin er die klassischen Theorien zur Verkündigung der christlichen Botschaft umzusetzen sucht[11].
Es erstaunt daher, daß Augustinus das Wort *persona* in rhetorischem
Kontext nur relativ selten verwendet: im Zusammenhang einiger weiterer rhetorischer Begriffe *(tempus, locus, regio, dignitas)* und in juridischem Kontext.

A. *PERSONA – LOCUS, TEMPUS*

Locus und *tempus* stehen in der antiken Rhetorik zu *persona* in
folgenden Verbindungen:
a. Sie sind *circumstantiae* der *inventio: „quae sunt circumstantiae?
   persona, res, causa, tempus, locus, modus, materia"* (FORTUN *rhet*
   2,1)[12];
b. *elementa* der *narratio: „narrationis etiam elementa sunt sex: persona,
   causa, locus, tempus, materia, res"* (MART CAP 46)[13];
c. *loca* der *argumentatio: „in primis igitur argumenta a persona dicenda
   sunt, cum sit, ut dixi, divisio ut omnia in haec duo partiamur, res atque
   personas: ut causa, tempus, locus, occasio, instrumentum, modus et
   cetera rerum sint accidentia"* (QUINT *inst* 5,10,23)[14];
d. Objekte der Beschreibung und des Lobes: *„fiunt autem descriptiones
   tam personarum quam rerum et temporum et status et locorum et
   multorum aliorum"*[15].

Augustinus verwendet *persona* im Zusammenhang mit *locus* und/
oder *tempus* insgesamt dreimal. In *doctr chr* mahnt er, daß bei der
Interpretation des AT genau darauf zu achten sei, was zu den einzelnen
Orten, Zeiten und Personen passe, da das, was bei anderen Personen oft
eine Schandtat sei, bei der Person Gottes oder eines Propheten Zeichen
einer großen Sache ist[16]. In der *retr* bemerkt er zu *ciu*, daß er die ersten

[11] Vgl. MARROU, Antike Bildung 51–73; FINAERT; GARCIA JIMENEZ 11–32;
J. OROZ RETA, La retórica agustiniana: Clasicismo y Cristianismo: StPatr 6 (= TU 81),
Berlin 1962, 484–495; DERS., La retórica en los Sermones de S. Agustín (= Collección
Augustinus 7), Madrid 1963; S. PRETE, „Ars Rhetorica" e cultura cristiana nel *De
doctrina* di Agostino: DT 73 (1970) 59–68; E. L. FORTIN, Augustine and the Problem of
Christian Rhetoric: AugSt 5 (1974) 85–100; LUIS VIZCAINO.
[12] Vgl. LAUSBERG 86; MARTIN 17f.
[13] Vgl. QUINT inst 4,2,36 – LAUSBERG 164, 178; MARTIN 76–78.
[14] Vgl. QUINT inst 5,10,94; IUL VICT rhet 6,1 (RLM 395,24) – LAUSBERG 92, 203;
MARTIN 115.
[15] PRISCIAN rhet 29 (GL III 438,22f.); vgl. LAUSBERG 401.
[16] Doctr chr 3,12,18–19 (CCL 32,89,16–23): *ita quod in aliis personis plerumque
flagitium est, in divina vel prophetica persona magnae cuiusdam rei signum est...quid igitur
locis et tempori et personis conveniat, diligenter attendendum est, ne temere flagitia
reprehendamus.*

fünf Bücher gegen die geschrieben habe, die den Vielgötterkult für nötig hielten, und die zweiten fünf Bücher gegen die, die meinen, er werde nie verschwinden, sondern werde, je nach Orten, Zeiten und Personen verschieden, immer existieren, wie er schon immer existiert habe[17]. In beiden Fällen darf man annehmen, daß die Gliederung in Orte, Zeiten und Personen aus den *loca* der Rhetorik abgeleitet ist; insbesondere, da sie gerade in den zwei Schriften vorkommen, in denen sich Augustinus am stärksten an antike Vorbilder anlehnt.

Einmal verwendet Augustinus nur das Begriffspaar *persona – tempus,* als er in Brief 82 die Güte der Gebote Gottes begründet. Sie seien immer gut, weil sie immer den Personen und Zeiten angepaßt seien[18]. Daß hier *locus* fehlt, versteht sich daraus, daß die Gebote Gottes natürlich räumlich unbeschränkte Gültigkeit besitzen.

B. *PERSONA – LOCA, REGIONES, DIGNITAS*

Im *Breviculus* berichtet Augustinus, daß die donatistischen Bischöfe am dritten Tag der Konferenz in Karthago 411[19] Papst Miltiades (311–314)[20], der im Jahre 313 den Streit um die rechtmäßige Besetzung des Bischofsstuhls von Karthago zugunsten Caecilians entschieden hatte[21], der *traditio,* d. h. der Auslieferung von liturgischen Büchern und Geräten an die (heidnischen) staatlichen Institutionen, anklagten und damit die Gültigkeit seines Schiedsspruches in Frage stellten[22]. Während der diokletianischen Verfolgung habe nämlich ein Diakon namens Straton *traditio* begangen[23]. Wiederum sei es ein Diakon

---

[17] Retr 2,69,1 (CSEL 36,181,9–18):... *qui fatentur haec mala nec defuisse umquam nec defutura mortalibus et ea, nunc magna nunc parva, locis, temporibus personisque variari...*

[18] Ep 82,14 (CSEL 34/2,363,23–364,1):... *quia divinitus praecepta sunt tempori personisque congruentia.*

[19] Vgl. u. S. 95–98.

[20] Zu seiner Biographie vgl. ENSSLIN 1706f.; H. LECLERCQ, Miltiade: DACL 11/1 (1933) 1199f. Zur Namensform Miltiades oder Melchiades vgl. H. U. INSTINSKY, Zwei Bischofsnamen konstantinischer Zeit: RQ 55 (1960) 203–206.

[21] Biographie vgl. A. AUDOLLENT, Caecilianus de Carthage: DHGE 11 (1949) 125–130; MAIER, Episcopat 270–272; MANDOUZE I 165–175; W. H. C. FREND, Ceciliano: DPAC 1 (1983) 637f.

[22] Vgl. BAREILLE 1704; CASPAR 109–111; FREND, Donatist Church 147–149; H. U. INSTINSKY, Bischofsstuhl und Kaiserthron, München 1955, 73–78; H. KRAFT, Kaiser Konstantins religiöse Entwicklung (= BHTh 20), Tübingen 1955, 53f.; FREND, Donatismus 130; Y. M.-J. CONGAR, n. 16: BAug 28 (1963) 725f.; E. LAMIRANDE, n. 29: BAug 32 (1965) 725f.; PIETRI II 159–167; SCHINDLER 656f. Vgl. weiterhin u. S. 95 Anm. 122.

[23] Zu seinen Lebzeiten war Miltiades dieses Vergehens nicht bezichtigt worden. Der Vorwurf wurde aber von den Donatisten auch schon vor der Konferenz 411 vorgebracht. Vgl. AUG c ep Parm 1,15,10 (CSEL 51,29,13): *eundem Miltiadem crimine traditionis accusant.* Un bapt 16,28–30 (CSEL 53,29,5–32,9); Gesta III 471 (CCL 149 A,45):... *Miltia-*

namens Straton gewesen, den Papst Miltiades nach dem Toleranzedikt
Kaiser Konstantins mit der Rücknahme der Kirchengüter beauftragt
habe, wobei es sich um keinen anderen Straton handeln könne als den
traditor[24]. Denn, so argumentierten sie, es stimmten Personen, Orte
und Gegenden überein *(convenire personas, convenire loca, convenire
regiones)*[25]. Miltiades habe sich also mitschuldig gemacht, da er einen
traditor in seinen Reihen duldete[26]. Diesen Vorwurf konnte die katholische Partei jedoch leicht entkräften, indem sie zunächst darauf hinwies,
daß in keinem der von den Donatisten vorgelegten Dokumente Miltiades erwähnt wurde[27]. Außerdem handle es sich in den Dokumenten
einmal um einen Diakon, das andere Mal um einen Priester namens
Straton[28]. Und zudem sei der Name Straton, auch in einem engen
Kreise, durchaus nicht einmalig[29]. Es stimmten also weder Orte, noch
Gegenden, noch die ausdrücklichen Würden der Personen überein, so
daß es sich um zwei verschiedene Personen gleichen Namens handele[30].
Auch nach der Konferenz berichtet Augustinus nochmals von diesem
Vorwurf in denselben Worten[31].

Beide Parteien, Donatisten und Augustinus, verwenden in ihrer
Argumentation rhetorische *loca*. Die Verbindung von *persona* und
locus wurde bereits oben gezeigt[32]. Die *regio* ist in der klassischen
Rhetorik ein *adiunctum* der Person, das als Proömiallocus verwendet

---

dis autem pro eo sententiam non valere, quia simili etiam crimine tenebatur. AUG breuic
3,18,34 (CCL 149 A,299,1f.): *Tunc donatistae ipsum Miltiadem coeperunt crimine
traditionis arguere...* Vgl. ENSSLIN 1706; LANCEL: SC 194,97.

[24] Gesta III 490 (CCL 149 A,46): *ubi gesta eadem recitantur quibus in urbe Roma (a)
nonnullis aliis et a quodam Stratone rerum ecclesiasticarum traditio perpetrata est.* AUG
breuic 3,18,34 (CCL 149 A;299,19–23). Vgl. LANCEL: SC 194,97. Zum Vergehen der
traditio in der Auffassung von Donatisten und Katholiken vgl. E. LAMIRANDE, n. 14:
BAug 32 (1965) 705f.

[25] Gesta III 498 (CCL 149 A,47); AUG breuic 3,18,34 (CCL 149 A,19–23).

[26] S. u. S. 96 Anm. 127. Zwar berichtet Augustinus an dieser Stelle davon, daß die
Donatisten auch nach der Konferenz den Vorwurf weitertrugen. Die Argumentation war
aber offenbar von Anfang an durchgehend dieselbe.

[27] Gesta III 511 (CCL 149 A,48): *hinc autem Miltiadem fuisse pollutum quod traditorem
Stratonem in numero habuit diaconorum*; cap. 509 und 517 dto. Vgl. LANCEL: SC 194, 98.
Zur donatistischen Auffassung der Ansteckung durch den Kontakt mit einem Sünder vgl.
E. LAMIRANDE, n. 7: BAug 32 (1965) 696–698.

[28] Gesta III 503 (CCL 149 A,47); AUG breuic 3,38,34–35 (CCL 149 A,299,27–300,7).

[29] Gesta III 513 (CCL 149 A,48); AUG breuic 3,18,36 (CCL 149 A,300,4–8).

[30] Breuic 3,18,36 (CCL 149 A,300,13–18): *Falsum enim erat quod donatistae dixerant,
convenire personas, convenire loca, convenire regiones, quando nec loca nec regiones nec
ipsae expressae personarum dignitates de utrisque gestis, sed sola nominum convenientia
legebatur quam in diversis personis generis humani frequentare non cessat.*

[31] C Don p gesta 13,17 (CSEL 53,113,20–114,17).

[32] S. o. S. 83f.

werden kann: „*personis applicantur ... pignora ..., propinquitates, amicitiae, ... regiones ... civitatesque*" (QUINT *inst* 4,1,30)[33].

Die *dignitas* ist ein Akzidens der Person, das in der Rede zu berücksichtigen ist, ein *locus* der *inventio:* „Es gibt zehn Akzidentien der Person: Herkunft, Geschlecht, Alter, Bildung, Geschick, Amt, Charakter, Gefühl, Name, Würde."[34] In diesem Sinn ist der Terminus vielfach in den rhetorischen Lehrbüchern Ciceros[35] und Quintilians[36], der *Rhetorica ad Herennium*[37] und späteren Rhetorikern[38], sowie bei Plinius[39] zu finden. Auch die Grammatiker verwenden ihn; Diomedes im Zusammenhang mit der Komödie, wo er auch herstammen mag. In der *comoedia togata* würden die Taten von Herrschern dargestellt und römische Könige und Führer auftreten, ähnlich den Tragödien, was die Würde und Erhabenheit der Personen betrifft[40]. Weiterhin ist (nach Varro) die Aufgabe des Grammatikers die *lectio, enarratio, emendatio* und das *iudicium*, wobei die *lectio* die „kunstvolle Interpretation oder der wechselnde Vortrag einer jeden Schrift ist, der der Würde der Person dient und das Aussehen der Seele eines jeden ausdrückt"[41]. Außerhalb dieses rhetorischen Zusammenhangs ist der Ausdruck *dignitas personae*, wiewohl erstaunlich, in der Antike nicht zu finden.

Dies gilt auch für Augustinus, der ihn noch weitere dreimal in seinen Werken verwendet. In *en Ps* erklärt er die Interpretation der Psalmen vom *Christus totus* her, *caput et corpus*. Sie bilden eine Person, d. h. ein Subjekt, wie Mann und Frau ein Fleisch sind. Es werden daher bei den Aussagen des Psalmes nicht ausdrücklich die Personen unterschieden, die sprechen, sondern die Funktionen *(dignitates)*. Weil das Haupt rettet, wird der Leib gerettet. Von den *dignitates* her ist zu entscheiden, ob der Satz *ex persona capitis* oder *corporis* zu verstehen ist[42].

---

[33] Vgl. LAUSBERG 159 § 279.

[34] Exc rhet (RLM 589,5–7): *personarum accidentia...sunt decem: genus sexus aetas instructio ars officium mores affectus nomen dignitas.*

[35] CIC de orat 1,31,141; 3,15,53; inv 1,21,29.

[36] QUINT decl 314 (232,23 Ritter); inst 10,1,62.

[37] Rhet Her 1,9,16; 4,43,55.

[38] AQUILA rhet 3 (RLM 23,29).

[39] PLIN ep 6,33,2.

[40] DIOM gramm 3 (GL I 426,23–26).

[41] DIOM gramm 2 (GL I 426,21–24): *lectio est artificialis interpretatio, vel varia cuiusque scripti enuntiatio serviens dignitati personarum exprimensque animi habitum cuiusque.*

[42] En Ps 37,6 (CCL 38,387,43–48): *Si ergo ipse dixit: Iam non duo, sed una est caro, quid mirum si una caro, una lingua, eadem verba, tamquam unius carnis, capitis et corporis? Sic audiamus tamquam unum, sed tamen caput tamquam caput, et corpus tamquam corpus. Non dividuntur personae, sed distinguitur dignitas; quia caput salvat, salvatur corpus.*

In den *confessiones* erzählt Augustinus von seinem Schulunterricht,
wo er Vergil mit eigenen Worten in Prosa paraphrasieren mußte: „und
jener sagte es am lobenswertesten, in dem entsprechend der Rolle
(dignitas) der erdichteten Person ein ihrem Zorn und Schmerz möglichst
ähnlicher Affekt hervorragte, indem er die Sätze entsprechend in Worte
kleidete"[43].

In *c Iul* schließlich argumentiert Augustinus gegen den Anspruch
Julians, daß die Entscheidung des Menschen der Gnade vorausgehen
müsse[44], daß, wenn von zwei Kleinkindern das eine am Leben bliebe
und die Taufe empfange, das andere aber vor der Taufe verstürbe, von
keinerlei der Gnade Gottes vorgängigem Verdienst die Rede sein
könne. Denn hier gebe es mit Sicherheit keine Unveränderlichkeit des
Schicksals, keine Planlosigkeit des Zufalls und keine Würde der
Person[45].

Man sieht also, wie Augustinus zwar nur wenige Male, aber über
einen langen Zeitraum hinweg (395–421), den rhetorischen Ausdruck
der *dignitas personae* in seiner aus der antiken Rhetorik übernommenen
Bedeutung gebraucht.

II. *PERSONA* IN JURIDISCHEM KONTEXT

In der Rechtssprache bezeichnet *persona* den Menschen vor Gericht
bzw. alle Menschen, die mit einem Gerichts- oder Entscheidungsfall in
Zusammenhang stehen. Dieses Kapitel hätte daher auch oben unter
„Der Mensch als *persona*" eingeordnet werden können. Da aber, wie
sich an vielen Stellen zeigen wird, juridische und rhetorische Verwendung untrennbar verbunden sind und Augustinus die juridische Begrifflichkeit aller Wahrscheinlichkeit nach nicht aus dem Gerichtssaal,
sondern der Rhetorenschule her kennt, soll es hier im Anschluß an den
rhetorischen Gebrauch von *persona* behandelt werden.

Die juridische Sprache wählt das Wort *persona,* nicht *homo,* weil
nicht der Mensch als ganzes, mit all seinen Eigenschaften, sondern nur
als Objekt des Rechtes betrachtet wird. Es geschieht dadurch schon in
der Wortwahl die Auswahl eines Aspektes des Menschseins, eine
Vergegenständlichung und Objektivierung. Gewiß war nach dem
Befund der erhaltenen Quellen auch *persona* zur Zeit Augustins noch
kein Terminus technicus des Rechts, wie ihn die moderne Gesetzgebung

---

[43] Conf 1,17,27 (CCL 27,15,9): *et ille dicebat laudabilius, in quo pro dignitate adumbratae personae irae ac doloris similior affectus eminebat.*

[44] Vgl. u. S. 92f.

[45] C Iul 6,14,43 (PL 44,847): *certe hic ubi fati nulla est immobilitas, nulla fortunae temeritas, nulla personae dignitas, quid restat nisi misericordiae veritatisque profunditas?*

kennt. SCHLOSSMANN scheint aber zu weit zu gehen, wenn er der
gesamten Antike *persona* als Terminus technicus der Rechtssprache
abspricht[46]. M.E. nimmt *persona* nach Augustinus sehr wohl die
spezifische Bedeutung „Träger von Rechten, der rechtsfähige Mensch,
das Rechtssubjekt, die Rechtsfähigkeit" an, wovon erste Spuren schon
bei Augustinus nachzuweisen sind[47]. Dieser Frage braucht hier aber
nicht im einzelnen nachgegangen zu werden, da sie, wie gesagt, für die
Interpretation Augustins keine Rolle spielt.

Eine wichtige Rolle spielt dabei jedoch die Rhetorik. Die Grenzen
zwischen der Rechtssprache und der forensischen Beredsamkeit sind
fließend. In vielen Fällen ist nicht mehr zu unterscheiden, ob es sich um
Termini des Gerichtes, des Rechtes oder der Gerichtsrhetorik handelt.
In jedem Fall darf man aufgrund des Lebenslaufes Augustins davon
ausgehen, daß er die juridische *persona*-Terminologie vom Rhetorikunterricht, nicht aus dem Gerichtssaal, kennt. Hat er sich doch, entgegen
dem Wunsch seiner Eltern, geweigert, die Anwaltslaufbahn einzu-
schlagen[48].

Augustinus verwendet das Wort *persona* in juridischem Kontext
insgesamt 244mal, das sind 17 % des gesamten Wortvorkommens. Man
darf daher erwarten, daß *persona* in juridischer Bedeutung eine wichtige Rolle in seinem Denken spielt. Neben einer Reihe von Einzelfällen[49] gebraucht Augustinus *persona* (jur.) in folgenden Wendungen:

A. *ACCEPTIO PERSONAE / ACCEPTOR PERSONAE / PERSONAM ACCIPERE / PERSONAM ACCEPTARE*

Von diesen Ausdrücken ist in der profanen lateinischen Literatur der
Antike nur *personam accipere* zu finden, allerdings auch nur insgesamt
viermal und nicht in juridischem Kontext, sondern im Kontext des

---

[46] SCHLOSSMANN, dessen Ergebnissen HEY 148 zustimmt und die DOWDALL 237
und RHEINFELDER 142, 148, 151 übernehmen, verfolgt das zunächst richtige Prinzip,
alle Stellen möglichst mit den Grundbedeutungen des Wortes *persona* „Maske, Rolle" zu
übersetzen. Er überzieht diese Idee m. E. jedoch, da in spätantiken Schriften juridischen
Inhalts eine Reihe von Stellen mit „Maske, Rolle" zwar noch verständlich, aber nicht
mehr treffend übersetzt werden können, weil *persona* bereits eine spezifisch rechtliche
Bedeutung gewonnen hat. Zu *persona* im Recht vgl. im übrigen DOWDALL 235–241;
RHEINFELDER 142f., 148–158; PHILIPSBORN 41–70; E. LOHSE, πρόσωπον:
ThWNT 6 (1959) 771; M. KASER, Das römische Privatrecht (= HAW 10,3,3,1–2),
München ²1971/75, I 270–275, 302–310; II 112–115.
[47] Zu *personam habere* vgl. o. S. 63–65.
[48] Conf 3,3,6 (CCL 27,29,13–28). Vgl. 1,12,19 (10,1–11,15); 2,3,5 (19,1–20,18);
MARROU, Antike Bildung 49.
[49] Breuic 3,24,42 (CCL 149 A,304,6.14); c Don p gesta 25,43 (CSEL 53,144,24); 25,44
(145,14); 26,46 (147,11); c Iul imp 1,57 (CSEL 85/1,54,7); 3,66 (402,20); c litt Pet 2,29,66
(CSEL 52,58,8).

Theaters, der Literatur und Grammatik, wie ja auch *a-de-ex-in persona accipere* Ausdrücke der Grammatik sind[50].

Plinius[51] erzählt von einem Komödien-Darsteller, der an seinem Geburtstag beim Gelage seine Maske, die er an diesem Tag getragen hatte, mit seinem eigenen Kranz bekränzte. Dies ist wohl der ursprüngliche Kontext des Ausdrucks *personam accipere*, der nicht nur bedeutet „eine Maske aufsetzen", sondern auch das bezeichnet, was damit gleichzeitig geschieht: „einen Charakter, eine Rolle annehmen". Sehr früh muß aber diese Grundbedeutung in die Literatur übertragen worden sein, da schon Seneca[52] davon spricht, daß der Autor für die handelnde Person seines Stückes „einen gewissen Charakter adoptiert".

In nachklassischer Zeit erhält *personam accipere* eine ganz technische Bedeutung in der Grammatik: das Substantiv nimmt in seinen verschiedenen Kasus und Bedeutungen verschiedene Personen an, im Vokativ z. B. die zweite[53].

In juridischem Sinn sind die Ausdrücke *personam accipere* etc. biblischen Ursprungs und stellen die Mehrzahl der *persona*-Stellen in der Vulgata dar (21 von 38)[54]. Die Vulgata übersetzt damit die griechischen Wendungen[55] πρόσωπον ἐπιγιγνώσκειν[56], πρόσωπον θαυμάζειν[57], πρόσωπον λαμβάνειν[58], προσωπολημψία[59], ἀπροσωπολήμπτως[60]. Der Kontext ist durchweg vom Vokabular des juridischen Bereiches geprägt: *lex*[61], *causa*[62], *iudicium*[63], *iudex*[64], *iudicare*[65], *iustitia*[66], *iustus*[67], *iustificare*[68], *veritas*[69], *recte*[70], *iniuria*[71],

---

[50] S. o. S. 35–37.

[51] PLIN nat 7,185: *comoediarum histrio…personam eius diei acceptam intuens coronam e capite suo in eam transtulit.*

[52] SEN con 2,4,9: *quidam personam eius qualem acceperant introduxerunt duram et asperam.*

[53] DIOM gramm 1 (GL I 310,34): *casus vocativus secundam personam accipit.* POMP gramm (GL V 148,23).

[54] *Dt* 1,17. 10,17. 16,19. *2 Par* 19,7. *Job* 32,21. 34,19. *Prov* 18,5. *Sir* 20,24. 35,16. 42,1. *Is* 42,2. *Lk* 20,21. *Apg* 10,34. *Ro* 2,11. *Gal* 2,6. *Eph* 6,9. *Kol* 3,25. *Jak* 2,1.9. *1 Pe* 1,17.

[55] Das Hebräische darf hier vernachlässigt werden, da Augustinus nur die LXX und lateinische Übersetzungen gebrauchte.

[56] *Dt* 1,17. 16,19.

[57] *Dt* 10,17. *2 Par* 19,7. *Job* 32,21. 34,19. *Prov* 18,5.

[58] *Sir* 20,24. 35,16. 42,1. *Lk* 20,21. *Gal* 2,6.

[59] *Apg* 10,34. *Ro* 2,11. *Eph* 6,9. *Kol* 3,25. *Jak* 2,1.9.

[60] *1 Pe* 1,17.

[61] *Sir* 42,2.

[62] *Dt* 16,19.

[63] *Dt* 1,17. 10,18. 16,19. *2 Par* 19,6. *Job* 34,5.12.17. *Prov* 18,5. *Sir* 42,2. *Ro* 2,2.5. *Jak* 2,6. *3 Esr* 4,40.

[64] *Dt* 1,16. 16,18. *2 Par* 19,5.6. *Sir* 35,15. *Jak* 2,4.

[65] *Dt* 1,16. *2 Par* 19,6. *Ro* 2,1. *Jak* 2,4. *1 Pe* 1,17.

[66] *Dt* 16,20. *Apg* 10,34.

iniustus[72], *iniquitas*[73], *iniquus*[74], *impietas*[75], *impius*[76]. Gott ist der gerechte Richter, der „ohne Ansehen der Person" richtet[77], d. h. ohne bestechlich zu sein *(munera accipere)*[78] und ohne zu berücksichtigen, welchen Standes diejenigen sind, über die zu urteilen ist, seien sie hoch *(magnus*[79], *princeps*[80]) oder niedrig *(parvus*[81]), reich (*dives*[82], *opulentus*[83]) oder arm (*pauper*[84]), Bürger *(cives)* oder Fremder *(peregrinus)*[85], Witwe *(vidua)* oder Waise *(pupillus)*[86]. Entscheidend ist allein die Tat *(opus)*[87]. Nach diesem Vorbild ist auch der Mensch gehalten, unparteiisch zu richten und zu entscheiden[88]. *Persona* bezeichnet also in diesem Zusammenhang den Stand des vor Gericht stehenden Menschen, *acceptio personae* das Ansehen, die Berücksichtigung dieses Standes bei der Urteilsfindung.

Fast gleichbedeutend damit sind die biblischen Ausdrücke *personam considerare*[89], *distantia personarum*[90], *personam cognoscere* (Nova Vulgata: *dignoscere*)[91], *personam substrahere*[92], *personam respicere*[93], alle ebenfalls mit dem gleichen juridischen Kontext[94]. Auch sie kennt allerdings die profanlateinische Literatur nicht, während sie aufgrund

---

[67] *Dt* 16,19. *Job* 34,5.10. *Prov* 18,5. *Ro* 2,5. *3 Esr* 4,39.

[68] *Sir* 42,2.

[69] *Lk* 20,21. *Apg* 10,34. *3 Esr* 4,33.36.37.

[70] *Lk* 20,21.

[71] *Kol* 3,25.

[72] *3 Esr* 4,39.

[73] *2 Par* 19,7. *Job* 34,10. *3 Esr* 4,37.

[74] *3 Esr* 4,36.37.

[75] *Job* 34,10.

[76] *Prov* 18,5. *Sir* 42,2.

[77] *Dt* 1,17. 10,17. *2 Par* 19,7. *Job* 34,19. *Sir* 35,16. *Apg* 10,34. *Ro* 2,11. *Gal* 2,6. *Eph* 6,9. *1 Pe* 1,17.

[78] *Dt* 10,17. 16,19. *2 Par* 19,7.

[79] *Dt* 1,17.

[80] *Job* 34,19.

[81] *Dt* 1,17.

[82] *Jak* 2,5.

[83] *Job* 34,19.

[84] *Job* 34,19. *Sir* 35,16. *Jak* 2,2.3.

[85] *Dt* 1,16.

[86] *Dt* 10,18. *Sir* 35,17.

[87] *1 Pe* 1,17.

[88] *Dt* 1,17. 16,19. *2 Par* 19,7. *Prov* 18,5. *Sir* 42,1. *Jak* 2,1.9.

[89] *Lev* 19,15. Bei LUC Ath 1,4 (CCL 8,7,9) v. l.: *accipere personam*.

[90] *Dt* 1,17.

[91] *Prov* 24,23.

[92] *Sap* 6,7.

[93] *Mt* 22,16. Parr.: *Lk* 20,21 (s. u. S. 94f.).

[94] *Prov* 24,24: impius, iustus; *Sap* 6,4: iudicare lex; 5: iudicium; 6: exiguus, potens; 7: magnitudo, pusillus, magnus; *Mt* 22,16: verax, veracitas.

ihres biblischen Ursprungs bei Kirchenschriftstellern durchaus häufig zu finden sind[95].

Augustinus verwendet die Ausdrücke *personam accipere* etc. insgesamt 95mal in seinen Werken. Im *Speculum*, dessen Echtheit allerdings umstritten ist[96], nimmt er die Stellen *Lev* 19,15; *Dt* 1,17. 16,19; *Prov* 18,5; *Sir* 20,24. 35,16; *Eph* 6,9; *Kol* 8,25; *Jak* 2,1.9 auf[97]. In anderen Werken zitiert er *Ex* 23,2; *Mt* 22,16; *Apg* 10,34; *Ro* 2,11; *Gal* 2,6; *Kol* 3,25; *Jak* 2,1[98]. Insgesamt orientiert sich Augustinus ganz am biblischen Gebrauch der Wendungen. Er verwendet sie in juridischem Kontext[99]. An fast allen Stellen ist es Gott, der nicht auf die Person sieht, ob reich oder arm, ob vornehm oder nicht, oder welche andere Vorzüge die

---

[95] Vgl. die in der Biblia Patristica zu den entsprechenden Bibelstellen aufgeführten Zitate.

[96] S. u. S. 113 Anm. 157.

[97] Spec 2 (CSEL 12,13,4); 4 (17,11. 22,10); 7 (62,19); 22 (135,8); 23 (149,13 f.); 34 (234,2); 38 (244,26); 44 (262,12); 46 (272,20. 273,6).

[98] *Ex 23,3:* en Ps 32,2,1,12 (CCL 38,256,20) nach altlateinischer Übersetzung. Vulgata: *pauperis quoque non misereberis in negotio.*
Mt 22,16: en Ps 34,2,11 (CCL 38,319,16); 101,1,9 (CCL 40, 1433,3) nach altlateinischer Übersetzung. Vulgata: *non enim respicis personam hominum* (vgl. u. S. 94 Anm. 116).
Apg 10,34: ep 194 (CSEL 57,201,19); en Ps 96,13 (CCL 39,1366,61).
Ro 2,11: corrept 8,19 (PL 44,927); en Ps 118,25,2 (CCL 40,1748,15); perseu 12,31 (PL 45,1012,8); s Lambot 4 (PLS 2,767); spir et litt 25,44 (CSEL 60,197,26); 49 (204,9).
Gal 2,6: Gal exp 12 (CSEL 84,66,20. 67,22).
Kol 3,15: nat b 40 (CSEL 25,874,19); praed sanct 15,30 (PL 44,982); spir et litt 44 (CSEL 60,198,24).
Jak 2,1: ep 167,1,3 (CSEL 44,589,11. 590,14); 167,6,19 (606,7); gr et lib arb 2,4 (PL 44,884,18); Hier 5,18 (CSEL 44,605,11).
Zu dem Augustin vorliegenden lateinischen Bibeltext ist grundsätzlich folgendes zu sagen. Er benutzt teils die Vulgata, teils altlateinische Übersetzungen, teils revidiert er aber auch selbst die lateinische Übersetzung anhand der LXX. (Vgl. dazu D. de BRUYNE, Saint Augustin réviseur de la Bible: MAg 2 (1931) 521–606; G. COMBES/FARGES, n. 32: BAug 11 (1949) 574 f.; E. LAMIRANDE, n. 44 et 51: BAug 32 (1965) 738, 746 f.) Weichen seine Zitationen von der Vulgata ab, kann man daher nicht sagen, ob er einer altlateinischen Übersetzung folgt, oder aber selbst korrigiert. Vgl. weiterhin: RÜTING 103–139; MOHRMANN, Sondersprache 61–68.

[99] Z.B. en Ps 32,2,1,12 (CCL 38,256,20–257,39): *ait tibi deus tuus: ne accipias personam pauperis in iudicio ... illud est ubi fallitur, veluti qui vult placere deo, si personam pauperis in iudicio accipiet, et dicat deo: favi pauperi. immo teneres utrumque, et misericordiam et iudicium. primo, qualem misericordiam fecisti in eum, cuius iniquitati favisti? ... pauper iste iniquus remansit; et tanto iniquior, quanto te quasi hominem iustum favere vidit iniquitati suae. a te recessit iniuste adiutus, deo remansit iuste damnandus.* Vgl. weiterhin: en Ps 58,2,5 (CCL 39,748,24–749,31); c Iul 4,64 (PL 44,769); c Iul imp 4,106 (PL 45,1403); Rom inch exp 8 (CSEL 84,155,13); en Ps 30,2,2,13 (CCL 38,211,30 f.); 96,13 (CCL 39,1366,57); c Faust 22,65 (CSEL 25,660,19 f.); c Sec 18 (CSEL 25,932,14 f.); Io eu tr 30,8 (CCL 36,293,1–12); s 48,2 (CCL 41,607,36–56); s 178,3,3 (PL 38,962).

Person nach haben mag[100]. Gleichermaßen ist aber daher auch der
Mensch gehalten, nicht aufgrund der Stellung oder des Einflusses einer
Person ein Urteil zu fällen, sondern unabhängig davon gerecht zu
urteilen[101].

Nur einmal bezieht Augustinus die Wendung *personam accipere* auf
sich selbst, indem er in Brief 143 „ohne Rücksicht auf seine Person"
bereit ist, Fehler und Irrtümer in seinen Schriften einzugestehen, in
diesem Fall in seinem Werk *De libero arbitrio*[102].

Dreimal wirft er Julian von Eclanum vor, dieser sehe auf die
Person[103], wobei hier der besondere theologische Hintergrund dieses
Vorwurfs in der pelagianischen Kontroverse zu beachten ist. Julian und
seine Anhänger gingen grundsätzlich davon aus, daß beim Sündenfall
des Menschen der freie Wille nicht verlorenging, der Mensch sich also
noch immer frei für bzw. gegen Gott entscheiden kann[104]. Erst aufgrund
dieser Entscheidung werde dem Menschen von Gott Gnade geschenkt,
und zwar unterschiedslos, ohne Ansehen der Person[105]. Die Tat, d. h.
die Entscheidung für Gott allein zählt, wenn Julian auch einräumt, daß
die Taufe in allen Lebensaltern nötig ist[106]: „Wir bekennen, daß die
Taufe jedem Alter notwendig ist und daß die Gnade auch den guten
Entschluß eines jeden unterstützt, nicht jedoch einem, der widerstrebt,
den Eifer zu Tugend einflößt, weil bei Gott kein Ansehen der Person
gilt."[107] Der logische Gedankengang geht also von der Willensfreiheit

---

[100] Conf 8,4,9 (CCL 27,118,11–13): *absit enim, ut in tabernaculo tuo prae* pauperibus
accipiantur personae divitum *aut prae* ignobilibus nobiles.
Corrept 8,19 (PL 44,927):*... deo, apud quem non est acceptio personarum, nec tribuuntur
ista meritis voluntatum, sicut sunt* celeritates, vires, bonae valetudines et pulchritudines
corporum, ingenia mirabilia et multarum artium capaces naturae mentium: *vel quae
accedunt extrinsecus, ut est* opulentia, nobilitas, honores et cetera huiusmodi.

[101] Vgl. s 178,6,7 (PL 38,964,2): *iudicate vos non secundum personam, sed iustum
iudicium iudicate.*

[102] Ep 143,2 (CSEL 44,251,33–252,4): *tunc videbunt homines, quam non sim acceptor
personae meae.* Als allgemeine Formulierung nochmals ep 228,12 (CSEL 57,495,12):
nemo accipiat personam suam.

[103] C Iul 3,1 (PL 44,701); 4,64 (769); c Iul imp 4,106 (PL 45,1403).

[104] Ep ad Rufum 21 (CCL 88,339,94–97): *(...dicunt) liberum arbitrium non perisse,
cum loquatur dominus per prophetam ‚si volueritis et audieritis me, quae bona sunt terrae
edetis; si nolueritis et non audieritis me, gladius vos comedet'* (*Is* 1,19f.). Vgl. AUG c ep Pel
4,2,2 (CSEL 60,521,26–522,3). Vgl. auch G. de PLINVAL/L. de la TULLAYE, n.19 et
32: BAug 17 (1966) 594f., 604.

[105] Ep ad Rufum 22 (CCL 88,339,98–102): *(haec enim verba sunt vestra:)...confitemur
gratiam quoque adiuvare uniuscuiusque bonum propositum, non tamen reluctanti studium
virtutis immittere, quia personarum acceptio non est apud deum.* Vgl. AUG c ep Pel 2,5,10
(CSEL 60,469,18–21); 2,6,11 (470,27–471,3); 4,2,2 (522,3–5).

[106] Ep ad Rufum 14 (CCL 88,338,67f.): *baptisma omnibus necessarium esse aetatibus
confitemur.* Vgl. AUG c ep Pel 2,5,10 (CSEL 60,469,17f.); 2,6,11 (470,27).

[107] Zit. nach AUG c ep Pel 2,5,10 (CSEL 60,469,17–21). Übersetzung nach MORICK,
Gegen die zwei pelagianischen Briefe 322. Vgl. zu dieser Stelle auch den Kommentar ebd.
538–540 und A. C. de VEER, n. 32–33: BAug 23 (1974) 779–795.

des Menschen aus und von der Erfahrung, daß sich nicht alle zu Gott bekehren. Geschähe also die Bekehrung aufgrund von Gnade und nicht nur aufgrund der Willensentscheidung des Menschen, hieße das, daß Gott zwar dem einen die Gnade schenkt, dem anderen aber nicht, also Unterschiede macht, was aber der Aussage der Bibel widerspricht. Daher macht Julian Augustinus den Vorwurf, er spreche dem Menschen nach dem Sündenfall den freien Willen ab[108] und er verstehe unter der göttlichen Gnade *(gratia)* nichts anderes als das blinde Schicksal *(fatum)*[109].

Logisch inkonsequent ist allerdings, daß Julian einräumt, die Taufe sei in jedem Falle nötig. Denn wenn die von der göttlichen Gnade unbeeinflußte, freie Willensentscheidung für Gott die Gnade sozusagen herabzwingt, wozu ist dann die Taufe nötig? Genau bei dieser logischen Inkonsequenz setzt die Antwort Augustins an[110]. Er zeigt, daß gerade die Taufgnade im Falle der Kindertaufe völlig ungeschuldet und unverdient geschenkt wird ohne Ansehen der Person[111]. Ebenso sei auch die Rechtfertigung der Gottlosen weder Verdienst, noch Schicksal, sondern Gnade, die ungeschuldet geschenkt wird (*Ro* 9,15 f. 11,6). Augustinus erläutert dies an zwei Beispielen:
1. Wenn von zwei Schuldnern dem einen die Schuld erlassen wird, dem anderen nicht, ist dies kein Ansehen der Person, sondern der freie Wille des Schenkenden und Gnade. Das Gute wird umsonst und ohne Verdienst geschenkt, das Böse nach Verdienst und Schuldigkeit vergolten (*Ro* 9,18–21). Das Geschenk des Guten zeigt auch das Gleichnis von den Arbeitern im Weinberg (*Mt* 20,1–16).
2. Wenn also von Zwillingsbrüdern der eine zum Glauben gelangt, weil er als Kind getauft wurde, der andere nicht, zeigt sich auch hier unter gleichen menschlichen Voraussetzungen die ohne Ansehen der Person in freiem Erbarmen geschenkte Gnade. Diese Gnade kann man höchstens in uneigentlichem und irreführendem Sinne *fatum* nennen als anderes Wort für den Willen Gottes[112].

---

[108] Ausführliche Widerlegung dieses Vorwurfs in c ep Pel 1,2,4–4,8 (CSEL 60,425,11–429,20).

[109] Dieser Vorwurf auch in c Iul 4,8,46 (PL 44,761), der noch Jahrzehnte fortlebte; vgl. FULG praed 3,12 (CCL 91 A,529,288).

[110] C ep Pel 5,10–7,16 (CSEL 60,469,10–478,26).

[111] Vgl. F.-J. THONNARD, n. 33: BAug 23 (1974) 791–795.

[112] Vgl. ciu 5,1 (CCL 47,128,7–9): *quae si propter quisquam fato tribuit, quia ipsam dei voluntatem vel potestatem fati nomine appellat, sententiam teneat, linguam corrigat.* Zu Augustins Auffassung über das *fatum* vgl. G. BARDY, n.61: BAug 33 (1959) 817–821; SCHRÖDER 616–621; W. RORDORF, Saint Augustin et la tradition philosophique antifataliste. A propos de De civ. Dei 5,1–11: VigChr 28 (1974) 190–202. Augustinus wählt hier geschickt das Beispiel der Zwillinge als Argument gegen das *fatum*, da aufgrund stoischen Gedankengutes unter *fatum* landläufig der Einfluß der Gestirne gemäß ihrer Konstellation zur Zeit der Empfängnis bzw. der Geburt verstanden wurde.

Ausgehend von dieser Kontroverse spielt der Ausdruck *acceptio personarum* eine bedeutende Rolle in den antipelagianischen und gnadentheologischen Werken Augustins[113]. Insgesamt scheint es, als ob die Verwendung dieses Ausdrucks erst durch die pelagianische Kontroverse angeregt wurde. In Augustins Schriften vor dem Jahr 411 findet er sich lediglich 21mal, nach 411 jedoch 60mal, ein Fall ist nicht sicher datierbar. Diese Vermutung wird dadurch bestärkt, daß die pelagianische Kontroverse auch an anderer Stelle Augustinus veranlaßt, Bibelzitate (dort aus den *Proverbia*) aktuell in die Diskussion einzuführen[114].

B. *DISTANTIA PERSONARUM / PERSONAM RESPICERE / PERSONAM ATTENDERE*

Von den anderen mit *acceptio personarum* gleichbedeutenden biblischen Formulierungen[115] gebraucht Augustinus nur die Ausdrücke *distantia personarum* und *respicere personam* und auch dies nur insgesamt dreimal. Zweimal sind es direkte Bibelzitate (*Dt* 1,17 und *Mt* 22,16)[116], einmal übernimmt er die Formulierung in seinen eigenen Sprachgebrauch, als er in *qu Leu* die Unterschiedlichkeit der Opfervorschriften erklärt, die sich eben nach der Verschiedenheit der Personen *(distantia personarum)* richten[117].

Vgl. dazu SCHRÖDER 539–543. Zur Gnadentheologie Augustins insgesamt vgl. J. PLAGNIEUX/F.-J. THONNARD, n. 14: BAug 22 (1975) 718–724 und die dort verzeichnete Literatur. Zur Theologie der den guten Werken vorausgehenden Gnade vgl. auch G. BARDY, n. 107: BAug 10 (1952) 754; G. de PLINVAL/L. de la TULLAYE, n.43: BAug 21 (1966) 608.

[113] C ep Pel 4,6,16 (CSEL 60,538,23); c Iul 2,5 (PL 44,676); 3,1 (701); 4,31 (754); 6,6 (824); 6,32 (840); c Iul imp 1,39 (CSEL 85/1,29,18); 1,131 (143,21); 3,2 (352,7); 4,125 (PL 45,1422); ep 194,2,4 (CSEL 57,178,14.20); 194,7,31 (200,13); 194,7,32 (201,19. 202,13); praed sanct 15,30 (PL 44,982); en Ps 30,2,2,13 (CCL 38,211,30); spir et litt 28,49 (CSEL 60,204,9.13). Zu weiteren juridischen Ausdrücken bei Augustinus vgl. J. PLAGNIEUX/ F.-J. THONNARD, n.13: BAug 22 (1975) 716–718.

[114] Vgl. A.-M. LA BONNARDIERE, Les sentences des sages dans la pastorale de saint Augustin: Jean Chrysostome et Augustin (Actes du colloque de Chantilly 22–24 septembre 1974), ed. Ch. KANNENGIESSER (= ThH 35), Paris 1975, 186f.

[115] S. o. S. 90.

[116] *Dt* 1,17: spec 4 (CSEL 12,17,11); *Mt* 22,16: cons eu 2,140,72 (CSEL 43,243,22) nach der Vulgata-Übersetzung, während er an anderen Stellen eine andere altlateinische Übersetzung benutzt (s. o. S. 91 Anm. 98). Augustinus benutzt dabei entweder mehrere Übersetzungen nebeneinander oder wechselt mehrfach, da *cons eu* um das Jahr 400 zu datieren ist, *en Ps* 101,1 in die Osterzeit 395, *en Ps* 57 August 403, *en Ps* 34,2 Sommer 414. (Zur Datierung von *cons eu* vgl. WEIHRICH: CSEL 12,I-VI; zu den *en Ps* vgl. ZARB 40–55, 93–96, 200–206, Tabelle 253–256 = CCL 38,XV,6.17; XVII, 107.)

[117] Qu Leu 8 (CCL 33,181,212–214): *sacrificia non pro distantia peccatorum quam non fecerat sed pro distantia personarum distinxerit.*

Wenn also Augustinus für das „Ansehen der Person" 82mal *acceptio personae* etc. verwendet[118], aber nur dreimal andere Formulierungen, folgt er damit dem biblischen Sprachgebrauch, der 21mal *acceptio personae* etc. hat[119], aber nur fünfmal andere Ausdrücke[120].

Ein letzter synonymer Ausdruck ist schließlich bei Augustinus festzustellen, der weder biblischen Ursprungs ist, noch im profanen Latein zu finden ist: *personam adtendere*. In seiner Auslegung des ersten Johannesbriefes weist Augustinus darauf hin, daß dort, wo auf die Person geachtet werde, jede liebende Zuwendung um des Menschen selbst willen aufhöre, vielmehr die Ungerechtigkeit locke[121].

C. *NEC CAUSA CAUSAE NEC PERSONA PERSONAE PRAEIUDICAT*

Der Satz „weder darf ein Fall gegenüber einem anderen Fall voreingenommen machen, noch eine Person gegenüber einer anderen" wurde wohl erstmals auf der Konferenz der katholischen und donatistischen Bischöfe in Karthago im Jahre 411 geäußert[122]. Ob dabei bereits diese uns vorliegende griffige Formel geprägt wurde, oder aber lediglich eine Aussage dieses Inhalts gemacht wurde und wir die sprachliche Gestalt dem Rhetor Augustinus verdanken, ist nicht zu entscheiden, da über diesen Teil der Konferenz (den dritten und letzten Tag) nicht die Akten selbst, sondern nur der gestraffte Bericht *(breviculus)* Augustins vorliegt[123]. Da dieser Satz aber hier erstmals in den Werken Augustins zu finden ist[124], während er danach sehr häufig, insgesamt 54mal, in seinen anti-donatistischen Schriften vorkommt[125], darf man wohl zu Recht

---

[118] Wie die Durchsicht des gesamten Materials zum Sprachgebrauch Augustins ergibt.

[119] S. o. S. 89 Anm. 54.

[120] S. o. S. 90 Anm. 89–93.

[121] Io ep tr 7,8 (SC 75,328,5).

[122] Zur Geschichte der Personen und den Ereignissen der Konferenz vgl. TILLEMONT 13 (²1732) 280–285, 309–314, 325–335, 347–353, 394–398, 406–408, 418–434, 470–473, 477–484, 499–555; BAREILLE, Donatisme 1715f.; MONCEAUX IV 254–286, 388–425; VI 61–78, 137–143, 161–173, 381–401; VII 36–62, 179–188; WILLIS 40–76; FREND, Donatist Church 250–289; E. LAMIRANDE: BAug 32 (1965) 27–48; LANCEL: SC 194, 9–287. Weitere Literatur: ebd. 393–397 und CCL 149 A, XXXIII–XXXVI.

[123] Zu Niederschrift und Überlieferung der Akten vgl. E. TENGSTRÖM, Die Protokollierung der Collatio Carthaginiensis. Beiträge zur Kenntnis der römischen Kurzschrift nebst einem Exkurs über das Wort scheda (schedula), Göteborg 1962; LANCEL: SC 194, 337–375 und CCL 149 A, VII–XXVI.

[124] Breuic 3,16,28 (CCL 149 A,293,19. 294,27).

[125] Wie die Durchsicht des gesamten Materials ergibt. Vgl. z. B. c Don p gesta 2,2 (CSEL 53,99,16); 3,3 (100,2.11.14); 4,4 (100,23. 101,12.19. 102,5) u. ö.; ep 141,6 (CSEL 44,240,11. 24); 141,7 (241,8); 142,3 (249,9.11); 173,7 (645,10.19.22f.); 173,8 (646,2.12); s 164,9,13 (PL 38,901,14.19.20.27).

annehmen, daß er auf der Konferenz, zumindest dem Sinne nach, erstmals vorgetragen wurde.

Um allerdings die außerordentliche Bedeutung dieses Satzes auf und nach der Konferenz deutlich werden zu lassen, muß ein wenig weiter ausgeholt werden und kurz Gegenstände, Ziele und Verlauf der Argumentationen auf der Konferenz rekapituliert werden. Die leitende Absicht Augustins, des Wortführers der katholischen Partei, war es, ausschließlich die zentralen, dem Donatismus zugrunde liegenden theologischen Fragen zu behandeln: ob die wahre Kirche lediglich die Gemeinschaft der Reinen sei, oder ob sie sowohl aus Sündern als auch aus Heiligen zusammengesetzt sei; und: ob Sakramente (speziell Taufe und Weihen) auch von einem sündigen Amtsträger gültig gespendet würden oder nur von einem makellosen[126]. Insbesondere wollte Augustinus vermeiden, daß über den Fall des Bischofs Caecilian[127] diskutiert würde und so durch Diskussion von Einzelfällen die zentralen Probleme verdeckt würden bzw. unbehandelt blieben. Die Frage *(causa)* nach der wahren Kirche und ihren Sakramenten sollte strikt vom Fall *(causa)* des Caecilian getrennt werden[128]. Die donatistischen Bischöfe hingegen verfolgten die Taktik, gerade durch Verfahrensfragen, Einzelprobleme und den Rekurs auf den konkreten Fall des Caecilian die Behandlung der zugrunde liegenden theologischen Fragen zu vermeiden bzw. die Probleme miteinander zu verquicken.

Damit vergingen die beiden ersten Tage der Konferenz (1. und 3. Juni 411). Erst am dritten Tag (8. Juni) gelang es Augustinus, die Donatisten in die Enge zu treiben, indem er ihnen den Fall des Bischofs Primian von Karthago[129] und seines Diakons Maximian[130] vorlegte[131]. Dieser Fall war deswegen von besonderer Brisanz, da Primian als der anerkannte Führer der donatistischen Partei deren Vorsitzender bei der Konferenz

[126] Zur Theologie Augustins in dieser Kontroverse vgl. MONCEAUX VII 188–272, zu Ekklesiologie und Sakramentenlehre spez. 211–213; PINCHERLE; WILLIS 113–126, 152–168; Y. M.-J. CONGAR: BAug 28 (1963) 80–124; E. LAMIRANDE, n.2: BAug 32 (1965) 690 f.; DERS., Augustine and the Discussion on the Sinners in the Church at the Conference of Carthage (411): AugSt 3 (1972) 97–112. Weitere Literatur bei: DERS., Un siècle et demi d'études sur l'ecclésiologie de saint Augustin. Essai bibliographique, Paris 1962 (Extrait de la REAug 8 (1962) 1–125); DERS., Supplément bibliographique sur l'ecclésiologie de saint Augustin: REAug 17 (1971) 177–182.
[127] Vgl. BAREILLE, Donatisme 1702–1706; AUDOLLENT, Afrique 767–771; FREND, Donatist Church 1–24; DERS., Donatismus 129 f.; LANCEL: SC 194, 91–101; T. D. BARNES, The Beginnings of Donatism: JThS 26 (1975) 13–22; SCHINDLER 655 f.
[128] Vgl. E. LAMIRANDE, n.5: BAug 32 (1965) 694.
[129] Biographie: MANDOUZE I 905–913.
[130] Biographie: MANDOUZE I 719–722.
[131] Vgl. MONCEAUX VI 111–118; FREND, Donatist Church 213–219; Y. M.-J. CONGAR, n.15: BAug 28 (1963) 724 f.; LANCEL: SC 194, 276 f.

selbst war[132]. Am 24. Juni 393 hatte eine Synode in Cebanussi[133], auf der über 50 donatistische Bischöfe vertreten waren[134], Primian abgesetzt, wonach Maximian in Karthago zum Bischof gewählt und geweiht wurde. Am 24. April 394 wurde Primian aber nach massivem Druck seinerseits auf der Synode von Bagai von 310 Bischöfen rehabilitiert und Maximian sowie dessen zwölf Konsekratoren und Anhänger exkommuniziert[135]. Diese zweite Entscheidung war von der donatistischen Kirche akzeptiert worden. Aufgrund dieses Falles forderte Augustinus nun, auch im Falle Caecilians nicht seine Absetzung durch die Synode von Karthago 312, sondern seine spätere Rehabilitierung durch das Schiedsgericht in Rom 313 und die Synode von Arles 314 zu akzeptieren[136]. So in die Enge getrieben *(coartati)* antworteten die donatistischen Bischöfe: „*nec causa causae nec persona personae praeiudicat*" – der Fall Primian ist kein Vorbild für den Fall Caecilian[137]. Sie stützten sich dabei offenbar auf einen Rechtsgrundsatz der Zeit, der bei Aemilius Macer aus dem 3. Jh. überliefert ist: „Oft ist festgestellt worden, daß Dinge, die zwischen den einen entschieden worden sind, für andere keine Vorverurteilung bilden dürfen ... wenn sich von zwei Klägern der eine als Unterlegener zurückgezogen hat, wird dadurch für die Klage des anderen nichts vorentschieden"[138]. Das „oft" *(saepe)* deutet darauf hin, daß es sich um einen alten oder doch zumindest weitverbreiteten Grundsatz handelt.

Damit hatte Augustinus die donatistischen Bischöfe dort, wo er hingelangen wollte. Sie konnten sich nun nicht mehr der Trennung der Frage nach der wahren Kirche *(causa ecclesiae)* vom Fall des Caecilian *(causa Caeciliani)* widersetzen[139], da nach der Donatisten eigenem Grundsatz zwei *causae* unabhängig voneinander zu bewerten sind und keine für die andere ein *praeiudicium* schafft. So konnte Augustinus sein für die Konferenz gesetzes Ziel der möglichst ausschließlichen Diskussion der theologischen Grundfragen unter Ausschluß der Perso-

---

[132] Zur Rolle des Primian bei der Konferenz vgl. MONCEAUX VI 123–125; LANCEL: SC 194, 201 f.

[133] Auch: Cebarsussa. Vgl. A. C. de VEER, n.24: BAug 31 (1968) 786–789.

[134] AUG c Cresc 4,6,76 (CSEL 52,507,5) spricht von über 100 (*centum vel amplius*), das Dekret ist aber nur von 55 Bischöfen unterzeichnet. Vgl. FREND, Donatist Church 216 Anm. 1.

[135] Vgl. A. C. de VEER, n.25: BAug 31 (1968) 779–791. Zu den Akten der Synode vgl. Y. M.-J. CONGAR, n.26: BAug 28 (1963) 736 f. Zu den zwölf Konsekratoren vgl. A. C. de VEER, n. 28: BAug 31 (1968) 795 f.

[136] Vgl. E. LAMIRANDE, n.3: BAug 32 (1965) 691–693.

[137] AUG breuic 3,16,28 (CCL 149 A,293,19).

[138] MACER dig 42,1,63: *saepe constitutum est res inter alios iudicatos aliis non praeiudicare...si ex duobus petitoribus alter victus acquieverit, alterius petitioni non praeiudicatur.*

[139] Zur Trennung des Falles Caecilians von dem der Kirche vgl. auch E. LAMIRANDE, n.4: BAug 32 (1965) 694.

nalfragen durchsetzen, so daß schließlich die katholische Partei als Sieger aus der Diskussion hervorging.

Wendepunkt zugunsten der Katholiken ist dieser Satz „*nec causa ...*" aus dem Munde der Donatisten, der, wie Augustinus sofort erkennt, als Schlüsselargument gegen die Donatisten geeignet ist. Er kommentiert ihn daher im *breviculus* sofort in diesem Sinne: „Diesen Satz sollten alle Katholiken beständig im Munde führen, weil die Donatisten ihre Abspaltung rechtfertigen, indem sie die Vergehen der einen den anderen vorwerfen und die gesamte christliche Welt irgendwelcher Vergehen von Afrikanern anklagen."[140] Entsprechend häufig verwendet Augustinus selbst diesen Satz in seinen weiteren antidonatistischen Werken. Nicht weniger als 36mal zitiert er ihn in der kurz nach der Konferenz entstandenen Schrift *Contra partem Donati post gesta*, ebenso eine Reihe von Malen in Briefen an (ehemalige) Donatisten, relativ wenig aber in Predigten[141]. Alle diese Schriften sind in die Jahre 411/12 zu datieren[142]. Danach verliert der Satz an Aktualität, weil mit dem Reskript des Kaisers Honorius vom 30. Januar 412[143], der das Edikt des *notarius* Marcellinus[144] bestätigte, worin nach dem mündlichen Urteilsspruch zu Ende der Konferenz[145] die Unterlegenheit der donatistischen Partei nochmals festgestellt wurde[146], die geistige Auseinandersetzung mit dem Donatismus praktisch beendet war, jetzt die staatliche Gewalt die Konsequenzen zog.

D. *PERSONA – CAUSA*

Außer in dem soeben behandelten Schlüsselargument der antidonatistischen Polemik gebraucht Augustinus das Begriffspaar *persona – causa* noch weitere 16mal, allerdings nur in nach dem Jahr 411

---

[140] Breuic 3,16,28 (CCL 149 A,293,20–294,23): *quam sententiam in ore habere solent omnes catholici, cum donatistae aliorum crimina aliis obicientes suam separationem defenderent et orbem christianum nescio quibus Afrorum criminibus accusarent.*

[141] S. o. S. 95 Anm. 125.

[142] Vgl. am übersichtlichsten die Tabellen bei MONCEAUX VII 275–292; weiterhin zu den Briefen die Tabelle in: NBA 21 (1969) CXI–CXVI (L. CAROZZI); zu den Predigten: VERBRAKEN 93, 188 und die dort verzeichnete Literatur.

[143] Codex Theodosianus 16,5,52; vgl. WILLIS 77; FREND, Donatist Church 289.

[144] Zur Person des *tribunus* und *notarius* Flavius Marcellinus sowie seinem Amt als Richter (kaiserlicher Kommissar) bei der Konferenz vgl. LANCEL: SC 194, 53–65; MARTINDALE II 711f.; MANDOUZE I 671–688.

[145] AUG breuic 3,25,43 (CCL 149 A,306,25f.): *... confutatos a catholicis donatistas omnium documentorum manifestatione pronuntians.*

[146] Ediert in CCL 149 A, 177–179.

verfaßten Werken: 13mal in antidonatistischen Schriften[147], dreimal in anderen Werken[148]. Es scheint, als ob Augustinus diese Terminologie, obwohl sie ihm mit Sicherheit schon seit seinem Schulunterricht vertraut war, erst für die Kontroverse mit den Donatisten adoptiert und sie auch fast ausschließlich dafür reserviert. Augustinus steht dabei aber in einer langen Tradition christlich-apologetischer Kontroverstechnik, die im lateinischen Bereich bereits Ende des 2. Jh. Rechtswissenschaft und Rhetorik zur Verteidigung des christlichen Glaubens heranzog (Minucius Felix, Tertullian, Laktanz)[149]. Darüber hinaus ist auch an anderen Stellen nachzuweisen, wie Augustinus rhetorische Termini und Schemata seiner Schulbildung zu gegebener Zeit heranzieht. So benennt er in sieben Predigten Christus mit dem juridischen Terminus technicus *iurisperitus* und gibt seinem Gebet zu Gott Vater die Form des *rescriptum*, der Bittschrift an den Kaiser[150].

Bei der Interpretation dieser Stellen ist daher vor allem zu berücksichtigen, daß *persona* und *causa* wichtige Termini der gerichtlichen Beredsamkeit sind[151]. Wenn Augustinus von der *causa et persona Caeciliani*[152] resp. *Primiani*[153] und analog von der *causa et persona ecclesiae*[154] spricht, folgt er mit dieser Zweiteilung der üblichen Einteilung der Rhetorik, die allerdings statt *causa* (= der Fall) oft *res* (= der Verhandlungsgegenstand) bzw. *factum* (= die Tat) setzt, weil *causa* auch in der Bedeutung „der Grund, das Motiv" verwendet werden muß. Sie sind

1. *circumstantiae* der *inventio*: „*quae sunt circumstantiae? persona, res, causa, tempus, locus, modus, materia*" (FORTUN *rhet* 2,1)[155];
2. Kriterien der rhetorischen *genera*[156]:
    a. *honestum genus*: „ἔνδοξος *controversia huius modi est, in qua tam persona quam res est honesta*" (PS-AUG *rhet* 18)[157];

---

[147] Breuic 1,8 (CCL 149 A,263,5 bis); 1,8 (264,8); 3,3,3 (272,14); 3,4,4 (273,8); 3,6,7 (276,34).; c Don p gesta 4,6 (CSEL 53,103,10.11); 7,9 (107,8); 25,43 (145,2); 25,45 (146,25); ep 141,6 (CSEL 44,240,15); 173,8 (646,4).

[148] C Iul imp 2,29 (CSEL 85/1,183,1); 3,34 (374,33); ep 9,3,1 (CSEL 88,44,14).

[149] Vgl. L. W. BARNARD, Apologetik I: TRE 3 (1978) 402–408. Zu Augustins apologetischer Technik vgl. spez. F. CAYRE, n.1: BAug 8 (1951) 465–471.

[150] Vgl. S. POQUE, Le Christ iurisperitus et la procédure per rescriptum dans la prédication d'Augustin d'Hippone: RHDF 57 (1979) 331–344.

[151] Vgl. LAUSBERG II 658f., 776f.; MARTIN 363, 371.

[152] C Don p gesta 4,6 (CSEL 53,103,10); ep 141,6 (CSEL 44,240,15).

[153] Ep 173,8 (CSEL 44,646,4).

[154] C Don p gesta 4,6 (CSEL 53,103,11); Gesta 3,162 (CCL 149 A, 219,6). *Persona-causa* in juridischem Kontext weiterhin: c Don p gesta 7,9 (CSEL 53,107,8); c Iul imp 2,29 (CSEL 85/1,183,1); 3,34 (374,33); ep 9,3,1 (CSEL 88,44,14).

[155] Vgl. LAUSBERG I 86; MARTIN 17f.

[156] Vgl. LAUSBERG I 57–59; MARTIN 24–26.

[157] RLM 148,4.

b. *anceps genus:* „ἀμφίδοξος *est, in qua vel honestatem personae turpitudo rei maculat, ... vel contra ... persona, quae petit, inhonesta ... res, quam petit, honesta"* (PS-AUG *rhet* 18)[158];
c. *admirabile genus:* „παϱάδοξον *est controversiae genus ... in quo utraque inhonesta sunt, tam res quam persona"* (PS-AUG *rhet* 18)[159];
d. *humile genus:* „ἄδοξον *est controversiae genus sine opinione utraque, humile et sordidum"* (PS-AUG *rhet* 18)[160];
3. *loca* des *status coniecturalis:* „*omnis igitur ex causa, ex persona, ex facto ipso coniectura capienda est"* (CIC *inv* 2,5,16)[161];
4. Exordial-*loca:* „*quod modis principalibus principia ducuntur? duobus: a persona et a re"* (FORTUN *rhet* 2,14); *benevolentiam aut a personis aut a causis accipimus"* (QUINT *inst* 4,1,6)[162];
5. *elementa* der *narratio:* „*narrationis etiam elementa sunt sex: persona, causa, locus, tempus, materia, res"* (MART CAP 46)[163];
6. *loca* der *argumentatio:* „*in primis igitur argumenta a persona dicenda sunt, cum sit, ut dixi, divisio ut omnia in haec duo partiamur, res atque personas: ut causa, tempus, locus, occasio, instrumentum, modus et cetera rerum sint accidentia"* (QUINT *inst* 5,10,23)[164].

Wenn also die donatistische Partei, wie Augustinus berichtet, bei der Konferenz 411 die inhaltliche Behandlung *(negotium)* der Sachprobleme *(causae)* dadurch zu hintertreiben suchte, daß sie zunächst die Klärung der Vorfragen forderte *(tempus, mandatum, persona, causa)*[165], folgt sie damit den *circumstantiae* der *inventio* für die Gerichtsrede[166]. Das gleiche gilt für ihr – zwei Tage lang erfolgreiches – Bestreben, durch Personaldiskussion *(discussio personarum)* die Behandlung der Sachfragen *(causae)* zu vermeiden[167]. Sie halten sich an den Grundsatz der Rhetorik: „wenn man mit dem Fall Schwierigkeiten

---

[158] RLM 148,7.
[159] RLM 148,12.
[160] RLM 148,17.
[161] Vgl. CIC inv 2,14,46; QUINT inst 4,1,50; 7,2,27; IUL VICT rhet 4,2 (RLM 386,32). Vgl. LAUSBERG I 89–91; MARTIN 31, 117.
[162] Vgl. auch CIC inv 1,16,22 – LAUSBERG I 152, 156f.; MARTIN 64f.
[163] Vgl. QUINT inst 4,2,36 – LAUSBERG I 164, 178; MARTIN 76–78.
[164] Vgl. QUINT inst 5,10,94; IUL VICT rhet 6,1 (RLM 395,24) – LAUSBERG I 92, 203; MARTIN 115.
[165] Breuic 1,8 (CCL 149 A,264,6–8): *deinde instare coeperunt ut prius ageretur de tempore, de mandato, de persona, de causa, tunc ad negotii merita veniretur.*
[166] S. o. S. 99.
[167] Vgl. breuic 1,8 (CCL 149 A,263,5); 3,3,3 (272,14); 3,4,4 (273,7–10): *non ob aliud donatistas personas quaerere petitorum nisi ut liceret eis personarum discussione longissimas temporum et dilationum moras ingerere, quoniam vehementer nolebant ut perveniretur ad causam.* 3,6,7 (276,34); c Don p gesta 25,43 (CSEL 53,145,2); 25,45 (146,25–27): *personae discutiebantur,...ne ad ipsam causam perveniretur.*

hat, behelfe man sich mit der Person, wenn mit der Person, mit dem Fall"[168].

E. *PERSONA ET MANDATUM LEGATORUM /*
PERSONA PETITORIS

Die Personaldiskussion erstreckte sich auf zwei Fragen: auf die *persona et mandata legatorum,* d.h. vor allem darauf, welche der Parteien sich „katholisch" nennen durfte[169], und auf die *persona petitoris,* d.h. welche der beiden Parteien die Rolle des Anklägers *(petitor)* übernahm und welche sich zu verteidigen hatte[170]. *Persona petitoris* ist hierbei wieder ein Terminus der gerichtlichen Beredsamkeit[171].

F. *PERSONAM HABERE*

Eine letzte Wortverbindung muß hier behandelt werden, die nur ein einziges Mal bei Augustinus in juridischem Kontext vorkommt[172], im übrigen eine Formulierung der Grammatik ist[173]: *personam habere.* Bei der Diskussion darum, welche der beiden Parteien als die *persona petitoris* anzusehen ist, spricht Augustinus davon, daß sie „die Person der Kläger hätten"., d.h. die Rolle, die Position der Kläger übernähmen. Was hier ansatzweise ausgedrückt wird, daß man vor Gericht eine Person, d.h. eine Rolle, einen Status hat, wird später zum Terminus technicus „Rechtsfähigkeit besitzen, rechtsfähig sein"[174].

So spricht der *Codex Iustiniani* von denen, die „vor Gericht eine rechtliche Person haben oder nicht"[175]. Ulpian († 228 n.c.) berichtet, daß Sklaven vor Gericht „keine Person hatten", d.h. nicht rechtsfähig waren, für das Gesetz als Rechtsperson nicht existierten[176]. Der gleiche

---

[168] QUINT inst 4,1,44: *si causa laborabimus, persona subveniat, si persona, causa.* Vgl. LAUSBERG I 160; MARTIN 224.

[169] Breuic 3,3,3 (CCL 149 A,272,14); 3,4,5 (274,15); 3,6,7 (276,10). Vgl. LANCEL: SC 194,79–84.

[170] Breuic 3,2,2 (CCL 149 A,271,10.13.24.31.33); 3,3,3 (273,35.50); 3,4,4 (273,5.7. 13.19); 3,4,5 (274,2.30); 3,6,7 (276,34); 3,12,24 (289,35.39); c Don p gesta 25,43 (CSEL 53,145,2); 25,44 (145,13); 25,45 (146,25); 27,47 (148,3). Vgl. LANCEL: SC 194, 84–88.

[171] Vgl. CIC Quint 13,45; QUINT inst 7,1,54: *omnes adhuc quaestiones ex persona petitoris ipsius duximus.*

[172] Breuic 3,4,4 (CCL 149 A,273,19).

[173] S. o. S. 63–65.

[174] Vgl. SCHLOSSMANN 94–98 und die Rezension dazu von HEY 148. M. E. irrt hier SCHLOSSMANN (und HEY), wenn er in dieser Formulierung keine juridische Spezialbedeutung sieht. Vgl. weiterhin DOWDALL 237; RHEINFELDER 143.

[175] Cod Iust 3,6: *qui legitimam personam in iudicio habent vel non.*

[176] ULP dig 28,8,1: *quia pro nullo isti* (sc. *servi*) *habentur ad praetorem.* 50,17,32: *quod attinet ad ius civile, pro nullis habentur.*

Sprachgebrauch ist bei Cassiodor nachzuweisen[177]. Es scheint sich also zur Zeit Augustins dieser Übergang von grammatischer zu juridischer Bedeutung von *personam habere* anzubahnen. Denn Augustinus gebraucht diesen Ausdruck nur ein einziges Mal in juridischem Kontext und auch da nicht als Terminus technicus, während er im übrigen *personam habere* eine Reihe von Malen verwendet[178].

ERGEBNISSE

Persona als rhetorischen Begriff verwendet Augustinus trotz seiner hervorragenden Ausbildung und langjährigen Lehrtätigkeit auf diesem Gebiet nur selten und nur in einigen wenigen Wendungen. Er hält sich dabei eng an die erlernte klassische Theorie. Besondere Aktualität erhält der rhetorische *persona*-Begriff allerdings in der donatistischen Kontroverse bei der Diskussion auf der Konferenz in Karthago 411. Dort wird er zusammen mit weiteren juridischen Bedeutungen von *persona* zum Schlüsselwort des Sieges der katholischen Partei.

Persona in juridischem Kontext verwendet Augustinus nämlich sehr häufig (ca. ein Fünftel des gesamten Wortgebrauchs), aber fast ausschließlich in anti-häretischen Schriften. Er wird zum Schlüsselbegriff der donatistischen Kontroverse, aber auch wichtig für die Auseinandersetzung mit den Pelagianern. Obwohl Augustinus diese Terminologie bereits aus seiner Schulbildung gekannt haben muß, ist sie doch von der Rhetorik untrennbar, verwendet er sie ausschließlich in Schriften ab dem Jahre 411, so daß man annehmen muß, daß sie erst durch die Konferenz mit den Donatisten in Karthago bzw. durch das Aufkommen der pelagianischen Kontroverse angeregt wurde.

Augustinus folgt dem vorgegebenen (erlernten) Sprachgebrauch der klassischen Antike, in dem *persona* wohl in der speziellen Bedeutung „der Mensch vor Gericht, der am Rechtsfall beteiligte Mensch" verwendet wurde, aber noch kein Terminus technicus des Rechts war. Nur an einer Stelle scheint es, als ob sich erste Spuren eines Übergangs zu dem m.E. in der Spätantike nachweisbaren Terminus technicus zeigten.

An keiner Stelle verwendet Augustinus *persona* in juridischer Bedeutung in christologischem oder trinitätstheologischem Zusammenhang. Die These HARNACKs für Tertullian, der theologische Personbegriff sei aus dem juridischen abgeleitet[179], findet also auch bei Augustinus keinerlei Basis.

[177] CASSIOD var 6,8 (CCL 96,235,10f.): *servos...qui personam legibus non habebant.*
[178] S. o. S. 63–65.
[179] S. u. S. 175f. Anm. 12.

3. KAPITEL: DER MENSCH ALS *PERSONA*

I. DIE MASKE/ROLLE – *SUB PERSONA*

In der Bedeutung „Maske" im übertragenen Sinn gebraucht Augustinus das Wort *persona* dreimal in seinem Frühwerk *De sermone Domini in monte*[1]. Er erklärt dort die beiden Stellen der Bergpredigt, an denen Jesus diejenigen, die ihre Almosenspenden vor sich herposaunen lassen (*Mt* 6,2), und die, die einen Splitter aus dem Auge ihres Bruders ziehen wollen, obwohl sie selbst einen Balken im Auge haben (*Mt* 7,4f.), Heuchler *(hypocritae)* nennt: „Heuchler verstellen sich nämlich wie die Darsteller fremder Rollen in Theaterstücken"[2]. „Sie spielen fremde Rollen wie die Heuchler, die unter ihrer Maske *(sub persona)* verbergen, was sie sind, und auf der Maske *(in persona)* zeigen, was sie nicht sind."[3] Man spürt noch deutlich, daß *sub persona* ein Terminus technicus des Theaters war, wie er noch bei Quintilian und Sueton erhalten ist[4]. Er wurde dann aber auf das alltägliche Leben übertragen, wie am klarsten noch bei Publilius Syrus zu lesen ist: „Das Weinen des Erben ist unter seiner Maske ein Lachen"[5]. Diese Bedeutung von *sub persona* ist jedoch nicht zu verwechseln mit der Verwendung dieses Ausdrucks in der Person-Exegese[6] und nicht mit der, allerdings bei Augustinus nicht vorkommenden, übertragenen Bedeutung „in der Person eines anderen"[7].

Es bleibt nicht bei der bloßen Übertragung der Theatersprache ins Leben, sondern die Bedeutung des Wortes *persona* entwickelt sich dort selbständig weiter. So bezeichnet es weiterhin die Aufgaben des Menschen im Leben und das Wesentliche, Ureigenste des Menschen. Letztere Bedeutung gliedert sich nochmals in drei Aspekte: der Mensch

---

[1] S dom m 2,2,5 (CCL 35,95,93); 2,19,64 (160,1462 bis).

[2] S dom m 2,2,5 (CCL 35,95,92f.): *sunt enim hypocritae simulatores tamquam pronuntiatores personarum alienarum sicut in theatricis fabulis.*

[3] S dom m 2,19,64 (CCL 35,160,1461–1463): *alienas partes agunt sicut hypocritae, qui tegunt sub persona quod sunt, et ostentant in persona quod non sunt.*

[4] QUINT inst 6,1,26; SUET Dom 10.

[5] PUB Sent H 19: *heredis fletus sub persona risus est.* Vgl. dazu auch den Kommentar von O. FRIEDRICH in der Edition, Berlin 1880, 167f. Weitere antike Belege für diesen Gebrauch: SEN dial 9,17,1; nat 7,32,3.

[6] S. o. S. 78f.

[7] PAUL Fest 334: *saepe profuit (pa)triae consilio, sub persona filii.* PORPH Hor s 2,1,22: *sub persona admoniti timeant et oderint compellatorem.*

als Mensch (betrachtend), der Mensch als Wert (wägend), der Mensch
als Gegenstand (zählend)[8].

II. DIE AUFGABE – *PERSONAM IMPLERE*

In der Bedeutung „die Aufgabe" kommt *persona* bei Augustinus
viermal vor, ausschließlich in dem Ausdruck *personam implere*. So
ermahnt er am Schluß seiner Homilie über Psalm 50 die Gläubigen:
„Aber vielleicht mißachtet der schlechte Sohn die Ermahnungen des
Vaters oder seinen Verweis oder seine Strenge; du erfülle deine
Aufgabe (Pflicht); Gott führt seine über ihn aus."[9] In Brief 118 spricht
Augustinus über die Platoniker, die „die Aufgabe der wahren *ratio* nicht
erfüllen können"[10]. Zweimal findet sich der Ausdruck *personam
implere* in der neuentdeckten Briefsammlung, was deswegen auffällt,
weil er im ganzen bis dahin bekannten Werk ebenfalls nur zweimal
vorkommt. In Brief 20 an Fabiola[11] berichtet er über den Bischof
Antonius[12], den er selbst als kaum Zwanzigjährigen in Anwesenheit des
Metropoliten von Numidien[13] auf den Bischofsstuhl von Fussala in
Numidien[14] inthronisiert hatte[15]. Ihm sei sein Amt, das er in so jungen
Jahren erreicht habe, zu Kopf gestiegen und er mißbrauche seine Macht

---

[8] Vgl. RHEINFELDER 17. S. o. S. 8.

[9] En Ps 50,24 (CCL 38,616,23–25): *sed forte neglegit malus filius vel monita patris, vel
obiurgationem vel seceritatem; tu imple personam tuam; Deus de illo exigit suam.*

[10] Ep 118,3,7 (CSEL 34/2, 681,23f.): *sed non sicut illi errorum suorum ita Platonici
verae rationis personam implere potuerunt.*

[11] Bekannt auch aus AUG ep 267 (CSEL 57,651,2f.): *dominae religiosissimae et
praestantissimae et in Christi caritate laudabili filiae Fabiolae.* Wohl zu identifizieren mit
der sich im Jahre 411 in Afrika aufhaltenden Fabiola (vgl. F. CAVALLERA, Saint
Jérôme. Sa vie et son œuvre, vol.2 (= SSL 2), Paris 1922, 53). Hieronymus widmete ihr die
beiden ersten Bücher seines Ezechiel-Kommentars (vgl. HIER ep 126,2: CSEL
56,144,18f. = AUG ep 165,2: CSEL 44, 544,7–9: *duos itaque libros misi sanctae filiae
meae Fabiolae*). Ihre biographischen Daten sind zusammengestellt bei MARTINDALE II
448; MANDOUZE 380.

[12] Biographie vgl. MAIER, Episcopat 256; MANDOUZE 73–75.

[13] Da das Datum unsicher ist, kann dies Sanctippus oder Silvanus gewesen sein. Vgl.
MANDOUZE 74 Anm. 4; zu den Biographien der beiden ebd. 1029–1031, 1081–1083.

[14] Ein nicht mehr identifizierbarer Ort in der Region von Hippo Regius (AUG ep
209,2: CSEL 57,348,1: *Fussala dicitur Hipponensi territorio confine castellum*). Vgl.
MAIER, Episcopat 144; J. FERRON, Fussalensis (Ecclesia): DACL 19 (1981) 489f.;
MANDOUZE 73. Zur Stellung der Stadt als *castellum* vgl. C. LEPELLEY, Les cités de
l'Afrique romaine au Bas-Empire, tome 1, Paris 1977, 133, 394; tome 2, Paris 1981, 120.

[15] AUG ep 209,3 (CSEL 57,349,2–8): *obtuli non petentibus quendam adulescentem
Antoninum, qui mecum tunc erat…at illi miseri, quod futurum fuerat, ignorantes offerenti
eum mihi oboedientissime crediderunt….esse illis episcopus coepit.* Vgl. zu den bereits
genannten Titeln noch O. PERLER, Les voyages de saint Augustin, Paris 1969, 303f.,
370–373.

zur Unterdrückung der Gläubigen[16]. Um dieses Vorhaben auszuführen *(personam implere),* habe er sich passende Leute gesucht, unter anderem aus der Klostergemeinschaft Augustins[17]. In Brief 22 empfiehlt Augustinus einen seiner Schüler als Rechtsbeistand, da er seine Aufgabe gut erfüllen werde[18].

Berücksichtigt man die Datierungen dieser Schriften, bemerkt man, daß dieser Gebrauch von *persona* erst mit dem – auch in anderer Hinsicht bezeichnenden – Jahr 411 einsetzt. *Ep* 118 ist Ende 410/Anfang 411 zu datieren[19] (wobei aufgrund dieses Vergleiches eher der spätere Zeitpunkt wahrscheinlich ist), *en Ps* 50 zwischen 411 und 413[20], *ep* 22 auf März 420[21], *ep* 20 in das Jahr 422[22].

III. *PERSONA – HOMO*

A. *PERSONA = HOMO*

Insbesondere übernimmt *persona* die Bedeutung des Wortes *homo,* wie dies seinerseits das Wort *vir* ersetzt[23]. So ist *persona* als Synonym zu *homo* in der Antike geläufig[24] und auch bei Augustinus eine Reihe von Malen zu finden. Er spricht z. B. von einem Gespräch mit einer Person *(disputatio cum persona)*[25], vom Vergleichen von Personen *(comparare/ conferre personas)*[26] und von den verschiedenen Arten von Personen *(genera personarum)*[27]. In diesem Fällen steht er dem klassischen Sprachgebrauch besonders nahe, da auch Cicero von den *colloquia* und

---

[16] Auch in Brief 209 an Papst Caelestin (Ende 422; vgl. NBA 21,CXV) berichtet Augustinus, daß Antoninus „unerträgliche Machtausübung, Räubereien und verschiedene Unterdrückungen und Bedrängnisse" vorgeworfen wurden (cp 209,4: CSEL 57,349,20 f.: *de intolerabili dominatione, rapinis et diversis oppressionibus et contritionibus obiciebatur).*

[17] Ep 20,5,1 (CSEL 88,96,20 f.): *quam personam ut impleret, congruos sibi homines inquisivit.*

[18] Ep 22,4,2 (CSEL 88,115,7 f.): *unus ex filiis nostris, id est aut Eusebius aut Eleusinus, existimamus quod possit istam implere personam.*

[19] Vgl. NBA 21,CXIII.

[20] Vgl. CCL 38,XV,32.

[21] Vgl. CSEL 88,LXIV.

[22] Vgl. ebd. LXII.

[23] Vgl. RHEINFELDER 13 f.

[24] Z. B. VELL 2,31,4; V MAX 9,14,5; SUET Aug 27.

[25] Imm an 14,23 (PL 32,1033,2).

[26] Ep 66,1 (CSEL 34/2,235,5); 121,1,3 (725,5).

[27] Doctr chr 3,17,25 (CCL 32,93,12). Weitere Stellen: c Faust 22,82 (CSEL 25,683,28); ciu 15,16 (CCL 48,478,77); mend 7,10 (CSEL 41,427,24); s 49,5 (CCL 41,617,118); 175,2,2 (PL 38,946,18 f.) u. ö.

genera personarum spricht[28], Quintilian und Seneca vom Vergleich
zwischen Personen[29].

B. *PERSONA HOMINIS*

Daß sich *persona* und *homo* trotz ihres synonymen Gebrauchs in
ihrem Bedeutungsgehalt nicht vollständig decken, sieht man an der
Verbindung *persona hominis*. Denn man kann in dieser Verbindung
persona wohl kaum als Synonym zu *homo* verstehen und damit *persona*
nur als „ein jedes eigenen Gehaltes entbehrendes Rudiment ..., zu
einem bloßen Füllwort degradiert", wie SCHLOSSMANN meint[30].
Gegen diese Interpretation wendete sich schon HEY in seiner Rezension des Buches von SCHLOSSMANN und zeigte, daß z. B. *persona
regis* keineswegs einfach synonym mit *rex* ist, sondern den König als
solchen, d. h. nach der Summe der Funktionen und Eigenschaften, die
ihn zum König machen, bezeichnet[31]. Andere Eigenschaften und Attribute, die der König als Mensch hat, bleiben dabei außer Betracht. Diese
Korrektur unterstützt auch RHEINFELDER. Durch die Erweiterung
des Namens mit *persona* geschehe quasi eine Projizierung des Menschen
auf die Leinwand des Zuschauers. Es wird damit eine Vergegenständlichung entweder zur höheren Anschaulichkeit oder zur Loslösung des
Sprechers vom Besprochenen erreicht[32]. Dies gilt insbesondere für den
juridischen Sprachgebrauch[33].

Die Wortverbindung *persona hominis* ist in der klassischen Literatur
nur zweimal zu finden: bei Cicero. In *de orat* 2,34,145 läßt er Antonius
sprechen, daß die Diskussionspunkte nicht von den unzähligen *personae
hominum* und nicht von der unendlichen Verschiedenheit der Zeit
abhänge, sondern von den Gründen der Fragearten und ihrer Natur.
Wir befinden uns hier in rhetorischem Kontext, *persona* ist als Gegensatz zu *tempus* und *causa* ein rhetorischer Begriff. Der Genetiv
hominum wird hinzugefügt, weil es in der Rede durchaus auch Personen
geben kann, die keine Menschen sind, z. B. in der Prosopopoiie. Es wird
die These erhärtet, daß eine Objektivierung erreicht wird, denn es geht
hier nicht um den Menschen in seiner Gesamtheit, sondern als Gegenstand der Rhetorik. Dies bestätigt auch die zweite Stelle (*rep* 15,24).

---

[28] *Colloquia*: CIC part 9,32. *Genera*: CIC Att 12,12,2; Flac 19,44.
[29] QUINT decl 321 (259,14 Ritter); 385 (430,24); inst 4,2,99; 7,2,10; SEN ben 2,15,3.
[30] SCHLOSSMANN 24.
[31] HEY 149. So auch HIRZEL 49.
[32] RHEINFELDER 13.
[33] Vgl. ebd. 151 f.

Scipio spricht dort (nach zweiseitiger Lücke, was die Interpretation vom Kontext her erschwert): „... weder eine übertriebene Prahlerei, noch eine Rede, die vor der gewichtigen Person eines Menschen zurückschreckt *(abhorrens a persona hominis gravissimi)"*. *Persona* bezeichnet hier die Stellung, den Stand des Menschen bzw. eben den Menschen unter dem (objektiven) Aspekt seiner Stellung in der Gesellschaft.

Augustinus verwendet die Verbindung *persona hominis* einige Male. Zu erwähnen sind zunächst die Formulierungen *ex persona hominis loqui* etc.[34]. Sie dürfen aber hier außer Betracht bleiben, weil dies exegetische, nicht anthropologische Ausdrücke sind. *Persona* bezeichnet hier das Sinn-Subjekt des Satzes.

Im übrigen verwendet Augustinus *personam hominis* dreimal. In *De beata vita* erzählt er davon, daß er die Person eines großen Menschen eingeladen habe[35]. In Brief 118 behandelt er die Frage nach dem höchsten Gut des Menschen, wie sie die verschiedenen Philosophen vertreten, und fordert schließlich auf, von den Personen abzusehen und die Frage selbst zu behandeln[36]. In Brief 130 spricht er von der Gesundheit des Körpers und dem entsprechenden Aussehen „der Person des Menschen"[37]. Allein daran, daß man im Deutschen *persona hominis* an diesen Stellen nur mit „der Mensch" übersetzt, sieht man, daß es sich um eine pleonastische Ausdrucksweise handelt, die aber ihren Sinn in der beabsichtigten „Vergegenständlichung" des Menschen hat.

Dies gilt auch für andere Fälle, in denen sich *persona* mit einem „Genetiv des Menschen" verbindet, sei es ein Name *(Caeciliani*[38], *Christi*[39], *David*[40], *Donati*[41], *Ioannis Baptistae*[42], *Iudae*[43], *Moysis*[44],

[34] Adn Iob 29 (CSEL 28/2,570,2); c Iul imp 4,88 (PL 45,1389,31); en Ps 21,1,1 (CCL 38,117,7); 29,2,17 (184,3); 37,27 (400,11).
[35] Beata u 2,16 (CCL 29,74,239f.): *et quia ego invitaveram et magni cuiusdam hominis personam.*
[36] Ep 118,3,16 (CSEL 34/2,681,12): *remove personas hominum atque ipsam disceptationem constitue.*
[37] Ep 130,6,12 (CSEL 44,54,7f.): *propter salutem corporis et congruentem habitum personae hominis.*
[38] Breuic 3,7,9 (CCL 149 A,277,7); c Don p gesta 4,4 (CSEL 53,101,20); 4,6 (103,10); 18,24 (123,4); ep 141,6 (CSEL 44,240,15); 173,7 (645,23); 173,9 (646,17).
[39] C Iul imp 6,36 (PL 45,1592,2); ep 137,3,11 (CSEL 44,110,9); qu Eu 2,2 (CCL 44 B,43,20).
[40] Diu qu 61,2 (CCL 44 A,124,86).
[41] Ep 173,7 (CSEL 44,645,22).
[42] Io eu tr 15,3 (CCL 36,151,13).
[43] S dom m 1,21,71 (CCL 35,79,1740).
[44] Qu Ex 154,7 (CCL 33,143,2537).

Nathanael[45], *Primiani*[46], *regis Achis*[47], *Salomonis*[48]), sei es ein Stand,
wodurch der Mensch benannt wird (*filii*[49], *generis humani*[50], *humi-
lium*[51]; *mulieris*[52]; *Pharisaei*[53], *potentis*[54], *sacratorum*[55], *senis*[56],
tyranni[57]), ein Amt (*accusatoris*[58], *apostoli*[59], *defensoris*[60], *episcopi*[61],
histrionis[62], *intercessoris*[63], *iudicis*[64], *magistri*[65], *publicani*[66]) oder eine,
wie auch immer geartete Funktion (*auctoris*[67], *deceptoris*[68], *disputan-
tium*[69], *facientis*[70], *functorum*[71], *insolitorum*[72], *poscentis*[73], *scribentis*[74]).
    Anstelle der Substantive können natürlich auch Pronomina treten
(*alterius*[75], *cuiusquam*[76], *nullius*[77], *omnium*[78], *uniuscuiusque*[79], *utro-
rumque*[80]).
    Besonders deutlich wird die objektivierende Wirkung, wenn zu
persona Possessivpronomina treten, also statt von „ich, du, er" etc. von

---

[45] S 122,5,5 (PL 38,683,22).
[46] Ep 173,8 (CSEL 44,646,4).
[47] En Ps 33,1,8 (CCL 38,279,12).
[48] C Faust 22,88 (CSEL 25,693,22).
[49] Qu Gen 70 (CCL 33,27,885).
[50] Breuic 3,18,36 (CCL 149 A,300,17).
[51] S 174,3,3 (PL 38,942,14).
[52] Qu Gen 70 (CCL 33,27,885).
[53] Ep 121,1,3 (CSEL 34/2,725,5).
[54] Spec 7 (CSEL 12,63,16).
[55] Util cred 18 (CSEL 25,23,5).
[56] Spec 2 (CSEL 12,13,20).
[57] C Iul imp 1,48 (CSEL 85/1,37,23).
[58] Ep 43,5,14 (CSEL 34/1,96,13); 153,3,8 (CSEL 44,404,11).
[59] C Iul 2,5 (PL 44,676,5).
[60] Ep 153,3,8 (CSEL 44,404,11).
[61] Ep 173,7 (CSEL 44,645,20).
[62] Ciu 6,7 (CCL 47,174,14).
[63] Ep 153,3,8 (CSEL 44,404,11).
[64] Ebd.
[65] Diu qu 64,3 (CCL 44 A,139,49); s 288,5 (PL 38,1303,38).
[66] Ep 121,1,3 (CSEL 34/2,725,5).
[67] C Faust 32,16 (CSEL 25,775,29).
[68] Ebd.
[69] Ep 101,3 (CSEL 34/2,542,13).
[70] C mend 9,20 (CSEL 41,493,12).
[71] Ep 26,6 (CSEL 34/1,89,17).
[72] Gr nou t 16,42 (CSEL 44,190,15).
[73] Ep 98,8 (CSEL 34/2,529,17).
[74] C Faust 16,22 (CSEL 25/1,465,21).
[75] Ciu 5,9 (CCL 47,140,153); 10,27 (302,40).
[76] Spec 22 (CSEL 12,115,5).
[77] C Faust 22,81 (CSEL 25/1,683,26); s 49,5 (CCL 41,617,118).
[78] S 288,4 (PL 38,1306,46).
[79] S 89,20,23 (PL 38,551,15).
[80] Ep 75,3,5 (CSEL 34/2,288,6).

„meiner" oder „seiner Person" gesprochen wird (*mea*[81], *nostra*[82], *sua*[83], *tua*[84], *vestra*[85]).

IV. DIE ATTRIBUTE DER PERSON

Jeder Mensch, jede Person läßt sich durch eine Fülle von Eigenschaften, die teils ihn selbst, teils seine Beziehungen zu den Mitmenschen und Umwelt betreffen, beschreiben[86]. Welche Eigenschaften Augustinus der (menschlichen) Person zuschreibt, läßt sich zunächst relativ leicht an den Adjektivattributen ablesen, von denen eine Reihe auch schon in der profanen lateinischen Literatur vor Augustinus zu finden ist. Sie werden jeweils mit einem (k) vermerkt.

A. DIE ADJEKTIVE

Eine Person (= Mensch) hat zunächst rein äußerliche Eigenschaften. Sie interessieren Augustinus aber nur an einer einzigen Stelle, wo er das Äußere eines Menschen als schön und vollkommen *(pulchra atque integra)* oder unförmig und fehlerhaft *(deformis* (k) *atque vitiosa)* beschreibt[87]. Auch von den geistigen Eigenschaften nennt Augustinus lediglich einmal die Unklugheit *(imprudens)*[88].

Weit mehr beschäftigen ihn die moralischen Qualitäten einer Person, ob sie gut[89], unschuldig[90] und lobenswert[91] ist, oder vielmehr verachtenswert (k)[92], ruchlos[93], sündig[94], unruhig[95], schändlich (k)[96] oder lasterhaft[97].

---

[81] C litt Pet 3,24,28 (CSEL 52,184,7); ep 143,2 (CSEL 44,252,4); 223,1 (CSEL 57,449,12).

[82] C Don p gesta 25,44 (CSEL 53,145,14); c Faust 2,2 (CSEL 25,254,22); c litt Pet 3,1,2 (CSEL 52,162,5); en Ps 61,4 (CCL 39,773,3).

[83] C Faust 17,4 (CSEL 25,486,25); 19,27 (529,13); ciu 5,9 (CCL 47,136,16); 17,8 (CCL 48,571,54) u. ö. Insgesamt 31mal.

[84] C Iul imp 4,106 (PL 45,1403,22); en Ps 31,2,26 (CCL 38,243,18); 50,24 (616,24); ep 56,2 (CSEL 34/2,214,11); 238,4,26 (CSEL 57,553,25); s 153,7,9 (PL 38,830,19).

[85] B uid 1,1 (CSEL 41,305,12).

[86] Gal exp 40 (CSEL 84,109,20): *talibus personis;* c Iul imp 5,64 (PL 45,1506,27): *proprietate personae atque conditionis suae;* ep 262,9 (CSEL 57,628,19): *modulus personae.*

[87] C Faust 22,60 (CSEL 25,655,27). *Deformis:* PAUL Fest 144.145; SEN dial 4,11,2.

[88] Spec 22 (CSEL 12,135,8).

[89] Io eu tr 46,5 (CCL 36,400,6): *bona.*

[90] Gr nou t 16,42 (CSEL 44,190,15): *innocens.*

[91] Util cred 25 (CSEL 25,31,14); retr 1,13,3 (CSEL 36,66,5): *laudabilis.*

[92] Qu uet t 7 (CCL 33,471,99): *contemptibilis. Contempta:* PETR sat 13,2.

[93] C Iul 4,18 (PL 44,746,40): *infamis.*

Die moralischen Qualitäten übersteigend spricht Augustinus in religiösem Kontext von der Person auch als heilig[98], gottgeweiht[99], mystisch[100] und schließlich göttlich[101].

Über die persönlichen Eigenschaften hinaus steht der Mensch in einem Geflecht von Beziehungen zu seinen Mitmenschen und zur Gesellschaft. Er ist zunächst ein Mitglied einer Familie und als solches eine *persona coniugalis*[102], *domestica*[103], *familiaris*[104] und *fraterna*[105].

Er hat innerhalb der Gesellschaft eine hohe oder niedrige Stellung (Ansehen). Er ist geehrt[106], berühmt (k)[107], groß (k)[108], mächtig (k)[109], reich[110] oder aber niedrig (k)[111], unbekannt[112], ohne Auszeichnung[113] und ganz unten[114].

Er gehört auch einem bestimmten Stand der Gesellschaft an oder übt in ihr ein Amt aus und ist daher eine bischöfliche[115], plebeische[116], private (k)[117], prophetische[118], königliche[119], priesterliche[120] oder

---

[94] C Iul imp 6,26 (PL 45,1562,16. 1563,57): *peccatrix*.

[95] Inqu Ian 55,19,35 (CSEL 34/2,209,17): *turbulenta*.

[96] C Iul 4,18 (PL 44,746,40); s 9,21 (CCL 41,149,742); s Denis 17,7 (MA 1,88,1.12). CIC Ver 2,17,43; PAUL Fest 144; PRISC gramm 18,212 (GL III 312,16): *turpis*.

[97] Util cred 18 (CSEL 25,23,5): *vilis*.

[98] Inqu Ian 55,19,35 (CSEL 34/2,209,17): *sancta*.

[99] S 288,4 (PL 38,1306,46): *sacrata*.

[100] Ebd.: *mystica*.

[101] Conf 5,5,8 (CCL 27,61–17); doctr chr 3,12,18 (CCL 32,89,17); ep 118,5,33 (CSEL 34/2,696,23): *divina*.

[102] B coniug 10,11 (CSEL 41,203,7).

[103] Qu Leu 61 (CCL 33,218,1546).

[104] Ep 73,3,6 (CSEL 34/2,270,4).

[105] Ep 148,1,4 (CSEL 44,334,22).

[106] C Iul imp 4,44 (PL 45,1363,43): *honorata*.

[107] Nupt et conc 2,1,1 (CSEL 42,253,1). V MAX 8,10,1: *inlustris*. Ep 157,36 (CSEL 44,483,4). V MAX 2 Ext 8,2; 9,3 pr: *clarissima*.

[108] En Ps 103,4,8 (CCL 40,1527,3). SEN dial 11,6,1: *magna*. Conf 8,6,13 (CCL 27,121,18): *maior*.

[109] Ep 22,2,4 (CSEL 88,114,10). QUINT inst 9,2,68: *potens*.

[110] Ep 157,36 (CSEL 44,483,4): *dives*.

[111] S 211,4 (SC 116,166,118). DIOM gramm 3 (GL I 488,16); GAIUS inst 3,225; QUINT decl 388 (438,19 Ritter): *humilis*.

[112] C Iul imp 4,44 (PL 45,1363,43): *ignota*.

[113] C litt Pet 2,1,1 (CSEL 52,24,9): *indiscreta*.

[114] C s Arian 19 (PL 42,697,55): *infima*.

[115] Ep 91,7 (CSEL 34/2, 431,25); 148,1,4 (CSEL 44,334,22): *episcopalis*.

[116] S dom m 2,4,16 (CCL 35,106,349): *plebeia*.

[117] Gesta 3,162 (CCL 149 A,219,6). PAUL Fest 183; DIOM gramm 3 (GL I 488,16): *privata*.

[118] C Faust 22,70 (CSEL 25,666,16); doctr chr 3,12,18 (CCL 32,89,17): *prophetica*.

[119] Cons eu 1,3,6 (CSEL 43,6,10); 1,6,9 (9,11); 2,8,4 (89,1); 4,11,10 (406,27); diu qu 61,2 (CCL 44 A,123,54. 125,109): *regia*.

[120] Cons eu 4,11,10 (CSEL 43,407,5); diu qu 61,2 (CCL 44 A,123,63. 125,109): *sacerdotalis*.

gesalbte Person[121]. Zu beachten ist hier, daß *persona* nicht den Stand oder das Amt bezeichnet – Bedeutungen, die das Wort ebenfalls annehmen kann –, sondern den Menschen, der das Amt/den Stand innehat.

Noch in weiteren, allgemeineren Beziehungen steht der Mensch zu seiner Umwelt. Er kann fremd (k)[122], lieb (k)[123], mitarbeitend[124], hinderlich[125] oder notwendig (k)[126] sein. Es kann sich um die eigene (k)[127] im Gegensatz zu anderen[128] Personen handeln. Und schließlich: ein Mensch ist sichtbar[129].

Eine letzte Eigenschaft kommt Personen zu: sie sind zählbar. Die Zahladjektive, die Augustinus verwendet, sind folgende: *adiuncta*[130], *altera* (k)[131], *discreta*[132], *duae* (k)[133], *multae*[134], *nonnullae*[135], *omnes*[136], *omnis*[137], *prima*[138], *quarta* (k)[139], *quattuor*[140], *quinque*[141], *quinta*[142], *secunda* (k)[143], *septuaginta septem*[144], *singula* (k)[145], *tertia* (k)[146], *tres*

---

[121] En Ps 36,2,2 (CCL 38,154,5): *uncta*.

[122] Ep 142,3 (CSEL 44,249,9); 267,7 (CSEL 57,626,19); s 178,1,1 (PL 38,960,46). CIC de orat 2,47,194; S Rosc 16,47; LIV 3,36,1; QUINT inst 6,1,25; 6,3,29; 11,1,21: *aliena*.

[123] Ep 73,3,6 (CSEL 34/2,270,4). PAUL Fest 183: *cara*.

[124] S 71,16,26 (PL 38,459,34): *cooperans*.

[125] Exp prop Rom 6 (CSEL 84,5,7): *impediens*.

[126] Ep 153,5,24 (CSEL 44,424,4); 267,7 (CSEL 57,626,19). V MAX 2,1,8: *necessaria*.

[127] Gn litt 6,9 (CSEL 28/1,181,22). CIC orat 14,46; QUINT inst 3,5,8: *propria*.

[128] Doctr chr 3,12,18 (CCL 32,89,16); en Ps 44,8 (CCL 38,500,10f.); ep 153,3,8 (CSEL 44,404,11.12 ter) u. ö. Insgesamt 16 mal: *aliae*.

[129] Gr nou t 16,42 (CSEL 44,190,15): *visa*.

[130] Ep 118,3,16 (CSEL 34/2,681,18).

[131] C Max 2,23,3 (PL 42,798,48). NEP exc duc 4,3; QUINT decl 325 (280,7 Ritter); SEN ep 11,85,35.

[132] Ep 119,4 (CSEL 34/1,701,3.14).

[133] C Max 2,23,3 (PL 42,798,48); cons eu 1,3,5 (CSEL 43,5,2); c s Arian 34 (PL 42,706,8) u. ö. Insgesamt 21 mal. CIC off 30,107; 32,115; QUINT inst 7,1,58; 11,1,69.

[134] Ep 153,5,24 (CSEL 44,424,4).

[135] Inqu Ian 55,19,35 (CSEL 34/2,209,17).

[136] Io eu tr 46,1 (CCL 36,398,9).

[137] Dial 1 (PL 32,1409,15). Die Schrift *De dialectica* (PL 32,1409–1420), von den Maurinern in ihrer Echtheit bestritten (PL 32,1385f. Ihnen folgt ALFARIC 410 Anm. 9), wird heute allgemein als echt anerkannt. Vgl. CRECELIUS dial 1–4; FISCHER dial 8; MARROU, Antike Bildung 476f.; J. PINBORG, Das Sprachdenken der Stoa und Augustins Dialektik: CM 23 (1962) 148–151; SCHADEL mag 48; G. MADEC, n.1: BAug 6³ (1976) 533–535 und die dort verzeichnete Literatur.

[138] Dial 1 (PL 32,1409,15).

[139] Ep 119,4 (CSEL 34/2,702,5); 219,1 (CSEL 57,429,6); 219,3 (431,2). CIC off 32,115.

[140] C adu leg 2,2,3 (PL 42,638,45); c Iul imp 2,29 (CSEL 85/1, 183,1); Io eu tr 36,5 (CCL 36,327,11).

[141] C adu leg 2,2,3 (PL 42,638,29); 2,2,4 (639,25); 2,2,5 (641,19).

[142] C adu leg 2,2,3 (PL 42,639,1); 2,2,6 (642,33); 2,9,3 (657,51).

[143] Dial 1 (PL 32,1409,15); en Ps 4,2 (CCL 38,14,11); Gn litt imp 15 (CSEL 28/1,494,19). SEN ben 5,10,4.

[144] Qu Eu 2,6 (CCL 44 B,48,13).

(k)[147], *triformis*[148], *una* (k)[149]. Die Zählbarkeit von Personen scheint eine Selbstverständlichkeit, zeigt aber dennoch gut die Vergegenständlichung der Person in der Betrachtung. Auch ist zu bemerken, daß Augustinus von der Zahl der Personen nur wenig in bezug auf den Menschen spricht, sondern viel häufiger in christologischem und trinitätstheologischem Kontext.

B. DIE SUBSTANTIVE – *HABITUS PERSONAE*

Während die Adjektive zur Bezeichnung der Eigenschaften von Menschen also sehr vielfältig und häufig sind, verwendet Augustinus nur sehr wenige Substantive. Er spricht einmal von der Lauterkeit des Mönches *(integritas personae regularis)*[150], einmal von der Unredlichkeit der Mächtigen *(improbitas personarum potentiorum)*[151], einmal von der Schwäche *(infirmitas personae)*[152] und einmal von der Autorität der Person[153].

Dreimal bezieht er sich auf die äußere Erscheinung des Menschen *(habitus personae)*, immer aber in exegetischem Kontext. In Brief 130 zitiert er *Prov* 30,8–9 „gib mir keine Reichtümer und keine Armut; verleihe mir aber, was nötig ist, in ausreichender Weise ..." und kommentiert, daß der Sprecher diese Genügsamkeit nicht wegen sich selbst, sondern wegen der Gesundheit des Leibes und des entsprechenden Aussehens der Person erstrebe[154]. In der Himmelfahrtspredigt *Sermo Mai* 98, der gleichzeitig den zweiten Teil des *Sermo* 263 bildet[155], wendet er sich gegen Häretiker (Arianer), die aufgrund *Jo* 3,13

---

[145] Ciu 11,29 (CCL 48,349,5); c litt Pet 2,32,75 (CSEL 52,63,16); coll Max 2,26 (PL 42,742,13); Io eu tr 77,2 (CCL 36,520,10); trin 5,8,9 (CCL 50,216,35); 7,1,1 (244,3); 8 pr 1 (268,21). CIC de orat 2,88,359; SUET Nero 1.

[146] Dial 1 (PL 32,1409,22); en Ps 4,2 (CCL 38,14,11); mag 5,16 (CCL 29,174,184); s 8,17 (CCL 41,95,443); 71,3,5 (PL 38,448,16); s Frang 1,17 (MA 1,184,24). CIC off 32,115; QUINT inst 7,1,58.

[147] En Ps 98,12 (CCL 39,1388,3); 132,5 (CCL 40,1929,1); s 137,4,5 (PL 38,756,3.17) u. ö. Insgesamt 30 mal. CIC de orat 2, 24,102.

[148] Ep 240 (CSEL 57,560,4); 241,1 (561,7.10.15).

[149] En Ps 115,2 (CCL 40,1654,23); 134,22 (1953,20); ep 138,1,4 (CSEL 44,129,14); 169,2,8 (617,16.17) u. ö. Insgesamt 88 mal. CIC Cael 13,30.

[150] Ep 60,1 (CSEL 34/2,222,2).

[151] Ep 22,2,4 (CSEL 88,114,10).

[152] En Ps 93,1 (CCL 39,1300,19).

[153] Ep 22,2 (CSEL 34/1,55,17).

[154] Ep 130,6,12 (CSEL 44,54,1–9): *vides certe et istam sufficientiam non appeti propter seipsam sed propter salutem corporis et congruentem habitum personae hominis.*

[155] S Mai 98 (PLS 2,494–497) = s 263,2–4 (PL 38,1210–1212). Zum Verhältnis der beiden Predigten vgl. G. MORIN: MAg I 347.

„niemand ist in den Himmel aufgestiegen, der nicht vom Himmel herabgestiegen ist" behaupten, Christus sei ohne den Leib in den Himmel aufgefahren, da er ja auch ohne ihn herabgekommen sei. Augustinus hält dagegen, daß Christus zwar ohne Leib vom Himmel gekommen sei, das Schriftwort aber dennoch nicht gegen seinen Aufstieg zusammen mit dem Leib spreche, da es sich nicht auf das Äußere der Person *(habitus personae)*, sondern auf die Person selbst beziehe. Und zu der einen Person Christi gehöre der Leib, er ist keine zweite *(habet personam)*[156].

C. DIE VERBEN

Ebenso wenig wie Substantive gebraucht Augustinus Verben im Zusammenhang mit Eigenschaften der Person. Lediglich drei sind nachzuweisen.

1. *PERSONAM HONORARE*

Jedem Menschen kommt Ehre zu; insbesondere – nach den Aussagen Augustins – dem Greis und dem Mann vor der Frau. So zitiert er im *Speculum*, dessen Echtheit allerdings umstritten ist[157], *Lev* 19,32: „vor einem grauen Haupte stehe auf, und ehre die Person des Greises, und fürchte deinen Gott"[158]. In *Contra Faustum* erklärt er das Problem, warum Matthäus die Vorfahren Christi bis Joseph aufzählt und daraus seinen Titel „Sohn Davids" ableitet, obwohl Jesus nicht der Sohn Josephs ist, sondern allein der Sohn Mariens: „weil die Person ihres Gatten wegen des männlichen Geschlechtes die höher zu ehrende war"[159].

---

[156] S 263,3 (PL 38,1211,1–16) = s Mai 98,3 (PLS 2,496,1–19): *hoc enim ad personam, non ad personae habitum retulit...quanto magis illud corpus, quod de virgine assumpsit, aliam non potest in illo habere personam.*

[157] *Unecht:* G. de PLINVAL, Une oeuvre apocryphe de Saint Augustin: Le „Speculum quis ignorat..." (CSEL, XII). Un cas étrange de substitution littéraire: AugM 1 (1954) 187–192; DERS., Divergences au sujet du „Speculum" pseudo-augustinien: REAug 3 (1957) 393–402.
Kaum echt: ANDRESEN, Augustin-Gespräch ¹I 580; DERS., Bibliographia Augustiniana ¹124, ²262.
Echt: B. CAPELLE, Le cas du Speculum augustinien Quis ignorat: REAug 2 (1956) 423–433; A. VACCARI, Les traces de la *Vetus Latina* dans le *Speculum* de Saint Augustin: StPatr 4 (= TU 79), Berlin 1961, 228–233; FREDE 156.

[158] Spec 2 (CSEL 12,13,19–21): *coram cano capite consurge, et honora personam senis, et time deum tuum.*

[159] C Faust 23,8 (CSEL 25,713,3–8): *primo quia mariti eius fuerat propter virilem sexum potius honoranda persona.*

2. *PERSONAS MIRARI*

Die Person des Menschen kann auch Gegenstand der Bewunderung sein. *Personas mirari* wird jedoch von Augustinus lediglich zweimal in der Schrift *Adnotationes in Iob* verwendet im Sinne des „Parteiisch-Sein". So zitiert er *Iob* 13,10 „wenn ihr im geheimen die Personen bewundert (parteiisch seid)"[160] und bemerkt zu *Iob* 32,22 „sonst werden auch mich die Würmer fressen": „d. h. wie euch oder wie alle, die parteiisch sind"[161].

3. *IN PERSONA INVENIRE*

Alle Eigenschaften des Menschen sind in seiner Person zu finden. Davon spricht Augustinus zweimal: es kann in der Person etwas gefunden werden, was der Ehre oder der Erbarmung wert ist[162] und: das Abbild der Trinität[163].

Dieser letzte Gedanke führt nun zur philosophischen Betrachtung des Menschen, da er in der philosophischen Anthropologie Augustins eine wichtige Rolle spielt.

V. DIE PERSONEINHEIT DES MENSCHEN

Alle bisher vorgestellten Anwendungen des Wortes *persona* auf den Menschen nehmen es in seiner umgangssprachlichen Bedeutung. Sie stellen auch den weitaus größeren Teil der *persona*-Stellen in der Anthropologie Augustins dar. In philosophisch-anthropologischem Sinn verwendet Augustinus *persona* vergleichsweise wenig; ausschließlich dort, wo er vom Menschen als einer aus Leib und Seele bestehenden Einheit spricht, was aber auch erst in einer späteren Periode seines Denkens geschieht. In seinem Frühwerk spricht er nie vom Menschen als *una persona*[164], sondern lediglich davon, daß er aus Leib und Seele bestehe[165], wozu er folgende Aussagen macht:

---

[160] Adn Iob 13 (CSEL 28/1,537,11).

[161] Ebd. 32 (581,7f.).

[162] C ep Pel 2,7,13 (CSEL 60,473,9–12): *itemque acceptio personarum ibi recte dicitur, ubi ille qui iudicat relinquens causae meritum, de qua iudicat, alteri contra alterum suffragatur, quia invenit aliquid in persona, quod honore vel miseratione sit dignum.*

[163] S 52,10,23 (PL 38,364,3–7): *si hoc in te invenisti, si hoc in homine, si hoc in quadam persona in terra ambulante,...crede Patrem et Filium et Spiritum sanctum per singula quaedam visibilia...demonstrari.*

[164] Vgl. R. J. O'CONNELL, St. Augustine's Early Theory of Man, A. D. 386–391, Cambridge (Mass.) 1968.

[165] Neben der dichotomischen Formel finden sich auch trichotomische Ausdrücke (Geist-Seele-Körper). Sie sind aber lediglich Aufnahme älterer (paulinischer) Formeln

- Der Mensch besteht/ist zusammengesetzt aus Seele und Leib. Keiner der beiden Teile kann allein die Bezeichnung „Mensch" beanspruchen, sondern nur beide zusammen[166].
- Die Seele ist jedoch der bessere Teil, ihre Natur ist vorzüglicher, weil sie geistig ist und daher der Substanz Gottes näher[167].
- Die Seele belebt den Körper und verleiht ihm Einheit[168].
- Die Seele leitet den Körper als ihren Untergebenen[169].
- Die Seele benutzt den Leib[170].

---

der Kirche. Augustinus denkt grundlegend dichotomisch. Vgl. DINKLER 255–266; SCHWARZ 325; SCHILTZ 693 f.

[166] Ep 3,4 (CSEL 34/1,8,3 f.): *unde constamus? ex anima et corpore. quid horum melius? videlicet anima.* Vgl. SCHWARZ 325 f.; MARKUS, Marius Victorinus 355 f.
Mor 1,4,6 (PL 32,1313):...*ex anima et corpore nos esse conpositos, quid est ipse homo, utrumque horum nominavi, an corpus tantummodo, an tantummodo anima. quanquam enim duo sint, anima et corpus, et neutrum vocaretur homo, si non esset alterum.* Vgl. CHAMPOUX 309 f.; MARKUS, Marius Victorinus 356.
Vgl. conf 10,6,9 (s. u. Anm. 171); dazu HIERONYMUS A PARISIIS 273–275.
Weiterhin: quant an 1,1 (PL 32,1036): *si cum quaeritur, ex quibus sit homo compositus, respondere possum, ex anima et corpore.* Gn c Man 2,7,9 (PL 34,201): *sed etiamsi nunc quoque hominem ex corpore et anima factum intellegamus...si ergo, ut dixi, hominem hoc loco ex corpore et anima factum intellegamus...*

[167] En Ps 145,4 (CCL 40,2107,40–42): *natura animae praestantior est quam natura corporis, excellit multum; res spiritalis est, res incorporea est, vicina est substantiae dei.* Vgl. DINKLER 65.
Vgl. ep 3,4 (s. o. Anm. 166); mus 6,5,13 (s. u. Anm. 169); conf 10,6,9 (s. u. Anm. 171); dazu MORGAN 104.

[168] Quant an 33,70 (PL 32,1074): *haec* (sc. *anima*)...*corpus hoc terrenum atque mortale praesentia sua vivificat; colligit in unum, atque in uno tenet, diffluere atque contabescere non sinit.* Vgl. HIERONYMUS A PARISIIS 280 f., 288; FORTIN, Christianisme 146; CHAMPOUX 311; van BAVEL/BRUNING 46.
Gn c Man 2,7,9 (PL 34,201): *sic anima corporis materiam vivificando in unitatem concordem conformat, et non permitti labi et resolvi.* Vgl. COUTURIER, Structure essentielle 212 f.; FLOREZ 163; MARKUS, Marius Victorinus 358; NEWTON, Neoplatonism 72. Vgl. weiterhin F.-J. THONNARD, n.78: BAug 7 (1947) 517.

[169] Mus 6,5,13 (PL 32,1170): *oportet enim animam et regi a superiore, et regere inferiorem. superior illa solus Deus est, inferius illa solum corpus.*
Mor 1,4,6 (PL 32,1313): *corpus..., quod sit in usu animae se regentis...corpus, quod regit.* Vgl. CHAMPOUX 311.
Quant an 1,13,22 (PL 32,1048): *nam mihi videtur esse substantia quaedam rationis particeps, regendo corpori accommodata.* Vgl. MORGAN 103; COUTURIER, Structure essentielle 203; FORTIN, Christianisme 112.
Weiterhin: en Ps 145,4 (CCL 40,2107,43): (*anima*) *regit corpus.* Vgl. HIERONYMUS A PARISIIS 275–279; NEWTON, Neoplatonism 56, 72.

[170] Ord 2,3,10 (CCL 29,113,18 f.): ...*tamen sensum ipsum considerans corporis – nam et isto ipso anima utitur.* Vgl. COUTURIER, Structure métaphysique 543.
Mor 1,27,52 (PL 32,1332): *homo igitur,...anima rationalis est mortali atque terreno utens corpore.* Vgl. P. de LABRIOLLE, n.16: BAug 5 (1939) 405; MORGAN 104; COUTURIER, Structure essentielle 203; DERS., Structure métaphysique 543; FORTIN, Christianisme 111 f.; MARKUS, Marius Victorinus 357.

- Der Körper ist der Diener der Seele[171].
- Der Mensch ist ein *animal rationale mortale*[172].

Alle diese Aussagen lassen darauf schließen, daß Augustinus die Verbindung von Leib und Seele im Menschen gemäß dem (neu)platonischen dualistischen Schema als eine akzidentelle Einheit sieht.

Daß Augustins philosophische Anthropologie auf (neu)platonischem Gedankengut beruht, war auch lange unbezweifelt, wenn man auch davon abweichendes Vokabular bemerkte[173]. Diese Auffassung hat jedoch kürzlich J. van BAVEL bestritten. Er stützt sich dabei darauf, daß Augustinus explizit die Lehre des Porphyrios, daß jeder Körper zu fliehen sei, ablehne[174]. Außerdem bekräftige er in *nat et or an* und *cura mort*, daß Leib und Seele wesenhaft zusammengehörten: „Jeder, der den Leib von der menschlichen Natur trennt, ist ein Idiot" und: „Der Leib ist keine Verzierung oder Hilfe, die von außerhalb des Menschen kommt, sondern Teil seiner Natur selbst"[175]. Augustinus lehre also keineswegs eine (neu)platonisch begründete akzidentelle Einheit des Menschen. Es könne bei Augustinus von keinem neuplatonischen Dualismus gesprochen werden, sondern nur von einer gewissen Dualität in seiner Anthropologie, die auf der hierarchischen Überordnung der Seele über den Leib gründe. Und auch da spreche man besser nicht von „Dualität", sondern von „verschiedenen Ebenen"[176].

---

[171] Gn litt 9,11 (CSEL 28/1,281,4):...*famulus animae*. Vgl. COUTURIER, Structure métaphysique 543; CHAMPOUX 311.
Conf 10,6,9 (CCL 27,159,32–160,42): *et direxi me ad me et dixi mihi: ‚tu quis es?' et respondi: ‚homo'. et ecce corpus et anima in me mihi praesto sunt, unum exterius et alterum interius. ...sed melius quod interius...homo interior cognovit haec per exterioris ministerium*. Vgl. COUTURIER, Structure métaphysique 543.

[172] Ord 2,11,31 (CCL 29,124,16–18): *nam illud nos movere maxime debet, quod ipse homo a veteribus sapientibus ita definitus est: homo est animal rationale mortale*. Vgl. MARKUS, Marius Victorinus 356.
Quant an 25,47 (PL 32,1062). Vgl. COUTURIER, Structure essentielle 203, 205; DERS., Structure métaphysique 543; FORTIN, Christianisme 112.

[173] Vgl. DINKLER 22–35, 63–68, 255–266; COUTURIER, Structure métaphysique 543, 549f.; FORTIN, Christianisme 111–161; CHAMPOUX 309–313; E. L. FORTIN, The *Definitio Fidei* of Chalcedon and its Philosophical Sources: StPatr 5 (= TU 80), Berlin 1962, 492–498; NEWTON, Neoplatonism 54, 70, 72f., 84f., 89, 102, 108f. und *passim*; DERS., Hypostatic Union 2.

[174] S 241,7,7–8,8 (PL 38,1137–1138): *magnus eorum philosophus posterius Porphyrius...dixit, scripsit: corpus est omne fugiendum....hoc dicunt philosophi; sed errant, sed delirant*. Ciu 10,29 (CCL 47,305,58–307,109). Vgl. J. van BAVEL 39.

[175] Nat et or an 4,2,3 (CSEL 60,383,3–5): *natura certe tota hominis est spiritus, anima et corpus; quisquis ergo a natura humana corpus alienari vult, desipit*. Cura mort 3,5 (CSEL 41,627,2–22): *haec enim non ad ornamentum vel adiutorium, quod adhibetur extrinsecus, sed ad ipsam naturam hominis pertinent*. Vgl. N. SPACCAPELO, Il „De cura mortuis gerenda" di S. Agostino: Annotazioni di Antropologia: ScC 100 (1972) 104f.; J. van BAVEL 38.

Beide vorgestellten Standpunkte sind allerdings so nicht haltbar, weil sie die philosophische Anthropologie Augustins allzusehr als ein einheitliches System ansehen. Sie wählen einige Belegstellen aus seinem Gesamtwerk aus ohne Berücksichtigung der Chronologie und versuchen ein System mit einheitlicher und eindeutiger Aussage zu ermitteln, wobei die einen die späteren (widersprüchlichen) Texte in die frühe neuplatonisch geprägte Anthropologie einpassen und J. van BAVEL dies ausschließlich aufgrund später Belege kritisiert[177].

In der Tat zeigt aber die Durchsicht aller in Frage kommenden Texte, daß die philosophische Anthropologie Augustins sich in zwei Stufen entwickelt. In seinem Frühwerk lehrt er, wie dargestellt, eine (neuplatonisch begründete) akzidentelle Einheit von Leib und Seele im Menschen. Vor dem Jahre 411 ist in den Werken Augustins keine Stelle nachzuweisen, die dieser Auffassung widersprechen würde. Mit dem Jahr 411 setzt die zweite Periode im anthropologischen Denken Augustins ein. Und zwar geht der Anstoß dazu nicht von der Anthropologie selbst aus, sondern von der Christologie und der Trinitätslehre.

In der Christologie zieht er, erstmals in Brief 137 (anno 411)[178], die Einheit des Menschen aus Leib und Seele als Vergleich zur Einheit von Gottheit und Menschheit in Christus heran: „... wie die Seele dem Leib beigemischt wird, so daß die eine Person des Menschen entsteht. Wie nämlich in der Einheit der Person die Seele den Körper gebraucht, so daß es ein Mensch ist, so gebraucht in der Einheit der Person Gott den Menschen, so daß es ein Christus ist. In jener Person gibt es eine Mischung von Gott und Mensch. ... Die Person des Menschen ist also eine Mischung von Seele und Leib, die Person Christi ist eine Mischung von Gott und Mensch."[179] Man sieht, wie Augustinus hier noch dem

---

[176] J. van BAVEL 39: „In the light of these texts one can only with great difficulty maintain, that Augustine taught a neoplatonic dualism. But there is a certain duality in his anthropology, which proceeds from the hierarchical superiority of the human soul in relation to the body. But ‚duality‘ is not a good word to use; we have rather to think of ‚several levels‘." Vgl. auch DINKLER 65: Stufung bedeute keine ethische Degradierung des Leibes.

[177] S 241: a. 405–410 (VERBRAKEN 115); ciu 10: a. 417; nat et or an: um 420; cura mort: a. 424–425.

[178] Vgl. NBA 21,CXIII.

[179] Ep 137,3,11 (CSEL 44,110,1–4): *quomodo misceatur anima corpori, ut una persona fiat hominis. nam sicut in unitate personae anima utitur corpore, ut homo sit, ita in unitate personae Deus utitur homine, ut Christus sit. in illa persona mixtura est Dei et hominis.* (8f.): *ergo persona hominis mixtura est animae et corporis, persona autem Christi mixtura est Dei et hominis.* Vgl. DINKLER 63; FLOREZ 165; COUTURIER, Structure métaphysique 550; T. J. van BAVEL, Christologie 30–32; FORTIN, Doctrine néoplatonicienne 371–380; NEWTON, Neoplatonism 83; MARKUS, Marius Victorinus 357f.; NEWTON, Hypostatic Union 2–4; SCHILTZ 694f.

Ausdruck des „Gebrauchs" verhaftet ist, obwohl er mit Sicherheit die
Einheit von Gott und Mensch in Christus – und damit analog die Einheit
von Seele und Leib im Menschen – nicht akzidentell, sondern „hyposta-
tisch" auffaßt[180]. Es scheint mir aber unzulässig, von hier aus zurückzu-
schließen, daß Augustinus nie eine akzidentelle Einheit vertrat. Vielmehr scheint es so, als ob Augustinus nach dem ersten Versuch der
Erklärung der Personeinheit mit Hilfe des Gebrauchs- und Mischungsvokabulars selbst gespürt habe, daß diese Ausdrücke unzulänglich sind.
Er verwendet sie nämlich nie wieder in diesem Zusammenhang. Wenn
er in Zukunft von der Personeinheit Christi spricht, formuliert er: „das
Fleisch tritt zur Seele hinzu, daß es ein Mensch ist ... der Mensch tritt
zum Wort hinzu, daß es ein Christus ist"[181] oder: „wie die Seele den Leib
hat, ... so hat das Wort den Menschen"[182]. Noch später begnügt er sich
mit der einfachen Feststellung der Einheit ohne das „Wie" des Verhältnisses näher zu beschreiben: „Wie ... Seele und Leib eine Person ist, so
ist in Christus Wort und Mensch eine Person."[183] In einer noch späteren
Entwicklungsstufe setzt er hinzu, daß es sich bei der Seele, die die
Einheit bildet, um eine Geistseele handelt: „Wie jeder Mensch eine
Person ist, nämlich Geistseele und Fleisch, so ist Christus eine Person,
Wort und Mensch."[184]

Nun mag es durchaus sein, daß, wie FORTIN und NEWTON gezeigt
haben, auch die Idee der personalen, unvermischten Union letztlich auf
neuplatonisches Gedankengut (Porphyrios) zurückgeht[185], die von J.
van BAVEL angeführten Belege zeigen aber m.E., daß sich Augustinus
späterhin von diesen Einflüssen löste. Auch NEWTON kann für die
späteren Werke Augustins lediglich feststellen, daß „er ein grundsätzlich neuplatonisches Umfeld fortführt, ohne jedoch nochmals die klare
porphyrianische Terminologie und Bilder von Brief 137 zu gebrau-
chen"[186].

---

[180] Vgl. COUTURIER, Structure métaphysique 550; T. J. van BAVEL, Christologie
32; NEWTON, Neoplatonism 84; DERS., Hypostatic Union 3.
[181] Gr nou t 4,12 (CSEL 44,164,11 f.): *caro accedit animae, ut sit unus homo,...homo
accedit verbo, ut sit unus Christus.*
[182] Io eu tr 19,15 (CCL 36,199,29 f.): *sicut anima habens corpus, non facit duas
personas, sed unum hominem; sic Verbum habens hominem, non facit duas personas.*
[183] Ep 169,2,8 (CSEL 44,617,16 f.): *sicut...anima et corpus una persona est, ita in
Christo verbum et homo una persona est.* Vgl. SCHILTZ 694.
[184] Ench 10,36 (CCL 46,69,11 f.): *quemadmodum est una persona quilibet homo, anima
scilicet rationalis et caro, ita sit Christus una persona, verbum et homo.* Vgl. c Max 2,20,3
(PL 42,789); c s Arian 8,6 (PL 42,688 f.).
[185] FORTIN, Christianisme 113–128; NEWTON, Neoplatonism 72–75, 84 f., 89, 102,
108 f. und *passim*; DERS., Hypostatic Union 3.
[186] NEWTON, Neoplatonism 102: „In many of Augustine's later non-apologetical
writings, he continues a basic Neoplatonic framework without giving again the precise
Porphyrian terminology and imagery of *Ep.* 137."

Der zweite Anstoß, der zur Fortentwicklung der philosophischen Anthropologie Augustins führt, kommt von der Trinitätslehre. Hier ist allerdings das Datum nicht genau festzulegen, da die ersten zwölf Bücher von *De trinitate* zwar in den Jahren 397–412 verfaßt, danach aber in den folgenden Jahren bis 420 nochmals überarbeitet wurden[187]. Die trinitätstheologische Entwicklung geht möglicherweise, wenn auch nicht notwendigerweise, der christologischen voraus, setzt aber keinesfalls vor 397 ein, eher einige Jahre später. Denn das erste Mal spricht Augustinus in *trin* 7 vom Menschen als Person: „denn Person ist ein allgemeiner Name insofern, als auch der Mensch so genannt werden kann"[188]. Hier wird deutlich, daß *persona* für Augustinus zunächst ein Begriff für Gott ist, der dann auch wegen seines allgemeinen Charakters auf den Menschen übertragen werden kann, d. h. die Trinitätslehre geht der Anthropologie voraus. Es mag sogar sein, daß Augustinus hier erstmals *persona* von Gott auf den Menschen überträgt, zumindest ist uns kein früherer Beleg erhalten.

Danach kommt Augustinus erst wieder im 12. Buch auf das Thema des Menschen als *persona* zurück. Es geht dabei um die Auslegung von *Gen* 1,26 f. „Laßt uns den Menschen machen nach unserm Bild und Gleichnis. ... Und es machte Gott den Menschen nach dem Bilde Gottes." In rein grammatischer Exegese schließt Augustinus aus dem *nostram*, daß es falsch sei, zu behaupten, der Mensch sei nur nach dem Bild einer der göttlichen Personen geschaffen, er sei vielmehr nach dem Bild der Trinität geschaffen[189]. Damit man andererseits nicht annehme, daß es drei Götter seien, wo die Trinität doch nur ein Gott ist, betone Vers 27 „Und es machte Gott den Menschen nach dem Bilde (des einen)

---

[187] Vgl. A. TRAPE: NBA 4 (1973) XVI–XVIII; DERS., S. Agostino: QUASTEN III (1978) 351; FREDE 156. Zu anderen, davon abweichenden Datierungen vgl. CCL 50 (1968) LXXXIII; M. MELLET/Th. CAMELOT n.2: BAug 15 (1955) 557–566.

[188] Trin 7,4,7 (CCL 50,257,74–76): *nam persona generale nomen est in tantum ut etiam homo possit hoc dici, cum tantum intersit inter hominem et deum.* Vgl. BENZ 381; M. MELLET/Th. CAMELOT, n. 45: BAug 15 (1965) 589–591.

[189] Trin 12,6,6 (CCL 50,360,6–12): Nostram *certe quia pluralis est numerus non recte dicitur si homo ad unius personae imaginem fieret sive patris sive filii sive spiritus sancti, sed quia fiebat ad imaginem trinitatis propterea dictum est*, ad imaginem nostram. Vgl. BENZ 375; DINKLER 67 f. Zur Bildtheologie Augustins vgl. SCHMAUS 195–200; GILSON 286–298; G. BARDY, n. 51: BAug 10 (1952) 730 f.; MERKI 475; MARKUS, „Imago" 125–143; A. SOLIGNAC, Image et ressemblance II.B. Dans la patristique latine: DSp 7/2 (1971) 1418–1420; P. AGAESSE, n.15–16: BAug 48 (1972) 622–633; A. TRAPE/M. F. SCIACCA: NBA 4 (1973) XXXVIII–XL. Augustins Bildtheologie ist hauptsächlich beeinflußt von Ambrosius und Marius Victorinus. Vgl. G. A. McCOOL, The Ambrosian Origin of St. Augustine's Theology of the Image of God in Man: TS 20 (1959) 62–81; HADOT 409–442; MARKUS, „Imago" 128–130, 137–143; CROUZEL 501. Weitere (vor allem griechische) Quellen bei: SOMERS, Image de Dieu 105–125.

Gottes" und sagt nicht „nach seinem Bilde"[190]. Auf diese Frage des Bildes Gottes in der einen Person des Menschen kommt Augustinus noch mehrere Male in Buch zwölf und vor allem im 15. Buch von *trin* zurück[191].

In Buch 12 gilt es aber sofort, ein weiteres, wiederum exegetisches, Problem der Bildtheologie zu lösen. Paulus sagt in *1 Kor* 11,7 „Der Mann braucht zwar nicht sein Haupt zu verhüllen, da er das Bild und der Ruhm Gottes ist. Die Frau aber ist der Ruhm des Mannes." Diese Aussage wirft mehrere Fragen auf. Wenn die Frau für ihre Person das Bild der Trinität erfüllt, warum wird, wenn sie von der Seite des Mannes gerissen wird, jener immer noch Bild genannt?[192] Und: Wenn die eine Person des Menschen Bild Gottes aus drei Personen genannt werden kann, wieso ist die Frau nicht auch Bild Gottes, wie in der Trinität jede einzelne Person Gott ist?[193] Hinzu kommt, daß es *Gen* 1,27 heißt: „Es schuf Gott den Menschen nach dem Bilde Gottes; er schuf ihn als Mann und Frau". D. h. die Natur des Menschen ist nach dem Bild Gottes geschaffen, die in beiden Geschlechtern erfüllt ist[194]. Augustinus löst diese Problematik mit der Antwort, daß der Mensch nicht in der Form des Leibes nach dem Bild Gottes geschaffen ist, sondern die *mens rationalis*, die ja Mann und Frau gemeinsam sind, spiegele das Bild Gottes wider[195]. Der Mensch ist überhaupt nicht als ganzes Bild Gottes, sondern nur seine *mens* ist es, die aus der Seele hervorragt[196]. Er ist auch

---

[190] Trin 12,6,6 (CCL 50,360,12–15): *rursus autem ne in trinitate credendos arbitraremur tres deos cum sit eadem trinitas unus deus*: Et fecit, *inquit*, deus hominem ad imaginem dei, *pro eo ac si diceret*, ad imaginem suam. Vgl. BENZ 375; DINKLER 67f.

[191] Augustins Bildtheologie als Ganzes ist natürlich älter und weiter. Für alle Aspekte, die nicht die Personeinheit des Menschen betreffen, vgl. weiterführend die angegebene Literatur.

[192] Trin 12,7,9 (CCL 50,363,1–364,9):...*si pro sua persona mulier adimplet imaginem trinitatis, cur ea detracta de latere viri adhuc ille imago dicitur?* Vgl. MERKI 475f. Zum Problem der Ebenbildlichkeit Gottes von Mann *und* Frau (außerhalb *trin*) bei Augustinus vgl. speziell C. W. WOLFSKEEL, Some remarks with regard to Augustine's conception of man as the image of God: VigChr 30 (1976) 63–71.

[193] Trin 12,7,9 (CCL 50,364,10–12): *aut si et una persona hominis ex tribus potest dici imago dei, sicut in ipsa summa trinitate et unaquaque persona deus est, cur et mulier non est imago dei?*

[194] Trin 12,7,9 (CCL 50,364,16–20): ...*ad imaginem quippe dei naturam ipsam humanam factam dicit quae sexu utroque completur, nec ab intellegenda imagine dei separat feminam.*

[195] Trin 12,7,12 (CCL 50,366,71–73):...*non secundum formam corporis homo factus est ad imaginem dei sed secundum rationalem mentem.* Trin 12,7,12–13 (CCL 50,367,104–109):...*ut non maneat imago dei nisi ex qua parte mens hominis aeternis rationibus conspiciendis vel consulendis adhaerescit, quam non solum masculos sed etiam feminas habere manifestum est.* (13) *ego in eorum mentibus communis natura cognoscitur; in eorum vero corporibus ipsius unius mentis distributio figuratur.* Vgl. BENZ 376; M.-F. BERROUARD, n.57: BAug 71 (1969) 891.

[196] Trin 15,7,11 (CCL 50 A,475,12f.): *non igitur anima sed quod excellit in anima mens vocatur.*

nur der *mens* nach eine Person und Bild der Trinität[197]. Auch hier betont Augustinus nochmals, daß diese Trinität, deren Bild der Mensch ist, nichts anderes als die ganze Trinität ist. Alles, was sich auf die Trinität beziehe, beziehe sich auf alle drei Personen, die allerdings eines Wesens sind. Sie sind jedoch nicht eine Person wie jeder einzelne Mensch[198]. Konkret spiegelt sich die Trinität als *sapientia, notitia* und *dilectio* im Menschen als einer Person in der Dreiheit von *mens, notitia* und *dilectio*[199], bzw. in der *mens* als *memoria, intellectus* und *amor*[200], *memoria, intellectus* und *voluntas*[201], wobei Augustinus nochmals scharf terminologisch abgrenzt zwischen dem Menschen als einer Person aus drei Elementen und dem einen Gott aus drei Personen[202]. Es entspreche

---

[197] Trin 15,7,11 (CCL 50 A,475,15–18): *quapropter singulus quisque homo qui non secundum omnia quae ad naturam pertinent eius sed secundum solam mentem imago dei dicitur una persona est et imago est trinitatis in mente.*

[198] Ebd. 18–22: *trinitas vero illa cuius imago est nihil aliud est tota quam deus, nihil aliud est tota quam trinitas, nec aliquid ad naturam dei pertinet quod ad illam non pertineat trinitatem, et tres personae sunt unius essentiae non sicut singulus quisque homo una persona.* Vgl. BOYER, Image 344.

[199] Trin 15,6,10–7,11 (CCL 50 A,474,88–5): *ecce ergo trinitas, sapientia scilicet et notitia sui et dilectio sui. sic enim et in homine invenimus trinitatem, id est mentem et notitiam qua se novit et dilectionem qua se diligit....et una persona, id est singulus quisque homo, habet illa tria in mente vel mentem.* Vgl. GARDEIL I 50–76; SCHMAUS 235–264, 310–313, 369–391; BENZ 381; BOYER, Image 191–195; Th. HUIJBERS, Het beeld van God in de ziel volgens Sint Augustinus' „De Trinitate": Aug(L) 2 (1952) 90–95; J. MOINGT, n.18: BAug 16 (1955) 593f.; MERKI 476f.; HENRY 15; SOMERS, Gnose 4; Th. A. FAY, Imago Dei. Augustine's Metaphysics of Man: Anton. 49 (1974) 183f. Eine Liste der verschiedenen Triaden bei Augustinus in: M. MELLET/Th. CAMELOT, n.11: BAug 15 (1955) 570f.; F. CAYRE, n.12: BAug 16 (1955) 586–588; DU ROY 537–540.

[200] Trin 15,22,42 (CCL 50 A,519,1–3): *verum haec quando in una sunt persona sicut est homo potest nobis quispiam dicere: ‚tria ista, memoria, intellectus et amor mea sunt...'.* Trin 15,23,43 (CCL 50 A,520,7–521,20). Vgl. GARDEIL I 105–130; SCHMAUS 313–331; BOYER, Image 344–346; SOMERS, Image 461f.; J. HEIJKE, God in het diepst van de gedachte. De imago-Dei-leer van Sint Augustinus: BPTF 16 (1955) 373f.; SOMERS, Gnose 6; HADOT 425.

[201] S 52,10,23 (PL 38,364): *sufficit ergo quia ostendimus tria quaedam separabiliter demonstrari, inseparabiliter operari. si hoc in te invenisti, si hoc in homine, si hoc in quadam persona in terra ambulante. corpus fragile, quod aggravat animam, portante; crede Patrem et Filium et Spiritum sanctum per singula quaedam visibilia, per species quasdam assumptae creaturae posse et separabiliter demonstrari, et inseparabiliter operari. sufficit hoc. non dico, Pater memoria est, Filius intellectus est, Spiritus voluntas est.* Trin 15,20,39 (CCL 50 A,517,50f.): *...cernerent trinitatem deum in nostram memoria, intellegentia, voluntate.* Trin 10,11,18 (CCL 50,330,29). Vgl. GARDEIL I 77–104; SCHMAUS 264,281; BOYER, Image 198, 345; MERKI 477; HENRY 17; SOMERS, Gnose 5; FAY 174, 184; CROUZEL 501. Es ist allerdings zu beachten, wie W. H. PRINCIPE gezeigt hat (The Dynamism of Augustine's Terms for Describing the Highest Trinitarian Image in the Human Person: StPatr 17/3, Oxford u. a. 1982, 1291–1299), daß Augustinus zumeist nicht Substantive, sondern Verben verwendet, was die besondere Dynamik des Abbildes zeige.

[202] Trin 15,23,43 (CCL 50 A,520,5–521,27): *nec rursus quemadmodum ista imago quod est homo habens illa tria una persona est ita est illa trinitas, sed tres personae sunt, pater filii et filius patris et spiritus patris et filii....non tamen sicut in ista imagine trinitatis haec tria*

allerdings, wenn auch sehr inadäquat, je einer der Teile der menschlichen *mens* einer der Personen der Trinität[203]. Scharf lehnt Augustinus aber ab, daß die Personen der Trinität diese Teile *sind*[204].

Ein ähnliches Problem wie zu *1 Kor* 11,7 stellt sich für Augustinus bezüglich der Personeinheit des Menschen ausgehend von der Vaterunser-Bitte „Vergib uns unsere Schuld, wie auch wir vergeben unseren Schuldigern" (*Mt* 6,12). Wäre Eva allein verdammt worden, wenn Adam nicht mit ihr zusammen gesündigt hätte? Keineswegs, antwortet Augustinus, sondern die beiden ersten Menschen „trugen nicht jeder seine eigene Person", d.h. hatten nicht getrennte Rollen und Verantwortlichkeiten, sondern sind eine Person, ein Mensch. Und es ist der ganze Mensch, der bestraft wird[205].

Daß tatsächlich Christologie und Trinitätslehre die treibenden Kräfte zur Fortentwicklung der Lehre von der Personeinheit des Menschen waren, wird dadurch bestätigt, daß Augustinus außerhalb dieser Kontexte vom Menschen als *una persona* aus Leib und Seele nicht spricht. Auch wenn er zu Ende des Briefes 238 sagt: „... aus Leib und Seele, sagen wir, ist oder sind ein Lebewesen und eine Person und ein Mensch"[206] beschließt er damit einen Brief, der sich ganz mit der Trinitätslehre, nämlich dem ὁμοούσιον von Vater und Sohn beschäftigt hat.

Neben der neuen Terminologie des Menschen als *una persona* hält sich allerdings auch noch stellenweise die alte. So spricht Augustinus auch noch nach 411 davon, daß

---

unus homo sed unius hominis sunt, ita in ipsa summa trinitate cuius haec imago est unius dei sunt illa tria, sed unus deus est et tres sunt illae, non una persona. quod sane mirabiliter ineffabile est vel ineffabiliter mirabile, cum sit una persona haec imago trinitatis, ipsa vero summa trinitas tres personae sint, inseparabiliter est illa trinitas personarum trium quam haec unius. Trin 15,25,45 (CCL 50 A,524,29). Vgl. BENZ 382.

[203] Trin 15,23,43 (CCL 50 A,520,7–521,20):...*memoria hominis...habeat pro modulo suo in hac imagine trinitatis incomparabiliter quidem imparem sed tamen qualemcumque similitudinem patris, itemque intellegentia hominis...habeat in sua magna disparilitate nonnullam similitudinem filii, et amor hominis...habeat in hac imagine aliquam licet valde imparem similitudinem spiritus sancti.* Vgl. MERKI 477.

[204] S 52,10,23 (PL 38,364) (s. o. Anm. 193).

[205] Trin 12,12,18 (CCL 50,372,43–373,53):...*neque enim sicut in illis duobus primis hominibus personam suam quisque portabat...absit hoc credere. haec quippe una persona est, unus homo est, totusque damnabitur.*

[206] Ep 238,5,29 (CSEL 57,555,24–556,1):...*ex anima et corpore dicimus unum animal et una persona et unus homo vel est vel sunt.* Brief 238 dürfte etwa zur gleichen Zeit wie Brief 239 geschrieben sein, d.h. um 404 (vgl. NBA 21,CXV), da er sich an denselben Adressaten richtet und inhaltlich eng mit ihm zusammenhängt.

– der Mensch aus Leib und Seele besteht, wobei *anima* durch *spiritus* ersetzt werden kann[207];
– die Seele den Leib benutzt[208];
– der Leib der Diener der Seele ist[209];
– der Mensch ein *animal rationale mortale* ist[210].

Aber auch hier ist eine gewisse Entwicklung weg von einer akzidentellen zu einer gleichberechtigten personalen Einheit von Leib und Seele zu verzeichnen. So spricht Augustinus in *trin* 11 davon, daß „die Seele, vermischt mit dem Leib, durch ein körperliches Instrument fühlt und dieses selbe Instrument ‚Sinn' genannt wird"[211]. Hier ist nicht der Körper Instrument der Seele, sondern er steht vielmehr auf derselben Stufe wie die Seele, er hat die Sinne als Instrument, durch die die Seele, die mit ihm eine Einheit bildet, erkennen kann[212]. Eine zweite Neuerung ist der Vergleich der Einheit von Leib und Seele mit der Einheit von Mann und Frau. Zwar spricht Augustinus davon, daß die Frau (Leib) vom Mann (Seele) geleitet wird und sie seine „*famula*" ist[213]. Wenn man aber bedenkt, daß zur gleichen Zeit die Einheit von Mann und Frau für Augustinus auch ein wichtiges Bild für die Einheit Christi und seines Leibes, der Kirche, ist[214], sieht man, daß es hier zwar um die

---

[207] S 128,7,9 (PL 38,717): *homo enim constat ex corpore et spiritu.* Vgl. SCHWARZ 325.

[208] Ciu 10,6 (CCL 47,278,18f.): *...corpus, quo inferiore tamquam famulo vel tamquam instrumento utitur anima...* Ciu 22,24 (CCL 48,849,124–850,133). Vgl. COUTURIER, Structure métaphysique 543; CHAMPOUX 311.

[209] Ebd.

[210] Trin 7,4,7 (CCL 50,255,21 f.): *homo enim sicut veteres definierunt* animal est rationale mortale. Trin 15,7,11 (CCL 50 A,474,2f.). Ciu 9,13 (CCL 47,261,74–76). Vgl. COUTURIER, Structure métaphysique 543; J. van BAVEL 39.

[211] Trin 11,2,2 (CCL 50,335,38–40): *anima tamen commixta corpori per instrumentum sentit corporeum et idem instrumentum sensus vocatur.*

[212] Man kann also nicht, wie COUTURIER (Structure métaphysique 543) diese Stelle unter anderen, früheren einreihen, die die Instrumentalität des Leibes vertreten.

[213] Io eu tr 2,14 (CCL 36,18,20–26): *ponitur ergo caro pro uxore, quomodo et aliquando spiritus pro marito. quare? quia ille regit, haec regitur: ille imperare debet, ista servire. ...rectus ergo ipse homo, ubi spiritus imperat, caro servit.* En Ps 143,6 (CCL 40,2077,55–59): *...si autem uxor marito dominanti subiciatur, pax recta;...caro tua, coniux tua, famula tua...* Vgl. COUTURIER, Structure essentielle 218; DERS., Structure métaphysique 549; CHAMPOUX 312.

[214] En Ps 74,4 (CCL 39,1027,16–23): *sive autem caput loquatur, sive membra loquantur, Christus loquitur: loquitur ex persona capitis, loquitur ex persona corporis. sed quid dictum est? Erunt duo in carne una. sacramentum hoc magnum est; ego, inquit, dico, in Christo et in ecclesia. et ipse in evangelio: Igitur iam non duo, sed una caro. nam ut noveritis has duas quodammodo esse personas, et rursus unam copulatione coniugii.* (A. 411/12 – vgl. CCL 38,XV,43). Vgl. en Ps 30,2,1,4 (CCL 38,193,14f). So auch COUTURIER, Structure essentielle 218 f.: „Il se convient de rappeler surtout, que, dans la pensee d'Augustin, le type des ces unions, leur ‚analogum princeps', celle qui fonde la similitude et la valeur de toutes les autres, ce n'est pas l'union des époux humains, mais celle du Christ et de l'Eglise, dont le mariage charnel n'est qu'un pâle reflet, même quand il est spiritualisé par sa dignité sacramentelle."

Einheit zweier nicht gleichrangiger Elemente geht, keinesfalls aber um eine akzidentelle Einheit.

Es ergibt sich also damit folgendes Bild der Aussagen der philosophischen Anthropologie Augustins zur Personeinheit des Menschen. Er vertritt in einer ersten Phase eine neuplatonisch begründete akzidentelle Einheit von Leib und Seele im Menschen. Etwa um das Jahr 411 gelangt er aber von der Christologie und Trinitätslehre geleitet zu einer personalen Einheit von Leib und Seele, wobei auch dieses Konzept wohl neuplatonische Wurzeln hat. Das ursprüngliche Vokabular erhält sich teilweise, wird aber abgewandelt und ergänzt, um dem neuen Konzept der personalen Union gerecht zu werden.

Zwei Dinge sind noch nachzutragen:
1. Außerhalb des vorgestellten philosophisch-anthropologischen Kontextes spricht Augustinus noch zweimal vom Menschen als *una persona*, allerdings auch erst nach 411. In den *en Ps* bezieht er sich auf die Namensänderung Jakobs nach dem Kampf mit dem Engel (*Gen* 32,29) und weist darauf hin, daß Jakob und Israel eine Person sind[215]. In *sermo* 19 zitiert er *Ps* 50,5 „wende dein Gesicht nicht ab von mir" und *Ps* 26,9 „wende dein Gesicht ab von meinen Sünden" nebeneinander und erklärt: „Weil also der Mensch und der Sünder eine Person ist, spricht er (so)"[216]. Hier ist es also ein exegetischer Gebrauch von *persona*. Beide Sätze haben das gleiche Subjekt.
2. Vom menschlichen Willen, den BENZ als „Grundsubstanz und *copula* des intelligiblen Vermögens und des Bewußtseinsinhaltes, das eigentliche personbildende Element" bei Augustinus analysiert[217], spricht Augustinus im Kontext des Menschen als *una persona* nicht, zumindest nicht explizit. Er mag implizit im Begriff der *persona* enthalten sein, wie auch die griechische ὑπόστασις ihn mit umfaßt.

ERGEBNISSE

Eine etymologische Ableitung oder Definition von *persona*, woraus man sein grundsätzliches Verständnis dieses Wortes (und Begriffs) ableiten könnte, gibt Augustinus nicht. Er verwendet *persona* lediglich in den Bedeutungen „Maske/Rolle" im übertragenen Sinn, „Aufgabe/

---

[215] En Ps 134,22 (CCL 40,1953,20): *unus homo est sive Iacob, sive Israel; una persona est.*
[216] S 19,1 (CCL 41,252,10): *cum sit ergo persona una homo et peccator...*
[217] BENZ 383.

Pflicht", als Synonym zu *homo* und in der objektivierenden Vergegenständlichung des Menschen als *persona*. In dieser Betrachtungsweise des Menschen als Gegenstand, der recht häufig ist, interessieren Augustinus vor allem die moralischen, religiösen und sozialen Qualitäten des Menschen, weniger äußere Attribute. Dieser Befund gilt natürlich nur soweit, wie die Untersuchung reicht, nämlich für den Kontext des Wortes *persona*. Die weitere Anthropologie Augustins wurde für die Ziele dieser Arbeit nicht analysiert.

Ein spezieller Aspekt der philosophischen Anthropologie Augustins wurde jedoch behandelt und zeitigte auch neue Ergebnisse: die Lehre von der Personeinheit des Menschen *(homo una persona)*. Entgegen früheren Versuchen, die Auffassung der Personeinheit des Menschen seitens Augustins als einheitliches System zu sehen, konnte gezeigt werden, daß sie sich vielmehr in zwei Stufen entwickelt. Bis zum Jahre 411 lehrte Augustinus eine, von seinem Studium der neuplatonischen Schriften angeregte, akzidentelle Einheit von Leib und Seele im Menschen, in der die Seele das Übergewicht erhält, ohne jedoch den Terminus *persona* anzuwenden. Erst ab dem Jahre 411 überwindet er aufgrund seiner Christologie und Trinitätslehre die neuplatonisch geprägte Anthropologie. Er überträgt aus der Trinitätslehre den Terminus *persona* auf den Menschen und aus der Christologie die Definition der *una persona*. Der Vergleich der Einheit von Gott und Mensch in Christus mit dem von Leib und Seele im Menschen impliziert aber keine akzidentelle, sondern eine gleichberechtigte personale Einheit beider Bestandteile, die Augustinus in den folgenden Jahren auch in seiner Anthropologie vertritt. Diese Entwicklung weg vom Neuplatonismus unter dem Eindruck der Christologie ist im übrigen auch bezeichnend für die Christologie Augustins selbst, die ebenfalls ab 411 nicht mehr neuplatonisch geprägt ist. Dies zeigt sich u.a. darin, daß Augustinus das Mischungsvokabular, das er in Brief 137 sowohl für die Personeinheit des Menschen, als auch Christi verwendet, nie wieder gebraucht.

Vergleicht man den *persona*-Gebrauch Augustins mit dem der klassischen Antike, fragt man also, inwieweit Augustinus in seinem Vokabular von seiner (Schul-)Bildung beeinflußt ist, stellt man fest, daß es eine ganze Reihe von Übereinstimmungen gibt. Dieser Einfluß stützt die These dieser Arbeit, daß Augustinus seinen (auch theologischen) *persona*-Gebrauch aus seiner klassischen Bildung ableitet. Dies wurde durch die Darstellung des Bildungsganges, der Bildungsinhalte Augustins und ihrer späteren Verwendung in seinen Werken weiter bestätigt. Dies heißt jedoch nicht unbedingt, daß Augustinus seinen Person-Begriff aus der Bildung ableitet. Vielmehr treffen dabei die vorgängige Idee und ihre Geschichte mit der späteren terminologischen Entwicklung zusammen. Die Terminologie, die der Bildung Augustins entnommen ist, bietet also schließlich lediglich das passende Behältnis, die passende Form für den Gehalt.

Insgesamt wird man nach der vollständigen Untersuchung des gesamten *persona*-Sprachgebrauchs bei Augustinus feststellen dürfen, daß ausschließlich der exegetische Personbegriff in theologischem Kontext steht und dort wohl auch Einfluß gewinnt. Weder der anthropologische (dort eher umgekehrt), noch der rhetorische oder juridische Begriff beeinflussen die Christologie oder Trinitätslehre Augustins.

ZWEITER TEIL

PERSONA IN DER
CHRISTOLOGIE AUGUSTINS

4. KAPITEL: CHRISTOLOGISCHE PERSON-EXEGESE

Augustinus verwendet *persona* in der christologischen Person-Exegese etwa ab dem Jahr 390 (in *diu qu, en Ps 2–15, s dom m* und *c Adim*), also um das Jahr seiner Priesterweihe. Diese Texte stellen auch die ersten Verwendungen des Wortes *persona* in christologischem Kontext durch Augustinus überhaupt dar, was darauf hinweisen mag, daß er sich erst angeregt durch seinen Auftrag zur Verkündigung und sein intensives Bibelstudium nach der Weihe mit diesen Problemen auseinandersetzte.

Die Darstellung der christologischen Person-Exegese bei Augustinus folgt sinnvollerweise der Reihenfolge der biblischen Bücher, nimmt aber zwei prominente Themen voraus: Passion und Auferstehung Christi und die Theophanien Christi im Alten Testament.

I. PASSION UND AUFERSTEHUNG CHRISTI

Der Hauptgegenstand der christologischen Person-Exegese Augustins sind die Psalmen. Sie bieten sich dafür in hervorragender Weise an, da sie als das tägliche Gebetsgut der Kirche natürlicherweise die Texte sind, die dem Christen am gegenwärtigsten vor Augen stehen und ihn am meisten betreffen, die er aber nur verstehen und sich betend aneignen kann, indem er sie auf Christus, insbesondere auf seine Passion und Auferstehung hin deutet. Außerdem sind sie als prophetische Worte Davids, die die verschiedensten Subjekte und Personen enthalten, für die Anwendung der Technik der Person-Exegese prädestiniert.

So leitet Augustinus aus der Exegese des Psalmes 56 eine seiner Regeln christologischer Exegese ab[1]: „Alle jene Verse sprach der Herr; zwar sprach der Prophet, aber anstelle *(ex persona)* des Herrn. Auch wenn der Prophet in eigener Person *(ex sua persona)* spricht, spricht der Herr selbst durch ihn, der ihm die Wahrheit, die er spricht, vorsagt." Diese Regel ist zu ergänzen durch eine Ausführung in *c Adim*[2]: „Wie nämlich das Wort Gottes im Propheten ist und zu recht gesagt wird ‚es spricht der Prophet', wird ebenso zu recht gesagt ‚es spricht der Herr', weil das Wort Gottes, das Christus ist, im Propheten die Wahrheit

---

[1] En Ps 56,13 (CCL 39, 702,2–703,6).
[2] C Adim 9 (CSEL 25, 132,22–133,3).

spricht." Gemäß dieser Regel ist insbesondere *Ps* 56,4 („er sandte vom Himmel und machte mich heil") christologisch zu interpretieren. Es spricht der Sohn Gottes gemäß seiner Anteilnahme an uns (*secundum nostram participationem*). Gott Vater erweckt ihn aus dem Tode, gleichzeitig aber erweckt er sich auch selbst, wie *Phil* 2,8f. und *Jo* 2,19f. zeigen: „Darum hat Gott ihn erhöht" – „Reißt diesen Tempel nieder und ich werde ihn in drei Tagen wieder aufrichten". Christus spricht also diesen Psalmvers, und zwar als Mensch (*ex persona hominis*), von seinem Fleische her (*ex persona carnis*), aber auch in Stellvertretung eines jeden Beters (*ex persona precantis*)[3].

Eine Reihe von Psalmen sind für Augustinus insgesamt christologisch zu interpretieren, was er normalerweise im Prolog und/oder im Epilog der Exegese erklärt.

So schließt er aus der Überschrift von Psalm 3 („Psalm Davids, als er vor seinem Sohn Absalom floh"), daß dieser Psalm von der Person Christi her zu verstehen sei (*ex persona Christi accipiendum*), wie vor allem Vers 6 zeige: „Ich legte mich nieder und schlief ein, und ich stand auf, weil der Herr mich hält". „Denn das klingt eher und passender nach dem Leiden und der Auferstehung des Herrn", erklärt Augustinus[4]. Psalm 3 ist also nach Augustinus durchaus auch wörtlich zu verstehen. Aufgrund des oben erläuterten Kriteriums des *aptum* bzw. *aptius* aber auf Christus zu deuten.

Das gleiche gilt für die Psalmen 15 und 21. Aus dem Psalmtitel „von David" schließt Augustinus: „Unser König spricht in diesem Psalm in der Person der angenommenen Menschheit, über dem der Königstitel zur Zeit der Passion hervorragte."[5] Ähnlich, aber elaborierter, der Titel des Psalmes 21: *„In finem, pro susceptione matutina, psalmus David".* Entsprechend ausführlicher ist die Deutung Augustins. *In finem* weise auf Christi Auferstehung hin, *pro susceptione matutina* auf die Frühe des dritten Tages, an dem Christus das ewige Leben empfing[6]. Diese Deutung wird fast zwingend nahegelegt, da der erste Psalmvers von Christus am Kreuz gesprochen wird: „Mein Gott, mein Gott, warum hast du mich verlassen!" Der Psalm ist also *ex persona crucifixi* gesprochen. Aber auch diese Worte spricht Christus nicht für sich, sondern für alle Menschen, da er am Kreuz die Person des alten Menschen und seine Sterblichkeit trug (*personam servans veteris hominis, cuius mortalitatem portavit*). „Denn unser alter Mensch ist mit Christus gekreuzigt."[7] Die Richtigkeit dieser Interpretation wird für

---

[3] En Ps 56,8 (CCL 39,699,1–17).
[4] En Ps 3,1 (CCL 38,7,1–6). Vgl. ciu 17,18 (CCL 48,583,1–4).
[5] En Ps 15,1 (CCL 38,90,1–3).
[6] En Ps 21,1 (CCL 38,117,1–5).
[7] Ebd. 5–9. Vgl. gr nou t 6,15 (CSEL 44,166,3–9).

Augustinus nochmals besonders deutlich in Vers 7: „Ich aber bin ein Wurm und kein Mensch". Christus spricht *ex persona Adam.*[8]

Auch der Titel von Psalm 83 weist auf Christus hin: *„Pro torcularibus, filiis Core."* *Filii Core* bedeute nämlich *filii calvi,* erklärt Augustinus, und so wie Elisaeus wegen seiner Glatze verspottet wurde (*calve, calve*), wird Christus auf Calvaria verspottet. „Elisaeus vertrat nämlich damals die Person dessen, dessen Söhne wir sind, die Söhne Koras, unseres Herrn Jesus Christus nämlich."[9]

Bei Psalm 31 erklärt Augustinus erst zum Schluß seine christologische Bedeutung, die im Grunde eine ekklesiologische ist, da der Psalm auf den *Christus totus* zu deuten ist. „Christus trägt die Schwachheit des Menschen und bedeutet in sich deine Person voraus, gleichsam als Haupt auch die Person des Leibes führend; als er sich dem Leiden näherte, wurde er in der Person des Menschen, den er führte, betrübt."[10]

Die Kriterien, die für die Interpretation der ganzen Psalmen gelten, sind natürlich auch auf die Auslegung einzelner Verse anzuwenden. Christus spricht in den Psalmen entweder in der Person des von ihm angenommenen Menschen, seines Fleisches (*ex persona hominis, carnis*) und damit gleichzeitig in der Person des ersten Menschen (*primi hominis, Adam*), des Menschengeschlechtes (*generis humani*) und der Schwachheit (*infirmitas*) des Fleisches, oder er spricht als Christus, der Herr (*Dominus, homo dominicus*), je nachdem, wem der Text passenderweise zugeordnet werden muß.

Ex persona hominis etc. interpretiert Augustinus folgende Psalmverse:

29,2 „Ich will dich preisen, Herr, denn du hast mich erhoben": Christus, der Herr, spricht *ex persona hominis, ex persona infirmitatis, ex persona carnis.*[11]

37,22 „Verlasse mich nicht, Herr mein Gott, geh nicht weg von mir". Diese Bitte sprechen die Menschen in Christus und durch Christus, denn er tritt für uns ein. Sie steht auf der gleichen Stufe wie der Ruf „mein Gott, mein Gott, warum hast du mich verlassen!" (*Ps 21,2/Mt 27,26*). Gott verläßt Christus nicht, d. h. Christus übernimmt bei diesen Aussagen die Person des ersten Menschen (*personam in se transfiguraverat primi hominis*). Vergleiche dazu *Ro 6,6*: „unser alter Mensch ist mit ihm ans Kreuz geheftet". Der Sprecher des Psalmes ist also die *vox*

---

[8] En Ps 21,7 (CCL 38,117,1–118,2).

[9] En Ps 83,2 (CCL 39,1146,1–1147,24): *Elisaeus enim personam cuiusdam tunc gerebat, cuius filii sumus, filii Core, Domini scilicet nostri Jesu Christi.*

[10] En Ps 31,2,26 (CCL 38,243,17–244,20): *Unde ipse Unicum portans infirmitatem tuam, et praefigurans in se personam tuam, tamquam caput gestans personam etiam corporis sui, cum adpropinquaret passioni, ex homine quem gerebat contristatus est.*

[11] En Ps 29,4 (CCL 38,177,11–16).

infirmitatis, die *vox nostra*. Die Worte des Sünders werden auf Christus übertragen.[12]

68,27 „Weil sie selbst verfolgt, den du geschlagen, und den Schmerz meiner Wunden haben sie gemehrt." Christus spricht in der Person des Fleisches, das er angenommen hat, in der Person des Menschengeschlechtes, Adams selbst, der mit dem Tod geschlagen wurde wegen seiner Sünde. Denn unser alter Mensch ist mitgekreuzigt mit ihm (*Ro 6,6*)[13].

93,15 (Mt 26,39) „Vater, wenn es geschehen kann, gehe dieser Kelch an mir vorüber" und

103,14 (Mt 26,39) „Meine Seele ist betrübt bis in den Tod. ...Aber nicht was ich will, sondern was du willst, Vater" ist beides *ex persona infirmorum* gesprochen.[14]

Ex persona Domini sind folgende Psalmverse zu verstehen:

16,13 „Befreie, Herr, vor den Frevlern mein Leben, dein Schwert deiner Hand vor den Feinden". Dies ist vom *homo dominicus*[15] während seiner ersten Ankunft auf Erden gesagt. *Framea*, das Schwert, ist Christus. So ist *Ps 7,13* auf die zweite Ankunft Christi zu deuten: „Wenn ihr nicht umkehrt, wird er sein Schwert schärfen".[16]

29,10 „Welcher Nutzen ist in meinem Blut, wenn ich niedersteige zum Verderben?" ist *ex persona Domini* über seine Auferstehung gesagt.[17]

40,7–9 „Sie gingen hinaus und sprachen; alle zugleich standen sie gegen mich auf wie ein Mann, meine Feinde, sie dachten Böses gegen mich, ungerechtes Wort setzten sie gegen mich" sagt Christus *ex persona sua* über seinen Verräter und seine Verfolger.[18]

40,11 „Du aber, Herr, erbarme dich meiner und ich will ihnen vergelten." Der erste Teil des Verses ist *ex forma* (v. l. *persona*) *servi* gesagt und deutet auf die Kreuzigung Christi hin. Die zweite Hälfte spricht aber von der Auferstehung Christi, der vom Vater auferweckt wird, aber auch selbständig aufersteht, da er Gott ist (*Jo 2,19f.*).[19] In dieser Auslegung sind die zwei Naturen Christi deutlich hervorgehoben, gleichzeitig aber auch die Einheit des Subjektes.

68,22 (Mt 27,24.58) „Sie gaben mir Galle zur Speise, und in meinem Durst gaben sie mir Essig zum Trank" ist *ex persona Christi* gesagt hinsichtlich dem, was in seiner Passion geschah.[20]

[12] En Ps 37,27 (CCL 38,400,1–20).
[13] En Ps 68,1 (CCL 39,925,1–17).
[14] En Ps 93,19 (CCL 39,1319,10–12); 103,3,11 (CCL 40,1510,13–29).
[15] Zum Christustitel *homo dominicus* vgl. u. S. 153–158.
[16] En Ps 7,13 (CCL 38,45,1–17).
[17] En Ps 29,19 (CCL 38,185,1–3).
[18] F inuis 4,7 (CCL 46,12,32–37). Vgl. ciu 17,18 (CCL 48,583,8–11).
[19] En Ps 40,12 (CCL 38,457,1–8).
[20] Ciu 17,19 (CCL 48,586,4–8).

87,6 „Ich bin wie ein Mensch ohne Hilfe, unter den Toten frei." In diesen Worten, kommentiert Augustinus, erscheine am besten die Person des Herrn. Er ist als einziger unter den Toten frei gewesen, weil er ohne Sünde war. Er allein legte nicht aus Naturnotwendigkeit, sondern aus freiem Willen seine Seele nieder (*Jo* 10,18).[21]

Neben dieser reichen Psalmenexegese gibt es noch einige wenige weitere atl. und ntl. Stellen, die Augustinus mit Hilfe der Person-Exegese im Zusammenhang von Passion und Auferstehung Christi deutet.

Ex 33,20–23 „Du kannst nicht mein Gesicht sehen. ...Wenn ich vorübergegangen bin, wirst du meinen Rücken sehen" wird von Augustinus an zwei Stellen ausführlich erklärt. Moses verkörpere hier die Person der Juden *(gerebat personam Iudaeorum)*. Die sprechende Person ist Jesus Christus. Er ist als Gott *(secundum formam dei)* dem Vater gleich und daher zunächst wie er unsichtbar. Er wollte aber als Weisheit Gottes den Menschen erscheinen, doch die Juden erkannten ihn nicht. Erst nach seinem Leiden *(Pascha = Transitus!)* erkannten sie ihn. Als er vorüberging, hielt er seine Hand über sie und sie waren blind. Erst die Verkündigung der Apostel öffnete ihnen die Augen. Sie sahen ihn also nur im Nachhinein.[22]

Zach 12,10 „Und sie werden auf mich blicken, wofür sie mich beleidigt haben und werden über ihn weinen wie über den Geliebtesten und Schmerz empfinden wie über den Eingeborenen." Der Prophet spricht *ex persona Dei* und will sagen, daß es die Juden schmerzen wird um aller Beleidigungen willen, die sie dem Herrn bei der Passion zugefügt haben, wenn er in seiner Majestät wiederkommt.[23]

Lk 23,43 „Heute noch wirst du mit mir im Paradiese sein" wirft das Problem auf: wie kann der Schächer mit Christus im Paradiese sein, wenn dieser doch im Grabe liegt? Augustinus löst dieses Problem mit der Unterscheidung: der Leib lag im Grab, die Seele aber war in der Unterwelt, um die Fesseln des Todes zu lösen, die Gottheit Christi war im Paradies. Also ist dieser Satz *secundum Verbi personam* zu verstehen.[24]

Es wäre nun nach dieser Darstellung der Exegese hochinteressant, auch auf die Geschichte der Auslegungen einzugehen. Augustinus ist ja nicht der erste, der diese Bibelstellen auf Tod und Auferstehung Christi deutet[25]. Manches wird bereits vom Neuen Testament nahegelegt,

---

[21] En Ps 87,5 (CCL 39,1210,1–12).

[22] En Ps 138,8 (CCL 40,1995,32–1997,114). Vgl. trin 2,16,28–17 (CCL 50,117,34–119,49).

[23] Ciu 20,30 (CCL 48,755,17–81).

[24] S Morin 11,13 (PLS 2,685).

[25] Vgl. Psautier chrétien II: La tradition médite le Psautier chrétien. 1: Psaumes 1 à 71, Paris 1973; 2: Psaumes 72 à 150, Paris 1974.

manche Psalmen waren Osterpsalmen[26], die Deutung des Pascha als *Transitus* ist weit verbreitet[27], das Problem, wo Christus nach seinem Tode war, ist alt[28] etc. Diese Traditionsgeschichte übersteigt aber das Ziel der vorliegenden Untersuchung. Was nachgewiesen werden sollte, ist mit der Darstellung der Auslegungen Augustins geschehen. Es ist gezeigt worden, welch bedeutende Rolle die Person-Exegese bei der Deutung des AT auf die Passion und Auferstehung Christi hin spielt. Es wurde deutlich, daß im Hintergrund als zentrales Kriterium die zwei Naturen in Christus stehen, die aber ein einheitliches Subjekt bilden. Und an vielen Stellen, wo von der „Person Gottes" oder der „Person Christi" gesprochen wird, geschieht dies zwar noch im exegetischen Zusammenhang, weist aber bereits auf eine dogmatische Bedeutung, wo *persona* nicht mehr nur „grammatische Person, sprechende Person, Subjekt" heißt, sondern auch die seinsmäßige Unterschiedenheit dieses Subjektes bezeichnet. Wir stoßen also bereits hier, wenn auch noch nicht explizit entfaltet, auf den Sprachgebrauch der *persona* in exegetischem und gleichzeitig dogmatischen Zusammenhang im Ideenkreis der Einheit der beiden Naturen in Christus.

II. DIE THEOPHANIEN CHRISTI

Ein zweites Thema christologischer Person-Exegese Augustins muß hier vorausgenommen werden: die Erscheinungen Christi als Engel im Alten Testament[29]. Schon seit dem 2. Jh. galt allgemein der Logos als Subjekt der atl. Theophanien, die Erscheinungen selbst als pädagogi-

---

[26] Vgl. A. RAHLFS, Die alttestamentlichen Lektionen der griechischen Kirche: MSU 1909–15, 122–230 (= NGWG.PH 1915, 28–136); A. BAUMSTARK, Nichtevangelische syrische Perikopenordnungen des ersten Jahrtausends (= LF 3), Münster 1921; C. LAMBOT, Les sermons de Saint Augustin pour les fêtes de Pâques. Liturgie et archéologie: RevSR 30 (1956) 230–240; S. POQUE, Les lectures liturgiques de l'octave pascale à Hippone d'après les traités de S. Augustin sur la première épître de S. Jean: RBen 74 (1964) 217–241; DIES.: SC 116 (1966) 352–365; H. AUF DER MAUR, Die Osterhomilien des Asterios Sophistes als Quelle für die Geschichte der Osterfeier (= TThSt 19), Trier 1967, 94–102.

[27] Vgl. C. MOHRMANN, Pascha, Passio, Transitus: EL 66 (1952) 32–52 (= Etudes sur le Latin des Chrétiens I 205–222).

[28] Vgl. A. GRILLMEIER, Der Gottessohn im Totenreich: ZKTh 71 (1949) 1–53, 184–203 (= DERS., Mit Ihm und in Ihm. Christologische Forschungen und Perspektiven, Freiburg-Basel-Wien 1975, 76–174); DROBNER 114–124.

[29] Vgl. F. de PAULE BLACHERE, Saint Augustin et les Théophanies dans l'Ancien Testament: RAug 1 (1902) 595–613; J. LEBRETON, Saint Augustin théologien de la trinité. Son exégèse des Théophanies: MAg 2 (1931) 821–836; MAIER, Missions divines 101–121, 199–204; van der LOF 485–499; STUDER, Theophanie-Exegese *passim;* GEERLINGS 55f.

sche Vorbereitung der hervorragendsten Theophanie, der Inkarnation des Logos[30]. Diese Auffassung ließ jedoch die Möglichkeit einer subordinatianistischen Interpretation zu, wie sie ab der Mitte des 4. Jh. von seiten der Arianer in der Tat vertreten wurde[31]. Die traditionelle Deutung der atl. Theophanien wurde von den Arianern dahingehend zugespitzt, daß der Logos, der später menschgewordene Gottessohn, als die einzig sichtbare Manifestation des Vaters das allein mögliche Subjekt der Theophanien sei, da Gott Vater seinem Wesen nach unsichtbar und absolut transzendent sei, mit der Welt also in keinerlei direkten Kontakt trete. Gerade dadurch sei aber der Sohn als geringer als der Vater, ihm untergeordnet und nicht wesensgleich einzustufen. Seine Natur sei eine geschaffene und engelgleiche. Das Hauptproblem, das sich also Augustinus bei der Auslegung der Theophanien stellte, war die Verteidigung der Wesensgleichheit des Sohnes Gottes mit dem Vater. Augustinus lehnt zunächst ab, daß die sichtbare Manifestation ausschließlich zum Wesen des Sohnes gehöre. Vielmehr gehöre zunächst die Unsichtbarkeit zum Wesen aller drei göttlichen Personen, da sie von gleicher Substanz seien[32]. Ebenso könnten daher alle drei Personen gleichermaßen sichtbar werden, indem sie sich dazu der Vermittlung einer sichtbaren Kreatur bedienten. Denn bei den atl. Theophanien verbinde sich auch der Logos nicht seinsmäßig mit einer Kreatur, sondern gebrauche sie lediglich als temporäre äußere Form. Erst in der Inkarnation habe er sich in einer Personeinheit mit einem Menschen zu einer permanenten seinsmäßigen Subjektseinheit verbunden; dies allerdings im Unterschied zu Vater und Geist, die nie mit einer Kreatur in eine Personeinheit eintreten[33]. Wenn also der Logos im AT als „Engel" erscheine und so genannt werde, bezeichne dies nicht seine Natur, sondern lediglich seine Funktion als Bote[34]. Konsequenterweise deutet Augustinus zwar viele, aber nicht mehr alle Theophanien durch den Logos. Im übrigen sei die Unterscheidung der Personen nicht

---

[30] Zur Geschichte der Theophanie-Auslegungen vgl. WERNER 302–388; MICHAELIS; G. KRETSCHMAR *passim*; J. DANIELOU, Trinité du Judéo-Christianisme. Histoire des Doctrines chrétiennes avant Nicée I, Paris 1958, 167–198; J. BARBEL, Zur „Engel-Trinitätslehre" im Urchristentum: ThRv 54 (1958) 49–58, 103–112; MICHL 148f.
[31] Vgl. BARBEL, Christos Angelos 115–122; SIMONETTI, Crisi ariana 506–511; DROBNER 61f.
[32] Trin 3,11,21 (CCL 50,150,1–5): *Quapropter substantia uel si melius dicitur essentia dei, ubi...intelligimus patrem et filium et spiritum sanctum, quandoquidem nullo modo mutabilis est, nullo modo potest ipsa per semetipsam esse uisibilis.* 2,11,21 (107,16–20).
[33] Trin 2,7,12 (CCL 50,96,66–97,16); ep 169,2,7 (CSEL 44,616,20–617,2).
[34] Ciu 18,15 (CCL 48,630,46–57).

unabdingbar, da in jedem Falle der dreieinige Gott als Einer wirke[35]. Es sei sogar an einigen Stellen, z.B. bei der Erscheinung in Mamre, nachzuweisen, daß die Trinität als Ganze erscheine[36]. Die Exegese der atl. Theophanien stellt also für Augustinus zunächst ein trinitätstheologisches Problem dar, das aber insoweit in die Christologie hineinreicht, als die Theophanien durch den Logos bzw. Christus gedeutet werden und ihr Unterschied zur Theophanie des Logos in seiner Menschwerdung zu klären ist. Im übrigen sind die Theophanien ein Paradefall für die Person-Exegese, da in ihnen ja von ihrem Wesen her Gott durch eine andere Person *(ex persona)* spricht.

An zwei Stellen erläutert Augustinus ausdrücklich die Regeln der christologischen Theophanie-Exegese.

In *c Adim* wendet er sich gegen die Manichäer, die, ähnlich wie die Arianer, aufgrund ihrer Doktrin Gottes als dem absolut Transzendenten, der sich nicht mit der Welt und den Menschen gemein macht, die Theophanien im AT als solche ablehnen[37]. Als Beweise zitieren sie aus dem NT *Jo* 1,18 „niemand hat Gott je gesehen außer dem einzigen Sohn, der im Schoß des Vaters ist; er hat uns von ihm berichtet" und *Jo* 5,37f. „ihr habt weder seine Stimme jemals gehört, noch habt ihr sein Gesicht gesehen, noch habt ihr sein Wort, so daß es unter euch bleibt, weil ihr dem, den er gesandt hat, nicht geglaubt habt". Augustinus widerlegt diese Argumente mit denselben Zitaten. Ja, Gott habe niemand gesehen, nur der Sohn sei uns erschienen und habe uns von ihm Kunde gebracht, aber nicht erst und nur bei seiner Menschwerdung, sondern bereits im Alten Testament, indem er Engelsgestalt angenommen habe. Dies gelte für die Engelerscheinung Jakobs, des Mose im brennenden Dornbusch und in der Wüste. „Wie nämlich das Wort Gottes im Propheten ist und zu recht gesagt wird ‚der Prophet sprach', wird ebenso zu recht gesagt ‚der Herr sprach', weil das Wort Gottes, das Christus ist, im Propheten die Wahrheit spricht. So spricht er auch im Engel selbst, wenn ein Engel die Wahrheit verkündet. Und es wird zu recht gesagt ‚Gott sprach' und ‚Gott erschien', und ebenso zu recht wird gesagt ‚ein Engel sprach' und ‚ein Engel erschien', weil das eine in der Person des einwohnenden Gottes gesagt wird, das andere in der Person der dienenden Kreatur. Nach dieser Regel sagt auch der Apostel: ‚oder wollt ihr einen Beweis dessen, der in mir spricht, Christi?' (*2 Kor* 13,3)."

Ein zweites Mal erklärt Augustinus die Regel der christologischen Theophanie-Exegese in *ciu*, ausgehend von *Mal* 2,7, der *ex persona Dei* über den Sohn sagt: „denn er ist ein Engel des allmächtigen Herrn". Die Begründung, die er anführt, ist allerdings etwas anders. „Man darf sich

---

[35] Trin 2,10,18 (CCL 50,104,72f.): *trinitas quippe inseparabiliter operatur.*
[36] Trin 2,10,19 (CCL 50,106,115–128); c Max 2,26,5 (PL 42,806).
[37] C Adim 9 (CSEL 25,131,13–133,3).

auch nicht wundern, weil Christus Jesus Engel des allmächtigen Herrn genannt wird. Wie er nämlich Knecht ist wegen der Knechtsgestalt (v. l. -person), in der er zu den Menschen gekommen ist, so ist er Engel wegen des Evangeliums, das er den Menschen verkündet hat."[38]

Augustinus erklärt also die Erscheinungen Christi im AT durch Propheten und Engel zum einen daher, daß Christus das Wort und die Wahrheit ist, so daß also aus jedem, dessen Worte die Wahrheit verkünden, Christus spricht, und zum anderen durch die Funktion Christi als Verkünder der Frohbotschaft.

Obwohl nun auch Augustinus, trotz der von ihm als grundlegend trinitätstheologisch eingeschätzten Problematik, viele der atl. Theophanien christologisch deutet, verwendet er dabei jedoch das Wort *persona* als spezifisch christologischen Terminus relativ wenig. Wenn er im Zusammenhang der Theophanie-Exegese von *persona* spricht, bezieht er sich überwiegend auf eine der Personen der Trinität oder die Trinität als ganze. Normalerweise ist *persona* dabei aber als Begriff der Person-Exegese verwendet. So gebraucht Augustinus in *trin 2* bei der grundlegenden Erläuterung der Problematik der Theophanien die Wendungen

distinctio personarum[39],

ex persona dei loqui[40],

aliqua ex trinitate persona[41],

persona dei patris ostenditur[42],

visibilis persona filii[43],

personam trinitatis accipere[44],

persona patris[45],

tres personae[46],

intellegimus in plurali numero duas personas...patris et filii an patris et spiritus sancti an filii et spiritus sancti[47],

unus ex multis angelis...personam domini sui gerebat[48],

filii persona imposita fuerit[49],

personam ipsius trinitatis gerebat angelus[50],

una ex trinitate persona potest intellegi[51].

---

[38] Ciu 18,15 (CCL 48,630,46–57).
[39] Trin 2,7,13 (CCL 50,97,20).
[40] Ebd. 98,26.
[41] Trin 2,9,16 (CCL 50,101,56f.); 2,10,19 (106,112f.); 2,15,26 (115,66f.).
[42] Trin 2,10,18 (CCL 50,104,66f. 73f.).
[43] Ebd. 104,75f.
[44] Ebd. 104,78f.
[45] Ebd. 105,83.
[46] Trin 2,11,21 (CCL 50,107,20).
[47] Trin 2,12,22 (CCL 50,109,34–39).
[48] Trin 2,13,23 (CCL 50,110,19f.).
[49] Ebd. 110,25f.
[50] Ebd. 111,41–43.
[51] Trin 2,15,26 (CCL 50,114,46f.).

Man sieht an diesen Beispielen, welch bedeutende Rolle das Wort
persona als Terminus der Person-Exegese bei der Auslegung der atl.
Theophanien durch Augustinus spielt. Es wird aber auch deutlich, daß
der Kontext mehrheitlich trinitätstheologisch ist und daß *persona* stellenweise auch ein dogmatischer Begriff zu sein scheint. Dies gilt
insbesondere dort, wo von *tres personae trinitatis* oder *persona patris et
filii et spiritus sancti* die Rede ist. Da diese Ausdrücke jedoch nicht im
Gegensatz bzw. Zusammenhang zu *natura* oder *substantia* stehen, somit
also kein eindeutig dogmatisch geprägter Kontext gegeben ist, bleibt es
nur ein Aspekt. Der eindeutige Übergang vom exegetischen zum
dogmatischen Begriff ist hier noch nicht vollzogen, mag sich aber bereits
ankündigen.

Nur einmal deutet Augustinus eine Theophanie explizit unter Verwendung der Formel *ex persona Christi* christologisch: *Ex* 33,20–23[52].
Gott stellt Moses in eine Felsspalte, um an ihm vorüberzuziehen und ihn
seinen Rücken schauen zu lassen. Der Rücken, den Moses sehen dürfe,
bedeute das Fleisch Christi oder seine Sterblichkeit *(posteriora =
postremitas mortalitatis)* oder daß er am Ende der Zeiten Mensch wurde,
interpretiert Augustinus. D. h. der Rücken ist Typos der Menschheit
Christi, das Gesicht aber die *forma Dei,* in der Christus Gott gleich ist
und die daher niemand sehen kann. Augustinus kommt also von der
Person-Exegese ausgehend zur Erläuterung der beiden Naturen Christi
– eine Stelle, die zeigt, wie sich der exegetische Personbegriff für die
Christologie angeboten haben mag.

Augustinus legt dann diese Bibelstelle weiter christologisch aus und
kommt schließlich auf das Grundproblem der Theophanie-Exegese zu
sprechen[53]. Im Buch Exodus zeigten zwar alle *voces* und *demonstrationes* Christus, dies heiße aber keineswegs, daß Vater und Geist nicht
erscheinen könnten und würden. Denn Gott ist ja nur ein einziger *(unus
et solus)* und erscheine in der Kreatur nicht wie er ist *(proprie sicuti est),*
sondern zeichenhaft *(significative).* Augustinus lehnt also eine Personeinheit zwischen Gott und der Kreatur, in der er im AT erscheint, ab und
betont vor allem dieselbe Substanz aller göttlichen Personen. Die
Beschreibung der Theophanien als zeichenhaft gibt jedoch deutliche
Hinweise auf das *persona*-Verständnis der Theophanie-Exegese Augustins. Zunächst wird, obwohl das Wort *persona* an dieser Stelle nicht
verwendet wird, von den Begriffen *voces* und *demonstrationes* her klar,
daß es sich um Person-Exegese handelt. Es findet nämlich die Exegese
von Äußerungen Christi statt durch Wort *(vox)* und Tat *(demonstratio).*
Wenn aber *voces* und *demonstrationes* Äußerungen beschreiben,
bezeichnet *persona* ihren Träger, ihr Subjekt. Der parallele Gegensatz

---

[52] Trin 2,17,28 (CCL 50,117,1–10).
[53] Trin 2,17,32 (CCL 50,122,123–123,143).

setzt sich aber in den Adverbien *significative – proprie sicuti est* fort. Von daher zeigt sich, daß *persona* offenbar doch schon mehr als nur das Subjekt bezeichnet, nämlich auch die dahinterstehende Realität. Dieser Schluß wird gestützt von der Doppelbedeutung von *persona* als äußere Form bzw. innere Wirklichkeit her. Da hier die Phänomene von *voces* und *demonstrationes* beschrieben werden, kann *persona* als ihr Gegensatz nur die Konnotation der Realität haben. D. h. wir finden hier im Rahmen der Theophanie-Exegese *persona* als Ausdruck der Person-Exegese in der Bedeutung „Subjekt". Der Kontext zeigt jedoch, daß auch bereits eine metaphysische Bedeutung mitenthalten ist – ein wichtiges Phänomen, um den Übergang von exegetischem zu dogmatischem Personbegriff zu klären.

Zu Ende des 2. Buches von *trin*[54] stellt Augustinus nochmals die Frage, ob einmal der Vater, einmal der Sohn, einmal der Hl. Geist, oder ohne Unterschied der Personen die Trinität selbst erscheint. Antwort: nur dort kann und darf die Person unterschieden werden, wo dies in der Hl. Schrift ausdrücklich angezeigt ist. Diese Exegese mag einen Hinweis darauf geben, warum Augustinus weiter oben im Zusammenhang der Theophanie-Exegese von einer *persona trinitatis* spricht[55]. Die Trinität handelt als Einheit, stellt also auch nur ein einheitliches Subjekt dar. Daß Augustinus *tres personae* als dogmatische Formel nur widerwillig akzeptiert hat, hat mit Sicherheit weitere Gründe[56], der mögliche Einfluß der Person-Exegese wurde bisher aber noch nicht gesehen und ist vielleicht nicht zu gering einzuschätzen.

Der *persona*-Gebrauch in der Theophanie-Exegese Augustins wird ergänzt durch die Ausführungen in *trin 3* und *4*. Zu Beginn des 3. Buches stellt Augustinus die beiden Fragen:
1. a. ob bei den Theophanien eigens zu diesem Zweck ein Lebewesen geschaffen werde, damit Gott darin für die Menschen sichtbar werden könne, oder

   b. ob bereits existierende Engel in Stellvertretung Gottes *(ex persona dei)* redeten, indem sie das Aussehen *(species)* einer ebenfalls bereits existierenden körperlichen Kreatur annähmen, oder

   c. ob sie ihren eigenen Leib, dem sie allerdings nicht wie Erdenwesen unterworfen seien, sondern über den sie Macht hätten, so veränderten, daß er für die Theophanie geeignet würde;

2. a. ob der Sohn und der Hl. Geist bereits in atl. Zeit gesandt worden seien und wenn ja, welcher Unterschied zwischen jener Sendung und der im Evangelium bestehe, oder

---

[54] Trin 2,18,35 (CCL 50, 125,57–126,78).
[55] Trin 2,10,18 (CCL 50,104,78f.).
[56] Vgl. TRAPE, I termini „natura" e „persona"; STUDER, Person-Begriff 170–177.

b. ob der Sohn nur aus Maria, der Jungfrau, der Hl. Geist nur in der sichtbaren Gestalt *(visibili specie)* von Taube und Feuerzungen erscheine.[57]

Die erste Frage beantwortet Augustinus in gestufter Weise. Zunächst sei grundsätzlich festzuhalten, daß nicht in allem, was uns von Gott verkündet werde, auch die *persona* Gottes selbst angenommen werde. Wo dies aber der Fall sei, zeige er sich *(demonstratur)* bisweilen in einem Engel, bisweilen in einer Gestalt *(specie)*, die kein Engel ist, aber von einem Engel verwaltet werde. Manchmal sei es ein bereits existierender Körper, der zum Zweck der Theophanie *(ad hoc demonstrandum)* entsprechend geändert werde, manchmal aber werde er eigens dafür geschaffen und vergehe nachher wieder. Darüber hinaus sprächen auch Menschen aus sich *(ex persona sua)* Gottesworte und übernähmen so die Rolle Gottes *(dei personam in se suscipiunt)*[58]. Alle Theophanien dieser Art, sei es durch Engel, sei es durch Menschen oder andere Körper, benutzen also den Körper nur als äußere Erscheinungsform *(species)*, so daß Gott von Menschen begriffen werden kann. *Persona* bedeutet in diesem Zusammenhang nur „Rolle", die angenommen *(personam dei suscipere)*, auferlegt *(imponi)* und ausgeführt *(gerere)* wird. Diese *persona* ist aber nur wie ein Kleid *(vestimentum)*, eine Erscheinungsform *(species)* und Zeichen *(demonstranda et significanda)*. Die Substanz oder das Wesen Gottes erscheint nie[59].

Die zweite Frage nach dem Unterschied zwischen den atl. und den ntl. Theophanien beantwortet Augustinus erst in *trin 4*, nachdem er zu Ende des 3. Buches die Frage nochmals entfaltet hat[60]. Die atl. Theophanien zeigten Gott den Menschen symbolisch *(figurate demonstratur)*. Das Grundproblem bestehe aber darin, daß der Sohn und der Hl. Geist auch im Neuen Testament nicht in ihrer Substanz erschienen, in der sie dem Vater und einander gleich und gleich ewig sind, sondern in körperlicher Gestalt. Worin besteht also der Unterschied zwischen den atl. und ntl. Theophanien? Die Antwort gibt Augustinus in *trin 4,20, 30–21, 31*[61]. Die Einmaligkeit der Theophanie des Logos bestehe darin, daß in der Menschwerdung Rolle und Träger der Rolle identisch werden. Ein Engel konnte zwar vorher die Person des Logos symbolisieren und vorherverkünden, er konnte sie sich aber nicht so zu eigen machen, daß er sie selbst *war*. Der Logos als der Träger der äußeren

---

[57] Trin 3 pr 1,4 (CCL 50,130,1–131,17).

[58] Trin 3,10,19 (CCL 50,146,1–147,29).

[59] Trin 3,11,20 (CCL 50,150,1–5): *substantia uel si melius dicitur essentia dei ... quandoquidem nullo modo mutabilis est, nullo modo potest ipsa per semetipsam esse uisibilis.*

[60] Trin 3,10,27 (CCL 50,158,188–212).

[61] CCL 50,201,149–205,72.

Erscheinung und die äußere Form, der Mensch, vermischen und vereinen sich zu einer seinsmäßigen Personeinheit *(Verbo itaque dei ad unitatem personae copulatus, et quodam modo commixtus est homo)*. Im Begriff der *unitas personae Christi* geschieht also im Grunde eine terminologische Identifizierung der Begriffe von *persona* als die äußere Erscheinung, Rolle und der inneren Wirklichkeit, des Substrates.

Insgesamt zeigt der Gang der Theophanie-Exegese Augustins, daß sich hier exegetischer und dogmatischer Personbegriff sowohl in der Christologie als auch in der Trinitätslehre eng berühren und von daher eine Formung des dogmatischen Personbegriffs seitens der Exegese nahegelegt wird.

III. ALTES TESTAMENT

Was den übrigen christologisch-exegetischen Gebrauch des Wortes *persona* seitens Augustinus betrifft, der nun in Reihenfolge der biblischen Bücher dargestellt werden soll, fällt als erstes auf, daß es relativ wenige Stellen sind, neun alttestamentliche und sieben aus dem Neuen Testament. Vergleicht man damit die Exegese von Passion und Auferstehung Christi, die allein 27 Stellen umfaßte, unterstreicht dies nochmals die herausragende Bedeutung jenes Themas zum Verständnis der Bibel überhaupt.

Bei der alttestamentlichen Exegese fällt die Mehrzahl der Stellen wieder auf die Psalmen (fünf), die restlichen vier verteilen sich auf die Geschichts- und prophetischen Bücher. Im einzelnen werden folgende Stellen behandelt:

Gen 37,10: In den *qu Gen* bietet der Traum Jakobs, daß Josephs Vater, Mutter und Brüder kommen werden und vor ihm niederfallen, die Schwierigkeit, daß die Mutter Josephs doch bereits tot ist. Gelöst wird das Problem dadurch, daß der Traum *ex persona Christi* interpretiert wird. Vor ihm fallen alle nieder, auch die Verstorbenen, wie *Phil 2,9f.* bezeugt: „er hat ihm einen Namen gegeben, der jeden Namen übertrifft, daß im Namen Jesu jedes Knie sich beuge, der Himmlischen, der Irdischen und der Unterirdischen.“[62]

Die Prophetie Gottes *2 Sam 7,8–16* an David, daß er ihm aus seinem Stamme Israel einen Führer erwecken werde, der ihm ein Haus bauen, in Frieden herrschen werde und dessen Thron auf ewig bestehen werde, ist nicht etwa in Salomo erfüllt. Salomo ist aufgrund seines Tempelbaus und seiner Friedensherrschaft, die schon sein Name verheißt, lediglich Typos Christi. Er ist nur Bild der künftigen Wirklichkeit *(imago rei*

---

[62] Qu Gen 123 (CCL 33,48,1630–1640).

futurae). Salomo ist Bild Gottes auf rein logischer Ebene, nicht auf der
Seins-Ebene. D. h. in ihm erscheint Christus nicht *(non exhibebat),* es
findet keine Theophanie statt, sondern seine Person verkündet lediglich
Christus durch den Schatten der Zukunft voraus *(eadem sua persona per
umbram futuri praenuntiabat etiam ipse Christum Dominum).* In Salomo
ist nur eine äußere Form entworfen, in Christus die Wahrheit gegenwär-
tig *(in illo figura qualiscumque adumbrata sit, in ipso autem ipsa veritas
praesentata).* Die *persona Salomonis* stellt also nur eine äußere Form
dar, die auf Christus hinweist, erst in Christus selbst ist die Wirklichkeit
anwesend. D. h. in Salomo stimmen Aussage und tragende Realität
nicht überein, erst in Christus sind Form und Wirklichkeit identisch.[63]

Ps 2,6 „Ich aber bin zum König eingesetzt von ihm über Sion, seinen
heiligen Berg, predigend das Gebot Gottes" ist in der Person Christi
erfüllt.[64] Interessant ist bei diesem Psalm, daß auch Petilianus die Verse
1–9 *ex Christi persona* versteht[65]. Dies zeigt, daß sich in der Auslegung
der Schriften sich Augustinus und seine Gegner in den Grundzügen oft
einig sind, wenn sie auch auf derselben Basis unterschiedliche Schlüsse
ziehen.

Ps 4,4 „Der Herr wird mich erhören, wenn ich zu ihm rufe" ist
entweder von der Person des Gläubigen her zu verstehen oder aber vom
Herrn selbst her, als ob er sagte: Der Herr wird euch erhören, wenn ihr
zu ihm ruft.[66] Diese Interpretation geht also, wenn auch unausgespro-
chen, wieder von dem Grundsatz des *Christus totus* aus.

Ps 9,4 „Ich will deinem Namen singen, Höchster, beim Zurückwei-
chen meines Feindes" deutet auf Christus als die *persona loquens* des
Psalmes. Der Satan ist es nämlich, der vor ihm zurückweicht.[67]

Ps 15,3 behandelt Augustinus ein Emendationsproblem des Textes.
Viele Handschriften haben ,*voluntates suas*', „die genaueren Codices
aber von erlesenerer Autorität haben nicht ,*voluntates suas*', sondern
,*voluntates meas*', was ebensoviel gilt, da es von der Person des Sohnes
Gottes her gesagt wird." Beweis dafür, daß der Sohn spricht, ist *Apg*
2,27 „du wirst meine Seele nicht in der Unterwelt und deinen Heiligen
nicht die Verwesung schauen lassen" sowie die theologische Überlegung, daß Vater, Sohn und Geist die gleichen Gnadengaben spenden,
also auch der Sohn sie *voluntates suas* nennen kann.[68]

Ps 70,7 „Zur Verwunderung bin ich für viele geworden, du aber bist
mein starker Helfer" interpretiert Augustinus nach dem schon bekann-

---

[63] Ciu 17,8 (CCL 48,571,33–65).
[64] En Ps 2,5 (CCL 38,4,1–5,4).
[65] C litt Pet 2,92,202 (CSEL 52,124,11–25).
[66] En Ps 4,5 (CCL 38,16,1–8).
[67] En Ps 9,4 (CCL 38,59,1–3).
[68] Ep 149,8 (CSEL 44,355,16–18).

ten Prinzip, daß hier Christus gemäß seiner Schwäche spricht, die er für uns trägt[69].

Prov 31,2 „Ich nenne dich Erstgeborenen, Sohn" spricht Gott Vater zum Sohn *(ex persona patris ad Christum dicitur)*[70].

Is 5,6 spricht Isaias *ex persona Domini:* „Ich werde meinen Wolken befehlen, keinen Regen über sie zu gießen". Gemeint sind damit die Apostel, die nicht den Juden das Evangelium verkünden sollen, sondern auf der guten Erde der Heiden.[71]

IV. NEUES TESTAMENT

Das Neue Testament wird von Augustinus noch weniger als das Alte mit Hilfe der Person-Exegese ausgelegt, insgesamt nur siebenmal. Dies liegt wohl daran, daß das Neue Testament eben zunächst wörtlich zu interpretieren ist und daher weit weniger Stoff für die Person-Exegese bietet, die ja nach einem tieferen Sinn forscht. Folgende Stellen bieten aber dennoch den Anstoß dazu:

Mt 5,22.28.32.39.44: Wenn Christus, wie an diesen Stellen, zunächst eine alttestamentliche Vorschrift zitiert, dann aber im Gegensatz dazu etwas Neues lehrt und dies mit der Phrase einleitet „Ich aber sage euch", hebt er damit nicht etwa das Gesetz auf, sondern was er von sich aus *(ex persona sua)* darüber hinaus sagt, dient zur besseren Erklärung oder zur sichereren Bewahrung dieser Vorschrift.[72]

Mt 11,9: Das Wort des Herrn über Johannes den Täufer „Mehr als ein Prophet" zeigt, daß Johannes *par excellence* die Rolle der Prophetie übernommen hat *(prophetiae gestare personam)*. Er hat die Gestalt der ganzen Prophetie seit Anfang des Menschengeschlechtes angenommen *(totius prophetiae...imaginem gestat)*. Die Parallele *prophetiae gestare personam – prophetiae imaginem gestare* scheint zunächst auf eine äußere Verbindung im Sinne von „Rolle, äußere Erscheinung, Abbild" hinzuweisen. Oben wurde jedoch gezeigt, daß die Formel *personam gerere/gestare* bereits eine Identitätsformel ist, die mehr als eine rein äußerliche Verbindung zwischen Träger und Rolle bezeichnet. Auch *imago* scheint hier eher als „Urbild" zu verstehen zu sein. Dies wird durch den Kontext bestätigt. Als Gegensatz zu der in Johannes verkörperten Prophetie wird das Evangelium gesetzt: „Die Person des Evangeliums aber ist im Herrn selbst" *(est autem evangelii persona in ipso domino)*. Diese parallele Identitätsformel weist darauf hin, daß wohl auch Johannes mit der Prophetie identifiziert werden muß. So schließt

---

[69] En Ps 70,1,11 (CCL 39,949,16–20).
[70] Qu Deut 23 (CCL 33,290,524–531).
[71] En Ps 56,17 (CCL 39,707,20–34).
[72] C Faust 19,27 (CSEL 25,529,7–14).

auch die Exegese: „Nachdem also die Prophetie selbst in Johannes
Gestalt angenommen hatte, zeigte sie mit dem Finger auf den Gegen-
wärtigen *(postquam ergo prophetia ipsa in Iohanne constituta digito
ostendit praesentem)*. Johannes stellt also die Vergegenwärtigung der
Prophetie dar, und nicht mehr er, sondern sie ist Subjekt seiner
Handlungen. *Persona* bezeichnet also in diesem Kontext keine Äußerung der Wirklichkeit, sondern eine Repräsentation der Realität, die
reale Identität von.Träger und Rolle, worauf auch immer wieder das
Pronomen *ipse* hinweist.[73]

Mt 25,35–40: Diese Auffassung führt Augustins Auslegung des
Wortes Christi weiter „was ihr dem geringsten meiner Brüder getan
habt, das habt ihr mir getan": „Er wollte, daß irgendwie in den
geringsten sich Abmühenden auf Erden seine Person in barmherziger
Weise sei."[74] Hier haben wir wieder dieselbe Formulierung, aber ihre
Bedeutung geht fast noch einen Schritt weiter. *Persona Christi* ist zwar
noch exegetisch begreifbar, Christus und der geringste seiner Brüder
bilden ein Subjekt. Gleichzeitig ist aber *persona Christi* auch bereits ein
metaphysischer Begriff.

Jo 3,28 „Wie mich der Vater gelehrt hat, das spreche ich" bietet den
Anstoß, daß diese Aussage wohl nur schwer *ex persona Verbi* verstanden werden kann. Denn Gottsein und Allwissendsein sind ja untrennbar. Sein und gelehrt sein sind in Gott identisch. Der Satz muß also
verstanden werden von der Person des Menschen her, in dem der Sohn
Knechtsgestalt annahm *(ex persona vero hominis, ubi formam servi
accepit)*. In diesem Falle überschreitet die Bedeutung des Wortes
persona die exegetisch-logische Ebene nicht. Erst *forma servi* betritt die
Seinsebene, da dieser Ausdruck nicht etwa die Erscheinung des Logos
als Mensch, sondern seine Menschennatur bezeichnet.[75]

Jo 4,6: Christus am Jakobsbrunnen ist zweifach zu interpretieren. Die
Ermüdung Jesu zeigt die Schwäche des Fleisches und sein Sitzen die
Niedrigkeit. Gleichzeitig ist aber auch das Sitzen die Haltung des
Lehrers und zeigt daher die Person des Lehrers in Christus.[76]

Jo 17,23 „Ich in ihnen und du in mir, so daß sie zur Einheit gelangt
sind" ist *ex persona Christi mediatoris* gesagt.[77]

1 Kor 7,12 „Den übrigen aber sage ich, nicht der Herr" zeigt, daß
Paulus vorher *ex persona domini* gesprochen hat, jetzt aber im folgenden seine persönliche Meinung äußert, *ex sua persona* spricht, wenn er
schreibt, daß man den ungläubigen Ehepartner, wenn er zu weiterem

---

[73] Diu qu 58,1 (CCL 44 A,104,2–11).
[74] S Mai 13,4 (PLS 2,448).
[75] En Ps 118,22,3 (CCL 40,1748,24–34).
[76] Diu qu 64,3 (CCL 44 A, 138,41–139,49).
[77] Io eu tr 110,4 (CCL 36,624,1–11).

friedlichem Zusammenleben bereit ist, nicht entlassen soll. Es ist aber, kommentiert Augustinus, auch keine bindende Vorschrift des Herrn, so daß der, der sie befolgt, zwar gut daran tut, der sie aber nicht befolgt, dennoch kein Gebot des Herrn verletzt.[78]

Die Vielzahl der so im einzelnen vorgestellten Texte zeigt sowohl die enge Verbindung zwischen Person-Exegese und Christologie bei Augustinus, als auch deren hervorragende Bedeutung. Schon von daher legt sich eine Beeinflussung oder gar Abhängigkeit des christologischen vom exegetischen Personbegriff nahe, was in einzelnen Fällen bereits anklang, teils in der Terminologie selbst, insofern sie die Identität von Rolle und Subjekt, von äußerer Erscheinung und der dahinterstehenden tragenden Realität bezeichnet, teils in der gedanklichen Konzeption der Subjekteinheit von Christus Gott und Mensch, Christus Haupt und Leib, Christus und dem Menschen, für den er spricht.

V. PERSON-EXEGESE UND CHRISTOLOGISCHER PERSONBEGRIFF

Der erste Teil der Arbeit hat gezeigt, daß, wenn überhaupt, nur der exegetische Person-Begriff auf die Christologie Augustins Einfluß gehabt haben kann, weil andere *persona*-Bedeutungen in christologischem Kontext nicht nachzuweisen sind. Die Darstellung der christologischen Exegese Augustins machte deutlich, welch großen Raum sie in der Christologie Augustins einnimmt, welche bedeutende Rolle sie für seine Theologie spielt und welche Ansätze nachzuweisen sind, die darauf hindeuten, daß der exegetische Person-Begriff von der logischen Ebene schließlich auf die metaphysische/Realitätsebene übertragen werden konnte.

Als nächstes ist zu fragen, ob sich im Werk Augustins Texte finden lassen, die diesen Übergang erkennen lassen, die nachweisen, wie man sich den Weg vom exegetischen Subjektsbegriff zum dogmatischen Einheitsbegriff vorzustellen hat. In der Tat gibt es vier Schlüsseltexte, die im folgenden ausführlich vorgestellt werden sollen, an denen der Übergang vom person-exegetischen zum christologisch- (auch trinitäts-theologisch-) metaphysischen Personbegriff deutlich wird. Sie datieren übrigens sowohl aus der Zeit vor, als auch nach der Entdeckung der Formel *una persona* (411), was zeigt, daß der Übergang sowohl vor der Entwicklung der Formel stattfand, als auch danach für Augustinus wichtig blieb.

---

[78] S dom m 1,16,44 (CCL 35,49,1049–50,1067).

A. *SERMO* 288

Der erste Text stammt aus *sermo* 288, einer Predigt, gehalten am 24. Juni 401, dem Fest Johannes' des Täufers[79]. Augustinus deutet darin das Verhältnis von Johannes zu Christus, ausgehend von einer sprachwissenschaftlichen Überlegung. Ein Wort, das ein Mensch aussprechen will, existiert zunächst als Begriff in seinem Herzen. Erst dann wird es mit Hilfe der Stimme ausgesprochen und hörbar. Beim Sprecher geht also das Wort der Stimme voraus. Umgekehrt beim Hörer: er hört zunächst die Stimme und begreift dann das Wort. Mit diesem Vorgang vergleicht Augustinus Johannes und Christus. Johannes ist die Stimme, Christus das Wort. Christus existierte als Wort vor Johannes bei Gott, nach Johannes bei den Menschen – ein großes Geheimnis *(magnum sacramentum)*, das Augustinus unter Zuhilfenahme person-exegetischer Formeln näher erklärt. Johannes übernahm in Stellvertretung für alle, die bereits vor ihm als Stimmen, als Verkünder des Wortes gewirkt haben, die Person der Stimme *(personam gerebat Joannes vocis in sacramento)* (die Bedeutung des Wortes *sacramentum* wechselt in diesem Text beständig zwischen „Geheimnis" und „Stellvertretung"). Das Wort, das beim Vater blieb, sandte im Alten Bund eine Reihe von Stimmen, die Patriarchen, die Propheten, in Johannes aber kommt das Wort „gleichsam in seinem Gefährt, in seiner Stimme, in seinem Fleisch." D. h. in Johannes gewinnt *die* Stimme an sich real Gestalt, die die Summe aller Stimmen vor ihm ist. Die Ausdrücke *personam gerere* und *in persona constituere,* die Augustinus schon oben einmal bei der Deutung Johannes' als Vergegenwärtigung *der* Prophetie des Alten Bundes *(persona prophetiae)* als Identitätsformeln verwendet hatte, haben hier dieselbe Bedeutung. Johannes und die Stimme sind ein Subjekt, ein Wesen, eine Realität. Schon hier ist der Übergang der exegetischen Terminologie zu einer metaphysischen festzustellen, ohne jedoch noch die Christologie zu berühren. Die logische Ebene ist aber eindeutig verlassen.

Augustinus fährt fort: „O großes und wunderbares Geheimnis! Beachtet die Person der Stimme, in welcher Person die Stellvertretungen aller Stimmen waren, die über die Person des Wortes sagt: ‚Jener muß wachsen, ich aber abnehmen'." Dieser Übertrag in die Christologie wurde vorbereitet durch die Parallele *„vox Joannes/verbum Christus";* wenn Johannes also weiterführend die *persona vocis* ist, ist Christus logischerweise *persona verbi.* Damit ist aber auch *persona verbi* ein Begriff der Vergegenwärtigung und Identität. Der Logos und Christus sind ein Subjekt und eine Wirklichkeit.

---

[79] S 288,4–5 (PL 38,1306–1307); Vgl. GEERLINGS 101–103.

Die Entwicklung vom exegetischen zum christologischen Personbegriff beginnt also in dieser Passage damit, daß schon außerhalb christologischen Kontextes die exegetische Begrifflichkeit *(personam gerere, in persona constituere)* mehr als nur die sprachlogische Ebene beschreibt, nämlich die reale Identität von Träger und Rolle. Diese Begrifflichkeit wird in die Christologie übertragen, wo *persona (Verbi)* auf gleicher Ebene ein metaphysischer Identitätsbegriff ist. Er bietet sich damit schließlich auch als geeigneter Begriff zur Beschreibung der Einheit (realen Identität) von Gott und Mensch in Christus an.

Diesen letzten Schritt vollzieht Augustinus im Grunde bereits in diesem Text, indem er im folgenden das Problem von Gott und Mensch in Christus sowie seiner Subjektseinheit behandelt. Das Wort Gottes, erklärt Augustinus, war von Anfang an bei Gott (*Jo* 1,1) und in der *forma dei* Gott gleich (*Phil* 2,6). Dieses Wort, der Sohn Gottes, offenbart sich den Menschen in der *forma servi* (*Phil* 2,7), bleibt sich aber dennoch gleich, verliert nichts von seiner Gleichheit mit dem Vater, so daß in Christus auch der Vater erscheint (*Jo* 14,8-9). Augustinus erläutert also die Einheit der beiden Naturen in Christus, sowie seine Identität mit dem präexistenten Gottessohn. Er verwendet noch nicht den Begriff *persona* dafür. Nach dem vorausgehenden *persona*-Gebrauch ist dies aber nur noch der letzte Schritt, der sich von diesem Kontext her nahelegt. Denn Augustinus schließt die Erörterung mit eben diesem Wort: „Johannes ist also die Person aller Stimmen, die Person des Wortes ist Christus."

B. *DE TRINITATE*

Ein zweiter Text, der *persona* in demselbem Übergang vom exegetischen zum dogmatischen, vom sprachlogischen zum metaphysischen Begriff zeigt, ist im zwölften Buch *De trinitate* zu finden[80]. Es ist nicht ganz klar, ob diese Passage, wie sie uns erhalten ist, aus der Zeit vor oder nach 411 datiert, da zwar die Bücher 1–12 im Jahre 412 publiziert wurden (was die Möglichkeit offenließe, daß Buch 12 vor oder gleichzeitig zur Entdeckung der Formel *una persona* entstand), das gesamte Werk aber bis 420 nochmals redigiert wurde[81].

Augustinus erklärt dort *Gen* 1,26f. „Laßt uns den Menschen nach unserem Bild und Gleichnis machen (*ad imaginem et similitudinem nostram).* Und Gott machte den Menschen nach dem Bilde Gottes" und

---

[80] Trin 12,6,6–7 (CCL 50,360,1–362,62).

[81] Zur Datierung von *trin* vgl. A. TRAPE: NBA 4 (1973) XVI–XVIII; DERS., S. Agostino: QUASTEN III (1978) 351; FREDE: VL 1/1 (1981) 156; CCL 50 (1968) LXXXIII; M. MELLET/Th. CAMELOT, n. 2: BAug 15 (1955) 557–566.

stellt zunächst den einfachen grammatischen Sachverhalt fest, daß der
Plural *nostram* klar zeige, daß der Mensch nicht nur nach dem Bilde
einer der Personen der Trinität geschaffen sei, sondern nach dem Bilde
der ganzen Trinität.[82] „Es wäre sicher nicht richtig, ‚unser‘ zu sagen,
weil es ein Plural ist, wenn der Mensch nach dem Bilde einer Person
gemacht wäre, sei es des Vaters oder des Sohnes oder des Hl. Geistes.
Sondern weil er nach dem Bild der Trinität gemacht wurde, deswegen ist
gesagt: ‚nach unserem Bilde‘“. Aus dem grammatischen Plural schließt
Augustinus also auf die Mehrzahl der göttlichen Personen. Diese drei
göttlichen Personen sind aber real existierende Wesen, nicht nur
logisches Subjekt des Satzes. Zerlegt man den Gedanken Augustins in
seine einzelnen Schritte, so macht er zunächst die rein grammatische
Aussage, wie sie in der schulmäßigen Analyse eines jeden Satzes
gemacht werden könnte, daß *nostram* einen Plural ausdrückt. Daraus
schließt er, daß von einer Mehrzahl von Subjekten die Rede ist.
Schließlich fragt er aber, wer diese Subjekte sind (Vater, Sohn und Hl.
Geist) und nennt sie Personen der Trinität. Damit ist die sprachlogische
Ebene noch nicht ganz verlassen, da *persona* hier nicht im Kontext
metaphysischer Ausdrücke wie *substantia* oder *natura* steht; sie ist aber
auch nicht mehr strikt eingehalten. Die Personen der Trinität sind eben
nicht nur logische Subjekte, sondern real subsistente Seiende. Damit
steht das Wort *persona* genau am Übergang vom exegetischen zum
dogmatischen (hier: trinitätstheologischen) Begriff.

Dieser Übergang ist aber noch weiter in diesem Text zu beobachten.
Augustinus fährt fort, den folgenden Vers „und es machte Gott den
Menschen nach dem Bilde Gottes“ auszulegen. Den Singular *fecit*
deutet er nach dem Plural *nostram* als Ausdruck der Einheit der Trinität:
„Damit wir aber andererseits nicht meinen, daß in der Trinität an drei
Götter zu glauben ist, während doch dieselbe Trinität ein Gott ist, sagt
er: ‚Und es machte Gott den Menschen nach dem Bilde Gottes‘, als ob
er sagte ‚nach seinem Bilde‘. Dieser letzte Ausdruck ‚nach dem Bilde
Gottes‘ bietet für Augustinus den Anstoß, daß ihm häufig die Bedeutung beigelegt wird ‚nach dem Bild des Sohnes‘[83], was er selbst ablehnt.

---

[82] Vgl. in fast denselben Worten Gn litt 3,19 (CSEL 28,85,16–86,4). Zur augustinischen Bildtheologie vgl. SCHMAUS 195–200; GILSON 286–298; G. BARDY, n. 51:
BAug 10 (1952) 730f; MERKI 475; MARKUS, „Imago“ 125–143; A. SOLIGNAC,
Image et ressemblance II. B. Dans la patristique latine: DSp 7/2 (1971) 1418–1420; P.
AGAESSE, n. 15–16: BAug 48 (1972) 622–633; A. TRAPE/M. F. SCIACCA: NBA 4
(1973) XXXVIII–XL.
[83] Vgl. DROBNER 75f. Augustinus selbst vertritt aber in *diu qu* 51,4 (CCL 44 A,
81,70–72) noch diese Auffassung: *neque inscite distinguitur, quod aliud sit imago et
similitudo dei, qui etiam filius dicitur, aliud ad imaginem et similitudinem dei, sicut
hominem factum accipimus.* Vgl. SCHMAUS 197; MERKI 467.

Er widerlegt diese Auffassung zunächst wieder mit grammatikalischen Mitteln, indem er zeigt, daß es in der Bibel in einem Satz oft scheint, als ob von zwei verschiedenen Personen die Rede sei, obwohl doch logischerweise ein und derselbe gemeint sein muß (z. B. *Ps* 17,30 und *Ps* 44,6). Auch im Neuen Testament seien solche Stellen, wenn auch seltener, nachweisbar. In *Ro* 1,3f. heißt es: „Von seinem Sohn, der ihm wurde aus dem Samen Davids dem Fleische nach, der vorherbestimmt war als Sohn Gottes in Macht dem Geiste der Heiligkeit nach aufgrund der Auferstehung unseres Herrn Jesus Christus von den Toten." Auch hier sind der „Sohn Gottes" und der „Herr Jesus Christus" scheinbar zwei verschiedene Personen, weil man üblicherweise ein Pronomen verwendet, wenn man in einem Satz zweimal von derselben Person spricht. Dennoch ist hier nur von ein und derselben Person die Rede, nämlich „dem Sohn Gottes, unserem Herrn Jesus Christus" *(non cogimur intellegere aliam personam sed unam eandemque, scilicet filii dei domini nostri Iesu Christi)*. Dieses christologische Erklärungsmodell ist äußerst aufschlußreich für die Entstehung der Formel *una persona*. Augustinus behandelt eine grammatische, sprachlogische Frage, die er mit Hilfe der Bestimmung des einen Subjektes *(persona)* löst. Gleichzeitig aber drückt er damit die seinsmäßige Einheit von Gott und Mensch in Jesus Christus aus. Damit ist wieder die rein sprachlogische Ebene verlassen und die metaphysische erreicht. Sehr wichtig ist überdies, daß er hier bereits den Ausdruck *una persona* hat, wenn er auch noch nicht im späteren formelhaften Sinne verwendet wird. Es scheint aber von hierher deutlich, wie Augustinus diesen Begriff aus der christologischen Person-Exegese entwickelt hat und wie man sich den Übergang vorzustellen hat.

C. *ENCHIRIDION*

Der dritte Text aus dem *Enchiridion*, verfaßt etwa zehn Jahre später (421/23), ist noch einen Schritt weiter in der Entwicklung[84]. Augustinus legt dort *Ps* 2,7 im Zusammenhang mit der Taufe Jesu im Jordan aus: „Daher weist jene Stimme des Vaters, die über dem Getauften erschallte, ‚Heute habe ich dich gezeugt' nicht auf jenen Tag der Zeit, an dem er getauft wurde, sondern der unwandelbaren Ewigkeit, um zu zeigen, daß jener Mensch zur Person des Eingeborenen gehört *(ad unigeniti personam pertinere monstraret)*". *Ad personam pertinere* ist ein Ausdruck der Person-Exegese[85], bezeichnet aber gleichzeitig die seinsmäßige Einheit des Menschen Jesus mit dem eingeborenen Gottessohn.

---

[84] Ench 14,49 (CCL 46,76,14–17).
[85] Vgl. z. B. auch b coniug 10,11 (CSEL 41,203,7); b uid 1,1 (CSEL 41,305,12) u. ö.

Der exegetische und christologische Begriff verschmelzen hier vollkommen ineinander.

D. *CONTRA MAXIMINUM*

Dasselbe gilt für eine Passage in *Contra Maximinum*[86], noch etwa weitere fünf Jahre später geschrieben (427/28). Es geht um die Frage nach der Gleichheit von Vater und Sohn. Als Belege für die Unterordnung des Sohnes und seine substantielle Verschiedenheit vom Vater führt Maximinus zwei Psalmzitate an: *Ps* 21,11 „Vom Schoß meiner Mutter an bist du mein Gott" (gesagt vom Sohn zum Vater) und *Ps* 109,3 „Dein ist die Herrschaft am Tag deiner Macht, im Glanze der Heiligen; aus dem Schoße habe ich dich gezeugt noch vor dem Morgenstern" (gesagt vom Vater zum Sohn). Gegen diese Argumente geht Augustinus auf zwei verschiedene Weisen vor. Was *Ps* 21,11 betrifft, weist er zurück, daß hier der Sohn das Subjekt der Aussage sei: „Es ist nämlich nicht die Person des Sohnes, die hier spricht *(non enim Filii persona est dicentis)*" und erklärt im folgenden die beiden Zeugungen des Sohnes. „Auch wenn jene unaussprechliche Zeugung aus dem Schoß des Vaters angenommen wird, bedeutet das, daß er aus sich selbst, d. h. Gott aus seiner Substanz Gott zeugte, so wie, wenn er aus dem Schoß der Mutter geboren wurde, ein Mensch einen Menschen zeugte, damit wir in beiden Zeugungen erkennen, daß die Substanzen dessen, der geboren wird, und derer, von denen er geboren wird, nicht verschieden sind. Zwar ist die Substanz verschieden bei Gott Vater und der Menschenmutter, aber nicht verschieden ist die Substanz bei Gott Vater und Gott Sohn. So ist auch die Substanz nicht verschieden bei der Menschenmutter und dem Menschensohn." Diese Theologie sieht Augustinus bestätigt durch *Ps* 109,3. Er gesteht Maximinus zwar zu, daß dieser Psalmvers vom Vater zum Sohn gesagt sein kann, aber „entweder sagt dies der Prophet von sich aus *(ex persona sua)* zum Herrn Jesus oder in Stellvertretung des Vaters zum Sohn *(ex persona Patris ad Filium)*. Wenn ich die beiden Zeugungen Christi, aus Gott Vater vor aller Zeit, aus der Menschennatur in der Fülle der Zeit, annehmen, verehren, verkünden will, ist dieses Zeugnis nicht gegen mich. Sondern es zeigt, daß du Zeiten verknüpfen willst, wo ich vielmehr erkenne, warum er sagte ‚aus dem Schoße habe ich dich gezeugt', weil auch du das als von der Person des Vaters her *(ex persona Patris)* gesagt anerkennst. Denn nicht wie die Glieder des menschlichen Leibes angeordnet sind, hat Gott einen Schoß, sondern das Wort ist übertragen von einer körperlichen auf eine unkörperliche

---

[86] C Max 1,7 (PL 42,749–750).

Substanz, damit wir erkennen, daß der eingeborene Sohn gezeugt ist von der Substanz des Vaters."

Es handelt sich also hier im Streit gegen die Arianer um das theologische Problem der beiden Zeugungen Christi, wobei von beiden Seiten exegetisch argumentiert wird. Betrachtet man die Verwendungen und Bedeutungen von *persona* in diesem Abschnitt näher, wird deutlich, daß sie wenige Jahre vor dem Tod Augustins noch immer auf der Grenzlinie von Exegese und Dogmatik stehen. Wenn Augustinus mit der Formulierung *„non enim Filii persona est dicentis"* ablehnt, daß Christus in *Ps* 21,11 spricht, ist dies nichts anderes als die Antwort auf die Standardfrage der Person-Exegese *„Quis dicit?"*, die das logische Subjekt des Satzes ermittelt. In Konfrontation mit dem Kontext, der sich vornehmlich mit den Substanzen (Naturen) Christi beschäftigt, gewinnt *persona Filii* aber auch metaphysischen Sinn, bezeichnet nicht nur das logische Subjekt, sondern auch die seinsmäßige Wirklichkeit dieses Sohnes. Das gleiche gilt wohl auch vom Kontext her für den person-exegetischen Ausdruck *ex persona Patris*.

ERGEBNISSE

Das erste Kapitel hat auf der Basis des ersten Teiles der Arbeit, der vollständigen Analyse des *persona*-Sprachgebrauches bei Augustinus, die bereits die bedeutende Rolle der Person-Exegese für die gesamte Theologie Augustins zeigte, zwei weitere Schritte getan zur Erklärung der Herkunft der christologischen Formel *una persona* aus der Person-Exegese. Es hat nachgewiesen, daß die Person-Exegese auch in der christologischen Exegese verbreitet ist und hohen Rang hat, insbesondere bei der Deutung der Psalmen auf Christus hin und bei der Erklärung der atl. Theophanien Christi. Bereits dort zeigte sich, wie immer wieder *persona* im Kontext der beiden Naturen Christi stehend, als Einheitsbegriff von Haupt und Leib Christi, von Christus und dem Menschen, für den er spricht, bereits über den logischen Subjektsbegriff hinauswies auf einen Identitätsbegriff in der Realität. Dieser Übergang von einem sprachlogischen, exegetischen zu einem metaphysischen, dogmatischen Begriff der *persona* konnte in einem zweiten Schritt konkret nachgewiesen werden anhand von vier Schlüsseltexten, und zwar sowohl für die Christologie als auch für die Trinitätslehre Augustins. Der Prozeß dieses Überganges beginnt in jedem Fall vor dem Jahre der Entdeckung der Formel *una persona* 411, endet aber auch nicht bis zum Lebensende Augustins. Dies zeigt, daß die Verbindung zwischen Person-Exegese und Christologie nicht abreißt. Die Person-Exegese ist nicht nur ein treibender Faktor bei der Entwicklung der dogmatischen Formel, sondern begleitet auch die fertige Formel weiter.

Damit ist die sprachliche Analyse der Begrifflichkeit, ihrer Entwicklung und Abhängigkeiten abgeschlossen, da weitere Ergebnisse mit ihr
nicht zu erzielen sind. Im folgenden ist, wie es die Hermeneutik einer
solchen Fragestellung erfordert, der Schwerpunkt auf die nähere Analyse der gedanklichen Voraussetzungen der Formel *una persona* in der
Theologie Augustins zu legen. Es ist zu fragen, wie Augustinus vor der
Entdeckung der neuen Formel die Einheit von Gottheit und Menschheit
in Christus ausdrückte und wie sich Terminus und Gedanke einander
annäherten, so daß sie sich schließlich zur neuen Formel vereinten.

5. KAPITEL: *PERSONA* UND CHRISTOLOGISCHER EINHEITSGEDANKE BEI AUGUSTINUS BIS 411

Im Werk Augustins sind eine Reihe von Texten und Ausdrücken aus den Jahren vor 411 zu finden, worin er die Einheit zweier Rollen/Teile in Christus, auch die gottmenschliche Einheit in Christus behandelt und in deren Kontext er an mehr oder minder zentraler Stelle das Wort *persona* verwendet. Dies läßt vermuten, daß von daher ein gedanklicher Impuls zur Verwendung des Wortes *persona* als Ausdruck des Gottmenschen Jesu Christi erfolgte.

I. *CHRISTUS HOMO DOMINICUS*

Der erste Ausdruck dieser Art ist der des *homo dominicus,* den Augustinus dreimal im Kontext von *persona* verwendet, und zwar bei der Exegese von Psalm 4 und 7, ca. in den Jahren 392–394[1].

Ps 4,2 „Wenn ich rief, erhörte mich der Gott meiner Gerechtigkeit. In der Bedrängnis hast du mir Raum geschaffen" ist für Augustinus zunächst ein Beispiel der *mutatio personae,* da das Verb von der dritten zur zweiten Person wechselt *(exaudivit – dilatasti).* Dann aber stellt sich, geradezu schulmäßig, nach der Beschreibung der grammatischen Personen die Frage nach dem inhaltlichen Subjekt. Gemäß dem Kriterium des *aptum* lehnt Augustinus ab, den Satz als vom Menschen des Herrn gesagt zu verstehen, den die Weisheit Gottes (der Logos) angenommen hat *(in persona dominici hominis, quem suscepit Dei sapientia, non …possit congruere),* da dieser von der Weisheit niemals verlassen ist. Das Subjekt muß daher der Gläubige sein, dessen Person der *homo dominicus* hier übernimmt *(in persona eius qui credens in Christum …recte accipitur…quorum personam sibi imposuit),* wie er es auch an anderen Stellen in der Bibel tut (z. B. *Mt* 25,35 „Ich war hungrig und ihr habt mich gespeist.").[2]

Was Psalm 7 betrifft, so kann dieser Psalm als ganzer „*in persona dominici hominis*" verstanden werden, wobei alles, was dabei an Niedrigem gesagt wird, sich auf unsere Schwäche bezieht, die er trägt[3]. So hatte Augustinus auch schon konkret Vers 13 ausgelegt „Wenn ihr

---

[1] Zur Datierung vgl. CORTICELLI: NBA 25 (1967) XLIV.
[2] En Ps 4,2 (CCL 38,14,1–15,35).
[3] En Ps 7,20 (CCL 38,49,1–3).

nicht umkehrt, wird er sein Schwert schwingen". Das Schwert Gottes ist der *homo dominicus* bei seiner Wiederkunft am Ende der Zeiten.[4]

An allen drei Stellen bezeichnet also *homo dominicus* offenbar den Menschen Christi, der durch die Annahme seitens der Weisheit Gottes, des Logos, einen einmaligen Stellenwert erhält. Um diesen Ausdruck aber noch besser zu verstehen und seine Bedeutung bei Augustinus noch genauer zu erfassen, ist ein kurzer Rückblick auf seine Geschichte, sowie ein Überblick über seine weitere Verwendung im Werk Augustins nötig.

Κυριακὸς ἄνθρωπος ist ein Begriff, der im 4. Jahrhundert im Kampf gegen die arianischen Argumente gegen die Gottheit Christi entsteht[5]. Er ist erstmals in der Markell von Ankyra zugewiesenen *Epistula ad Antiochenos*[6] und der in Teilen davon abhängigen pseudathanasischen *Expositio fidei*[7] zu finden. Während die Arianer Schriftstellern wie *Mt* 26,38–41 (Angst Jesu am Ölberg), *Lk* 2,52 mit 3,23 (Wachstum und Fortschritt Jesu) und *Jo* 4,6 (Ermüdung und Sitzen Jesu am Jakobsbrunnen) als Beweise gegen die Gottheit Christi ansehen, unterscheidet Markell mit dem Ausdruck κυριακὸς ἄνθρωπος strikt zwischen dem erhöhten Christus gemäß *Phil* 2,9–11 und Jesus in seiner Niedrigkeit. Wenn es um den Status der Erniedrigung geht, fehlt κυριακὸς ἄνθρωπος konsequent, vielmehr werden dann Ausdrücke wie „Leib Christi", „Mensch, den er für uns angenommen hat" oder einfach „Jesus"

---

[4] En Ps 7,13 (CCL 38,45,1–17).

[5] Zur Geschichte des Begriffes vgl. E. SCHWARTZ, Der sogenannte Sermo maior de fide des Athanasius (= SBAW.PPH 1924/6), München 1924; F. LOOFS, Theophilus von Antiochien Adversus Marcionem und die anderen theologischen Quellen bei Irenaeus (= TU 46/2), Leipzig 1930, 138–140 Anm. 11; J. LEBON, S. Athanase a-t-il employé l'expression ὁ κυριακὸς ἄνθρωπος?: RHE 31 (1935) 307–329; G. BARDY, n. 29: BAug 12 (1950) 572; A. GESCHE, La christologie du ‚Commentaire sur les Psaumes' découvert à Toura, Gembloux 1962, 71f., 80–90; GRILLMEIER, ΚΥΡΙΑΚΟΣ ΄ΑΝΘΡΩΠΟΣ 1–63; DERS., *Kyriakos Anthropos* 275–293; DERS., Jesus der Christus 66f., 429–434.

[6] SCHWARTZ, Sermo maior Nr. 54–80. Armenische Version mit engl. Übersetzung bei CASEY, Pseudo-Athanasian Letter. Eine neue Kollation bei H. NORDBERG, Athanasiana. Zur Zuweisung an Markell von Ankyra vgl. F. SCHEIDWEILER, Wer ist der Verfasser des sogenannten Sermo Maior de Fide?: ByZ 47 (1954) 333–357; M. TETZ, Zur Theologie des Markell von Ankyra 1: Eine Markellische Schrift ‚De incarnatione et contra Arianos': ZKG 75 (1964) 240f., 268f. Dagegen: M. SIMONETTI, Su alcune opere attribuite di recente a Marcello di Ancira: RSLR 9 (1973) 313–329; DERS., Ancora sulla paternità dello ps.-athanasiano ‚Sermo maior de fide': VetChr 11 (1974) 333–343. GRILLMEIER (ΚΥΡΙΑΚΟΣ ΄ΑΝΘΡΩΠΟΣ 2; *Kyriakos Anthropos* 275; Jesus der Christus 429) folgt aber SCHEIDWEILER und TETZ.

[7] PG 25,200–208; NORDBERG, Athanasiana 1, 49–56. Zum Verhältnis zur *Epistula ad Antiochenos* vgl. M. TETZ, Les écrits ‚dogmatiques' d'Athanase: Ch. KANNEN-GIESSER (Hrsg.), Politique et Théologie chez Athanase d'Alexandrie (Actes du Colloque de Chantilly, 23–25 Septembre 1973) (= ThH 27), Paris 1974, 181–188; DERS., Markell von Ankyra 1, 221–223, 240f.

verwendet[8]. Danach ist der Begriff auch bei Markus Eremita, im gesamten pseudathanasischen Schrifttum, bei Didymus von Alexandrien, Epiphanius von Salamis und Gregor von Nyssa nachzuweisen, die lateinische Übersetzung *homo dominicus* bei Augustinus und Cassian[9].

„Der Bischof von Hippo versteht es, diesen Ausdruck in mancherlei Perspektiven schillern zu lassen, ohne doch Wesentliches zu seiner Bedeutungsgeschichte beizutragen. Er hat ihn von anderen übernommen und ohne selbständige Reflexion oder Analyse als Ausdruck für die menschliche Wirklichkeit Christi verwendet. ...*Homo dominicus* ist also für Augustinus die Bezeichnung der Menschennatur Christi, oder der Menschennatur, die dem Herrn gehört, und dies in allen Stadien ihrer Geschichte." (GRILLMEIER)[10] Bei der Auslegung des Psalmes 4 gibt Augustinus einleitend die Regel zur Interpretation: „Wir müssen also entweder die Worte des *homo dominicus* nach der Auferstehung erwarten oder des Menschen in der Kirche, der an ihn glaubt und auf ihn hofft."[11] Für Vers 2 entscheidet sich Augustinus dann, wie bereits dargestellt, gegen den *homo dominicus* als Subjekt. GRILLMEIER urteilt: „*Dominicus homo* bezeichnet hier lediglich die von der ‚Weisheit' angenommene Menschheit, ohne Rücksicht auf den Zustand der Erhöhung oder Erniedrigung."[12] T. van BAVEL, DIEPEN und GEERLINGS ordnen hingegen den Ausdruck *homo dominicus* bei Augustinus unter die Versuche ein, den Gottmenschen treffend zu bezeichnen[13]. Selbst GRILLMEIER zählt an anderer Stelle Augustinus zu den Autoren, bei denen „wir den Rahmen einer Christologie der Erhöhung verlassen haben und uns nun auf der Basis einer Christologie der Einheit von Gottheit und Menschheit in Christus befinden"[14]. Der Ausdruck *homo dominicus* ist allerdings bei Augustinus insgesamt recht selten[15] und wird nur während der Jahre 386–395 verwendet. Warum er ihn wieder ablegte, ist nicht ganz eindeutig klar. Er selbst nennt, allerdings viele Jahre später, in den *retr* als Grund, daß das Adjektiv *dominicus* ja „zum Herrn gehörig" heiße und so von jedem Christen

---

[8] Vgl. GRILLMEIER, Jesus der Christus 67.

[9] Vgl. GRILLMEIER, ΚΥΡΙΑΚΟΣ ΆΝΘΡΩΠΟΣ 25–47; DERS., *Kyriakos Anthropos* 282–289.

[10] GRILLMEIER, ΚΥΡΙΑΚΟΣ ΆΝΘΡΩΠΟΣ 42f., 45.

[11] En Ps 4,1 (CCL 38,14,11–13): *Nunc interim aut verba dominici hominis post resurrectionem exspectare debemus, aut hominis in ecclesia credentis et sperantis in eum.*

[12] GRILLMEIER, ΚΥΡΙΑΚΟΣ ΆΝΘΡΩΠΟΣ 44.

[13] T. van BAVEL, Christologie 15f.; DIEPEN (72) 34–36; GEERLINGS 81f.

[14] GRILLMEIER, *Kyriakos Anthropos* 286.

[15] Er verwendet ihn außer an den genannten drei nur noch an folgenden Stellen: s dom m 2,6,20 (CCL 35,110,435–438); exp prop Rom 40 (48), 6–7 (CSEL 84,22,4–11); en Ps 1,1 (CCL 38,1,1–3); 8,11 (54,1–8); 8,13 (56,45–57,60); diu qu 36,2 (CCL 44 A,56,55–58); 57,3 (102,113); 75,2 (217,42).

ausgesagt werden könne, *homo dominicus* also keine spezifische Bezeichnung für „den Mittler zwischen Gott und den Menschen" sei[16]. T. van BAVEL vermutet jedoch, daß *homo dominicus* von der Entwicklung der Christologie Augustins überholt wurde[17]. Sehr wahrscheinlich ist auch die Auffassung von GEERLINGS, der Ausdruck *homo dominicus* sei von Augustinus als zu adoptianistisch klingend empfunden worden[18] (vergleichbar zu *homo assumptus*).

Wie ist nun der Ausdruck *homo dominicus* bei Augustinus zu bewerten? Als reine Bezeichnung des Menschen, der zum Herrn gehört, oder als ein, wenn auch unzureichender Versuch, einen Ausdruck für den Gottmenschen zu finden? GRILLMEIER ist mit Sicherheit zuzustimmen, daß *homo dominicus* bei Augustinus die menschliche Wirklichkeit des Herrn in allen Stadien ihrer Geschichte bezeichnet. Augustinus hat auch zweifelsohne den Ausdruck von anderen übernommen. Die Analyse der Texte Augustins nach dem traditionellen Schema Erhöhung/Erniedrigung scheint jedoch nicht im gleichen Maße zutreffend; ebenso nicht das Urteil, Augustinus habe diesen Ausdruck nicht selbständig reflektiert und weiterentwickelt. Vielmehr scheint die Analyse aller Stellen, an denen Augustinus *homo dominicus* verwendet, zu zeigen, daß der Begriff zur Bezeichnung der Gottmenschheit Christi tendiert.

An keiner Stelle ist der traditionelle Kontext der antiarianischen Polemik nachzuweisen, und die Erhöhung oder Erniedrigung des *homo dominicus* ist nirgendwo das Thema. Zwar spricht Augustinus durchaus teils vom *homo dominicus* nach der Auferstehung[19], teils als dem auf Erden lebenden Menschen[20], Augustins Hauptabsicht ist aber exegetisch. Der Gegensatz ist *homo dominicus – infirmitas nostra*, die er trägt[21], denen, je nachdem wie es passend ist, die Attribute und Aussagen zuzuordnen sind. Der *homo dominicus* ist allerdings von besonderer Qualität. Er ist von der Weisheit Gottes, dem eingeborenen

---

[16] Retr 1,18,11 (CSEL 34,94,8–15): *sed non video, utrum recte dicatur homo dominicus, qui est mediator dei et hominum, homo Christus Iesus (cum sit utique dominus): dominicus autem homo quis in eius sancta familia non potest dici?* Vgl. G. COMBES, n. 24: BAug 12 (1950) 572; DIEPEN (72) 35.

[17] T. van BAVEL, Christologie 15f. C. MOHRMANN verweist in ihrer Rezension (VigChr 10, 1956, 59) dagegen eher auf Augustinus Korrektur in der *retr.*

[18] GEERLINGS 82.

[19] En Ps 4,1 (CCL 38,14,11–13): *nunc interim aut uerba dominici hominis post resurrectionem exspectare debemus ...*; 7,13 (45,1–17).

[20] En Ps 8,11 (CCL 38,54,1f.): *filius igitur hominis primo uisitatus est in ipso homine dominico, nato ex Maria uirgine.* 7,13 (45,2–4): *Potest ipse homo hominicus gladius Dei intellegi bis acutus, id est framea, quam non uibrauit primo aduentu, sed tamquam in uagina humilitatis abscondit.*

[21] En Ps 4,2 (CCL 38,14,23–26).

Sohn Gottes untrennbar angenommen²². Er ist sündelos, vollkommen und ohne Schwäche²³ und wirkt die Wunder²⁴. Die Niedrigkeit des Menschen umgibt ihn nur wie eine Hülle²⁵, und er trägt die Schwäche des Menschen, ohne selbst davon affiziert zu sein²⁶. Er ist also schon als Mensch über die normale menschliche Ebene hinausgehoben. Andererseits ist der *homo dominicus* deutlich vom Logos unterschieden. Die *sapientia Dei* nimmt ihn an²⁷, Gott schwingt den *homo dominicus* als Schwert bei der Wiederkunft²⁸, der Eingeborene kommt im *homo dominicus,* um die Welt zu richten²⁹, der *homo dominicus* wird aus Maria geboren³⁰. In diesen Zusammenhängen bezeichnet *homo dominicus* eindeutig nur die Menschheit Christi. Schließlich aber werden eine Reihe von jeweils denselben Attributen teils dem *homo dominicus,* teils aber auch dem Logos zugeschrieben. Der Menschensohn kommt zum Gericht³¹, aber auch der Eingeborene im *homo dominicus*³². Der *homo dominicus* trägt die Schwäche des Menschen³³, aber auch die Weisheit Gottes selbst trägt sie³⁴. Selbst die Niedrigkeit der fleischlichen Geburt und des Leidens schreibt Augustinus auch dem eingeborenen Gottessohn zu³⁵. Es findet also eine implizite Identifizierung des *homo dominicus* mit dem eingeborenen Sohn Gottes, dem Logos statt. Nimmt man hinzu, daß der *homo dominicus* schon dort, wo er eindeutig nur den Menschen des Herrn bezeichnet, über die allgemein menschliche Ebene

---

²² Ebd. 20–23.
²³ Ebd. 14,19–26; en Ps 7,20 (CCL 38,49,1–3): *Potest iste psalmus etiam in persona dominici hominis intellegi; si modo ea quae ibi humiliter dicta sunt, ad nostram infirmitatem referantur, quam ille gestabat.*
²⁴ Diu qu 36,2 (CCL 44 A, 56,55–57): *Hic praestantissimum illud et unicum exemplum dominici hominis proponendum est, qui cum se tot miraculis tantam rerum potestatem habere monstraret, et ea spreuit quae magna bona et ea sustinuit quae magna mala imperiti putant.* Exp prop Rom 40 (48), 6–7 (CSEL 84,22,4–11); en Ps 8,13 (CCL 38,56,45f.).
²⁵ En Ps 7,13 (CCL 38,45,3f.): s. o. S. 156 Anm. 20.
²⁶ En Ps 4,2 (CCL 38,14,19–26).
²⁷ Ebd. 14,20f.: *in ipsius autem (persona) dominici hominis, quem suscepit Dei sapientia,...*
²⁸ En Ps 7,13 (CCL 38,45,1–7): *uibrabit autem (hominem dominicum), cum in secundo aduentu ueniens iudicare uiuos et mortuos.*
²⁹ S dom m 2,6,20 (CCL 35,110,435–438): *Nulli autem licebit ignorare dei regnum, cum eius unigenitus non solum intelligibiliter sed etiam uisibiliter in homine dominico de caelo uenerit iudicaturus uiuos et mortuos.*
³⁰ En Ps 8,11 (CCL 38,54,1–8): s. o. S. 156 Anm. 20
³¹ Vgl. M.-F.BERROUARD, n. 19: BAug 72 (1977) 746–749.
³² S. o. S. 157 Anm. 29.
³³ S. o. S. 157 Anm. 26.
³⁴ En Ps 8,11 (CCL 38,54,2f.): *De quo propter ipsam infirmitatem carnis, quam sapientia Dei gestare dignata est, et passionis humilitatem recte dicitur...*
³⁵ Ebd. 54,2–11: *etiam super angelos constitutum accipimus unigenitum Filium, quem minutum paulo minus ab angelis per humilitatem carnalis generationis atque passionis audimus et credimus.*

hinausgehoben ist, scheint mir die Tendenz zum Ausdruck des Gottmenschen deutlich.

Eine letzte Stelle ist noch heranzuziehen, die diesen Schluß stützt.
Augustinus deutet Psalm 1,1 „Selig der Mann, der nicht zum Rat der
Gottlosen ging" auf den *homo dominicus:* „er ist von unserem Herrn
Jesus Christus her zu verstehen, d. h. vom *homo dominicus* "[36]. Während
sonst der Herr als Subjekt und der zu ihm gehörende Mensch unterschieden werden, werden sie hier identifiziert. Der Herr *ist* der *homo
dominicus,* der Gottmensch, worauf auch der Doppeltitel Jesus Christus
hinweist.

Diese Interpretationen sind nicht überzustrapazieren. Nach der vorgelegten Analyse der Texte kann man aber wohl folgendes sagen. Der
Ausdruck *homo dominicus* schillert bei Augustinus in mehreren Varian-
ten. Zum einen kann er eindeutig nur die Menschheit des Herrn
bezeichnen, und das sowohl vor als auch nach der Auferstehung.
Andererseits werden der *homo dominicus* und der eingeborene Sohn
Gottes, der *homo dominicus* und der Herr identifiziert, was *homo
dominicus* praktisch zu einem Terminus des Gottmenschen macht.
Diese Ergebnisse scheinen mir die These von van BAVEL, DIEPEN
und GEERLINGS neu zu begründen, daß *homo dominicus* unter die
Versuche, einen Ausdruck für den Gottmenschen zu finden, einzureihen ist. Diese These wird auch von daher gestützt, daß sich im
griechischen Raum Parallelen nachweisen lassen. Auch im pseudathanasischen Dialog *De trinitate* und in den Psalmenkommentaren von
Toura meint κυριακὸς ἄνθρωπος den fleischgewordenen Gottessohn[37].

Diese Neuinterpretation trägt nun auch einen Baustein zur Erklärung
der Entwicklung des exegetischen *persona*-Begriffs zum metaphysischen Einheitsbegriff Christi bei. Zwar ist *persona,* wie oben dargestellt,
an allen drei Stellen, in denen es im Kontext des *homo dominicus* steht,
in eindeutig exegetischer Bedeutung verwendet. Man muß aber wohl
davon ausgehen, daß *persona* neben seiner Ableitung aus dem grammatischen Subjektsbegriff sich vor allem deswegen als Lösung des Problems der gottmenschlichen Einheit Christi anbot, weil es in diesem
Kontext verwendet wurde. Dies trifft für den Ausdruck des *homo
dominicus* zu und gewinnt von daher noch an Wahrscheinlichkeit, als er
nicht der einzige Ausdruck dieser Art ist.

---

[36] En Ps 1,1 (CCL 38,1,1–3): *de Domino nostro Iesu Christo, hoc est homine dominico,
accipiendum est.*

[37] DIDYM Ps 31,23 (PTA 8,158 f. Gronewald); PS-ATH dial 4,9 (PG 28,1264 f.):
Ἀπολλιναριάστης· Πῶς λέγεις Κυριακὸν σῶμα, ὁπότε ἀνθρώπου κατασκευάζεις;
Ὀρθοδόξος· Ἐγὼ καὶ σῶμα Κυριακὸν λέγω, καὶ ψυχὴν Κυριακήν, καὶ αἷμα Κυριακόν, καὶ ταφὴν κυριακήν, καὶ ἄνθρωπον καθόλου Κυριακόν, ἐνώσει τοῦ Θεοῦ Λόγου·
οὕτως ὡς εἶναι καὶ τὸν αὐτὸν Θεὸν καὶ ἄνθρωπον. (= Ch. BIZER, Studien zu
pseudathanasianischen Dialogen. Der Orthodoxos und Aëtios, Bonn 1970, 333 f.) Vgl.
GRILLMEIER, *Kyriakos Anthropos* 283.

II. *CHRISTUS PERSONA SAPIENTIAE*

Ein zweiter Versuch, den Gottmenschen Christus in seiner Einzigartigkeit zu beschreiben, ist die Bezeichnung Christi als *persona sapientiae*. Er vermittelt gleichzeitig einen aufschlußreichen Einblick in den Christusglauben Augustins zur Zeit seiner Bekehrung in Mailand (384/86). In den *Confessiones* berichtet Augustinus, er habe damals Christus lediglich als hervorragenden Menschen betrachtet, der „durch eine gewisse große Auszeichnung der menschlichen Natur und einer vollkommeneren Teilhabe an der Weisheit hervorragte", nicht aber als die Vergegenwärtigung der Wahrheit *(persona veritatis)*. Zwar habe er schon damals die volle Menschheit Christi aus Leib, Seele und Geist anerkannt *(corpus, mens, animus)* und sei nicht wie sein Freund Alypius[38] dem Apolinarismus gefolgt, der glaubte, daß die Katholiken in Christus nur die Einigung von Gott und Fleisch lehrten. Aber auch er selbst habe erst einige Zeit später *(aliquanto posterius)* gelernt, worin sich die katholische Interpretation von *Jo* 1,14 „und das Wort ist Fleisch geworden" von der photinianischen Häresie unterscheidet.[39] D. h. Augustinus glaubte z. Zt. seiner Bekehrung an Christus lediglich als einen alle anderen überragenden Menschen, nicht aber an seine Göttlichkeit, seine Gottessohnschaft oder gar eine, wie auch immer geartete, Einigung von Gott und Mensch in Christus; eine Auffassung, die er sich wohl aufgrund seiner Lektüre der neuplatonischen Schriften gebildet hat, da sie stark an die Meinung des Porphyrios erinnert, wie er sie in der „Philosophie aus den Orakeln" äußert. Auch für ihn war Jesus lediglich „der frömmste aller Menschen"[40].

Wenn man auch annehmen darf, daß der Bericht Augustins durchaus zutreffend seinen Christusglauben in den Jahren bis 384/86 und darüber

---

[38] Zu Person und Biographie des Alypius vgl. MAIER, Episcopat 213; MANDOUZE I 53–65 (Quellen!); A. TRAPE, Allpio. DPAC 1 (1983) 139 f. Zur Frage, ob Alypius wirklich Apolinarist gewesen sei, vgl. R. J. O'CONNELL, Alypius' „Apollinarianism" at Milan (Conf. VII 25): REAug 13 (1967) 209 f. Der Begriff des Apolinarismus scheint hier allerdings, wie auch später der Photinianismus für Augustinus, ein Etikett zu sein, mit dem Augustinus nachträglich, z. Zt. der Abfassung des *Confessiones*, eine Position bezeichnet, die diesen Lehren gleicht. Sie sind aber kein Beweis dafür, daß Alypius zu den Apolinaristen, Augustinus selbst den Photinianern gehörte.

[39] Conf 7,19,25 (CCL 27,109,18–33). Vgl. vor allem A. SOLIGNAC, n. 27: BAug 13 (1962) 693–698; COURCELLE, Photinien 63–71.
Weiterhin: ALFARIC 263; Ch. BACKS, Des hl. Augustinus Christusglaube nach seinen „Bekenntnissen": ThGl 22 (1930) 436; A. ODDONE, La figura di Cristo nel pensiero di S. Agostino, Turin 1930, 53; BOYER, Christianisme 116; CAYRE 244 f.; OUTLER 344 f.; T. J. van BAVEL, L'humanité du Christ comme lac parvulorum et comme via dans la spiritualité de saint Augustin: Aug(L) 7 (1957) 248; DIEPEN (72) 36; M. LODS, La personne du Christ dans la „conversion" de saint Augustin: RechAug 11 (1976) 19; MAYER; GRILLMEIER, Jesus der Christus 597 f.

[40] Vgl. COURCELLE, Photinien 63–71; A. SOLIGNAC, n. 27: BAug 13 (1962) 693–695.

hinaus beschreibt (wie lange dies war, muß im folgenden erschlossen werden), gilt dies sicher nicht für das Vokabular, das er in den *conf* verwendet. Dieses spiegelt den Erkenntnisstand des Bischofs um 397–400 wider. Er hatte Christus zugegebenermaßen den Titel *persona veritatis* nicht zuerkannt, ebenso nicht den Titel *persona sapientiae.* Und es ist ihm auch nicht bewußt gewesen, daß er mit seiner Auffassung die Doktrin des Photinus vertrat[41]. Alle diese Kategorien lernte er erst später. Wann war dieses „später"? Einigen Aufschluß kann die Verwendung der Termini *persona veritatis* und *persona sapientiae* geben. Da jedoch die Formulierung *persona veritatis* ein *Hapax legomenon* im Werk Augustins ist, kann man lediglich das Vorkommen der Ausdrücke *persona sapientiae* bzw. *Christus sapientia Dei* verfolgen.

Zum ersten Mal nennt Augustinus Christus die Weisheit Gottes, als er in *Gal exp* die Sohnschaft Christi und die der Menschen erklärt (zu Anfang der Bischofszeit 394/5) im Anschluß an *Gal* 3,25 „Nachdem der Glaube gekommen ist, sind wir nicht mehr unter dem Zuchtmeister"[42]: „Was er aber sagt, daß alle Söhne Gottes seien durch den Glauben, weil alle Christus angezogen haben, die auf Christus getauft sind, will sagen, daß die Heiden nicht verzweifeln sollen an sich, weil sie nicht unter dem Zuchtmeister gehalten wurden, und sich daher nicht für Söhne hielten, sondern indem sie Christus durch den Glauben anziehen, werden alle Söhne, nicht von Natur aus wie der einzige Sohn, der auch die Weisheit Gottes ist *(qui etiam sapientia dei est),* und nicht durch die Vormacht und Einzigartigkeit der Annahme *(neque praepotentia et singularitate susceptionis),* um von Natur aus die Person der Weisheit zu haben und zu verkörpern *(ad habendam naturaliter et agendam personam sapientiae),* wie der Mittler selbst eins ist mit der annehmenden Weisheit selbst ohne Dazwischentreten eines Mittlereffektes, sondern sie werden Söhne durch die Teilhabe an der Weisheit *(participatione sapientiae),* durch den vorbereitenden und vorgängigen Glauben des Mittlers." Man erkennt deutlich den Fortschritt der Christologie Augustins gegenüber seiner Auffassung zur Zeit seiner Konversion. Er unterscheidet drei Sohnschaften:

1. die des einzigen Sohnes Gottes, der Weisheit Gottes: von Natur aus;
2. die des *mediator,* des Menschen Christi: aufgrund der Einzigartigkeit seiner Annahme seitens der Weisheit Gottes;
3. die aller Menschen: aufgrund der Teilhabe an der Weisheit Gottes, vermittelt durch den Menschen Christi.

Die Annahme eines Menschen seitens der Weisheit Gottes bedeutet aber ihre Identifizierung mit ihm. Die Annahme hat das Ziel, daß dieser Mensch „von Natur aus" *(naturaliter)* die Vergegenwärtigung, die

---

[41] Zu *persona veritatis* vgl. A. SOLIGNAC, n. 27: BAug 13 (1962) 696–698.
[42] Gal exp 27 (CSEL 84,92,1–23).

leibhafte Erscheinung der Weisheit Gottes ist *(persona sapientiae).*
Angenommener Mensch und annehmende Weisheit werden unmittel-
bar eins *(unum).* Damit ist die Identifizierung von Gottessohn und
angenommenem Menschen vollzogen. Alle anderen Menschen werden
Söhne, indem sie Christus, d. i. die Weisheit Gottes und *mediator* in
einem, anziehen. Der Mensch Christi vermittelt dabei die Teilhabe an
der Weisheit Gottes. Wesentlich für die Erklärung der Entwicklung des
Wortes *persona* zum metaphysischen Einheitsbegriff ist das hier verwendete exegetische Vokabular: *personam agere, personam habere,* das
nicht nur die äußerliche Übernahme einer Rolle ausdrückt, sondern
deren Identifizierung mit ihrem Träger.

Wenig später (396/7) wird Augustinus noch deutlicher in *agon*[43]:
„Eine Sache ist es nämlich, lediglich weise zu werden durch die Weisheit
Gottes, und eine andere, die Person der Weisheit selbst zu verkörpern
(ipsam personam sustinere sapientiae dei)". Er begründet dies hier mit
einem ekklesiologischen Bild. Wenn auch Haupt und Leib von einer
Natur seien, sei doch der Abstand zwischen ihnen sehr groß. Denn das
Haupt sei der Mensch, durch dessen Annahme das Wort Fleisch
geworden sei, die Glieder aber seien alle Heiligen. Ein zweiter Vergleich folgt. Das Haupt des Körpers „verkörpert auf gewisse Weise die
Person der Seele selbst" *(ipsius animae...quodammodo personam sustinet caput),* die den Körper belebt. So auch Christus. Er nimmt als Mittler
und Mensch der Menschen, Weisheit Gottes und Wort von Anfang an,
den Menschen in viel hervorragenderer und tieferer Weise an als die
übrigen Heiligen. Die übrigen Menschen sind weise *(sapientes),* Christus aber ist der eine Mittler und Mensch der Menschen, der die
Vergegenwärtigung der Weisheit selbst ist *(sapientiae ipsius...personam
gerit).* Der Grundgedanke der *Gal exp* wird hier unter Verwendung
einiger neuer Elemente weiterentwickelt. Das exegetische Identifika-
tionsvokabular hält sich durch *(personam sustinere, personam gerere),*
die Art und Weise der Identifizierung aber wird verdeutlicht. Durch die
Annahme des Menschen *wird* das Wort Fleisch *(Jo 1,14),* d. h.
Mensch[44], sie konstituiert in Christus eine seinsmäßige Verbindung. In
allen anderen Menschen (den Heiligen) ist die Weisheit lediglich als
Eigenschaft vorhanden (weise sein). Neu tritt auch der ekklesiologische
Vergleich des Hauptes und Leibes hinzu, der parallel *caput/anima* mit
homo ille/sapientia gleichsetzt.

Verfrüht scheint jedoch die Interpretation ZUMKELLERs[45], hier
käme die Lehre der zwei Naturen klar zum Ausdruck: „es braucht
eigentlich nicht eigens betont zu werden, daß (diese) Formeln...und

---

[43] Agon 20,22 (CSEL 41,122,11–123,16). Vgl. DIEPEN (72) 39.
[44] Vgl. z. B. Io eu tr 69,3 (CCL 36,501,20): *verbum caro factum est, id est homo.*
[45] Der christliche Kampf 64–67.

ähnliche ganz im Sinne der Lehre von den beiden Naturen in einer
göttlichen Person zu verstehen sind." Soweit ist Augustinus hier noch
nicht. Gewiß, der Unterschied zwischen Christus und den Menschen
besteht darin, daß in Christus die göttliche Weisheit, der Logos und der
angenommene Mensch zu identifizieren sind, eins sind. Nirgendwo ist
aber noch von den zwei Naturen die Rede oder gar der einen göttlichen
Person. Augustinus spricht lediglich von dem einen Mittler *(unus
mediator)*. Vor allem ist das Argument, daß die Auffassung, Christus
habe den ganzen Menschen angenommen *(agon* 11,12.18,20. 21,23.
23,25), darauf hinweise, so nicht haltbar, da ein Blick auf die *conf* zeigt,
daß Augustinus schon immer an die volle Menschheit Christi glaubte,
auch ohne seine Gottheit anzuerkennen. Dennoch ist nicht zu überse-
hen, daß dieser Text auf dem Weg zur *unitas personae* ist. Die Betonung
der vollen Gottheit und Menschheit Christi ist deutlich. Aber der
Verstehenshorizont von einer Person in zwei Naturen ist noch nicht
erreicht.

Um das Jahr 400 ist Augustinus soweit. In *cons eu* betont er, daß die
Weisheit Gottes den Menschen zur Einheit der Person hinzugenommen
habe *(eadem ipsa dei sapientia ad unitatem personae suae homine
adsumto)*[46]. Hieran sieht man, wie die exegetische Terminologie fast
unmerklich in eine theologische übergegangen ist. War in den vorhergehenden Texten von der *susceptio hominis* die Rede, ist hier in *homine
adsumto* praktisch nur ein Synonym verwendet, das aber christologisch-
technische Bedeutung schon vor Augustinus hat. Die zuvor verwendete
exegetische Person-Terminologie *(personam sapientiae agere/gerere/
habere/sustinere)*, die allerdings auch bereits eine Identität ausdrückte,
ist zum seinsmäßigen Einheitsbegriff geworden. Die Ausdrücke, der
Kontext bleiben unverändert, der Person-Begriff aber entwickelt sich
von der Exegese zur dogmatischen Aussage.

Ein letzter Text gehört wohl in diese Periode, wenn auch seine
Datierung umstritten ist: *en Ps 29,2,2*[47]. ZARB datiert ihn in die Jahre
414/15[48], RONDET neuerdings jedoch in die ersten Jahre des Episkopa-
tes Augustins[49]. RONDETs Datierung ist wohl deswegen die zutreffen-
dere, da dieser Text nicht nur nochmals ausführlich das Problem Christi
als der Weisheit Gottes erörtert, sondern auch zeigt, warum Augustinus
dieses Konzept entwickelte. Die Theologie der *sapientia dei* wird hier
noch nicht als ein fertiges Konzept vorgestellt, wie dies späterhin
geschieht, sondern noch immer in seiner argumentativen Entwicklung.

---

[46] Cons eu 1,35,53 (CSEL 43,59,4 f.).
[47] En Ps 29,2,2 (CCL 38,175,1–176,58).
[48] ZARB 253–256.
[49] H. RONDET, Essais sur la chronologie des *Enarrationes in Psalmos* de saint
Augustin: BLE 61 (1960) 117–217, 258–268.

Den Anstoß gab offenbar der Kampf gegen die Apolinaristen. Sie sagen nämlich, „daß der Mensch, den die Weisheit Gottes angenommen habe und in dem sie ihre Person ausgedrückt habe *(hominem, quem suscepit sapientia dei et in quo expressit personam suam)"* lediglich in besonderer Weise gesalbt sei gemäß *Ps* 44,8 „Gesalbt hat dich Gott, dein Gott mit dem Öl der Freude wie keinen deiner Gefährten". D. h. auch sie sehen Christus – wie die Photinianer – lediglich als hervorragenden Menschen. Dies lehnt Augustinus scharf ab. Christus sei nicht nur, insofern er Gott ist, sondern auch als Mensch das Haupt des Leibes. Zwischen dem Haupt und dem Leib bestehe aber ein wesentlicher Unterschied. Die Argumentation ist praktisch dieselbe wie in *agon,* klingt sogar bis in wörtliche Übereinstimmungen daran an. Danach widerlegt Augustinus die Lehre, daß Christus keine ψυχή λογική *(mens rationalis)* gehabt habe und schließt mit dem Satz: „Im katholischen Glauben wird bekräftigt, daß jener Mensch, den die Weisheit Gottes angenommen hat, nichts weniger hatte als die übrigen Menschen, was die Vollständigkeit der Natur betrifft *(hominem illum quem suscepit sapientia Dei, nihil minus habuisse quam ceteri homines, quantum pertinet ad integritatem naturae),* was aber die Auszeichnung der Person betrifft, etwas anderes war als die übrigen Menschen *(quantum autem ad excellentiam personae, aliud quam ceteri homines).* Denn die übrigen Menschen können des Wortes Gottes teilhaftig werden *(participes Verbi Dei),* das Wort Gottes haben, keiner von ihnen kann aber Wort Gottes genannt werden, was jener genannt wird, wenn es heißt: Und das Wort ist Fleisch geworden *(Jo* 1,14)".

Dieser Text steht also sowohl von seinen Gedanken, als auch von seinen Formulierungen her in demselben Kontext wie die vorher vorgestellten Texte: der Anstoß aus dem Apolinarismus (der in diesem Punkt dem Photinianismus gleicht), der ekklesiologische Vergleich und der Ausdruck der Annahme des Menschen seitens der Weisheit Gottes. Neu ist jedoch die Unterscheidung der Ebenen Natur/Person. Der Mensch Christi ist der Natur nach allen Menschen wesensgleich und daher vollständiger Mensch mit einer Vernunftseele. Seine Person jedoch, d. h. was er darstellt, wer er als ganzer ist, überragt alle anderen Menschen, weil darin die Weisheit Gottes ihre reale Gegenwart ausdrückt. Der doppelte *persona*-Gebrauch ist hierbei wichtig. Der Mensch Christi ist eine *persona* von einmaliger Auszeichnung. *Persona* bezeichnet also hier den Menschen seinem Werte nach. Im anderen Fall ist *persona sapientiae* die reale Vergegenwärtigung der Weisheit Gottes in diesem Menschen. *Persona* ist in diesem Text sowohl Einheits- und Identitätsbegriff, als auch Unterscheidungsbegriff zwischen dem Menschen Christi und allen anderen Menschen.

Damit ist die theologische Entwicklung der Theologie der *sapientia dei* bei Augustinus abgeschlossen. In der Folgezeit wird es als ein festes

Theologumenon verwendet, öfter auch, ohne näher erklärt zu werden, schillert aber immer wieder in Nuancen.

In *De trinitate*[50] betont Augustinus, daß die *persona Verbi dei* nicht hervorragender an Weisheit ist, sondern das Wort selbst ist. Er verwendet dabei ganz ähnliche Formulierungen wie in *agon: „Aliud est enim verbum in carne, aliud verbum caro; id est aliud est verbum in homine, aliud verbum homo."* Soweit ist es die alte Unterscheidung von Teilhabe und Identität anhand *Jo* 1,14. Das Problem, das sich hier stellt, ist allerdings etwas anders gelagert als zuvor. Es geht um die Unterscheidung von Sohn und Hl. Geist. Der Geist aber hat sich im Unterschied zum Sohn niemals den Hauch oder das Feuer zu einer Personeinheit verbunden *(sibique et personae suae in unitatem habitumque coniunxit in aeternum).* Die Doppelung *sibique et personae suae* ist dabei kein Hendiadyoin, sondern kennzeichnet einen echten und wesentlichen Unterschied: *sibi,* seinem Wesen, seiner Wirklichkeit, und *personae suae,* seiner Erscheinungsform. Parallel dazu steht *unitas* auf der Seinsebene und *habitus* auf der Ebene der äußeren Erscheinung. *Persona* ist hier zunächst kein metaphysischer Begriff (obwohl er mitschwingt), sondern die Bezeichnung der Ausdrucksform des Geistes bei seinen Theophanien.

In *Gn litt* verwendet Augustinus *persona sapientiae* als Christustitel und legt *Prov* 8,23 *ex persona sapientiae* aus[51].

Bei der Exegese von Psalm 34 spricht er wieder von „dem Menschen, den das Wort Gottes und seine Weisheit sich zur Personeinheit hinzugenommen hat"[52], in den *qu uet t* gebraucht er die exegetische Formel, daß der von der Weisheit angenommene Mensch diese verkörpern sollte[53].

Bei dem Konzept des *Christus sapientia dei* handelt es sich also um eine Theologie, die Augustinus in Auseinandersetzung mit dem Photinianismus und Apolinarismus in seinen ersten Bischofsjahren entwickelte und die ihm später zum festen Bestandteil seiner Theologie wurde, was sich auch darin zeigt, daß er sie praktisch formelhaft gebrauchte. *Christus persona sapientiae* ist dabei, wie auch *homo dominicus,* ein Versuch, einen Ausdruck für den Gottmenschen Jesus Christus zu finden, der ihn von den anderen Menschen eindeutig unterscheidet. Der Ausdruck *Christus persona sapientiae* ist allerdings schon ein ganzes Stück weiter auf dem Weg zur Formel *una persona.* Er enthält bereits das Wort *persona,* die Idee der Identität von Gott und Mensch in Christus und ihrer Einheit. Ja, Augustinus gelangt im Kontext dieses

---

[50] Trin 2,6,11 (CCL 50,93,1–94,22).

[51] Gn litt 5,19 (CSEL 28/1,163,3).

[52] En Ps 34,2,3 (CCL 38,314,35–38): *...hominis, quem sibi ad unitatem personae Verbum Dei et Sapientia coaptauerat.*

[53] Qu uet t 2 (CCL 33,469,25–31): *homo qui eiusdem sapientiae personam mystice et inenarrabili susceptione gestaturus erat.*

Ausdrucks bereits zur Formel der *unitas personae;* unverkennbar aber
geprägt durch die person-exegetische Begrifflichkeit, die diese Theologie begleitet.

III. *CHRISTUS REX ET SACERDOS*

Eine dritte Gruppe von Texten, die die Idee der Einheit zweier Dinge/
Rollen in Christus sowie das Wort *persona* enthalten und daher zur
Erklärung der Entwicklung der Formel *una persona* nicht unwichtig
scheinen, aber m.W. bisher noch nicht dorthin eingeordnet wurden, ist
die typologische Auslegung einer Reihe von Bibeltexten auf Christus als
Priester und König. Es handelt sich dabei um eine Frage, bei der
eigentlich keine Entwicklung festzustellen ist. Sie taucht erstmals in den
Schriften Augustins in den Jahren 395–400 auf und wird dort von
Augustinus auch am ausführlichsten erläutert, zieht sich aber danach in
einigen wenigen Stellen durch sein ganzes Werk bis hin zu den *retractationes,* ohne jedoch inhaltlich oder terminologisch wesentlich neue
Aspekte zu gewinnen. Man wird daraus schließen dürfen, daß diese
Frage, auf die Augustinus in seinen ersten Bischofsjahren stieß, sein
Leben lang präsent blieb. Die Antwort aber, die er damals ausführlich
gegeben hatte, scheint für ihn Gültigkeit behalten zu haben, so daß er
nie mehr ausführlich darauf zurückkam. Denn auch die Korrektur, die
er in den *retr* anbringt, ist minimal.

Am ausführlichsten spricht Augustinus darüber in *cons eu*[54]. Gleich
zu Beginn dieser Schrift geht es ihm um die Erklärung der Aussagen der
Evangelienprologe. Er vergleicht Matthäus und Lukas und stellt fest,
daß es Lukas offenbar mehr darum geht, die priesterliche Herkunft Jesu
zu zeigen *(sacerdotalem domini stirpem adque personam),* Matthäus die
königliche. „Denn der Herr Jesus Christus, der eine wahre König und
der eine wahre Priester...legte dar, daß er diese beiden Personen...ver-
körperte *(has duas personas egisse)*"[55], zum einen durch den Kreuzesti-
tel ‚König der Juden‘, zum anderen durch *Ps* 109,4 ‚Du bist Priester auf
ewig nach der Ordnung des Melchisedek‘. „Auch in vielen anderen
Dokumenten der Heiligen Schriften erscheint Christus als König und
Priester"[56], z.B. in David, der König war, aber gleichzeitig auch die
Schaubrote aß, die zu essen nur den Priestern erlaubt war (*1 Sam*
21,4–6). Lukas betont, daß Maria aus dem Stamme Davids gleichzeitig
mit Elisabeth verwandt war, die aus dem Stamme Aarons, des Priesters,
stammte. Augustinus macht allerdings immer deutlich, daß Christus

---

[54] Cons eu 1,2,4–3,6 (CSEL 43,4,3–6,15).

[55] 1,3,5 (4,24–5,3).

[56] 1,3,5 (5,9–11).

König und Priester als Mensch war, aber gerade als Mensch sei er der Mittler *(mediator dei)* für uns und der Mensch der Menschen *(homo hominum)*. Es ist also festzuhalten:
– wir befinden uns in typologisch-exegetischem Kontext;
– Augustinus verwendet Vokabular der Person-Exegese *(personam agere);*
– *persona* bezeichnet eine Rolle, ein Amt, eine Würde Christi, daher kann von *duae personae* gesprochen werden.

Kurz darauf kommt Augustinus nochmals auf die Deutung von Matthäus und Lukas zurück, als er die vier apokalyptischen Wesen erklärt[57]. Matthäus werde zu recht der Löwe zugeordnet, da er die königliche Person Christi am meisten zeige, der ja auch ‚Löwe aus dem Stamme Juda‘ genannt werde *(Apok 5,5)*. Lukas habe dagegen ein junges Rind *(vitulus)*, weil es das Opfertier der Priester sei. Ebenso wiederholt Augustinus im weiteren Verlauf des Buches die Deutung, daß Christus durch Maria sowohl aus königlichem (Davids) wie priesterlichem (Aarons) Geschlecht stamme[58]. Hier fügt er jedoch eine neue Deutung hinzu: dies zeige auch der Name Christi, des Gesalbten, da bei den Juden gerade diese beiden Personen gesalbt würden, König und Priester. (Man beachte, daß hier eine zweite *persona*-Bedeutung eingeführt wird: Person als Träger des Amtes, der Würde.)[59] Auch daß Matthäus die königliche Person Christi zeige, wiederholt Augustinus, wobei er wieder person-exegetisches Vokabular verwendet *(insinuare personam)*[60].

Fast zu Ende des Buches greift Augustinus das Thema ein drittes Mal auf[61]. Er deutet nochmals die Absichten des Matthäus und Lukas, betont, daß Christus König und Priester gemäß seiner Menschheit ist (unter Verwendung der Ausdrücke *personam insinuare, personam demonstrare)*, geht aber jetzt noch einen Schritt weiter und spricht von der Gottheit und Menschheit Christi. Die Gottheit Christi, in der er dem Vater gleich sei *(aequalis est patri)* und mit ihm eins *(unum sunt)*, gemäß der er Logos ist und Fleisch geworden *(Jo 1,14)*, zeige nämlich der Evangelist Johannes.

In *cons eu* ist also, herkommend von der Person-Exegese, die Verwendung des Wortes *persona* in den zwei Bedeutungen „Rolle, Amt, Würde“ und „Träger dieser Rolle“, die Idee der Einheit zweier Rollen (Priester und König) in dem einen Menschen Christi, sowie

---

[57] 1,6,9 (9,3–10,14).
[58] 2,2,4 (84,4–18).
[59] 2,2,4 (84,14–16): *et regum scilicet et sacerdotum, in quibus personis aput illum populum Hebraeorum etiam mystica unctio figurabatur.*
[60] 2,3,8 (88,22–89,3).
[61] 4,9,11 (406,18–407,13).

schließlich die Überlegung der Einheit von Gottheit und Menschheit in Christus zu finden. Man darf wohl annehmen, daß dieser enge Zusammenhang von Terminologie und Einheitsidee nicht ohne Einfluß auf dem Weg zur Entdeckung des Wortes *persona* als christologischem Einheitsbegriff geblieben ist.

Fast ebenso ausführlich wie in *cons eu* behandelt Augustinus diese Frage in *diu qu*[62]. Diese Schrift mag etwas früher als *cons eu* zu datieren sein, was aber für die vorliegende Frage unerheblich ist, da es sich in jedem Fall um dieselbe Periode handelt. Augustinus weist wieder auf Matthäus und Lukas hin, auf die Abstammung Jesu aus königlichem und priesterlichem Stamm und auf seine Salbung. Neu sind jedoch zwei Dinge. Augustinus verwendet ein anderes und reicherers exegetisches Vokabular: *ad personam pertinere, personam praefigurare, personam significare, personam sustinere.* Der Zusatz *non figurate, sed proprie* zu *personam sustinere* zeigt allerdings, daß dieses Vokabular zunächst nur eine äußere Verbindung von Christus und seiner *persona* bezeichnet, keine Identifikation. Außerdem ist hier die Grundlage des Exegese *Jo* 6,9. Die beiden Fische, die der Junge Jesus bringt, seien Typoi des Königtums und Priestertums Christi. Und: Christus allein vereint *proprie* beide Rollen (*ambas* [sc. *personas*] *solus ille sustinuit*). Allerdings verwendet Augustinus auch in diesem Text *persona* in zwei Bedeutungen. Wenn er von den *duae personae,* der königlichen und priesterlichen, spricht, meint er die Rolle, wenn er von der *persona David* spricht, jedoch David als den Träger der Rolle, der Würde des Königs.

Ein dritter Text aus derselben Zeit trägt noch einen neuen Aspekt bei. In *Contra Faustum* deutet Augustinus nochmals David, der die Schaubrote ißt, als Typos Christi[63]: „Hat nicht David, als er die Schaubrote aß, die zu essen nur den Priestern erlaubt war, in einer Person beides Künftige vorgebildet, d. h. in dem einen Jesus Christus Königtum und Priestertum? *(nonne ipse David...in una persona utrumque futurum, id est in uno Iesu Christo regnum et sacerdotium praefiguravit?)*". Hier haben wir nicht nur wieder den exegetischen Kontext und die Idee der Einheit zweier Rollen in dem einen Christus, sondern Augustinus spricht von Christus als *una persona.* Im Grunde führt er hier die schon zweifach festgestellte Doppelbedeutung von *persona* als Rolle/Träger der Rolle in diesem Kontext fort. Signifikant ist die Parallele *una persona – unus Jesus Christus*, wobei nicht extra betont wird, daß beide Rollen der Menschheit Christi zufallen. Von daher ist es leicht, die Terminologie der *una persona Christi* auch auf das Problem der Einheit

---

[62] Diu qu 61,2 (CCL 44 A,121,19–125,111). Vgl. G. BARDY, n. 66: BAug 10 (1952) 737.

[63] C Faust 12,33 (CSEL 25,361,1–13).

von Gott und Mensch zu übertragen, insbesondere, da es zum Themen-
kreis der Exegese Christi als Priester und König gehört.

Daß diese Exegese, wie sie in den Jahren 395–400 entwickelt wird,
auch späterhin durchaus Einfluß ausgeübt haben könnte, zeigt sich
darin, daß sie, wenn auch nicht mehr ausführlich behandelt, das ganze
Werk Augustins durchzieht. Immer wieder spricht er von Christus als
König und Priester[64], nimmt den Namen Christi als Gesalbten zum
Anlaß, da Priester und König gesalbt werden[65], deutet David als König
und Priester auf Christus[66] und legt die zwei Fische typologisch auf ihn
aus[67]. Eine ausführliche Behandlung war aber offenbar nicht angezeigt.
Die einmal gefundene Lösung behielt ihre Gültigkeit, denn auch in den
retr ergänzt Augustinus lediglich eine Marginalie zu *diu qu:* Die Salbung
beziehe sich nicht ausschließlich, sondern vornehmlich *(maxime)* auf
König und Priester, da auch Propheten gesalbt werden[68].

Wichtig für die Erklärung des Weges des Wortes *persona* zum
metaphysischen Einheitsbegriff Christi ist die Doppelbedeutung von
persona im Kontext der Deutung des König- und Priestertums Christi,
daß *persona* vom Ausdruck der Rolle zur Bezeichnung des Trägers der
Rolle wird und schließlich Christus als das eine Subjekt *(una persona)*
beider Rollen *(duae personae)* nennt. Damit wird nach dem Ausdruck
unitas personae im Kontext der *persona sapientiae* auch die Formulierung des späteren Einheitsbegriffes erreicht.

IV. EINHEITSFORMELN VOR 411

Soweit ist gezeigt worden, wie das Wort *persona* im Kontext der Idee
von zwei Bestandteilen/Rollen in Christus, sowie der Einheit von
Gottheit und Menschheit in ihm als exegetischer Subjekts- und Identitätsbegriff sich schließlich als Terminus zur Bezeichnung der Einheit der
beiden Naturen in Christus angeboten haben mag. Damit verbunden
geht natürlich eine Entwicklung des Einheitsgedankens einher, der
Augustinus vor 411 zu einer Reihe von Einheitsformeln führt, die, teils
der theologischen Tradition entnommen, *persona* noch nicht verwenden.

Nachdem Augustinus zur Zeit seiner Konversion, wie oben dargestellt[69], noch nicht an die Gottheit Christi geglaubt hatte, sondern ihn

---

[64] En Ps 33,2,2 (CCL 38,282,1–283,15) (a. 395–405).
[65] En Ps 26,2 (CCL 38,154,3–155,17) (a. 411–15).
[66] En Ps 51,3 (CCL 39,625,20–24) (Jan. 413).
[67] Io eu tr 24,5 (CCL 36,246,8–21) (a. 413–21). Vgl. M.-F. BERROUARD, n. 35:
BAug 72 (1977) 775.
[68] Retr 1,25 (CSEL 36,123,15–124,1).
[69] S. o. S. 159.

lediglich für einen, wenn auch außergewöhnlichen, Menschen gehalten hatte, hatte er doch bald zum Glauben an die volle Gottheit und Menschheit Christi gefunden, wobei für ihn *Jo* 1,14 „und das Wort ist Fleisch geworden" zum Schlüsselwort wurde. Es hieß für ihn: „Das Wort ist Mensch geworden", d. h. der Logos nahm einen vollkommenen Menschen aus Leib und Seele an und wurde mit ihm eins. Die Beziehung zwischen Gottheit und Menschheit in Christus, ihre Einigung und die daraus resultierende Einheit drückte er in verschiedenen Formeln aus[70]:

(1) *Deus et homo, Verbum et homo (est).*
(2) *Deus (dominus) homo – homo Deus; Deus hominis – homo Deus; Verbum caro, Verbum homo, Filius homo.*
  Caro (corpus) Verbi (Dei), creatura unigeniti Verbi, Dominica caro.
(3) *Deus Christus – homo Christus.*
(4) *Deus incarnatus.*
(5) *Deus (Verbum) in homine (carne) – homo in Deo.*
(6) *Humanitas divinitatis, divinitas humanitatis; humana divinitas – divina humanitas; divinitas hominis.*

Bemerkenswert ist, daß es alles Doppelausdrücke sind. D. h. es gelang Augustinus damit, die zwei Naturen in Christus auszudrücken, auch ihre Einheit und die Subjektseinheit von Gott und Mensch in Christus, ein Terminus technicus fehlte jedoch noch. Er findet ihn schließlich in *persona.*

V. *EPISTULA* 137

Im Jahre 411/12 gelangt Augustinus schließlich zur Formel der *una persona Christi* und legt sie erstmals in Brief 137 an Volusianus[71] dar[72]. Christus erschien als Mittler zwischen Gott und den Menschen auf die Weise, daß er in einer Personeinheit beide Naturen verband *(in unitate personae copulans utramque naturam).* Diese beiden Naturen sind aber nicht gleichrangig, so daß in der Einigung zwei gegenläufige Prozesse ablaufen, die die Naturen annähern und die Einigung ermöglichen. Das Gewöhnliche *(solita),* die Menschennatur, wird durch das Außergewöhnliche erhöht *(sublimaret insolitis),* und im Gegenzug das Außergewöhnliche, die göttliche Natur, durch das Gewöhnliche gemäßigt *(et insolita solitis temperaret).* Damit ist das Grundproblem der Erklärung angesprochen: wie ist die Einheit zweier so verschiedener Naturen zu

---

[70] Nach T. van BAVEL, Christologie 43 f. Vgl. GEERLINGS 82–84.
[71] Rufius Antonius Agrypnius Volusianus, Prokonsul von Afrika vor 412, *Quaestor sacri palatii* vor 412, 411/12 in Karthago, *Praefectus urbis Romae* November 417 – Mitte 418, *Praefectus praetorio Italiae et Africae* 428–429. 436 in Konstantinopel, Anfang 437 dort getauft, gest. 6. Januar 437. Vgl. MARTINDALE II 1184 f; MANDOUZE II 1228.
[72] Ep 137,9–11 (CSEL 44,108,13–110,11). Vgl. GEERLINGS 111 f.; 118–125.

verstehen? Zunächst setzt Augustinus voraus, daß „das Wort von
Anfang an" unverändert blieb und nicht etwa „in Fleisch verwandelt
wurde" *(vertitur in carnem)*. Der Mensch, der sich mit dem Lauf der Zeit
verändert, tritt zu dem unveränderlichen Gott hinzu, Gott selbst aber
rückt nicht von sich ab *(homo quippe deo accessit, non deus a se recessit)*.
Es stellt sich allerdings nun die Frage nach der Art und Weise der
Einigung. Sie beantwortet Augustinus mit einem Bild und mit Vokabular, das er aus dem Neuplatonismus, wohl aus Porphyrios, übernommen
hat[73]. Gott ist dem Menschen zu einer Person beigemischt, wie die Seele
dem Leib, so daß der Mensch eine Person ist *(deus homini permixtus sit,
ut una fieret persona Christi, …quo modo misceatur anima corpori, ut
una persona fiat hominis)*. Das Verhältnis beider Teile ist jeweils mit
dem Terminus „Gebrauch" zu bezeichnen *(utitur)*; in Christus
gebraucht Gott den Menschen, im Menschen die Seele den Leib. In
dieser Mischung verlieren aber die Teile nicht ihre Eigenarten, wie bei
einer Mischung von zwei Flüssigkeiten, sondern sie bleiben sie selbst wie
Licht und Luft einander unverändert durchdringen. Es ist also zu
resümieren: „Die Person des Menschen ist also eine Mischung aus Seele
und Leib, die Person Christi aber ist eine Mischung aus Gott und
Mensch; da nämlich das Wort Gottes einer Seele eingemischt ist, die
einen Leib hat, nimmt er sowohl Leib, als auch Seele an."[74] Aus dieser
breiten Behandlung des Hinzutretens Gottes zum Menschen Jesu darf
jedoch nicht geschlossen werden, daß die anfängliche Aussage des
doppelseitigen Prozesses der Einigung zurückgenommen werde. Dies
zeigt ein Text aus *trin*, der wohl aus derselben Zeit wie *ep 137* stammt
und klar zum Ausdruck bringt, daß auch „der Mensch dem Wort Gottes
zur Personeinheit verbunden und vermischt wird"[75].

Mit Brief 137 ist das Ende der Entwicklung der neuen christologischen
Formel *una persona – utraque natura* erreicht. Sie wird in Zukunft die
einzige Formel sein, mit der Augustinus die Frage der Einheit von Gott
und Mensch in Christus beantwortet. Sie wird die Grundlage für seine
ganze Christologie und der Schlüssel zur Lösung aller christologischen
Probleme sein. Dies gilt jedoch nicht für den Kontext und seine
Terminologie, in dem die Formel hier steht, teils weil der Brief 137 von
seinem Genus her aktuell *ad hominem* argumentiert, teils aber weil
manche Termini zu Fehlinterpretationen Anlaß geben könnten.

---

[73] Vgl. FORTIN, Christianisme 113–128; NEWTON, Neoplatonism 72–75, 84f., 89,
102, 108f. und *passim*; DERS., Hypostatic Union 3.
[74] Ep 137,11 (CSEL 44,1108–11): *ergo persona hominis mixtura est animae et corporis,
persona autem Christi mixtura est dei et hominis; cum enim verbum dei permixtum est
animae habenti corpus, simul et animam suscepit et corpus.*
[75] Trin 4,20,30 (CCL 50,201,149f): *Verbo itaque dei ad unitatem personae copulatus, et
quodam modo commixtus est homo.*

Der Vergleich der Einheit Gott/Mensch mit der Einheit Seele/Leib, den Augustinus hier in starker Ähnlichkeit zu Nemesios von Emesa und Priscian formuliert[76] und der in der griechischen Theologie des 4. und 5. Jh. keine geringe Rolle spielt[77], ist insofern günstig gewählt, als in der Einheit Seele/Leib schon nach neuplatonischer Doktrin, aus der Augustinus ja schöpft, die Seele eine Prävalenz gegenüber dem Leib hat. Von dieser Auffassung ist auch schon die Anthropologie Augustins vor 411 geprägt[78]. Dennoch wird Augustinus diesen Vergleich späterhin nur noch dreimal verwenden[79], obwohl der neuplatonische Ansatz sich durchhält und die Prävalenz der Seele als Bild Gottes aufrecht erhalten wird.

Völlig verschwindet das Mischungsvokabular[80]. Zwar macht Augustinus in Brief 137 deutlich, daß es sich um eine ἀσύγχυτος ἕνωσις handelt[81], aber schon hier muß er die Fehlinterpretation einer Vermischung unter Verlust der jeweiligen Charakteristika abwehren. Gleichermaßen verwendet er nie wieder das Gebrauchs-Vokabular.

Was sich von der Theologie dieser Passage in Zukunft durchhält, ist das Einigungsvokabular *(in unitate personae copulare)*[82], die Theologie des Mittlers und der Mittlerseele, sowie die Konzeption der Personeinheit als Einheit der Naturen. Augustinus denkt dabei grundsätzlich lieber in konkreten *(homo/deus)* als in abstrakten Termini *(humanitas/divinitas)*, die nur ein einziges Mal nachzuweisen sind[83].

ERGEBNISSE

Die zu Beginn dieser Arbeit gestellte Frage, ob und inwieweit die grammatische und Person-Exegese auf die Christologie Augustins und speziell auf die Entwicklung der Formel *una persona* prägenden Einfluß gehabt habe, ist hiermit, soweit dies vom Wortgebrauch Augustins her zu klären ist, beantwortet. Nachdem im ersten Teil aufgrund einer vollständigen Analyse der Verwendung und der Bedeutungen des

---

[76] Vgl. FORTIN, Doctrine neóplatonicienne 371–380; L. CAROZZI: NBA 22 (1971) 155 Anm. 5. Zu Nemesios von Emesa vgl. u. S. 221–225.

[77] Vgl. u. S. 220–225, 230f.

[78] Vgl. o. S. 114–117.

[79] Ep 169,2,8 (CSEL 44,617,14–17); gr nou t 4,12 (CSEL 44,164,10–13); Io eu tr 19,15 (CCL 36,199,25–31). Vgl. T. van BAVEL, Christologie 30–32; van BAVEL/BRUNING 46–55; GRILLMEIER, Jesus der Christus 599–603.

[80] Zum Mischungsvokabular vgl. auch GEERLINGS 80, 84.

[81] Vgl. FORTIN, Christianisme 114f., 120 Anm. 3; ABRAMOWSKI, Συνάφεια 95, 99, 106f.

[82] En Ps 67,23 (CCL 39,886,41f.); trin 4,20,30 (CCL 50,201,149); 4,21,30 (202,5f.). Zu Augustins Einigungsvokabular nach 411 vgl. u. S. 249–253.

[83] S Cas 2,76,2 (PLS 2,531). Vgl. GEERLINGS 49.

Wortes *persona* im Werk Augustins gezeigt werden konnte, welch überragende Rolle der grammatische Person-Begriff gegenüber den anderen *persona*-Bedeutungen bei Augustinus im allgemeinen spielt und daß, wenn überhaupt einer, nur er auf die Entwicklung von Christologie und Trinitätslehre Einfluß gehabt haben kann, konnten jetzt die präziseren Fragen zur Christologie beantwortet werden.

Es zeigte sich, daß die Person-Exegese auch in der Christologie einen bedeutenden Platz einnimmt, insbesondere die christologische Exegese der Psalmen. Die dieser Exegese zugrundeliegende Idee ist die der Subjektseinheit Christi aus Gott und Mensch, bzw. des *Christus totus caput et corpus*. Damit steht *persona* bereits im gedanklichen Kontext der Personeinheit Christi.

Darüber hinaus konnten vier Schlüsseltexte gefunden werden, an denen sich ablesen läßt, wie nun konkret der logisch-exegetische Personbegriff in einen metaphysisch-theologischen übergeht. Diese Texte stammen sowohl aus der Zeit vor 411, als auch danach, woraus klar wurde, daß dieser Übergang bereits vor der Entdeckung der Formel *una persona* geschah, sie also wohl förderte, der enge Zusammenhang für Augustinus aber nie gelöst wurde. *Persona* entwickelt sich dabei auch bereits zu einem Identitätsbegriff.

Schließlich konnte gezeigt werden, daß Augustinus das Wort *persona* in einer Reihe von Kontexten verwendet, die die Idee der Einheit zweier Bestandteile/Rollen in dem einen Christus bzw. sogar die Einheit beider Naturen in ihm behandeln und dafür einen geeigneten Ausdruck suchen. Das Wort *persona* erhält dabei sowohl die Bedeutung Rolle, Amt, Würde, die jemand trägt, als auch gleichzeitig den Sinn des Trägers dieser Rolle, des Subjektes im gewöhnlichen wie exegetischen Gebrauch bis hin zur einheitlichen Identität dieser Person. In diesem Rahmen findet Augustinus auch bereits um das Jahr 400 zu den Formeln *unitas personae* und *una persona,* verwendet sie aber noch nicht im späteren technischen Sinne.

Hinzu kommt die Entwicklung der Idee der Einheit von Gott und Mensch in Christus, die Augustinus, noch ohne den Terminus *persona* dafür zu haben, in die verschiedensten Doppelausdrücke faßt, bis sich schließlich im Jahre 411 in Brief 137 Terminologie und Idee zur endgültigen Formel verbinden.

6. KAPITEL: EINHEITSFORMELN VOR AUGUSTINUS

Die Klärung der Terminologie ist allerdings, wie bereits in der Einleitung gesagt, nur der eine Teil des Problems. Auf der anderen Seite steht, zunächst unabhängig von der *persona*-Terminologie, das Problem der Einheit der beiden Naturen in Christus und die Lösungsversuche, die vor Augustinus gemacht wurden. Auch Augustinus selbst hat ja, wie oben gesehen, zunächst eine ganz andere Terminologie verwendet. Es ist daher zur Erklärung der Entstehung der Formel *una persona* bei Augustinus nun zu fragen, auf welche Ideen die neue Begrifflichkeit traf. Aufgrund welcher christologischen Probleme entwickelte sich die Formel? Welche, auch terminologischen, Vorstufen hatte sie? Kennt Augustinus Vorbilder der ganzen Formel oder Teilen davon? Welche Rolle spielt die grammatische und Person-Exegese dabei auch schon vor Augustinus?

Dazu ist eine Darstellung der wichtigsten dogmenhistorischen Stufen erforderlich. Wenn auch keine tiefgreifende Geschichte der Einheitsidee bis Augustinus hier geboten werden kann, sind doch auf der Basis der bisherigen Forschungsergebnisse und unter den neuen Aspekten der Entwicklung zur *una persona* bis Augustinus hin und dem Einfluß der grammatischen Exegese folgende Themenkreise darzustellen:

1. Bekanntermaßen existiert die Formel *una persona* vor Augustinus bereits bei Tertullian. Kennt Augustinus sie? Ist er davon abhängig? Oder, falls nicht, sind Parallelen festzustellen, die zur Erklärung der Entwicklung Augustins, speziell hinsichtlich der Terminologie, beitragen?
2. Ein zweites Mal findet sich die Formel *una persona* vor Augustinus bei Isaak dem Juden. Auch hier ist zu fragen: Kennt Augustinus seine Schriften, ist er davon abhängig oder können Parallelen festgestellt werden? Zusätzlich muß das Problem der Echtheit der Schriften behandelt werden, ob sie überhaupt von Isaak stammen bzw. in die Zeit vor Augustinus zu datieren sind.
3. Gleiches gilt auch für den dritten Nachweis der Formel bei Pseudo-Vigilius. Insgesamt ist zu fragen, was das zweimalige Auftreten der Formel kurz vor Augustinus, auch wenn er nicht davon beeinflußt ist, für Augustinus bedeutet.
4. Weiterhin ist zu fragen, welche anderen, evtl. auch negativen Formeln für die Einheit Christi vor Augustinus existierten, von denen er beeinflußt sein könnte. Hier ist sein näheres theologisches Umfeld zu prüfen (Hilarius, Hieronymus, Ambrosius, Ambrosiaster).

5. Schließlich ist der Ursprung und die Verwendung des für Brief 137 wesentlichen Vergleiches der Einheit von Leib und Seele mit der Einheit von Gott und Mensch in Christus näher zu beleuchten. Dies ist größtenteils bereits geschehen. Neu zu befragen ist jedoch das Werk des Nemesios von Emesa und des Theodor von Mopsuestia, die auf griechischer Seite ebenfalls mit diesem Vergleich zur Einheitsformel des einen Christus (ἓν πρόσωπον) gelangen – mit Sicherheit unabhängig von Augustinus. Welche Erkenntnisse können aus dieser Parallelität gewonnen werden?

I. *CHRISTUS UNA PERSONA*

Das Grundanliegen altchristlicher Christologie ist kein ontologisches, sondern ein soteriologisches[1]. Es geht zuvorderst nicht um die Frage „Wer ist Christus?", sondern um die Frage „Wie hat uns Christus erlöst?". Die Theologen des 2. Jh. beantworteten diese Frage in Auseinandersetzung mit der nicht-christlichen griechisch-römischen Welt mit der Hervorhebung des Logos. Der ewige präexistente Logos Gottes offenbarte sich im Fleische der Welt und wirkte als Mittler zwischen Gott und den Menschen ihr Heil. Gleichzeitig mußte aber gegen die gnostische Minderbewertung alles Materiellen, auch des Leibes, die *salus carnis* verteidigt werden. Die Erlösung der Welt konnte nur geschehen durch die wahre Menschwerdung des Logos, wie sie insbesondere von Irenäus und Tertullian betont wird. Die Christologie des 2. und 3. Jh. ist daher vornehmlich eine Unterscheidungschristologie, die klar zwischen dem Göttlichen und dem Menschlichen in Christus trennt. Die Einheit der beiden Naturen steht nicht im Mittelpunkt des Interesses und ihr Problem stellt sich nicht mit aller Schärfe. Dies geschah erst, als sich die Beschlüsse des Konzils von Nikaia um 360 durchgesetzt hatten. Das heißt aber keineswegs, daß im 2. und 3. Jh. die Einheit Christi kein Thema der Christologie war. Irenäus findet zur Aussage εἷς καὶ αὐτός (*unus atque idem*)[2], die noch Jahrhunderte später immer wieder verwendet werden wird, z. B. auch von Augustinus[3]; Origenes versucht die Einheit Christi durch die Lehre von der Mittlerseele Christi tiefer zu begründen[4], Tertullian prägt die Formel *duplex status in una persona*[5].

---

[1] Ich halte mich im folgenden eng an den Überblick bei STUDER/DALEY, Soteriologie 176–181. Vgl. jetzt auch STUDER, Erlösung 228–237.
[2] Haer 3,16,2 (SC 211,291,33); 3,16,8 (321,275). Vgl. A. BENOIT, Saint Irénée. Introduction à l'étude de sa théologie (= EHPhR 52), Paris 1960, 212–214; LIEBART 33.
[3] S. u. S. 269.
[4] Vgl. GRILLMEIER, Jesus der Christus 276–278; LIEBART 48f.
[5] Siehe Kapitel 7.

A. TERTULLIAN

1. *ADVERSUS PRAXEAN* 27,11

Tertullian spricht nur ein einziges Mal in seinem ganzen Werk von Christus als *una persona,* in *Adversus Praxean* 27,11[6]: „Wir sehen den zweifachen Status, nicht vermischt, sondern verbunden in einer Person, den Gott und Menschen Jesus." Es ist überhaupt das einzige Mal, daß Tertullian *persona* in christologischer Bedeutung verwendet. An allen anderen Stellen, wo er von der *persona Christi* spricht[7], geschieht dies in trinitarischem Kontext. Raniero CANTALAMESSA gelangte sogar zu der Auffassung, daß auch an dieser Stelle *persona* in trinitätstheologischem Sinn verwendet ist, Tertullian also *persona* nirgendwo in christologischer Bedeutung gebraucht[8]. Dem widersprach Heinrich KARPP[9] und vor allem Manlio SIMONETTI[10] mit dem Argument, daß zwar im Gebrauch von *persona* bei Tertullian zwischen Christologie und Trinitätslehre praktisch keine Bedeutungsunterschiede festzustellen seien, *persona* heiße durchgehend „individuelles Wesen mit spezifischer Subsistanz", der Kontext in *Prax* 27,11 aber eindeutig christologisch sei, so daß man nicht von einem trinitarischen Gebrauch von *persona* sprechen könne.

Prax 27,11 wurde bis in die neueste Zeit für die bedeutendste Entdeckung der wesentlichen, lateinischen Christologie gehalten, die dem Westen sozusagen mühelos einen zweihundertjährigen theologischen Vorsprung vor der östlichen, griechischen Theologie verschaffte, was diese sich erst in den mühevollen dogmatischen Kämpfen des 4. und 5. Jahrhunderts erarbeiten mußte[11]. Am einflußreichsten vertrat Adolf von HARNACK die These, Tertullian habe als erster den Personbegriff in die Theologie eingeführt, indem er ihn Bibelstellen wie *Lam* 4,20 und *Prov* 8,30 entnommen und ihn als geschulter Jurist aus der Rechtslehre

---

[6] CCL 2,1199,62f.: *videmus duplicem statum, non confusum sed coniunctum in una persona, deum et hominem Iesum.* Engl. Übersetzung und Kommentar: Q. Septimi Florentis adversus Praxean liber. Tertullian's Treatise against Praxeas. The Text edited, with an Introduction, Translation, and Commentary by E. EVANS, London 1948. Ital. Übersetzung und Kommentar: G. SCARPAT, Tertulliano, Adversus Praxean. Edizione critica, introduzione, traduzione, note, Turin 1959; CANTALAMESSA, Cristologia 131–135. Ausführliche Behandlung der Stelle bei: MOINGT I 225–281; GRILLMEIER, Jesus der Christus 249–257; LIEBART 44; RONDEAU 415–417.

[7] Vgl. vor allem die eingehende Analyse bei MOINGT IV 142–149. Zur These vgl. CANTALAMESSA, Cristologia 150.

[8] CANTALAMESSA, Cristologia 168–176; DERS., Formule christologique 142f.

[9] In seiner Rezension zu CANTALAMESSA, Cristologia: ZKG 75 (1964) 371f.

[10] SIMONETTI, *Persona Christi* 96f.

[11] Vgl. GRILLMEIER, Jesus der Christus 240.

gestützt habe[12]. Seine christologische Formel sei direkt in die Theologie des Konzils von Chalkedon eingegangen[13]. In neuerer Zeit konnte jedoch gezeigt werden, daß weder Tertullian der erste war, der den Personbegriff in die Theologie einführte[14], noch ihn aus der juridischen Sprache ableitete[15], noch, wenn auch die Wichtigkeit seiner Entdeckung nicht unterschätzt werden darf, den entscheidenden Einfluß auf Chalkedon ausübte[16].

Dennoch darf berechtigterweise gefragt werden, inwieweit Tertullians Werke auf Augustinus und auch auf Leo d.Gr. Einfluß ausübten. Obwohl seine Theologie als Ganzes aufgrund seines Abfalls zum Montanismus suspekt geworden war[17] und sein Name praktisch einer *damnatio memoriae* verfiel, sind seine Werke bis ins hohe Mittelalter weit verbreitet[18]. Cyprian las sie, nach dem Zeugnis des Hieronymus, täglich und nannte Tertullian nur „den Meister"[19]. Seine Schriften zeigen dementsprechend starke Spuren der Kenntnis Tertullians[20],

---

[12] A. von HARNACK, Grundriß der Dogmengeschichte. Die Entstehung des Dogmas und seine Entwicklung im Rahmen der morgenländischen Kirche, Freiburg 1889, 79; DERS., Lehrbuch II[3] 285 Anm. 1; DERS., Lehrbuch 576f. Anm. 2 nahm die juridische Ableitung aufgrund von SCHLOSSMANN zurück, hielt aber daran fest, Tertullian habe als erster den Personbegriff in die Theologie eingeführt. Nach Harnack vgl. Th. de REGNON, Etudes de théologie positive sur la sainte trinité, vol.1: Exposé du dogme, Paris 1892, 130f.; J. F. BETHUNE-BAKER, Tertullian's use of substantia, natura und persona: JThS 4 (1903) 440; G. KRÜGER, Das Dogma von der Dreieinigkeit und Gottmenschheit in seiner geschichtlichen Entwicklung dargestellt, Tübingen 1905, 144; A. BECK, Römisches Recht bei Tertullian und Cyprian. Eine Studie zur frühen Kirchenrechtsgeschichte, Aalen 1967 (= Halle 1930), 71–73. Weitere Literatur bei ANDRESEN, Personbegriff 1 Anm. 1.

[13] A. von HARNACK, Tertullian in der Literatur der Alten Kirche: SPAW.PH 1895/2, Berlin 1895, 574f.: „Die Christologie in der berühmten epistola dogmatica Leo's (ep. 28), die der Chalcedonischen Formel zugrunde liegt, geht direkt auf Tertullian's Schrift Adversus Praxean zurück." DERS., Lehrbuch I[5] 601: „Hier liegt die spätere chalcedonische Formel von den zwei Substanzen (Naturen) in einer Person bereits fertig vor."

[14] Vgl. vor allem ANDRESEN, Personbegriff.

[15] So R. SEEBERG, Lehrbuch der Dogmengeschichte. Erster Band: Die Anfänge des Dogmas im nachapostolischen und altkatholischen Zeitalter, Leipzig [2]1908, 341 Anm. 2; DOWDALL 247f.; RHEINFELDER 163; ANDRESEN, Personbegriff 2f.; PRESTIGE 221; KELLY 114.

[16] Vgl. CANTALAMESSA, Formule christologique 140: „nous ont amenés à douter sérieusement de cette affirmation."

[17] Vgl. HIL Mt 5,1 (PL 9,943 A): *quamquam et Tertullianus hinc volumen aptissimum scripserit, sed consequens error hominis detraxit scriptis probabilibus auctoritatem.* Vgl. GRILLMEIER, Jesus der Christus 240.

[18] Vgl. den Überblick über Tertullians Nachwirken bei G. BARDY, Tertullien: DThC 15 (1946) 168f.; jetzt auch MILANO 95–97.

[19] HIER vir ill 53 (TU 14/1,31,23–25 Richardson): *solitum umquam Cyprianum absque Tertulliani lectione unam praeterisse diem ac sibi crebro dicere, ,Da magistrum!' Tertullianum videlicet significans.*

[20] HIER ep 84,2 (CSEL 55,122,10–12): *et beatus Cyprianus Tertulliano magistro utitur, ut eius scripta probant.*

wenn er ihn auch namentlich nie erwähnt. Novatian benutzt Tertullian, Laktanz nennt ihn ausdrücklich[21] und wertet seine Werke aus. Der Ambrosiaster erwähnt zweimal Tertullian[22], Hieronymus bezeugt, daß Tertullians Werke zu seiner Zeit „den meisten bekannt sind", so daß er die Aufzählung der Werktitel unterlassen kann[23]. Gerade auch *Adversus Praxean* liegt ihm offenbar vor[24]. Weiterhin zitieren Tertullian Ambrosius[25], Leporius[26] und Vinzenz von Lerin[27]. Selbst nach der nochmaligen Verurteilung der Werke Tertullians im *Decretum Gelasianum* werden sie das ganze Mittelalter hindurch gelesen[28].

Es wäre daher, entgegen einigen neueren Auffassungen[29], schon von dem langen Nachwirken und der weiten Verbreitung der Schriften Tertullians, gerade auch im Umkreis Augustins, verwunderlich, wenn er sie nicht gekannt haben sollte. Eine Reihe von Zitaten, die er aus Tertullian schöpft, bestätigen diese Vermutung[30], wenn Augustinus ihn auch nicht beim Namen nennt und ihn in *De haeresibus* explizit unter die Häretiker einreiht[31]. Aber selbst da bestätigt er, daß die zahlreichen Werke Tertullians noch immer gelesen werden und er selbst diese Werke kennt.

---

[21] LACT diu inst 5,1,23 (CSEL 19,402,9f.): *Septimius quoque Tertullianus fuit omni genere litterarum peritus.*

[22] AMBRS Ro 5,14 (CSEL 81/1,176,24); 1 Kor 13,2 (CSEL 81/2,146,15).

[23] HIER vir ill 53 (TU 14/1,31,19f. Richardson): *Tertullianus...multaque scripsit volumina, quae, quia nota sunt plurimis, praetermittimus.*
Zur Kenntnis Tertullians seitens Hieronymus vgl. MOHRMANN, Saint Jérôme 111f.; Y.-M. DUVAL, Tertullien contre Origène sur la résurrection de la chair dans *Contra Iohannem Hierosolymitanum*, 23–26 de saint Jérôme: REAug 17 (1971) 227–278; C. MICAELI, L'influsso di Tertulliano su Girolamo: le opere sul matrimonio e le seconde nozze: Aug. 19 (1979) 415–429.

[24] Vgl. S. von SYCHOWSKI, Hieronymus als Literaturhistoriker. Eine quellenkritische Untersuchung der Schrift des h. Hieronymus „De viris illustribus" (= KGS 2/2), Münster 1894, 46f.

[25] Vgl. J. C. M. van WINDEN, St. Ambrose's interpretation of the concept of matter: VigChr 16 (1962) 205–215; DERS., Some additional observations on St. Ambrose's concept of matter: VigChr 18 (1964) 144f.

[26] Vgl. MEHLMANN, Leporio 290–301.

[27] Vgl. Fr. SCIUTO, Tertulliano e Vincenzo di Lerino: MSLCA 4 (1954) 127–138.

[28] Vgl. P. LEHMANN, Tertullian im Mittelalter: Hermes 87 (1959) 231–246.

[29] Vgl. T. van BAVEL, Christologie 177f.; CANTALAMESSA, Formule christologique 144: „La conclusion que saint Augustin est parvenu à la formule christologique *una persona* indépendemment est de loin la plus probable." GRILLMEIER, Jesus der Christus 257; GEERLINGS 121. Die einzige Gegenstimme ist neuerdings J. H. WASZINK, der die Auffassung vertritt, Augustinus habe, besonders in seinen Schriften *De genesi ad litteram* und *De anima et eius origine* die Schriften Tertullians gut gekannt (Tertullian, Über die Seele. Eingeleitet, übersetzt und erläutert von J. H. WASZINK, Zürich-München 1980, 7f., 227).

[30] Vgl. MOHRMANN, Saint Jérôme 111f.; BARDY, Saint Augustin 145–150; DERS., n.52: BAug 37 (1960) 823f.; MEHLMANN, Augustino 269–289.

[31] AUG haer 86 (PL 42,46–47): *Tertullianistae a Tertulliano, cuius multa leguntur opuscula eloquentissime scripta,...Tertullianus ergo, sicut scripta eius indicant...*

Ob Augustinus *Adversus Praxean* gekannt hat, ist nicht nachzuweisen, aber doch wahrscheinlich. Wenn die Schriften Tertullians Ende des
4. Jh. so bekannt waren wie Hieronymus berichtet, muß auch Augustinus zumindest von der Schrift gehört haben. Dann aber dürfte er sich bei
seinen Studien zu *De trinitate* auch um dieses erste trinitätstheologische
Werk bemüht haben[32]. Dennoch ist die Kenntnis von *Adversus Praxean*
nicht als für die Entwicklung der Christologie Augustins entscheidend
anzusehen. Es ist kaum denkbar, daß Augustinus ausschließlich aufgrund dieser einen Stelle in *Prax* zur Formel der *una persona* gelangt,
ohne daß weitere Faktoren mitspielen: die terminologische Entwicklung
aufgrund der Person-Exegese und das theologische Umfeld zur Zeit
Augustins. Man wird diese Faktoren sogar als wesentlich wichtiger
einschätzen dürfen. Dies zeigt Tertullian selbst, da auch er die Formel
una persona aus der Person-Exegese entwickelt.

2. PERSON-EXEGESE UND CHRISTOLOGIE
BEI TERTULLIAN

Carl ANDRESEN hat 1961 in seinem Aufsatz „Zur Entstehung und
Geschichte des trinitarischen Personbegriffes" überzeugend nachgewiesen, daß Tertullian seinen theologischen Personbegriff aus der Person-
Exegese ableitet[33]. Dieses Ergebnis fand Zustimmung[34], aber kaum
weitere Rezeption, weder für Tertullian selbst noch für Folgestudien zu
anderen Autoren. ANDRESEN hatte natürlich nur die wesentlichen
Texte für seinen Nachweis ausgewählt, aber (im Rahmen eines Aufsat-
zes über die ganze Periode) keine vollständige Analyse des *persona*-
Gebrauchs und -verständnisses Tertullians erarbeitet. Joseph MOINGT
jedoch, der diese Analyse durchführt[35], veranschlagt die Bedeutung der
Person-Exegese für die Theologie Tertullians zu gering. Insbesondere
faßt er den Begriff der Person-Exegese zu eng. Er analysiert lediglich
nach den Kategorien „*ad/in personam, ex/in/sub persona,* Unterscheidung der sprechenden Person, grammatische Exegese". Ausdrücke wie
„personam inducere, suscipere, sustinere" ordnet er unter „sens dramatique" ein. Zwar ist nicht zu leugnen, daß, wie oben gezeigt, alle diese
Ausdrücke ursprünglich vom Theater herkommen und teilweise auch
noch so gebraucht werden. Zur Zeit Tertullians haben sie sich aber
längst vom Kontext des Theaters oder quasi-dramatischen Sinnes gelöst

---

[32] AUG trin 1,4,7 (CCL 50,34,1): *omnes quos legere potui qui ante me scripserunt de
trinitate...*
[33] In: ZNW 52 (1961) 1–39.
[34] CANTALAMESSA, Cristologia; MOINGT; GRILLMEIER, Jesus der Christus.
Jetzt auch bei MILANO 71–80.
[35] MOINGT II 551–674, IV 142–147.

und sind Termini technici der Literaturwissenschaft und Exegese. Ähnliches gilt für die (kürzeren) Analysen von Ernest EVANS und René BRAUN[36], die allerdings vor ANDRESENs Artikel verfaßt wurden.

Es soll daher im folgenden nochmals eine vollständige Analyse des *persona*-Gebrauches Tertullians nach den oben entwickelten Kriterien folgen mit zwei Zielen. Es soll gezeigt werden, welche Ausdrücke alle unter die Person-Exegese einzureihen sind und welches Gewicht sie gegenüber dem gesamten Sprachgebrauch Tertullians haben. Weiterhin soll er mit dem oben analysierten Sprachgebrauch Augustins verglichen werden, um zu zeigen, inwieweit beide Autoren die gleichen sprachlichen Voraussetzungen hatten und inwieweit Augustinus nicht-klassisches exegetisches *persona*-Vokabular bereits aus früherer christlicher Sprachentwicklung übernimmt. Die übereinstimmenden Ausdrücke werden jeweils mit (A) bezeichnet.

Tertullian verwendet das Wort *persona* in seinem Werk insgesamt 133mal[37]. Zweimal gebraucht er es in seiner Grundbedeutung Maske/ Rolle im Theater, als er in *Ad nationes* über die *Persika* des Ktesias von Knidos[38] und in *De pudicitia* über die Schauspieler spricht[39].

Sehr häufig (38mal) ist *persona* bei Tertullian synonym mit *homo*, was allerdings, wie schon oben besprochen, einen gewissen Abstand, eine gewisse Objektivierung des Menschen zur Folge hat. Neben der einfachen Substituierung von *homo* durch *persona* (10mal)[40] ist die Doppelung *persona hominis* jedoch nur ein einziges Mal zu finden[41], die konkrete Substitution von *homo* durch eine Funktion oder einen Namen des Menschen aber mehrfach. So spricht Tertullian von der

persona factoris[42],	*Petri*[44] und
persecutoris[43],	*Saulis*[45].

---

[36] EVANS 46–50; BRAUN 207–242, ²704f.

[37] Vgl. G. CLAESSON, Index Tertullianeus, vol. 2, Paris 1975, 1164f. Die dort nach der Edition von S. GELEN (Basel 1550) zitierte Stelle war mir allerdings nicht zugänglich.

[38] Nat 1,16,4 (CCL 1,34,30f.): *tra(goedus) consternatus retracta persona...* Ktesias von Knidos: 405–398/7 v.Chr. Leibarzt König Artaxerxes' II. am persischen Hof, veröffentlichte nach seiner Rückkehr 23 Bücher „Persika". Vgl. F. JAKOBY, Ktesias 1): PRE 11/2 (1922) 2032–2073.

[39] Pud 8,11 (CCL 2,1296,46–49): *meminimus enim et histriones...alia longe a praesenti et fabula et scaena et persona et tamen congruentissime exprimentes*.

[40] Z.B. apol 36,3 (CCL 1,147,11); praescr 3,6 (CCL 1,188,15 bis); bapt 12,4 (CCL 1,287,22). In den montanistischen Werken nur einmal: Val 7,5 (CCL 2,758,14).

[41] Marc 4,30,2 (CCL 1,628,8).

[42] Herm 20,3 (CCL 1,414,26).

[43] Nat 1,7,8 (CCL 1,18,23).

[44] Pud 21,3 (CCL 2,1326,11).

[45] Marc 2,24,2 (CCL 1,501,12).

Adjektive stellt Tertullian nur wenige zu *persona:*

alia[46](A),	*quales*[51],
maior[47],	*quantae*[52],
originales[48],	*secunda*[53],
principales[49],	*tot*[54],
proxima[50],	*una*[55](A).

Am häufigsten sind es Substantive, die bei *persona* stehen:

adnuntiatio personae[56],	*nomen*[63],
amissio[57],	*occursus*[64],
condicio[58],	*officium*[65],
dispositio[59],	*opus*[66],
diversitas[60],	*qualitas*[67],
exempla[61],	*respectus*[68].
exceptio[62],	

Nur ein einziges Mal ist es ein Verb:

contristare personas[69].

---

[46] An 40,3 (CCL 2,843,15); Prax 3,2 (CCL 2,1162,23).
[47] Paen 11,5 (CCL 1,338,21).
[48] Mon 7,1 (CCL 2,1237,1).
[49] Scap 5,2 (CCL 2,1132,14).
[50] Prax 3,2 (CCL 2,1162,24).
[51] Mart 6,2 (CCL 1,8,9).
[52] Ebd.
[53] Prax 6,1 (CCL 2,1165,4).
[54] Pud 14,26 (CCL 2,1309,102).
[55] Mon 7,2 (CCL 2,1237,15).
[56] Carn 7,5 (CCL 2,887,33).
[57] Pud 13,13 (CCL 2,1305,49).
[58] Bapt 18,4 (CCL 1,293,4).
[59] Ebd.
[60] Marc 3,19,7 (CCL 1,534,11).
[61] Mon 7,1 (CCL 2,1237,1).
[62] Val 9,1 (CCL 1,760,1).
[63] Val 18,3 (CCL 1,768,15). *Nomen et persona:* cor 1,2 (CCL 2,1039,10).
[64] Paen 11,5 (CCL 1,338,21).
[65] Idol 15,2 (CCL 2,1115,20).
[66] Spec 23,5 (CCL 1,247,15).
[67] Marc 5,3,7 (CCL 1,669,15).
[68] Nat 1,4,4 (CCL 1,15,2); praescr 23,10 (CCL 1,205,29); Marc 4,3,3 (CCL 1,548,25).
[69] Pud 14,20 (CCL 2,1309,81).

In ähnlicher Weise wie beim Menschen verwendet Tertullian *persona* in bezug auf Gott:

Dei	(achtmal)[70],
domini	(zweimal)[71],
filii	(einmal)[72],
Iesu	(einmal)[73],
proprietas utriusque personae	(einmal)[74].

Den Löwenanteil des *persona*-Vorkommens bei Tertullian stellt jedoch wie bei Augustinus die Grammatik und grammatische/Person-Exegese (54mal). Es kann hier genügen, die verschiedenen Ausdrücke aufzuzählen und im übrigen auf die obige ausführliche Analyse der Ausdrücke der Person-Exegese zu verweisen. Folgende Formulierungen verwendet Tertullian:

persona (ohne Zusatz)[75] (A),
prima persona[76] (A),
secunda p.[77] (A),
tertia p.[78] (A),
una p.[79] (A),
dictum personae[80],
translatio p.ae[81],
persona – vox[82] (A),
personam agere[83] (A),
    constituere[84],
    distinguere[85](A),
    inducere[86](A),

---

[70] Z.B. Herm 39,1 (CCL 1,430,6); Marc 1,22,1 (CCL 1,463,21); Prax 7,8 (CCL 2,1167,55).

[71] Marc 4,29,6 (CCL 1,625,13); 5,2,6 (667,15).

[72] Prax 11,4 (CCL 2,1171,31).

[73] Prax 27,11 (CCL 2,1199,63).

[74] Prax 24,8 (CCL 2,1195,58).

[75] Prax 14,10 (CCL 2,1178,76.77); 26,9 (1198,60).

[76] Prax 18,2 (CCL 2,1183,14).

[77] Prax 12,3 (CCL 2,1173,12).

[78] Prax 11,7 (CCL 2,1172,52).

[79] Prax 13,6 (CCL 2,1175,46); 27,1 (CCL 2,1198,7).

[80] Prax 21,5 (CCL 2,1187,27); virg 5,4 (CCL 2,1215,48).

[81] Exh cast 3,6 (CCL 2,1019,43).

[82] Prax 23,4 (CCL 2,1192,15f.): *quot personae tibi videntur, perverissime Praxea, nisi quot et voces?*

[83] Marc 3,2,6 (CCL 1,522,10).

[84] Prax 11,10 (CCL 2,1172,68).

[85] Prax 12,4 (CCL 2,1173,19); 12,6 (1173,37).

[86] Carn 11,5 (CCL 1,895,30).

$$suscipere^{87}(A),$$
$$sustinere^{88}(A),$$
$$ad\ personam\ dicere^{89},$$
$$de\ persona\ congruere^{90},$$
$$ex\ persona\ canere^{91}(A),$$
$$dicere^{92}(A),$$
$$inire^{93},$$
$$loqui^{94}(A),$$
$$negare^{95},$$
$$profiteri^{96},$$
$$pronuntiare^{97},$$
$$sancire^{98},$$
$$in\ persona\ accipere^{99}(A),$$
$$constituere^{100}(A),$$
$$convenire^{101},$$
$$conversari^{102},$$
$$deliniare^{103},$$
$$denotare^{104},$$
$$dicere^{105}(A),$$
$$figurari^{106},$$
$$gaudere^{107},$$
$$intellegere^{108},$$
$$pronuntiare^{109},$$

---

[87] Marc 4,23,1 (CCL 1,604,18); 4,23,2 (605,3).
[88] Prax 11,7 (CCL 2,1172,50).
[89] Marc 5,2,5 (CCL 1,666,29); Prax 13,2 (CCL 2,1174,8).
[90] Prax 14,9 (CCL 2,1178,72).
[91] Marc 3,22,6 (CCL 1,539,6).
[92] Marc 4,10,2 (CCL 1,562,27); 4,22,12 (603,8); exh cast 3,6 (CCL 2,1019,44); Prax 22,10 (CCL 2,1191,65); Iud 9,23 (CCL 2,1372,176).
[93] Nat 2,10,2 (CCL 1,57,21).
[94] Prax 11,7 (CCL 2,1172,53).
[95] An 17,11 (CCL 2,806,82).
[96] Prax 7,2 (CCL 2,1165,13).
[97] Scorp 7,1 (CCL 2,1081,28).
[98] An 57,11 (CCL 2,867,74).
[99] Marc 2,27,5 (CCL 1,506,26).
[100] Marc 4,39,15 (CCL 1,654,13).
[101] Pud 14,1 (CCL 2,1306,4).
[102] Marc 5,1,4 (CCL 1,664,17).
[103] Marc 3,7,6 (CCL 1,517,19); Iud 14,7 (CCL 2,1393,41).
[104] Marc 2,10,4 (CCL 1,487,15).
[105] Res mort 20,4 (CCL 2,945,15.16).
[106] Marc 2,26,4 (CCL 1,505,14).
[107] Prax 7,2 (CCL 2,1165,12).
[108] Marc 4,30,2 (CCL 1,628,27).
[109] Marc 2,10,3 (CCL 1,486,18).

renuntiare[110],
significare[111],
in personam disponere[112],
statuere[113],
sub persona (ohne Zusatz)[114],
dicere[115],
probare[116].

In rhetorischer Bedeutung erwähnt Tertullian *persona* einige Male als *circumstans* der *inventio* zusammen mit *tempus* und *causa*[117], *tempus* und *locus*[118], *tempus* und *regiones*[119] sowie *nomen* und *locus*[120].

Auch die juridische Bedeutung von *persona* ist bei Tertullian rar, obwohl er möglicherweise Jurist war, in jedem Falle ihm aber die juridische Terminologie aus dem Rhetorikunterricht bekannt gewesen sein muß, wie sich in seinem Werk vielfach zeigt[121]. Lediglich fünfmal verwendet er sie in den Formulierungen *personas iudicare*[122], *acceptio personae*[123] und *acceptatio personae*[124] sowie als Gegensatz zu *causa*[125] und einmal ohne Zusatz[126].

Schließlich sind noch eine Reihe von Bibelzitaten zu erwähnen, die das Wort *persona* (meist nach altlateinischen Übersetzungen) enthal-

[110] Nat 1,10,13 (CCL 1,25,16).
[111] Prax 9,3 (CCL 2,1168,19).
[112] Marc 4,29,7 (CCL 1,625,16).
[113] Pud 18,16 (CCL 2,1319,71).
[114] Res mort 36,1 (CCL 2,968,8).
[115] Bapt 12,8 (CCL 1,288,46).
[116] An 57,5 (CCL 2,866,26).
[117] Praescr 24,3 (CCL 1,206,7–9): *adeo pro temporibus et personis et causis quaedam reprehendebant, in quae et ipsi aeque pro temporibus et personis et causis committebant.* Fuga 6,1 (CCL 2,1142,5–9):*...cum et personas suas habuerit et tempora et causas...hoc in persona(s) proprie apostolorum et in tempora et in causas eorum pertinere defendimus.*
[118] Bapt 17,3 (CCL 1,291,15–17): *sufficit scilicet (et) in necessitatibus (ut) utaris sicubi aut loci aut temporis aut personae condicio compellit.* Idol 23,1 (CCL 2,1123,11 f.): *se scire volunt scilicet tempus persecutionis et locus tribunalis et persona praesidis.*
[119] Virg 1,1 (CCL 2,1209,4–6): *hoc exigere veritatem, cui nemo praescribere potest, non spatium temporum, non patrocinia personarum, non privilegium regionum.*
[120] Prax 23,7 (CCL 2,1192,38 f.): *ut credant et hi et patrem et filium in suis quemque nominibus et personis et locis.*
[121] Vgl. J. LORTZ, Tertullian als Apologet, Bd. 2 (= MBTh 10), Münster 1928, 221–232; T. D. BARNES, Tertullian. A Historical and Literary Study, Oxford 1971, 22–29; R. D. SIDER, Ancient Rhetoric and the Art of Tertullian, Oxford 1971, 74–100.
[122] Marc 2,15,2 (CCL 1,492,22).
[123] Marc 4,35,2 (CCL 1,639,7).
[124] Pud 5,15 (CCL 2,1289,61).
[125] Pud 14,20 (CCL 2,1309,81).
[126] Marc 4,29,16 (CCL 1,627,13–15): *nam et iudicem, qui mittit in carcerem, nec ducit inde nisi soluto etiam novissimo quadrante, in persona creatoris obtrectationis nomine disserunt.*

ten, wobei dessen Bedeutung teils person-exegetisch, teils juridisch, teils anthropologisch und theologisch ist:

2 *Par* 19,7: *acceptio personarum* (jur.)[127],
Ps 4,7: *persona domini*[128],
Prov 8,30: *persona filii*[129],
Is 57,1: *persona Christi*[130],
Lam 4,20: *persona Christi*[131],
Apg 3,20: *persona Dei*[132],
2 *Kor* 4,6: *persona Christi*[133].

Insgesamt ergibt also schon diese recht summarische Analyse des Wortgebrauches von *persona* seitens Tertullian ein Augustin sehr ähnliches Bild. *Persona* als Maske/Rolle des Theaters wird sehr wenig verwendet (Tertullian zweimal, Augustinus überhaupt nicht), auch die rhetorische und juridische Bedeutung von *persona* ist rar, obwohl Tertullian ein geschulter Redner und Jurist war. Dieser Befund zeigt, daß entgegen den früher vertretenen Thesen der theatralische, rhetorische oder juridische *persona*-Begriff wohl kaum auf die Theologie Tertullians Einfluß genommen hat, zumal da diese Bedeutungen an keiner Stelle in theologischem Zusammenhang gebraucht werden. Viel häufiger ist dagegen *persona* in anthropologischem und theologisch-dogmatischem Sinn und am häufigsten in der Grammatik und grammatischen/Person-Exegese, wie dies auch für Augustinus gilt. Dieses „Profil" des *persona*-Gebrauchs läßt durch die Verteilung der Häufigkeiten bereits vermuten, daß der grammatisch-exegetische Person-Begriff bei Tertullian der bedeutendste und einflußreichste ist. Es ist dabei auch kein Unterschied zwischen seiner katholischen und montanistischen Phase festzustellen. Auffällig und bezeichnend ist allerdings, daß er in *Adversus Praxean* praktisch ausschließlich den grammatischen Person-begriff verwendet. Außerdem ist das Vokabular von *Prax* dem der etwa gleichzeitig entstandenen Schrift *Adversus Marcionem* sehr ähnlich, was Tertullians Vertrautheit damit zu dieser Zeit zeigt.

Die aus dem *persona*-Gebrauch abgeleitete allgemeine Vermutung, daß der person-exegetische Personbegriff für Tertullian der für seine Theologie einflußreichste ist, bestätigt sich bei der Einzelinterpretation, wie Carl ANDRESEN sie durchgeführt hat[134]. Beachtenswert ist vor allem das Ergebnis, daß Tertullian nicht der erste und nicht der einzige

---

[127] Exh cast 7,4 (CCL 2,1025,23).
[128] Marc 5,11,12 (CCL 1,698,5).
[129] Herm 18,2 (CCL 1,411,12); Prax 6,2 (CCL 2,1165,13).
[130] Marc 3,22,5 (CCL 1,539,22).
[131] Marc 3,6,7 (CCL 1,515,1); Prax 14,10 (CCL 2,1178,75).
[132] Res mort 23,12 (CCL 2,951,48).
[133] Marc 5,11,11 (CCL 1,698,26); res mort 44,2 (CCL 2,979,5).
[134] ANDRESEN, Personbegriff.

ist, der den exegetischen Personbegriff in die Theologie überträgt, sondern sich dabei bereits auf eine Tradition stützen kann[135].

Vergleicht man nun diesen Übergang mit dem bei Augustinus, fallen vor allem drei Stellen auf.

a. Oben wurde gezeigt, wie Augustinus bei der Exegese von *Gen* 1,26 „laßt uns den Menschen nach unserem Bilde machen" von der Feststellung des Plurals *nostram* auf die Mehrzahl der göttlichen Personen schließt[136]. Dasselbe tut auch Tertullian[137]: „Schließlich unterscheidet die Schrift im Folgenden zwischen den Personen: (Und es machte) Gott den Menschen, nach dem Bilde Gottes machte er ihn. Warum nicht ‚nach *seinem* Bilde', wenn es einer war, der ihn machte und es keinen gab, nach dessen Bild er ihn machte? Es gab aber einen, nach dessen Bild er ihn machte, nämlich des Sohnes, der als künftiger gewisserer und wahrerer Mensch sein Bild Mensch nennen ließ, den er dann aus Lehm formen ließ als Bild und Gleichnis des Wahren." Wenn auch Tertullian zu einem anderen Schluß kommt, indem er den Sohn das wahre Bild des Vaters nennt (Augustinus lehnte dies ab), ist doch die Struktur bis in die Formulierung der Fragestellung gleich. Die grammatische Exegese von *Gen* 1,26 wird Anstoß zur Theologie von den göttlichen Personen. Tertullian und Augustinus stehen darin auch nicht allein. *Gen* 1,26 war dafür die Bibelstelle *par excellence* auch für Theophilus von Antiochien[138], Justin[139] und Irenäus[140].

b. Diese Exegese beruht auf einem Grundsatz, den sowohl Tertullian wie Augustinus klar in ihrem Werk nennen:
Tertullian: „*tot personae quot voces*"[141],
Augustinus: „*quot nomina tot personae*"[142].

D.h. Tertullian und Augustinus haben offenbar dieselben Regeln der Interpretation.

Nach diesem Grundsatz erklärt Tertullian auch in *Prax* 28 die Unterscheidung von Gott Vater und Sohn[143]. Zwar treffen für Christus

---

[135] Ebd.

[136] S. o. S. 119f., 147f.

[137] *Prax* 12,4 (CCL 2,1173,18–24): *denique sequens scriptura distinguit inter personas:* (Et fecit) deus hominem, ad imaginem dei fecit illum. *Cur non „suam", si unus qui faciebat et non erat ad cuius faciebat? erat autem ad cuius imaginem faciebat, ad filii scilicet, qui, homo futurus certior et verior, imaginem suam fecerat dici hominem qui tunc de limo formari habebat, imago veri et similitudo.* Vgl. auch ANDRESEN, Personbegriff 9f.

[138] Autol 2,18 (56 Grant).

[139] Dial 62,2 (167 Goodspeed).

[140] Haer 4,20,1 (SC 100,624–627); 5,1,3 (SC 153,24–29); 5,28,4 (SC 153,360–363). Vgl. ANDRESEN, Personbegriff 9f.

[141] *Prax* 23,4 (CCL 2,1192,15f.).

[142] C Faust 20,12 (CSEL 25,552,8f.).

[143] *Prax* 28,7–9 (CCL 2,1201,28–41): *Et habes totum instrumentum eius, quae in hunc modum pronuntiant et duos proponunt: Deum Patrem et Dominum nostrum Iesum Christum, Filium Patris, et Iesum ipsum esse Christum, in altero quoque nomine Dei*

zwei Namen zu, Jesus und Sohn Gottes, und beide Namen bezeichnen nur ein und denselben. Dennoch dürfe dies nicht dazu verleiten, dem Sohn auch den Namen des Vaters zuzuschreiben und sie zu identifizieren. Man sieht hier, wie der Grundsatz der grammatischen Exegese für die Trinitätstheologie ohne weiteres funktioniert, da er eine klare Zuordnung und Trennung von Namen und Personen erlaubt, in der Übertragung auf die Christologie aber Schwierigkeiten bereitet, da auf Christus sowohl die Namen, die ihn als Gott bezeichnen, zutreffen, als auch die, die ihn als Mensch benennen. Würde man also den genannten Grundsatz *tot personae quot nomina* darauf konsequent anwenden, würde Christus entweder in zwei Personen geteilt oder die Gültigkeit der Regel für die Trinitätstheologie aufgeweicht. Beides versucht Tertullian hier zu vermeiden.

c. Schließlich verwendet Tertullian ebenso wie Augustinus die Formulierung *una persona* in exegetischem Zusammenhang auch abgesehen von *Prax* 27,11, aber insbesondere in *Prax.* „Wenn nämlich eine Person Gottes und des Herrn in den Schriften gefunden würde, würde Christus zu Recht nicht zum Namen Gottes und des Herrn zugelassen ...“[144]. Und wenig später: „sie versuchen, gleichermaßen in einer Person beides zu unterscheiden, Vater und Sohn, indem sie sagen, der Sohn sei Fleisch, d.h. Mensch, d.h. Jesus, der Vater aber Geist, d.h. Gott, d.h. Christus“[145]. An beiden Stellen ist es der theologische Personbegriff, der aber dem exegetischen von der Formulierung her noch nahesteht. D.h. sowohl Augustinus wie Tertullian sind mit der Formulierung *una persona* auch neben der christologischen Formel in exegetisch-theologischem Kontext vertraut.

3. DIE LEIB-SEELE-EINHEIT

Abschließend ist noch ein Blick auf das zweite *constituens* der Christologie des Briefes 137 Augustins zu werfen, den Vergleich der Einheit von Leib und Seele mit der Einheit von Gottheit und Mensch-

---

Filium. 8. Nam exinde, eo iure quo utrumque nomen unius est, id est Dei Filius, etiam alterum sine altero eiusdem est: et sive Iesus tantummodo positum est, intelligitur et Christus quia Iesus unctus est; sive solummodo Christus, idem est et Iesus quia unctus est Iesus. Quorum nominum alterum est proprium quod ab angelo impositum est, alterum accidens quod ab unctione convenit, dum tamen Christus Filius sit, non Pater. 9. Postremo quam caecus est qui nec Christi nomine intelligit alium Deum portendi si Christi nomen Patri adscribat.

[144] Prax 13,6 (CCL 2,1175,46–48): *si enim una persona et dei et domini in scripturis inveniretur, merito Christus non esset admissus ad nomen dei et domini...*

[145] Prax 27,1 (CCL 2,1198,7–10):*...conantur ut aeque in una persona utrumque distingunt, patrem et filium, dicentes filium carnem esse, id est hominem, id est Iesum, patrem autem spiritum, id est deum, id est Christum.*

heit in Christus. Gewiß, Tertullian gebraucht diesen Vergleich nie[146], aber er definiert sehr wohl unabhängig voneinander die Einheit von Leib und Seele und die Einheit von Gott und Mensch in Christus. Die Einheit von Leib und Seele ist für Tertullian eine *concretio*, was der griechischen κρᾶσις καθ᾽ ὅλων entspricht[147]: „Dieser (sc. der Tod) zerreißt und zertrennt die so große Gemeinschaft von Seele und Leib, die so große Einheit der geschwisterlichen Substanzen von der Zeugung an." „Stellte er sie (sc. die Seele) aber oder vielmehr säte und mischte sie mit dem Fleisch? Jedenfalls in einer so großen Einheit, daß es für unsicher gelten kann, ob das Fleisch die Seele oder vielmehr die Seele das Fleisch umschließt, ob das Fleisch für die Seele oder vielmehr die Seele für das Fleisch geschaffen wurde."[148] Die κρᾶσις καθ᾽ ὅλων, die Tertullian hier vertritt, bedeutet aber nach stoischer Lehre die vollständige Durchdringung zweier oder mehr Körper unter Fortbestand ihrer jeweiligen Eigenheiten[149]. Bisweilen definiert Tertullian die Einheit von Leib und Seele aber auch als *confusio* (= σύγχυσις)[150], also als Einheit zweier oder mehr Körper, deren Eigenschaften dabei so umgeformt werden, daß eine neue entsteht[151].

Die Einheit von Gottheit und Menschheit in Christus beschreibt Tertullian hingegen entweder ebenfalls als κρᾶσις[152] oder aber als *mixtio*[153] (= μῖξις), d. h. als vollständige Durchdringung zweier fester Körper unter Bewahrung ihrer natürlichen Eigenschaften[154], wobei er

---

[146] Vgl. CANTALAMESSA, Cristologia 149.

[147] An 52,3 (CCL 2,858,20–22): *quae tantam animae et carnis societatem, tantam a conceptu concretionem sororum substantiarum divellit ac dirimit.* Vgl. CANTALAMESSA, Christologia 139.

[148] Res mort 7,9 (CCL 2,930,39–43): *collocavit autem an potius inseruit et inmiscuit carni? tanta quidem concretione, ut incertum haberi possit, utrumne caro animam an carnem anima circumfert, utrumne animae caro an anima adpareat carni.* Vgl. ebd.

[149] STOB ecl 1 (SVF II 471 p. 153,12–14 = 154,21–23 Wachsmuth): Διαφέρειν γὰρ ἀρέσκει τοῖς ἀπὸ τῆς Στωϊκῆς αἱρέσεως παράθεσιν, μῖξιν, κρᾶσιν, σύγχυσιν. ... Κρᾶσιν δὲ εἶναι λέγουσι δύο ἢ καὶ πλειόνων σωμάτων ὑγρῶν δι᾽ ὅλων ἀντιπαρέκτασιν τῶν περὶ αὐτὰ ποιητῶν ὑπομενουσῶν. Vgl. ebd. 137.

[150] An 27,8 (CCL 2,824,44–46): *cum igitur in primordio duo diversa atque divisa, limus et flatus, unum hominem coegissent, confusae substantiae ambae iam in uno semina quoque sua miscerunt.* Vgl. ebd. 140.

[151] STOB ecl 1 (SVF II 471 p. 153,23–26 = 155,11–14 Wachsmuth): Τὴν δὲ σύγχυσιν δύο (ἢ) καὶ πλειόνων ποιητότων περὶ τὰ σώματα μεταβολὴν εἰς ἑτέρας διαφερούσης τούτων ποιότητος γένεσιν, ὡς ἐπὶ τῆς συνθέσεως ἔχει τῶν μύρων καὶ τῶν ἰατρικῶν φαρμάκων. Vgl. ebd. 137.

[152] Carn 18 (CCL 2,905–907). Vgl. ebd. 142.

[153] Apol 21,14 (CCL 1,125,64–66): *iste igitur dei radius, ut retro semper praedicabatur, delapsus in virginem quandam et in utero eius caro figuratus nascitur homo deo mixtus.* Marc 2,27,6 (CCL 1,506,5f.): *deputabuntur in filio et viso et audito et congresso, arbitro patris et ministro, miscente eum in semetipso hominem et deum.* Vgl. ebd. 141.

[154] STOB Ecl 1 (SVF II 471 p. 153,6f. = 154,14–16 Wachsmuth): Μῖξιν δὲ εἶναι δύο ἢ καὶ πλειόνων σωμάτων ἀντιπαρέκτασιν δι᾽ ὅλων, ὑπομενουσῶν τῶν συμφυῶν περὶ αὐτὰ ποιοτήτων. Vgl. ebd. 137.

allerdings gerade den Terminus *mixtus* wohl eher im populären als
stoisch-philosophischen Sinn gebraucht[155]. Den Begriff der *confusio*
(σύγχυσις) vermeidet er jedoch für Christus[156]. Darüber hinaus verwendet Tertullian die Ausdrücke *coniungere* und *cohaerere*, die dem
griechischen συνάπτειν entsprechen, sowohl für die Christologie wie für
die trinitarische Einheit[157]. D. h. er ist der erste, der die Einheit Christi
und der Trinität mit demselben Vokabular bezeichnet. „Das Scharnier
des Umschlagens scheint der Begriff (oder eher „Begriff"?) *persona* zu
sein."[158] Συνάφεια versteht Tertullian aber als ἀσύγχυτος ἕνωσις[159].

Vergleicht man damit Augustins Terminologie, ergeben sich wiederum frappante Übereinstimmungen. Auch er beschreibt die Einheit
von Leib und Seele ebenso wie die von Gott und Mensch in Christus als
mixtio[160], die Ausdrücke *in unitatem coniungere* und *cohaerere* sind ihm
geläufig[161]. Bei Augustinus schließt die ἀσύγχυτος ἕνωσις συνάφεια,
μῖξις und κρᾶσις mit ein, wobei für ihn die Ausdrücke *misceri* und
cohaerere austauschbar sind[162]. Diese „weitere" Variante der ἀσύγχυτος ἕνωσις, die μῖξις und κρᾶσις enthält und wohl auf Porphyrios
zurückgeht[163], wendet Augustinus jedoch nur in der Christologie, nicht
in der Trinitätslehre an[164].

4. VERGLEICH TERTULLIAN – AUGUSTINUS

Was ergibt nun der Vergleich von Tertullian und Augustinus? Augustinus hat mit Sicherheit eine Reihe von Werken Tertullians gekannt,
darunter möglicherweise auch *Adversus Praxean*. Selbst die Kenntnis
dieser Schrift und der Formel *una persona* in Kapitel 27 war aber wohl
nicht allein entscheidend ohne die terminologische und theologische
Entwicklung Augustins und seiner Zeit. Wenn also gezeigt werden
könnte, daß Tertullian und Augustinus auf einem ähnlichen Weg zur
Formel *una persona* gelangten (nämlich über die Person-Exegese), wäre

---

[155] So CANTALAMESSA, Cristologia 142.
[156] Vgl. ebd. 145f.
[157] Z.B. Prax 8,6 (CCL 2,1168,35–39): *igitur secundum horum exemplorum formam
profiteor me duos dicere: deum et sermonem eius, patrem et filium ipsius. nam et radix et
frutex duae res sunt, sed coniunctae; et fons et flumen duae species, sed indivisae; et sol et
radius duae formae sunt, sed cohaerentes.* 12,7 (1173,38f.): *ceterum, ubique teneo unam
substantiam in tribus cohaerentibus...*Vgl. ABRAMOWSKI, Συνάφεια 80f.
[158] ABRAMOWSKI, Συνάφεια 83.
[159] Prax 27,11f. (CCL 2,1199,58–1200,73).
[160] Ep 137,11 (CSEL 44,109–111): QA 283f.
[161] S. u. S. 252.
[162] Vgl. ep 137,11 (CSEL 44,109–111) und ciu 10,29 (CCL 47,305,48–50). Vgl.
FORTIN, Christianisme 114f., 120 Anm. 3; ABRAMOWSKI, Συνάφεια 95.
[163] Vgl. ABRAMOWSKI, Συνάφεια 106f.
[164] Vgl. ebd. 99.

damit ein stützendes Argument für die Richtigkeit des oben für Augustinus dargestellten Weges gewonnen. Dieser Nachweis gelang. Das
„Profil" des *persona*-Gebrauchs bei Tertullian entspricht sehr wesentlich dem Augustins: kaum theatralisches, rhetorisches oder juridisches
Vokabular, sondern zumeist anthropologisches und person-exegetisches. Bis in die einzelnen Formulierungen hinein sind vielfache Übereinstimmungen zu finden. Im einzelnen kann auch für Tertullian der
Übergang von Exegese zur Dogmatik nachgewiesen werden, wie dies
bereits ANDRESEN getan hat. An drei einzelnen Stellen zeigte sich die
enge Parallelität von *persona*-Vokabular, -Regeln und -Theologie Tertullians und Augustins. Schließlich verwenden beide für die Einigung von
Gott und Mensch dieselbe Begrifflichkeit des Mischungsvokabulars.
D. h. Tertullian und Augustinus leiten beide, wesentlich auf demselben
Wege, die Formel der *una persona* aus der Person-Exegese ab, wobei
man allerdings für beide in Rechnung stellen muß, daß sie sich in einem
entsprechenden theologischen „Klima" bewegen. Sie sind bei weitem
nicht die ersten und nicht die einzigen, die die gottmenschliche Einigung
in Christus darstellen und auch nicht die ersten, die die Person-Exegese
benutzen. Sie sind aber die einzigen, die sie verbinden und so zur *una
persona Christi* gelangen.

B. ISAAK DER JUDE

Ein zweites Mal noch ist die Formel der *una persona* aus der Zeit vor
Augustinus überliefert, in einer *fides* Isaaks des Juden[165]. Wenn auch an
der Echtheit der *fides* wohl nicht gezweifelt werden kann[166], ist doch
über die Person Isaaks viel gerätselt worden und vor allem darüber, ob
nicht noch andere, uns anonym überlieferte Schriften (z. B. des sog.
Ambrosiaster) ihm zuzueignen seien. Isaak war ein zum Christentum
konvertierter Jude, der in den Auseinandersetzungen zwischen Papst
Damasus I. (366–384) und seinem Gegner Ursinus zur Partei des
Ursinus gehörte[167]. Er lebte zunächst in Mailand, wo er für seinen

---

[165] Fides Isacis 4 (CCL 9,343,9 f.).

[166] Vgl. A. HOSTE: CCL 9 (1957) 334: „...Fides Isacis, *certe genuina...*"; H.
RAHNER, Isaak: LThK² 5 (1960) 775: „Sicher von Isaak stammt die Fides Isatis ex
Iudaeo".

[167] Zu den Auseinandersetzungen des Papstes Damasus I. mit seinem Gegenpapst
Ursinus und der Rolle Isaaks darin vgl. neben den einschlägigen Lexikonartikeln J.
WITTIG, Damasus; E. CASPAR, Kleine Beiträge zur älteren Papstgeschichte V. Der
Prozeß des Papstes Damasus und die römisch-bischöfliche Gerichtsbarkeit: ZKG 47
(1928) 178–202; DERS., Geschichte des Papsttums I 215; HOEPFFNER 288–304.
Zu den Quellen vgl. P. KÜNZLE, Zur *basilica Liberiana*: Basilica Sicinini = basilica
Liberii: RQ 56 (1961) 1–61, 129–166; A. LIPPOLD, Ursinus und Damasus: Hist 14
(1965) 105–128.

weiterhin engen Kontakt zur jüdischen Gemeinde so bekannt war, daß das Gerücht umging, er sei wieder zum Glauben seiner Väter abgefallen. Er wurde, weil er wohl Jurist war, von der Partei des Ursinus 371 nach Rom geholt, um dort gegen Papst Damasus zu prozessieren[168]. Welchen Vorwurf die Anklage zum Gegenstand hatte (Gewalttat oder Ehebruch), ist nicht mehr im einzelnen zu klären[169]. Ebenso ist fraglich, ob lediglich ein Zivilprozeß stattfand, dem die Rehabilitierung auch kirchlicherseits folgte, oder ob zwei getrennte Prozesse mit verschiedenen Anklagen und Anklägern stattgefunden haben, wie André HOEPFFNER annimmt[170]. Papst Damasus sei vor dem Zivilgericht durch Isaak Gewalttätigkeiten in der Auseinandersetzung mit seinen Gegnern vorgeworfen worden, vor dem geistlichen Gericht hingegen von den Diakonen Concordius und Calistus des Ehebruchs bezichtigt worden[171]. Jedenfalls wurde Damasus sowohl durch kaiserliches Reskript als auch von einer Synode von 43 (44?[172]) Bischöfen in Rom im Jahre 378 (380?[173]) freigesprochen. Isaak wurde nach Spanien verbannt und ist wieder zum jüdischen Glauben zurückgekehrt[174]. Seine weiteren Lebensumstände verlieren sich im Dunkel, falls man ihn nicht, wie Joseph WITTIG, mit dem Ambrosiaster identifiziert und daraus seine weiteren Lebensumstände konjiziert[175].

Aus seiner Feder sind uns zwei kleine Werke erhalten, die bereits erwähnte *fides*[176] und eine *expositio fidei catholicae*[177]. Beide *opuscula* scheinen echt zu sein. Die *fides* ist wohl mit der Schrift zu identifizieren, die Gennadius in *vir ill* 26 erwähnt: „Isaac schrieb ein Buch über die drei Personen der Heiligen Dreifaltigkeit und die Inkarnation"[178]. Auch Hieronymus scheint Isaak zu meinen, wenn er in seinem Tituskommentar von „einem gewissen Juden, der sich in Rom für einen Christen

---

[168] Zur Klageschrift vgl. WITTIG, Damasus 47–71; DERS., Hilarius 6–9.

[169] Vgl. WITTIG, Damasus 47–51.

[170] HOEPFFNER; PIETRI I 738: erstere These.

[171] So der Liber pontificalis 54,3 (I 212,8–10 Duchesne): *Hic accusatus invidiose incriminatur de adulterio; et facto synodo purgatur a XLIIII episcopis qui etiam damnaverunt Concordium et Calistum diacones accusatores et proiecerunt de ecclesia.*

[172] Vgl. ebd.

[173] So BAREILLE/MANGENOT 1.

[174] MANSI III 628 A: *Isaacem remotus est Hispaniae angelus titulo damnationis inclusit.* 626 B: *Sic denique factio profecit Ursini, ut Isaac Iudaeo subornato, qui facto ad synagogam recursu caelestia mysteria profanavit.*

[175] S. u. S. 191.

[176] Ed. A. HOSTE: CCL 9,337–343. Frühere Edition mit kommentierter deutscher Übersetzung bei H. ZEUSCHNER, Studien zur Fides Isaatis. Ein Beitrag zur Ambrosiasterfrage: Ambrosiaster-Studien (= KGA 8), Breslau 1909, 99–128.

[177] Ed. A. HOSTE: CCL 9,347f.

[178] TU 14/1,71,28f. Richardson: *Isaac scripsit de sanctae Trinitatis tribus personis et incarnatione librum.*

ausgab" spricht[179]. Alle darüber hinausgehenden Zuweisungen anonym überlieferter Werke an Isaak dürften wohl abzulehnen sein. Germain MORIN identifizierte 1899 Isaak aufgrund eines Vergleiches von Sprache und Stil der Schriften mit dem Ambrosiaster[180]. Er fand mit dieser These breite Zustimmung[181], die noch lange nachwirkte[182], obwohl er sich selbst schon 1903 davon abwandte und den Ambrosiaster nun als Decimius Hilarianus Hilarius[183], später als Euagrius von Antiochien identifizierte[184]. Joseph WITTIG ging sogar so weit, alle drei Personen (Ambrosiaster – Isaak – Hilarius) als eine anzusehen und daraus zu schließen, daß Isaak aus seiner Verbannung nach Rom zurückgekehrt sei und Papst Damasus anerkannt habe[185]. Alle diese Hypothesen dürfen heute jedoch als überholt gelten[186].

Wir wissen von Isaak nicht mehr, als daß er jüdischer Konvertit war, als Ankläger des Papstes Damasus hervortrat, nach Spanien verbannt wurde und die zwei erwähnten Schriften von ihm erhalten sind.

---

[179] Comm Tit 3,9 (PL 26,631 B): *audivi ego quendam de Hebraeis, qui se Romae in Christum credidisse simulabat.*

[180] G. MORIN, L'Ambrosiaster et le juif converti Isaac, contemporain du pape Damase: RHLR 4 (1899) 97–121.

[181] Zustimmend: Th. ZAHN, Der „Ambrosiaster" und der Proselyt Isaak: ThLBl 20 (1899) 314; A. E. BURN, The Ambrosiaster and Isaac the converted Jew: Exp[5] 10 (1899) 368–370; E. PREUSCHEN, Kirchengeschichte von Nicänum bis zum Mittelalter mit Einschluss der byzantinisch-orientalischen Literatur: ThJber 19 (1900) 217; WITTIG, Damasus 71; C. H. TURNER, Pelagius' Commentary on the Pauline Epistles and its History: JThS 4 (1903) 135. Dagegen lediglich: H. ZIMMER, Pelagius in Irland. Texte und Untersuchungen zur patristischen Literatur, Berlin 1901, 120.

[182] Z.B. bei C. H. TURNER, Niceta and Ambrosiaster II: JThS 7 (1906) 368; WITTIG, Hilarius 29–32; W. SCHWIERHOLZ, „Hilarii in epistola ad Romanos librum I." (Katalog der Bibliothek von Bobbio, Nr. 94). Ein Beitrag zur Ambrosiasterfrage: Ambrosiaster-Studien (= KGA 8), Breslau 1909, 71–78, 81 f., 93–95; A. SOUTER: CSEL 50 (1908) XXIII f.; SCHANZ 4/1 (1914) 354–358 § 945. Dagegen: H. BREWER, War der Ambrosiaster der bekehrte Jude Isaak?: ZKTh 37 (1913) 214–216. Neuerdings wird die Autorschaft Isaaks wieder in Betracht gezogen von J. JÄNTSCH, Führt der Ambrosiaster zu Augustinus oder Pelagius?: Schol. 9 (1934) 93 Anm. 4; H. J. VOGELS: CSEL 81/1 (1966) XII; M. ZELZER, Zur Sprache des Ambrosiaster: WSt NF 4 (1970) 213.

[183] G. MORIN, Hilarius l'Ambrosiaster: RBen 20 (1903) 113–131. Zustimmend: SOUTER, Ambrosiaster 183; WITTIG, Hilarius 29–32. Dagegen: BAREILLE/MANGENOT 5.

[184] G. MORIN, Qui est l'Ambrosiaster? Solution nouvelle: RBen 31 (1914) 1–34. Hierfür fand er jedoch keine Zustimmung mehr. Zu den verschiedenen Versuchen der Identifizierung des Ambrosiaster vgl. K. BENRATH, Ambrosiaster: RE[3] 1 (1896) 441 f.; POLLASTRI, Commento 3–38; DIES.: DPAC 1, 156 f.

[185] WITTIG, Hilarius 29–35.

[186] Vgl. MUNDLE 10–13; MARTINI 147–160; K. MRAS, De Isaac ex Iudaeo: CSEL 66 (1960) XXXII–XXXVII; A. STUIBER, Ambrosiaster: JAC 13 (1970) 119; POLLASTRI, Commento 3–38; A. STUIBER, Ambrosiaster: TRE 2 (1978) 357; POLLASTRI: DPAC 1,156.

Die *fides Isacis* enthält nun, wie oben gesagt, die Formel der *una persona*. Sie steht fast am Ende der *fides* und zeigt eine überraschend endgültige Form: „der Eingeborene und und der Erstgeborene sind zwei Naturen, die göttliche und die menschliche, aber eine Person" *(unigenitus et primogenitus duae naturae sunt, divina et humana, sed una persona)*[187]. Es scheint tatsächlich, als ob hier zu Ende des 4. Jahrhunderts (um 380) die Formel nicht nur neu entdeckt, sondern sogar gegenüber Tertullian weiter entwickelt sei.

Es stellt sich allerdings die Frage, wieso gerade Isaak, der keineswegs einer der großen Theologen des 4. Jh. war, und obwohl „der Kontext zeigt, daß die christologische Auffassung mit der Formel nicht Schritt hält"[188], nach Tertullian als erster zu dieser Formel findet – scheinbar mühelos, während Augustinus fast 25 Jahre braucht, um sie zu entwikkeln. Oder datiert die Formel doch nicht vom Ende des 4. Jh., sondern erst aus dem fünften, gar erst nach Chalkedon? Ist die *fides Isacis*, bzw. dieser Teil wirklich authentisch oder meint Gennadius, auf dessen alleiniges Zeugnis sich die Identifizierung stützt, eine ganz andere Schrift?

Eine Antwort darauf kann wohl nur aus inneren Gründen versucht werden, wobei sich der Doppelausdruck *unigenitus et primogenitus,* den Isaak hier aufgrund von *Kol* 1,18 und *Ro* 8,29 einführt, als der Schlüssel erweist. Er ist der lateinischen Christologie des 4. Jh. unbekannt, spielt aber in der griechischen Theologie eine bedeutende Rolle. Am ähnlichsten zu Isaak ist er im „Dialog über die Inkarnation des Eingeborenen" des Kyrill von Alexandrien zu finden: „Der Erstgeborene und der Eingeborene sind also folglich derselbe" (ὁ αὐτὸς οὖν καὶ μονογενής ἐστι καὶ πρωτότοκος)[189]. Auch hier steht *Ro* 8,29 im Kontext. Schon zuvor hatte Kyrill die Theologie der Einheit der beiden Söhne dargelegt, ebenfalls unter Zitation von *Ro* 8,29: „Wir erkennen also nichtsdestoweniger einen Christus und Herrn und Sohn, der zugleich Gott und Mensch ist und als solcher angesehen wird. Wir sind gewohnt, die Einheit gänzlich unzerrisen zu bewahren, weil wir glauben, daß der Eingeborene und der Erstgeborene derselbe sind. An den Eingeborenen glauben wir als den Logos aus Gott Vater und aus dessen Wesenheit Hervorgegangenen, an den Erstgeborenen aber, insofern er Mensch wurde und „Erstgeborener unter vielen Brüdern" (*Ro* 8,29). Denn wie der Vater, aus dem das All ist, einer ist, so gibt es auch nur einen Herrn Jesus Christus, durch den das All ist."[190]

---

[187] CCL 9,343,91f.
[188] GRILLMEIER, Jesus der Christus 589f.
[189] CYR AL inc 700 a (SC 97,254,4).
[190] CYR AL inc 688 d (SC 97,220,32–222,40): Ἕνα δ'οὖν ὅμως Χριστὸν καὶ Κύριον καὶ Υἱὸν ἐπιγινώσκομεν, ἐν ταὐτῷ καὶ ὑπάρχοντα καὶ νοούμενον Θεόν τε καὶ ἄνθρωπον. Ἀδιάσπαστον δὲ παντελῶς τὴν ἕνωσιν διατηρεῖν εἰθίσμεθα, τὸν αὐτὸν

Kyrill begegnet hier einer Theologie, die im folgenden noch näher zu besprechen sein wird. Sie teilt aufgrund der zwei Geburten Christi (aus dem Vater vor aller Zeit, als Mensch in unserer Zeit aus der Jungfrau Maria) Christus in zwei Söhne, zwei Personen[191]. Dieser Trennungschristologie stand offenbar schon Klemens von Alexandrien bei den Valentinianern gegenüber, da auch er schon von der Einheit des Eingeborenen und Erstgeborenen spricht[192]. Besondere Bedeutung erhält dieses Problem im 4. Jh. durch die Gegner der Arianer, weswegen die griechischen Väter des 4. und 5. Jh. immer wieder auf diese Weise der Häresie entgegentreten mußten (z.B. Athanasius[193], Gregor von Nyssa[194], Ps-Didymus[195] und Theodor von Mopsuestia[196]).

Die *fides* Isaaks des Juden verwendet also exklusiv griechische Termini des 4. Jh., was dafür spricht, daß der Autor aus dem Osten kommt und auch ihre Datierung Ende des 4. Jh. möglich macht. Ein zusätzlicher Hinweis für die Datierung der Schrift ist die Tatsache, daß Isaak den Hervorgang des Geistes lediglich *ex patre* bekennt[197]. Es wäre für einen Lateiner nach Chalkedon wohl ausgeschlossen, daß er nicht auch das *filioque* hinzufügt. Man wird also in der *fides* in jedem Fall ein Dokument vom Ende des 4./Anfang des 5. Jh. sehen müssen, wobei sich gegen die Zueignung an Isaak keine Hinweise ergeben, seine Autorschaft durch das theologische Umfeld eher noch gestützt wird.

Daß Isaak von der dargestellten Problematik sehr wohl zur *una persona* gelangen konnte, zeigt Theodor von Mopsuestia, der ebenfalls so zum Ausdruck des ἓν πρόσωπον Christi kommt[198]. Hinzu kommt auf lateinischer Seite Ende des 4. Jh. die Theologie der *non duae personae Christi*, über die gleich noch zu handeln ist, die ebenfalls schon auf den Terminus *una persona* zuführte.

εἶναι πιστεύοντες καὶ μονογενῆ καὶ πρωτότοκον. Μονογενῆ μὲν ὡς ἐκ Θεοῦ Πατρὸς Λόγον, καὶ ἐκ τῆς οὐσίας αὐτοῦ πεφηνότα, πρωτότοκον δὲ αὖ καθὸ γέγονεν ἄνθρωπος, καὶ „ἐν πολλοῖς ἀδελφοῖς". Ὥσπερ γὰρ εἷς ἐστι Θεὸς ὁ Πατὴρ ἐξ οὗ τὰ πάντα, οὕτω καὶ εἷς Κύριος Ἰησοῦς Χριστὸς δι' οὗ τὰ πάντα. Vgl. ebd. 223 Anm. 1 zur Geschichte des Ausdrucks.

[191] Zu Kyrill vgl. weiterhin Thes 25 (PG 75,401 C-408 A); trin 1,405 (SC 231,184, 38–186,38); 4,518e–522d (SC 237,182,35–194,30); 6,625e–626c (SC 246,124,37–126,26).

[192] Exc Thdt 7,3–5 (GCS 3,108,7–19); vgl. dazu F. SAGNARD: SC 23 (1970) 69 Anm. 4.

[193] Ar 2,62 (PG 26,277 C–280 B).

[194] C Eun 3,2,55–57 (GNO 2,70,18–71,21).

[195] Trin 3,4 (PG 39,836 C–D).

[196] S. u. S. 225–239.

[197] CCL 9,337,16–19: *Igitur tria quae divisa sunt a duobus haec sunt: deus pater innascibilis, non ex aliquo, et deus filius unigenitus, ex aliquo, hoc est ex patre, et spiritus sanctus innascibilis ex aliquo, hoc est ex patre, et sunt haec quae, cum tria sunt, unum sunt.*

[198] S. u. S. 228–230.

Die Frage, ob Augustinus die *fides* gekannt hat, darf wohl negativ beantwortet werden. Es gibt keinen Hinweis darauf, und es ist kaum wahrscheinlich, daß er dieses kleine Einzelwerk einer theologischen Randfigur gekannt hat. Augustinus ist allerdings auch die Theologie des Begriffspaares *Christus unigenitus – primogenitus,* die die *fides* zur Theologie der *una persona Christi* führt, fremd. Zwar sind beide Begriffe als einzelne häufig in seinem Werk nachweisbar[199], aber nur ein einziges Mal gemeinsam, in *coll Max*[200], d. h. zu einer Zeit (427/28), als die Formel der *una persona* längst fester Bestandteil seiner Christologie ist. Überdies ist es dort nicht Augustinus, der das Begriffspaar verwendet, sondern Maximinus. Man wird daraus folgern dürfen, daß Augustinus seine Theologie der *una persona Christi* nicht nur unabhängig von der *fides* Isaaks des Juden, sondern auch auf einem ganz anderen theologischen Wege entwickelt hat.

C. PSEUDO-VIGILIUS

Noch ein drittes Mal ist möglicherweise im lateinisch-patristischen Schrifttum vor Augustinus die christologische Formel *una persona* überliefert: in den pseudo-athanasischen Traktaten *De trinitate*[201]. Sie sind als Bücher X–XII des Werkes *De trinitate* des Eusebius von Vercelli überliefert, gehören aber, wie die Verschiedenheit des Stiles zeigt, mit Sicherheit nicht dazu und sind wohl lediglich wegen desselben Themas angefügt worden[202]. Man muß diese Bücher X–XII als drei selbständige Traktate ansehen, wobei auch die Zuweisung an Athanasius, unter dessen Namen sie überliefert sind, nicht aufrecht erhalten werden kann. Bei den Büchern X und XI handelt es sich um original lateinisch verfaßte Werke, nicht um Übersetzungen aus dem Griechischen, wenn sie auch griechische Quellen benützen[203]. Buch XII hingegen ist wohl eine Übersetzung aus dem Griechischen[204]. Ein Autor kann nicht namhaft

---

[199] Z. B. ench 11,37 (CCL 46,70,31); ep 164,9 (CSEL 44,529,1.7) u. ö.

[200] Coll Max 13 (PL 42,718,55) laut Computer-Ausdruck des Augustinus-Index in Würzburg.

[201] Kritische Editionen: Pseudoathanasii De Trinitate LL. X–XII: *Expositio fidei catholicae, Professio arriana et confessio catholica, De Trinitate et De Spiritu Sancto,* rec. M. SIMONETTI, Bologna 1956; V. BULHART: CCL 9 (1957) 133–161.

[202] BULHART (CCL 9,XXXI): „*Iam hinc probatur libros 8–12 non proprie et primitus ad Eusebianos 1–7 pertinere, sed propter materiae similitudinem cum illis coniunctos esse; accedit, quod stilus omnium prorsus ab illo Eusebiano abhorret.*" Vgl. COURCELLE, Lettres grecques 188 Anm. 1.

[203] Vgl. G. FICKER, Vigilius von Thapsus: RE³ 20 (1908) 644; ALTANER, Athanasius 86 (= Kl. Schr. 264); FREDE 574.

[204] Vgl. FREDE 574.

gemacht werden, und die verschiedenen Versuche, die Traktate einem Luciferaner[205] oder Gregor von Elvira (gest. nach 392) zuzuweisen[206], dürfen als gescheitert gelten[207].

Es dürfte sich aber um Dokumente des ausgehenden 4./beginnenden 5. Jh. handeln, obwohl ein zweifelsfreier Beweis dafür noch nicht erbracht worden ist. Gerhard FICKER und Karl KÜNSTLE datierten den Liber XI in die zweite Hälfte des 5. oder den Anfang des 6. Jh., da er die christologische Formel des *Tomus ad Flavianum* enthalte[208]. Pierre COURCELLE hat hingegen gezeigt, daß offenbar einige Formulierungen des Briefes 148 Augustins aus diesem Traktat schöpfen[209]. Ihm schlossen sich Berthold ALTANER und Manlio SIMONETTI an[210]. Die wörtlichen Übereinstimmungen zwischen Brief 148 und Liber XI sind jedoch so allgemein *(Ariani dicunt patrem invisibilem Deum; secundum invisibilem Patrem, Filium, Spiritum Sanctum)*, daß sie, obwohl Augustinus ausdrücklich sagt, er habe sie von Athanasius übernommen[211], m.E. keinen Beweis begründen, daß Augustinus sie diesem Traktat entnommen hat und also auch die Formel *una persona* dort gelesen hat. Es kann gut ein anderes (pseud-) athanasisches Werk gewesen sein, auf das sich Augustinus stützt. Der Schluß ALTANERs „damit ist mit großer Wahrscheinlichkeit die Quelle Augustins entdeckt" scheint mir daher nicht haltbar. Auch ist sein Argument, der *liber* müsse aus der Zeit Ende des 4. Jh. stammen, weil er den Christustitel *homo dominicus* enthalte[212], durch die Forschungen von Alois GRILLMEIER widerlegt[213]. Der Titel ist ohne weiteres noch im 6. Jh., z.B. bei Leontius von Byzanz, nachzuweisen. Man wird wohl über *liber* XI nicht mehr sagen können, als daß er aus dem 4. oder 5. Jh. stammt[214].

---

[205] SCHANZ IV/1 (²1914) 309.

[206] COURCELLE, Lettres grecques 188 Anm. 1

[207] ALTANER, Athanasius; SIMONETTI, Pseudoathanasius; BULHART: CCL 9 und SIMONETTI, *Persona Christi* akzeptieren diese Zuweisung nicht.

[208] G. FICKER, Studien zu Vigilius von Thapsus, Leipzig 1897, 75; DERS., Vigilius von Thapsus: RE³ 20 (1908) 643; K. KÜNSTLE, Eine Bibliothek der Symbole und Theologische Tractate zur Bekämpfung des Priscillianismus und westgothischen Arianismus aus dem VI. Jahrhundert. Ein Beitrag zur Geschichte der theologischen Literatur in Spanien (= FChLDG 1,4), Mainz 1900, 113 f.

[209] COURCELLE, Lettres grecques 188 Anm. 1

[210] ALTANER, Athanasius 85 f. (= Kl. Schr. 263 f.); SIMONETTI, Pseudoathanasius 8; DERS., *Persona Christi* 98.

[211] AUG ep 148,2,10 (CSEL 44,340,8 f.): *beatissimus quoque Athanasius, Alexandrinus episcopus, cum ageret adversus Arrianos...*

[212] ALTANER, Athanasius 264 Anm. 1.

[213] S. o. S. 154.

[214] Vgl. FREDE 574.

Anders verhält es sich jedoch mit *liber* X. Er datiert aus der Zeit nach
418–428, da er neben griechischen Quellen AUG *ep* 219 und den
libellus emendationis des Leporius verwendet[215]. *Liber* XII ist für
unsere Fragestellung nicht von weiterer Bedeutung, da er die Formel
una persona nicht enthält.

In *liber* X und XI ist je einmal *una persona* zu finden:

X 55: „Deswegen ist eine Person anzunehmen, des Fleisches und des
Wortes, und daß ein und derselbe als Gott und Mensch immer untrennbar und in doppelter Substanz immer wahrhaft alles getan hat, was zum
Menschen gehört, und immer wahrhaft alles besessen hat, was zu Gott
gehört."[216] Wir finden hier also nebeneinander die alte Einheitsformel
unus idemque und die neue der *una persona*. Altertümlich und evtl.
sogar mißverständlich scheint jedoch der Ausdruck *caro* statt *homo*,
obwohl sie hier sicher synonym gebraucht werden. Vielleicht stammt er
einfach aus *Jo* 1,14, wie ja auch der Ausdruck *(gigas) geminae
substantiae* biblischen Ursprungs ist[217]. Vom Vokabular dieses Satzes
könnte *liber* X ohne weiteres vom Ende des 4. Jh. datieren. Lediglich
die folgenden Sätze weisen doch auf die Zeit der nestorianischen
Kontroverse hin, wenn Pseudo-Vigilius betont, daß „gemäß dem Menschen Gott geboren wurde, … gelitten hat, gestorben ist".[218] Man sollte
denken, daß sich der Autor damit direkt gegen die Verneinung dieser
Terminologie wendet. Ein schlagendes Argument ist jedoch auch diese
Vermutung nicht, da diese Terminologie auch schon im 4. Jh. verwendet
wurde. Dies gilt insbesondere für die folgende Unterscheidung der
forma dei und *forma servi*[219].

Die Formulierung des Liber XI 68 ähnelt stark der des *Tomus ad
Flavianum:* „Gemäß der Lehre unseres Herrn selbst und der Verkündigung des Apostels ist also unbeschadet der Eigenart beider Naturen in
einer Person Christi, d. h. Gottes und des Menschen, Gott, der verherrlicht, vollkommen in einem vollkommenen Menschen, der verherrlicht
wird; er ist zu verehren und anzubeten und Gott, der Sohn Gottes."[220]

---

[215] Vgl. ebd.

[216] CCL 9,144,366–370: *Idcirco una persona accipienda est, carnis et verbi, unum
eundemque deum et hominem, inseparabilem semper geminaeque substantiae vere semper
omnia gessisse quae sunt hominis, et vere semper possedisse quae dei sunt.*

[217] Vgl. J. de GHELLINCK, Note sur l'expression „Geminae gigas substantiae": RSR
5 (1914) 416–421; GRILLMEIER, Jesus der Christus 664.

[218] 10,56 (CCL 9,144,371–375): *Quapropter non pertimescimus dicere secundum
hominem deum natum eundemque secundum hominem deum passum, deum mortuum, sed
gloriamur dicere deum natum eundemque secundum hominem passum.*

[219] 10,55–57 (CCL 9,144,375–385).

[220] CCL 9,159,443–160,448: *Secundum igitur ipsius domini doctrinam et apostoli
praedicationem salva proprietate utriusque naturae in una persona Christi id est dei et
hominis, perfectus deus, qui clarificat, in homine perfecto, qui clarificatur, credendus,
colendus adorandusque et deus dei filius.*

Tomus ad Flavianum: „Unbeschadet also der Eigenart beider Naturen und des Zusammenschlusses in einer Person ...“[221]. ALTANER bezweifelt, daß man aus dieser Parallelität die Abhängigkeit des *liber* XI vom *Tomus* ableiten und ihn daher nach dem Konzil von Chalkedon einordnen könne, da auch schon Tertullian in *Prax* 27 eine ähnliche Formulierung gebrauche[222]. SIMONETTI schließt aber sehr wohl umgekehrt daraus, daß „eben hier die Quelle des entsprechenden Ausdrucks des *Tomus ad Flavianum*" vorliege[223]. Dieser Schluß scheint mir jedoch nicht zwingend. Teils aus der Argumentation ALTANERs heraus: wörtliche Übereinstimmung der Formel und einer Phrase begründen noch keine Abhängigkeit. Dann könnte der *Tomus* ebensogut allein von Tertullian oder Augustinus abhängen. Zweitens ist zu berücksichtigen, daß, wie schon bei Isaak dem Juden bemerkt, Ende des 4./Anfang des 5. Jh. ein theologisches Klima herrschte, das zu der Formel *una persona* hindrängte, aber einer Fülle von Faktoren unterlag, nicht von der Kenntnis einer einzelnen Formulierung abhing. Man wird daher auch im Falle des *Tomus liber* XI des Pseudo-Vigilius als eine Quelle mit heranziehen können (falls die Datierung sich als richtig erweist), sie aber sicher nicht als *die* Quelle ansehen.

Gleiches gilt für Augustinus. Möglicherweise bezieht er sich in Brief 148 auf *liber* XI, aber er kannte auch Tertullian und es hat mit Sicherheit weder die eine noch die andere Formel seine Christologie allein geprägt, wenn auch z. B. die Formulierung *una persona in utraque natura*[224] stark an Pseudo-Vigilius anklingt. Zu diesen einzelnen Vorbildern muß in jedem Fall die gesamte theologische Problematik des 4. und 5. Jh. mitgewirkt haben, speziell die Einheitsideen und -ausdrücke der Augustinus am nächsten stehenden Theologen, die im folgenden näher zu untersuchen sind.

II. ANDERE EINHEITSFORMELN

Das zweite und dritte Jahrhundert hatte, wie oben gesagt, weitgehend eine Unterscheidungschristologie vertreten, ohne jedoch die Einheit der beiden Naturen zu leugnen. Es waren sogar grundlegende Einheitsformeln entwickelt worden, die weitere Erklärung der Einheit rückte

---

[221] H. DENZINGER/A. SCHÖNMETZER, Enchiridion symbolorum definitionum et declarationum de rebus fidei et morum, Freiburg ³⁶1976, Nr. 293: *Salva igitur proprietate utriusque naturae et in unam coeunte personam...*
[222] ALTANER, Athanasius 264 Anm. 1
[223] SIMONETTI, *Persona Christi* 98.
[224] S. u. S. 251.

aber nicht in den Mittelpunkt des Interesses. Dies sollte der Zeit vorbehalten bleiben, in der die arianische Kontroverse bereits dem Ende zuneigte und begann, eine christologische Wende zu nehmen.

Der Streit um Arius war im Grunde ein Problem der Trinitätstheologie. Es ging um die Frage des Verhältnisses des Logos, des Sohnes, zum Schöpfergott, dem Vater. Sind sie gleich und gleich ewig oder ist der Logos untergeordnet, geschaffen und adoptiert? Ausgehend von dem allgemein verbreiteten Logos-Sarx-Schema akzentuierte Arius den Subordinatianismus und schrieb alle *passiones* Christi, wie sie in der Bibel berichtet werden (Hunger, Durst, Angst etc.) dem Logos zu, um der Gefahr des Monarchianismus zu entgehen. Das Konzil von Nikaia (325) stellte dagegen den Begriff des gezeugten, nicht geschaffenen Sohnes *(genitum non factum)*, der aber wahrhaft als Mensch geboren wurde, und präzisierte dies mit der Formel des ὁμοούσιος, die ihrerseits soteriologischen Hintergrund hat. Nur der Sohn, durch den der Vater alles erschaffen hatte, konnte den Menschen erlösen, d. h. neu schaffen. Nur der ewige, unveränderliche Gottessohn konnte dem gefallenen Menschen wieder Anteil geben an der Ewigkeit und Unveränderlichkeit Gottes.

Christologisch gesehen ist es die Frage nach der vollen Gottheit Christi; seine Menschheit und die Einheit beider stehen noch immer nicht zur Debatte. Vor allem eben deswegen, weil beide Parteien, Nizäner wie Nichtnizäner, von einem Logos-Sarx-Schema ausgingen, was die Einheit durch die Gegenwart des Logos selbst garantierte. Dadurch, daß der Logos Fleisch angenommen hatte, war er das Subjekt aller Heilshandlungen Christi, durfte man göttliche und menschliche Attribute ohne weiteres wechselseitig verwenden, war aber auch die Vergöttlichung des Menschen ermöglicht.

Die Fragwürdigkeit dieses Schemas und die Frage nach der Einheit der zwei Naturen kündigte sich erst an, als das Logos-Sarx-Schema konsequent weitergedacht wurde und die Existenz einer menschlichen Seele in Christus ausdrücklich geleugnet wurde. Dies geschah vor allem durch Apolinarios von Laodikeia, aber auch seitens der Arianer.

Auch Apolinarios wurde von einem soteriologischen Anliegen geleitet. Nur wenn in Christus ein einziger Wille vorhanden war, der des λόγος ἔνσαρκος, war seine Sündelosigkeit garantiert, die allein die Befreiung des Menschen von der Sünde ermöglichte. Eine menschliche Vernunftseele Christi, der ja auch ein eigener, menschlicher (und damit der Sünde fähiger) Wille zugehört hätte, konnte es nicht geben. Der Logos mußte das ἡγεμονικόν Christi sein und ihm alle Wunder, aber auch alle *passiones* zuzuordnen sein.

Diese sehr geschlossene Konzeption des Apolinarios stand jedoch im Widerspruch zu der schon seit Irenäus, Tertullian und Origenes feststehenden Überzeugung, daß der Mensch als Ganzes nur erlöst werden

konnte, wenn Christus ihn als Ganzes annahm *(quod non assumptum –
non est sanatum)*[225]. Auf dieser Basis vertraten vor allem die Kappadokier und nach ihnen der Kreis um Diodor von Tarsos die volle Integrität
der menschlichen Natur Christi.

Aber nicht nur gegen die Apolinaristen galt es, die Vollständigkeit
beider Naturen Christi hervorzuheben, sondern auch gegen die Arianer,
da sie sowohl die göttliche Zeugung Christi als auch, Ende des 4. Jh.,
explizit die Existenz einer menschlichen Seele in Christus leugneten[226].
Insbesondere galt es, die göttlichen und menschlichen Attribute Christi
klar auf die beiden Naturen zu verteilen, um so die Zuordnung der
menschlichen Schwächen zum Logos unmöglich zu machen.

Diese Betonung und klare Unterscheidung der zwei vollständigen
Naturen in Christus barg jedoch die Gefahr in sich, für Christus von zwei
Söhnen zu sprechen – dem eingeborenen Gottessohn *(unigenitus)*,
geboren aus dem Vater vor aller Zeit, und dem Menschensohn, geboren
aus Maria der Jungfrau als Erstgeborener unter vielen Brüdern *(primogenitus)*. Denn nach allgemein philosophischer (stoisch begründeter)
Überzeugung konnten zwei vollständige Substanzen keine echte Einheit
bilden. Man zertrennte also Christus in zwei Söhne. Damit stellte sich in
aller Schärfe das Problem, wie trotz der unverzichtbaren Darstellung
der Vollständigkeit beider Naturen die Einheit Christi zu begreifen und
auszudrücken sei. Man hatte natürlich die alte Formel εἷς καὶ αὐτός[227],
und Gregor von Nazianz verdeutlicht sie noch in der Formel „οὐκ ἄλλος
καὶ ἄλλος – ἄλλο καὶ ἄλλο"[228], die Einheit mußte aber nun tiefer
begründet werden. Bei den Antiochenern wurde die Einheit Christi als
συνάφεια gedeutet, als Liebesgemeinschaft, die in sich – man beachte
wieder das soteriologische Anliegen – das Vorbild der Einigung des
Christen mit Gott ist.

In dieser Situation muß auch im Westen eine Formel gefunden
werden, die gleichzeitig unverkürzt die zwei Naturen Christi zum
Ausdruck bringt und die Gefahr einer Teilung Christi in zwei Söhne
vermeidet, d. h. die Subjektseinheit Christi wahrt. Das ist das Problem,
das sich den westlichen Theologen ab der Mitte des 4. Jh. stellt, speziell
auch den Vätern im Umkreis Augustins und Augustinus selbst. Ihre
Lösungsmodelle sind nun zu befragen, um zu zeigen, inwieweit Augustins Lösung auf ihnen fußt.

---

[225] Vgl. GR NAZ ep 101 (PG 37,182 C–184 A): τὸ γὰρ ἀπρόσληπτον, ἀθεράπευτον· ὃ
δὲ ἥνωται τῷ θεῷ, τοῦτο καὶ σώζεται. Dieser Gedanke existiert aber bereits seit
Tertullian und Origenes und wirkt vor allem bei Leo d. Gr. nach. Vgl. STUDER/DALEY,
Soteriologie 180; GRILLMEIER, Jesus der Christus 740.

[226] Vgl. u. S. 253.

[227] S. o. S. 174.

[228] GR NAZ ep 101 (PG 37,180 A–B); vgl. STUDER/DALEY, Soteriologie 180.

A. HILARIUS VON POITIERS

Der erste Autor des Westens, der kraftvoll gegenüber dem Arianismus die Einheit Christi aus zwei vollständigen Naturen vertrat, war Hilarius, Bischof von Poitiers († 367). Er wurde durch sein persönliches Schicksal, die Verfolgung durch die Arianer und seine Verbannung nach Kleinasien (356–359), zum berufenen Verteidiger des nizänischen Glaubens und Vermittler griechischer Theologie in den Westen. In der Zeit seiner Verbannung entstand dann auch sein theologisches Hauptwerk *De trinitate*, das auf Augustinus nicht geringen Einfluß ausübte. Dieser las es als Quelle für sein eigenes Werk *De trinitate*, und es ist ihm so wichtig, daß Hilarius der einzige ist, den er als Gewährsmann mit Namen nennt[229].

1. GRUNDZÜGE SEINER CHRISTOLOGIE

Die Christologie des Hilarius ist ganz in seine Trinitätslehre eingebettet[230]. Die Leugnung des präexistenten Sohnes durch die Arianer führt ihn zur Christologie, worin sich die Entwicklung der arianischen Kontroverse im 4. Jh. überhaupt widerspiegelt. Er geht einen Mittelweg zwischen Arianismus und Photinianismus. Der Grundzug seiner Christologie ist die Herrlichkeit Gottes und die Verherrlichung des Menschen, die mit der Menschwerdung des Logos beginnt[231]. D. h. seine Christologie hat grundsätzlich auch einen eminent soteriologischen Zug. Er lehrt dabei drei Geburten Christi: als eingeborener, ewiger Sohn in der Herrlichkeit des Vaters, als noch nicht verherrlichter Gottmensch aus Maria der Jungfrau und als in die Herrlichkeit Gottes zurückgekehrter, ganz Gott gewordener Christus, in dem auch sein Leib, die Kirche, verherrlicht ist[232]. In der Kenosis erfolgt jedoch keineswegs ein Verlust der göttlichen Natur, der *forma dei* (= *natura*

---

[229] AUG trin 6,10,11 (CCL 50,241,5); 15,3,5 (CCL 50 A,464,44).

[230] Zur Christologie des Hilarius vgl. P. SMULDERS; GALTIER, Hilaire 108–158; DOIGNON, Hilaire; SIMONETTI, Crisi ariana 298–312; STUDER/DALEY, Soteriologie 130–135; GRILLMEIER, Jesus der Christus 580–588; BURNS; STUDER, Erlösung 150–156.

[231] Vgl. GALTIER, Hilaire 141–153; FIERRO; J. F. McHUGH, The Exaltation of Christ in the Arian Controversy. The Teaching of St. Hilary, Shrewsbury 1959; DOIGNON, Hilaire 379–390; STUDER/DALEY, Soteriologie 130–135; BURNS 113–131.

[232] Ps 138,19 (CSEL 22,757,22–758,6); 138,23 (760,1–18); trin 9,6 (CCL 62 A,376,1–377,19); 11,40 (567,1–568,21); 11,42 (569,1–570,32). Vgl. STUDER/DALEY, Soteriologie 130.

dei). Es geschieht lediglich eine *habitus demutatio*, eine Veränderung der äußeren Erscheinung[233].

Hilarius betont stark die beiden vollständigen Naturen in Christus *(totus deus – totus homo)*[234]. Er hat schon vor dem Aufkommen der apolinarischen Kontroverse eine voll entwickelte Lehre von der Seele Christi. Ebenso klar spricht er aber auch die Einheit Christi aus. Das Wort *persona* benutzt er dabei nicht, obwohl er es in *De trinitate* insgesamt 34mal in exegetischem und trinitarischem Sinn verwendet[235]. Er drückt die Einheit Christi in der traditionellen Formel *una idemque* aus, in Doppelausdrücken wie *deus et homo*, prägt aber auch die neue Formel *Christus eadem res*.

2. *CHRISTUS EADEM RES*

Diese neue Formel ist nur ein einziges Mal, in *De trinitate* 9,3, bei Hilarius zu finden. Dieser Text ist aber ein Schlüsseltext für seine gesamte Christologie der Einigung der beiden Naturen in Christus: „Er kennt offenbar sein Leben nicht; der kennt es nicht, der Jesus Christus als wahren Gott und wahren Menschen leugnet. Und es liegt im Bereich derselben Gefahr, Jesus Christus entweder als Gott Geist oder als Fleisch unseres Leibes zu verneinen. ‚Denn jeder, der mich vor den Menschen bekennen wird, den werde auch ich vor meinem Vater bekennen, der in den Himmeln ist. Wer mich aber vor den Menschen verleugnet, den werde auch ich vor meinem Vater verleugnen, der in den Himmeln ist.' (*Mt* 10,32–33). Dies sprach das fleischgewordene Wort, und der Mensch Jesus Christus, der Herr der Herrlichkeit, lehrte es, der selbst als Mittler in sich das Heil der Kirche trug und im Geheimnis des Mittlers zwischen Gott und den Menschen selbst beide als einer existierte. Während er derselbe aus den zu ihm selbst geeinten Naturen dieselbe Realität beider Naturen ist, war er dennoch so, daß er keinen von beiden in jedem von beiden entbehrte, damit er nicht etwa aufhörte Gott zu sein, weil er als Mensch geboren wurde, und wiederum nicht Mensch sei, weil er Gott blieb. Das ist also der wahre Glaube an die menschliche Glückseligkeit, den Gott und Menschen zu verkündigen,

---

[233] HIL trin 9,38 (CCL 62,411,1–4); 9,51 (429,14–16). Vgl. SMULDERS 199f.; GALTIER, Hilaire 121–131; GRILLMEIER, Jesus der Christus 584. S. u. S. 204 Anm. 242.
[234] Vgl. SMULDERS 74f., 195–203; GALTIER, Hilaire 112–121; FIERRO 154–158, 331f.; BURNS 95–102.
[235] Vgl. Index: CCL 62 A s. v. *persona*. Analysen des Sprachgebrauchs bei: R. J. KINNAVEY, The Vocabulary of St. Hilary of Poitiers as contained in Commentarius in Matthaeum, Liber I Ad Constantinum and De Trinitate. A Morphological and Semasiological Study, Diss. Washington D. C. 1935, 131; SMULDERS 287f.

das Wort und Fleisch zu bekennen, weder zu verkennen, daß Gott auch Mensch ist, noch abzulehnen, daß das Fleisch Wort ist."[236]

Dieser Text enthält sehr konzentriert die ganze Inkarnationschristologie des Hilarius. Im Mittelpunkt steht die gottmenschliche Einigung in Christus *(ipse ex unitis naturis)*, aber nicht aufgrund eines akademisch-theologischen Interesses. Es geht vielmehr um den Glauben des Menschen daran *(fides)*, seine Verkündigung *(confiteri, praedicari)* und die soteriologische und ekklesiologische Dimension der Menschwerdung des Logos *(mediator ad salutem ecclesiae, sacramentum mediatoris)*[237]. Erst in diesen Rahmen ist die Frage eingebettet, wie er Mittler wird und das Heil der Menschen wirkt: indem der Logos Fleisch annimmt. Er entäußert sich in der Kenosis, was aber keineswegs eine Aufgabe seiner göttlichen Natur bedeutet. Auf der anderen Seite verhindert dies nicht die wahre Menschwerdung. In einer Fülle von verschiedenen Ausdrücken beschreibt er die gottmenschliche Einigung in Christus:
- *verus deus – verus homo,*
- *spiritus deus – caro,*
- *verbum caro factum,*
- *homo dominus maiestatis,*
- *mediator inter deum et homines,*
- *deus homo natus (nascendo),*
- *homo deus manens (manendo),*
- *deus et homo,*
- *verbum et caro.*

Caro ist hier offensichtlich synonym zu *homo*, bezeichnet also die ganze Menschheit Jesu.

Der Versuch eines Terminus technicus für alle diese Aussagen steht im Zentrum des Textes: *ipse ex unitis in idipsum naturis utriusque res eadem est.* *Res* scheint hier bereits das ausdrücken zu wollen, was später *persona* heißen wird. Christus ist derselbe *(ipse)* aus zwei Naturen *(ex naturis)*, die sich in ihn hinein vereinigen *(unitis in idipsum)*. Er ist derselbe beider Naturen *(eadem res utriusque)*. D.h. *res* drückt hier sowohl die personale Identität der Einigung der Naturen aus, als auch die Subjekteinheit Christi. Alle Charakteristika, die später das Wort *persona* prägen, sind also hier in *res* vorhanden.

Wichtig ist in diesem Text auch, daß Hilarius *natura* in den Kontext von *nasci* stellt. Gott nimmt Menschennatur an, indem er geboren wird. Hier steht wohl die östliche Theologie der zwei Geburten des einen Gottessohnes dahinter, die seine beiden Naturen zeigen, wenn sie auch nicht weiter ausgeführt wird.

---

[236] HIL trin 9,3 (CCL 62 A,373,6–374,23): QA 294.
[237] Vgl. J. J. McMAHON, De Christo mediatore doctrina S. Hilarii, Mundelein (Illinois) 1947.

Auch in trinitätstheologischem Kontext ist *res* für Hilarius ein wichtiger Terminus, dort allerdings nicht für *persona*, sondern für *substantia* bzw. *natura*. Im zweiten Buch von *trin* spricht er über die Realität des Logos[238]. Während im menschlichen Bereich „Wort" etwas bezeichnet, was von der Stimme gebildet wird und nur solange Bestand hat, wie sein Aussprechen dauert, es also keine eigene Substanz hat, die ihm dauernde Existenz verleihen könnte, verhält es sich mit Wort Gottes gerade gegenteilig: „‚Und Gott war das Wort' (*Jo* 1,1). ... Dieses Wort ist ein Gegenstand, kein Klang; eine Natur, keine Rede; Gott, keine Nichtigkeit." Man sieht, wie hier *res* zu *natura* parallel gesetzt wird. Im Kontext der Realität des Logos könnte *res* aber auch übersetzt werden mit „Substanz" oder gar „Person". Der Logos ist von eigener Substanz, ist eine eigene (zweite) Person, nicht nur ein Gedankending, eine gegenstandslose Äußerung des Vaters.

Ebenso wird an einer Reihe von Stellen die Formulierung *non duae res* verwendet, wenn Hilarius von der einen Gottheit des Vaters und des Sohnes spricht. Die Arianer leugneten das *homousios*, weil dadurch eine Teilung der Substanz des Vaters ausgedrückt werde. Der Sohn könne nur wesensgleich mit dem Vater sein, wenn er gleichsam aus seiner Substanz herausgeschnitten sei, „so daß die eine Sache *(res)* in zwei geteilt würde"[239]. Hier ist *res* gleichbedeutend mit *substantia*. Zwar könnte man den Satz auch isoliert mit *res = persona* übersetzen, daß dies aber nicht gemeint ist, zeigen der Kontext und die Wiederaufnahme des Themas in Buch sieben.

Dort behandelt Hilarius dasselbe Problem ausgehend von der grammatischen Exegese des Namens, wie wir sie schon bei Tertullian und Augustinus angetroffen haben. Name und Sache *(res)* sind einander eindeutig zugeordnet. Wenn man von Gott und dem Sohne Gottes spricht, kann „Gott" nicht zwei verschiedene Götter bezeichnen, sondern nur ein und denselben, „weil ‚Gott' der eine Name der einen und selben Natur ist"[240]. Hier ist *res* also gleichbedeutend mit *natura*.

---

[238] Trin 2,15 (CCL 62,52,23–53,26): *Dicit namque: Et Deus erat verbum. Cessat sonus vocis et cogitationis eloquium. Verbum hoc res est, non sonus; natura, non sermo; Deus, non inanitas est*. Vgl. SIMONETTI, Crisi ariana 299.

[239] Trin 4,4 (CCL 62,103,20–104,25): *Tertio quoque hanc inprobandi homousii causam comminiscuntur, quod secundum verbi huius significationem ex divisione paternae substantiae esse Filius existimetur: tamquam desectus ex eo fuerit ita ut in duos res sit divisa; et ideo substantiae dicantur unius, quia portio desecta de toto in natura ea sit unde desecta est.*

[240] Trin 7,13 (CCL 62,273,1–7): *Nomen igitur naturae fidei nostrae non deserit professionem. Nomen enim quod rem unamquamque significat, rem quoque eiusdem generis ostendit: et iam non res duae sunt, sed res generis eiusdem est. Filius namque Dei Deus est. Hoc enim significatur ex nomine. Non duos deos connumerat nomen unum, quia unius adque indifferentis naturae unum Deus nomen est.* Vgl. SIMONETTI, Crisi ariana 305.

Man sieht, wie bei Hilarius der Begriff der *res* zwischen Person in der Christologie und Substanz/Natur in der Trinitätslehre schwankt. In der Christologie ist er der Versuch, einen neuen Terminus für die Einheit der beiden Naturen zu finden, in der Trinitätslehre aber eher ein offenerer Begriff für die bereits fest geprägten Begriffe Substanz und Natur.

3. *FORMA DEI – FORMA SERVI*

Ein zweites Wort kann bei Hilarius dieselbe Doppelbedeutung haben wie *res: forma*[241]. Im Psalmenkommentar spricht er zunächst von der *forma dei* im Gegensatz zur *forma servi*, d. h. von der göttlichen und menschlichen Natur Christi. Die Kenosis, d. h. die *evacuatio formae dei* bedeute keinen Verlust der göttlichen Natur, sondern lediglich eine Veränderung der äußeren Erscheinung[242]. *Forma* bezeichnet also hier einerseits die äußere Erscheinung Gottes und des Menschen, andererseits aber auch die Naturen. Die Bedeutung „äußere Erscheinungsweise, Ausdrucksweise der Natur" wird fortgeführt, wenn Hilarius gleich darauf sagt: „Die Gestalt, das Antlitz, das Gesicht und das Bild unterscheiden sich nicht. ... Diesen Armen nahm er in das Heil des Antlitzes Gottes auf, er, der die Gestalt Gottes ist. D. h. er nahm von sich aus einen Menschen an, der eingeborene Gott, der das Bild des unsichtbaren Gottes ist."[243] *Forma* steht damit in seiner Bedeutung dem griechischen πρόσωπον nahe, das ja auch die äußere Erscheinung eines Menschen bezeichnen kann und seinerseits später mit *persona* übersetzt werden wird[244].

4. *CHRISTUS UNUS ATQUE IDEM*

Schließlich ist auf die seit Irenäus traditionelle und bei Hilarius auch häufigste Formel der Personeinheit Christi *unus atque idem* einzugehen,

---

[241] Vgl. GALTIER, *Forma dei* 101–118; GRILLMEIER, Jesus der Christus 583 Anm. 13.

[242] Ps 68,25 (CSEL 22,334,13–18): *Tenet autem in se eum confessionis modum, quem in nobis esse oportet fidei, ut in eo tam natura hominis quam natura dei cognita sit, in forma enim servi veniens evacuavit se ex dei forma. nam in forma hominis existere manens in dei forma qui potuit? aboleri autem dei forma, ut tantum servi esset forma, non potuit.* Vgl. trin 9,14 (CCL 62 A,385,1–386,26): *ergo evacuatio formae non est abolitio naturae* (15).

[243] Ebd. 335,2–7: *forma et vultus et facies et imago non differunt. idipsum enim in utro horum significari communis est sensus. hunc igitur pauperem in salutem vultus dei, qui forma dei est, suscepit, id est assumptum ab se hominem unigenitus deus, qui imago invisibilis dei est.*

[244] So und nur so auch vom Ambrosiaster verwendet. Vgl. GRILLMEIER, Jesus der Christus 583 Anm. 1.

da sie in ihren Kontexten eine Reihe wichtiger Theologumena der Christologie des Hilarius zeigt und auch für Augustinus eine wesentliche Rolle spielt[245].

So spricht Hilarius in *trin* 9,5[246] von der Geburt des eingeborenen Gottes aus der Jungfrau in der Fülle der Zeiten, um den Glauben an seine Gottessohnschaft zu lehren und durch die Predigt des Gottessohnes zu ermahnen. Seine Worte haben nur ein Subjekt, so daß der Mensch das Göttliche spricht und handelt und umgekehrt. Hilarius spricht also hier deutlicher als zuvor das christologische Grundproblem der Mitte des 4. Jh. an, das Problem der zwei Söhne, der zwei Geburten und zwei Naturen. Christus ist als Gott *unigenitus*, als Mensch *natus*. Er ist dadurch Gottes- und Menschensohn, dessen Einheit Hilarius zunächst mit einer grammatischen Kategorie beschreibt: er ist ein Subjekt, nur einer spricht. Man beachte auch den soteriologischen Kontext. Christus ist Gottes- und Menschensohn, um die Menschen den Glauben an ihn zu lehren und sie zu ermahnen. Daß Hilarius *natura* mit *nasci* verbindet, daß also die zwei Geburten Christi die Grundlage seiner beiden Naturen sind, folgt mit aller Deutlichkeit: „Er hat sich bekannt in der Natur des einen Gottes durch die Wahrheit der Geburt", worauf Hilarius nochmals in grammatischen Kategorien die Einheit Christi betont: „Ein und derselbe sagt alles, was er sagt."

Noch klarer wird das Thema der Identität der zwei Söhne in *trin* 9,40 herausgestellt, wobei wieder das Grundthema der Christologie des Hilarius anklingt, die Verherrlichung des Menschensohnes: „Und ich frage, ob der Menschensohn derselbe ist wie der Gottessohn. Und da der Menschensohn kein anderer ist und kein anderer der Gottessohn, – denn das Wort ist Fleisch geworden, – und da derselbe, der Gottessohn ist, auch Menschensohn ist, frage ich, wer in diesem Menschensohn, der auch Gottessohn ist, als Gott verherrlicht ist. Denn im Menschensohn, der auch Gottessohn ist, ist Gott verherrlicht."[247]

Trin 10,22 greift in seiner Thematik noch etwas weiter aus[248]. Ausgehend von der Geburt Jesu aus Maria stellt Hilarius zunächst die volle Menschheit Christi dar, vor allem die Annahme einer menschlichen Seele. Christus ist *totus hominis Filius* und *totus Dei Filius*. Dann stellt er die Frage nach der Art und Weise, wie derjenige, der in der *forma dei* war, die *forma servi* annimmt. Ein und derselbe sei und bleibe Christus, er verliere in der Menschwerdung nicht die *forma dei*, sondern die *forma servi* werde zur Einheit hinzugenommen. *Forma* bedeutet auch hier wieder *natura*, wie die folgende Definition des Hilarius selbst

---

[245] Die Belegstellen sind gesammelt bei SMULDERS 196 Anm. 74.

[246] CCL 62 A,375,1–376,18: QA 294.

[247] CCL 62 A,415,22–32: QA 294.

[248] CCL 62 A,475,1–477,44: QA 294 f.

zeigt: „in der Gestalt Gottes sein ist nichts anderes als Gott sein."
Komplementär gilt, daß in der *forma servi* sein nichts anders heißt als
Mensch sein. Beide *formae* sind vereint in einem Subjekt, dem einen
Christus: „kein anderer Christus als der, der in der Gestalt Gottes war,
nahm Knechtsgestalt an." Die Einheit beider Naturen und die Identität
des Subjektes zeigt Hilarius schließlich im Lebenslauf Christi: „Und
kein anderer als der, der geboren wurde, ist gestorben; und kein anderer
als der, der starb, ist auferstanden; und kein anderer als der, der
auferstanden ist, ist in den Himmeln; in den Himmeln aber ist kein
anderer als der, der vorher vom Himmel herabgekommen ist." Die
antisabellianische oder auch -photinianische Spitze dieses Textes ist
unverkennbar. Es geht um die Verteidigung der Identität des Logos und
Jesu Christi in allen Stadien seiner Erlösungstat; dessen, der starb, mit
dem, der geboren wurde (und nicht etwa erst in der Taufe am Jordan
erwählt wurde); um die Feststellung, daß der Gottmensch als Ganzer
litt, starb und auferstand und nicht nur der Leib oder der Mensch Jesus;
daß der, der vom Himmel herabgekommen ist, identisch ist mit dem, der
auf Erden lebte und erhöht wurde (*Jo* 3,13) und keine zwei getrennten
Söhne existieren.

Hilarius schließt mit einer Zusammenfassung, die bereits ins nächste
Kapitel überleitet: „Mensch ist daher Christus Jesus und eingeborener
Gott, durch das Fleisch und das Wort. Wie er Menschensohn ist, so auch
Gottessohn, er nahm einen wahren Menschen an nach dem Bilde
unseres Menschen, ohne dabei von sich als Gott zu verlieren."

In *trin* 10,52 ist die Problematik der doppelten Konsubstantialität
Christi schließlich noch erweitert. Hilarius muß die Einheit Christi
gegen Leute verteidigen, die drei Teile aus ihm machen wollen: Wort,
Seele und Leib.[249]

Die Christologie des Hilarius weist also bereits eine ganze Reihe von
Charakteristika auf, die wir bei Augustinus wiederfinden: die antiphoti-
nianische Zielrichtung, die alte Formel *unus atque idem*, die Theologie
der zwei Geburten, die doppelte Konsubstantialität, die zwei *formae*.
Die Hervorhebung von *Jo* 1,14 *Verbum caro factum est*, wobei *caro*
synonym mit *homo* ist, also einen vollständigen Menschen mit Leib und
Seele meint. Und schließlich versucht auch Hilarius bereits, einen
Terminus technicus für die Einheit Christi zu finden: *eadem res*, neben
einer Reihe anderer, traditioneller Einheitsformeln. Zwar ist nicht in
allem unbedingte Abhängigkeit Augustins von Hilarius anzunehmen,
aber mit Hilarius ist das theologische Milieu beschrieben, in dem
Augustinus sich bewegt und aus dem er schöpft.

---

[249] CCL 62 A,505,1–506,14: QA 295.

B. HIERONYMUS

Der zweite Autor, der zur Beschreibung des theologischen Umfeldes Augustins herangezogen werden muß, der ebenfalls in seinen Werken östliche Theologie in den Westen vermittelt und der mit Augustinus in Briefwechsel und Werkaustausch stand, ist Hieronymus[250]. Er vertritt in seiner Christologie klar eine Lehre von der vollen Gottheit und vollen Menschheit Christi, auch gegen Apolinarios, zu dem er sich neben Didymus als seinem Lehrer bekennt[251], eine Lehre von der Seele Christi[252]. Er stützt sich dabei auf das von Gregor von Nazianz, den er ja persönlich kannte, formulierte Argument, daß Christus den ganzen Menschen, Leib und Seele, annehmen mußte, um den ganzen Menschen zu erlösen[253].

Die Einheit dieser beiden vollständigen Naturen drückt Hieronymus zunächst in den traditionellen Formeln *unus atque idem, unus filius, non duo filii, non alius et alius* aus und zeigt damit, daß es auch ihm vor allem darum geht, eine Zwei-Söhne-Lehre zu vermeiden: „Wir erkennen daher besser über diesen Menschen, der von unserem Erlöser angenommen und gerettet wurde: nicht *(non)*, daß einer *(alium)* angenommen hat und *(et)* ein anderer *(alium)* angenommen worden sei, wollen wir bezeugen; sondern ein und derselbe *(unus atque idem)* ist Gottessohn und Menschensohn; der vor den Zeiten immer Wort war, demselben hat es später gefallen, auch Fleisch anzunehmen."[254]

Daneben entwickelt Hieronymus die neue, negative Formel *non duae personae*, die in ihrer Bedeutung dem alten *non duo filii* entspricht. D. h. sie besagt, daß in Christus keine zwei subsistenten Wesen bestehen. Hieronymus stellt die neue Formel aber fast immer in den Kontext der alten Einheitsformeln, was zeigt, daß er offenbar mit dieser Lösung noch nicht zufrieden war. In der Tat hatte er damit ja lediglich eine Formel zur Abwehr irriger Doktrin, nämlich der Zwei-Söhne-Lehre, aber keine neue, positive Aussage über die Einheit Christi entwickelt. Daß aber das gedankliche Konzept, das hinter seinen Bemühungen, die Einheit Christi auszudrücken, das der (auch grammatischen) Subjekts-

---

[250] Zur Christologie des Hieronymus vgl. GRILLMEIER, Jesus der Christus 588–592. Jetzt auch MILANO 243–245.

[251] Ep 84,3 (CSEL 55,123,10–12): *certe Apollinaris et Didymi inter se dogma contrarium est; rapiat me ergo utraque turma altrinsecus, quia magistrum utrumque confiteor.*

[252] Vgl. Ps tract 108,31 (CCL 78,220,360–221,384); Es 14,53,1/4 (CCL 73 A, 589,57–61).

[253] Ps tract 108,31 (CCL 78,221,376–378): *si enim non suscepit dominus cuncta quae hominis sunt, non salvavit hominem.* S. o. S. 199, Anm. 225.

[254] Ps comm 1,3 (CCL 72,180,38–43): *Melius igitur de eo intellegimus homine, qui a Salvatore nostro adsumptus est atque salvatus: non quo alium adsumpsisse, alium adsumptum esse testemur; sed quo unus atque idem filius Dei et filius hominis, qui ante saecula Verbum semper fuit, ipse postea et carnem est dignatus adsumere.*

einheit ist, erweist sich darin, daß Hieronymus immer wieder die *regula canonica* zur Unterscheidung der Aussagen Christi heranzieht. Zwar sind diese Aussagen teils der Gottheit, teils der Menschheit Christi zuzuordnen, der Sprecher, das (grammatische) Subjekt, aber ist dasselbe: „Das sagen wir, daß wir nicht glauben, daß einer Gott und ein anderer Mensch ist und so zwei Personen in dem einen Gott machen, wie uns die neue Häresie verleumdet, sondern es ist ein und derselbe Gottessohn und Menschensohn, und von dem, was er spricht, beziehen wir das eine auf seine göttliche Herrlichkeit, das andere auf unser Heil.“[255]

Die neue Formel der *non duae personae* greift auch bis in die Soteriologie und Trinitätslehre des Hieronymus. So geht es im Zachariaskommentar um die Auslegung von *Zach* 3,1–9, die Vision des Hohenpriesters Josua *(Iesus)* vor dem Engel des Herrn. Die Juden deuten Josua als Vorbild der Hohenpriester, Hieronymus aber, einer langen christlichen exegetischen Tradition folgend[256], als Typos Christi. Bezugspunkt der Typologie ist die Namensgleichheit. Jesus ist sowohl der Hohepriester, der im befleckten Gewand vor dem Engel des Herrn steht, als auch der Engel des Herrn selbst. Es sind nicht zwei verschiedene Personen, sondern ein und derselbe. „Er wird wie ein Mensch gezeigt und wie ein Mittlerengel zwischen den Menschen und Gott.“[257] *Persona* bezeichnet hier einen Menschen und einen Engel, also reale Wesen. Wichtig ist aber auch der exegetische Zusammenhang, der *persona* die Nebenbedeutung „Subjekt“ verleiht.

---

[255] Ep 120,9,15 (CSEL 55,498,6–10): *haec dicimus, non quod alium deum et alium hominem esse credamus et duas personas faciamus in uno filio dei, sicut nova heresis calumniatur, sed unus atque idem filius dei et filius hominis est et, quicquid loquitur, aliud referimus ad divinam eius gloriam, aliud ad nostram salutem.*
Vgl. Ps tract 109,1 (CCL 78,222,14–17): *Nobis ergo qui filius Dei est, ipse est et filius David: non alius filius et alius filius, non facio duas personas in Deo et homine; sed ipse qui filius Dei est, ipse est et filius David.*
Jer 3,52 (CCL 74,148,15–17): *non quo dividamus personas, ut impii faciunt, sed quo unus atque idem filius dei nunc iuxta carnem nunc iuxta verbum loquatur dei.*
[256] Zur Geschichte der Deutung bei den Kirchenvätern vgl. J. LECUYER, Jésus, fils du Josédec, et le sacerdoce du Christ: RSR 43 (1955) 82–103; P. MONAT, La présentation d'un dossier biblique par Lactance. Le sacerdoce du Christ et celui de Jesus, fils de Josédec: Lactance et son temps. Recherches actuelles (Actes du IVᵉ colloque d'études historiques et patristiques, Chantilly 21–23 septembre 1976), ed. J. FONTAINE et M. PERRIN (= ThH 48), Paris 1977, 273–291.
[257] Zach 1,3,1/5 (CCL 76 A,771,58–66): *Haec Iudaei. Nostri autem ita disserunt, sacerdotem esse magnum, ad quem dicitur: Tu es sacerdos in aeternum, secundum ordinem Melchisedec. Qui quoniam per se videri non potest, a Domino prophetae ostenditur stans coram angelo Domini, quam volunt magni consilii esse angelum, non quod alter et alter sit, ut duas personas recipiamus in Filio, sed quod idem atque unus, et quasi homo sordidatus ostenditur, et quasi angelus mediator hominum et Dei apparere dicatur.*

Im Markuskommentar wird Hieronymus bei der Verteidigung der Einheit Christi bei doppelter Konsubstantialität gegen die Arianer auf trinitätstheologisches Gebiet geführt. Er wehrt sich gegen den Vorwurf, die katholische Lehre teile Christus in zwei Personen, einen Menschen und einen Gott. Das hätte nämlich eine Quaternität zur Folge. Im Gegenteil seien die beiden Söhne ein und derselbe. Alles Große sei auf den Gottessohn zu beziehen, alles Niedrige auf den Menschensohn[258]. Auch hier ist *persona* wieder als reales Einzelwesen verstanden, da er es auf die Personen der Trinität anwendet. Die grammatische Konnotation des Subjektes fehlt jedoch, da er die *regula canonica* hier nicht auf die Aussagen Christi bezieht, sondern lediglich seine Attribute aufteilt.

Obwohl nun Hieronymus mit der Formel *non duae personae* alle Bausteine in der Hand hat – den Terminus, die Idee der Subjektseinheit und des realen Einzelwesens –, findet er doch nicht zur Formel *una persona*. Dies hat mehrere Gründe:

1. Obwohl der *persona*-Gebrauch des Hieronymus insgesamt stark von der Exegese geprägt ist[259], findet sich doch in seinem Werk keine Stelle, wo ein Übergang von exegetischer zu dogmatisch-theologischer Terminologie feststellbar ist[260]. D.h. die Exegese bot für Hieronymus nicht – wie für Augustinus – einen Ansatzpunkt.
2. Das *persona*-Verständnis Hieronymus' ist noch sehr von der Bedeutung „Rolle" abhängig. Er hat z.B. noch die alte Etymologie *persona – personare: omnia evangelia personant de persona hominis*[261].
3. Auch in der Christologie heißt *persona* noch oft „Rolle": „Wir teilen Jesus nicht und können auch nicht zwei Personen in einer machen, aber derselbe, der Jesus genannt wird, ... heißt auch ‚Aufgang'"[262]. Während Hieronymus ansonsten strikt ablehnt, von zwei Personen Christi zu sprechen, trennt er hier in eine *persona hominis* (Jesus) und eine *persona Dei* (Aufgang). Das ist aber nur möglich, wenn *persona* hier „Rolle" heißt, denn Christus hat zwei Rollen als

---

[258] Mk 11,1–10 (CCL 78,487,81–100): *Nemo nos putet dividere Christum. Hoc enim solent aestimare calumniatores, quod nos in Christo duas personas faciamus, alium hominem, et alium Deum. Nos in Trinitate credimus: non credimus in quaternitate, duas in Christo esse personas. Si enim Christus duas personas habet, pariter et Filius, id est Christus, duplex est: ergo quattuor personae sunt. ...Ipse Dei filius, et filius hominis. Quidquid magnum est refer ad filium Dei: quidquid parvum est, refer ad filium hominis: et tamen unus filius Dei est....*

[259] Vgl. die Instrumenta Lexicologica zu den im CCL erschienenen Werken.

[260] Freundliche Auskunft von G. Cecchetto (Rom), der z.Zt. eine Studie über die Christologie des Hieronymus vorbereitet.

[261] Ps tract 109,1 (CCL 78,222,27f.). Zur Etymologie *persona – personare* s. o. S. 6.

[262] Zach 2,6,9/15 (CCL 76 A,799,275–277): *Non iam Iesum dividimus, nec duas personas in una possumus facere persona, sed ipse qui Iesus appellatur,...et Oriens dicitur.* Vgl. RONDEAU 416.

Gottmensch. Deswegen muß Hieronymus aber in diesem Sinne auch *una persona* ablehnen.

4. Neben dieser Stelle spricht Hieronymus ein zweites Mal von Christus als *persona:* im Matthäuskommentar. Dort spricht er nochmals von der Aufteilung der Werke Christi unter Gott und den Menschen und wehrt sich dagegen, „daß wir die Person des Herrn teilen"[263]. Diese Stelle kommt eigentlich der Formel *una persona* am nächsten, offenbar hat aber Hieronymus *persona Domini* doch nur im umgangssprachlichen, pleonastischen Sinn für *Dominus* gebraucht, da er diese Formulierung nirgends weiter auswertet.

Die Christologie des Hieronymus steht also der augustinischen Formel *una persona* bereits zum Greifen nahe, gelangt aber nicht zu ihr, weil der *persona*-Begriff noch zu stark die Bedeutung „Rolle" durchdringen läßt und noch zu schwankend ist. Für Augustinus aber, den die grammatische Exegese bereits zum Terminus *persona* für Christus geführt hatte, mag die Formel *non duae personae* suggestiv gewesen sein, da sie, wie gezeigt, bereits alle theologischen Elemente der endgültigen Lösung enthält.

C. AMBROSIUS

Die Christologie des Bischofs von Mailand ähnelt bis in die einzelnen Formulierungen hinein in vielem der des Hilarius[264], was aus der Ähnlichkeit der Situation zu erklären ist. Auch Ambrosius mußte sich theologisch wie praktisch mit den Arianern und Photinianern auseinandersetzen, weswegen seine Christologie aufs engste mit seiner Trinitätstheologie verbunden ist. Auch er verstand griechisch und las die Schriften der griechischen Theologen, so daß ihm die Probleme des Ostens vertraut waren, er wohl auch östliche Elemente in seine Theologie aufnimmt. Stärker allerdings als bei Hilarius ist seine Frontstellung gegen den Apolinarismus. Ambrosius läßt keinen Zweifel daran, daß in Christus zwei vollständige Substanzen/Naturen existieren, Gottheit und Menschheit, die aber dennoch den einen Christus nicht in zwei Söhne zerfallen lassen.

1. CHRISTUS WAHRER GOTT

Klar stellt Ambrosius gegen die Leugnung der göttlichen Zeugung Christi seitens der Apolinaristen die wahre Gottheit Christi heraus.

---

[263] Mt 2,14,23 (CCL 77,124,1307–1308):...*non quo personam Domini separemus sed quo opera eius inter Deum hominemque divisa sint.*

[264] Zur Christologie des Ambrosius vgl. DUDDEN II 591–605; SCHWERDT; GAPP; MATT 165–185; GRILLMEIER, Jesus der Christus 593f.

Dieser ist nicht nur gottbeseelt wie die Propheten und Heiligen[265], sondern von Natur aus der wahre Sohn Gottes, während alle anderen Menschen nur adoptiert sind[266]. Er ist Gott von Gott, wie das Nizänum es definiert[267]. Diese Gottheit des Sohnes wird auch in nichts vermindert oder gar aufgegeben durch seine Menschwerdung[268]. In der Kenosis legte er nicht seine Gottheit ab, sondern nahm den Menschen zu ihr hinzu. „Er verlor nicht, was er war, sondern nahm an, was er nicht war, da er die Knechtsgestalt annahm."[269] Als Gott ist und bleibt er dem Vater gleich, nur als Mensch ist er geringer als der Vater und ihm unterworfen[270]. Denn der Sohn nahm nicht einen Menschen an, um den Menschen mit der Gottheit zu vermischen, sondern um ihn damit zu erfüllen.[271]

Ambrosius betont also mit aller wünschenswerten Deutlichkeit die volle und unveränderliche Gottheit des Sohnes, seine Substanzgleichheit mit dem Vater, wie das Nizänum sie beschrieben hat, und seine Identität mit Christus. Gleichheit und Unterscheidung mit Gott Vater und den Menschen liegen nicht auf der Ebene der Naturen, sondern der Art und Weise der Sohnschaft: *natura – gratia*, wobei die Terminologie der Kenosis stark an Hilarius erinnert.

2. CHRISTUS WAHRER UND GANZER MENSCH

Was die Menschheit Christi anbelangt, muß Ambrosius sich gegen zwei Irrlehren wenden. Gegen Doketisten muß er die Realität der Menschwerdung des Logos verteidigen. Dieser nahm nicht einen Scheinleib an, sondern einen realen Menschen mit allem, was dazu

---

[265] Inc 6,48 (CSEL 79,248,16–26); vgl. DUDDEN II 592. Zur Gegenposition vgl. ATH ep ad Epict = EPIPH haer 77,11,1 (GCS 3,425,12–14).

[266] Fid 1,19,126 (CSEL 78,53,25–32):... *Filius enim aut per adoptionem aut per naturam est. Per adoptionem nos filii dicimur, ille per naturam est....* Exp Lk 10,167 (CCL 14,394,1576–1581):... *Illi pater generatione propria, nobis adoptione voluntaria, illi per naturam, nobis per gratiam.* Inc 1,17,108 (CSEL 79,46,1–47,8). Vgl. DUDDEN II 592; GAPP 55–59.

[267] Inc 1,17,108 (CSEL 78,46,1–47,8): *Unde non solum deus, sed etiam verus deus, ‚verus e vero', et adeo verus, ut ipse sit veritas.* Exp Lk 1,13 (CCL 14,13,215f.): *sed etiam Christum cognoscere verum deum, verum de vero, deum de deo, vita est sempiterna.* Zitat des Nizänums: fid 1,18,118 (CSEL 78,50,2–4). Weitere Stellen bei DUDDEN II 592.

[268] Fid 2,8,64 (CSEL 77,78,32–79,42); inc 6,55 (CSEL 79,252,87–93). Vgl. DUDDEN II 592.

[269] Fid 2,8,62 (CSEL 78,78,24f.): *non amittens utique quod erat, sed adsumens quod non erat, quia ‚formam servi accepit'.* Vgl. DUDDEN II 592; MATT 180f.

[270] Fid 2,8,62–64 (CSEL 78,77,19–79,42). Vgl. DUDDEN II 592; MATT 180f.

[271] Inc 4,23 (CSEL 79,235,8f.): *Suscepit, quod meum est, ut inpertiret, quod suum est, suscepit, non ut confunderet, sed repleret.* Vgl. GAPP 15; MATT 182.

gehört: Bedürfnisse, Schwächen, Leidenschaften, Tod[272], mit Ausnahme der Sünde[273].

Gegen Arianer und Apolinaristen ist darüber hinaus die Vollständigkeit der menschlichen Natur Christi zu zeigen, die für Ambrosius logisch
aus der Wahrhaftigkeit der Inkarnation folgt. Zur Natur des Menschen
gehört wesenhaft die Vernunftseele, nicht nur eine vegetative Seele[274].
Hätte Christus nicht auch sie angenommen, wäre seine Menschwerdung
keine wirkliche und wahrhaftige[275]. *Verbum caro factum* bedeutet also
verbum homo factum [276]. Unterstützend führt Ambrosius auch das
soteriologische Argument Gregors von Nazianz an. Christus mußte den
ganzen Menschen annehmen, Leib und Seele, um den ganzen Menschen
zu erlösen[277].

3. UNTERSCHEIDUNG UND EINHEIT DER NATUREN

Das Hauptgewicht der Christologie des Ambrosius liegt, wie aus der
antiarianischen Zielrichtung verständlich, auf der klaren Unterscheidung der zwei vollständigen Naturen, die sorgfältig zu beobachten ist[278].
Es sind zwei Naturen[279], zwei Substanzen[280], die *gloria dei* und die
forma servi[281]. Die Attribute und Aussagen Christi sind jeweils der

---

[272] Exp Lk 10,56 (CCL 14,362,559): *neque enim speciem incarnationis suscepit, sed
veritatem.* Weitere Stellen bei DUDDEN II 593.

[273] Spir 3,50 (CSEL 59,170,25–26): *sine veritate peccati suscepit dominus speciem
peccatoris.* Vgl. DUDDEN II 594, 601.

[274] Inc 6,65 (CSEL 79,258,41 f.): *adsumpsit animam, sed animam perfectam, humanam, rationabilem adsumpsit adque suscepit.* Vgl. DUDDEN 595.

[275] Inc 2,11 (CSEL 79,229,27–33):...*animam rationabilem ab incarnationis dominicae
segregant..., naturam hominis ab homine separare cupientes....homo ex anima rationabili
constat et corpore. Si alterum tollas, totam naturam hominis sustulisti.* Inc 6,65 (258,37–39):
*Et ideo cum susceperit carnem hominis, consequens est ut perfectionem incarnationis
plenitudinemque susceperit; nihil enim in Christo inperfectum.* Vgl. inc 6,68 (CSEL
79,259,63–70); DUDDEN II 595; MATT 166.

[276] Inc 6,59 (CSEL 79,254,127 f.); vgl. MATT 166.

[277] Ep 32 (48), 5 (CSEL 82,228,50–61): ...*in illa forma hominis nihil ei defuisse,...qui
ideo venit, ut totum hominem salvum faceret.* Vgl. exp Ps 118,17 (CSEL 62,213,29–214,8);
DUDDEN II 595; GAPP 21–26; A. MADEO, La dottrina soteriologica di S. Ambrogio,
Bergamo 1943, 73 f. (Diss. PUG Rom 1942); MATT 165 f.

[278] Vgl. inc 4,23 (CSEL 79,235,1–5); 5,44 (246,102 f.); DUDDEN II 597.

[279] Inc 5,35 (CSEL 79,240,11 f.): *eo quod biformis geminaeque naturae unus sit.* Vgl.
GAPP 15.

[280] Fid 3,59 (CSEL 78,130,5 f.): *et geminam in Christo significare substantiam, divinitatis et carnis.* Vgl. GAPP 15, 41.

[281] Ep 46,5–6 (PL 16,1147):... *Erat humiliatus, erat in servi forma, sed idem in gloria
Dei Patris....Videbatur ut homo, sed fulgebat in terris maiestas divina et Patris gloria....*Vgl.
GAPP 16.

einen oder anderen Natur zuzuordnen[282]: „Laßt uns die Unterscheidung von Gottheit und Fleisch beibehalten. Der eine Gottessohn spricht in beiden (Naturen), da ja in demselben beide Naturen sind; wenn auch derselbe spricht, spricht er doch nicht immer auf dieselbe Weise. Erkenne in ihm bald die Herrlichkeit Gottes, bald die Leidenschaften des Menschen. Als Gott spricht er, was göttlich ist, weil er das Wort ist, als Mensch spricht er, was menschlich ist, weil er in meiner Substanz sprach." Ambrosius benutzt also die *regula canonica* des Origenes[283] und damit gleichzeitig den grammatischen Subjektsbegriff für Christus. Es ist ein und dasselbe Subjekt bei allen Aussagen.

Ambrosius beeilt sich überhaupt, bei aller Deutlichkeit der Unterscheidung immer auch die Einheit zu betonen, um nicht den Verdacht einer Zwei-Söhne-Lehre aufkommen zu lassen, die ihm offenbar schon vorgeworfen worden war[284]. Auf der einen Seite lehnt Ambrosius in rein negativen Ausdrücken zunächst den Vorwurf der zwei Söhne ab. Zwar müsse man von zwei Geburten *(nativitates – naturae)* Christi sprechen, vor aller Zeit aus dem Vater, in der Fülle der Zeiten aus Maria[285], dadurch werde Christus aber nicht geteilt[286]. Es sind nicht zwei *(alter et alter)*[287], nicht zwei Söhne[288], nicht zwei Christi[289]. Wir finden also auch bei Ambrosius die Rückführung der zwei Naturen auf seine zwei Geburten und die traditionellen Negativ-Formeln.

Auch in der positiven Beschreibung hält sich Ambrosius weitgehend an traditionelle Termini. Christus ist einer *(unus)*[290], einer in zwei

---

[282] Fid 2,9,77 (CSEL 78,84,32–85,38): *Servemus distinctionem divinitatis et carnis. Unus in utraque loquitur dei filius, quia in eodem utraque natura est; etsi idem loquitur, non uno semper loquitur modo. Intende in eo nunc gloriam dei, nunc hominis passiones. Quasi deus loquitur quae sunt divina, quia verbum est, quasi homo dicit quae sunt humana, quia in mea substantia loquebatur.* Vgl. GAPP 16.

[283] OR Cels 7,16 (GCS 1,167,12–168,10); Io 1,28, 191–200 (GCS 4,35,14–36,26)

[284] Inc 7,75 (CSEL 79,262,122–124): *,Sed verendum est', inquit, ,ne, si duos principales sensus aut geminam sapientiam Christo tribuimus, Christum dividamus.'* Vgl. DUDDEN II 596; GRILLMEIER, Jesus der Christus 594.

[285] Ep 12 (30),10 (CSEL 82,97,114–98,117); exc fratr 1,12 (CSEL 73,215,3–6): s. u. S. 215 Anm. 298; exp Ps 35,4 (CSEL 64,52,25–53,1); 61,5 (380,27–30): s. u. S. 215 Anm. 297; inc 5,35 (CSEL 79,240,9f. 241,18f.): s. u. S. 214 Anm. 293; spir 3,22,16 (CSEL 79,221,31–33). Vgl. GAPP 72.

[286] Inc 5,35 (CSEL 79,241,16): s. u. S. 214 Anm. 293; 5,75 (262,129): *non divisus est Christus.* Vgl. GAPP 40, 75.

[287] Exc fratr 1,12 (CSEL 73,216,10): s. u. S. 215 Anm. 298; exp Lk 10,3 (CCL 14,346,25–28); exp Ps 35,4 (CSEL 64,52,25f.); 61,5 (380,27f.): s. u. S. 215 Anm. 297; inc 5,35 (CSEL 79,241,18f.): s. u. S. 214 Anm. 293; 6,48 (248,16–18); spir 3,22,168 (CSEL 79,221,31). Vgl. GAPP 47, 71f.; GRILLMEIER, Jesus der Christus 594.

[288] Fid 3,10,67 (CSEL 78,133,41f.). Vgl. GAPP 41, 43.

[289] Fid 3,9,60 (CSEL 78,130,9f.); inc 7,77 (CSEL 79,263,144). Vgl. GAPP 41.

[290] Exc fratr 1,12 (CSEL 73,215,5): s. u. S. 215 Anm. 298; inc 7,77 (CSEL 79,263,144); spir 3,22,168 (CSEL 79,221,32). Vgl. GAPP 41.

Naturen *(in utroque unus)*[291], ein und derselbe *(unus idemque)*[292]. „Christus ist Gottes Sohn, von Ewigkeit her aus dem Vater und geboren aus der Jungfrau. Diesen beschreibt gleichsam als Riesen der heilige Prophet David, deswegen, weil er zweiförmig aus beiden Naturen einer ist, gleichermaßen der Gottheit wie des Leibes teilhaftig, ... (Zitat *Ps* 18,6) nicht geteilt, sondern einer, weil beides einer ist und einer in beiden, d. h. in der Gottheit und dem Leib. Es ist nämlich nicht einer aus dem Vater und ein anderer aus der Jungfrau, sondern derselbe auf die eine Weise aus dem Vater, auf andere Weise aus der Jungfrau."[293]

Zu dieser Einheit gehört dann auch, bei aller Unterscheidung der Attribute, deren wechselseitige Gültigkeit, die *communicatio idiomatum*[294], so daß Ambrosius z. B. keine Schwierigkeiten hat, Maria „Gottesmutter" zu nennen[295].

4. *CHRISTUS PERSONA*

Das Wort *persona* gebraucht Ambrosius recht häufig in philosophischem, juridischem, exegetischem und trinitätstheologischem Sinn[296], aber auch an einer Stelle in der Christologie. Bei der antiapolinaristischen Erklärung des Psalmes 61 spricht er von der Gottes- und Menschensohnschaft Christi: „Daher ist gesagt worden, daß jener das höchste des Glaubens bewahrt, der sowohl den Sohn Gottes erkannt hat, als auch den Menschen nicht verleugnet hat. Derselbe ist also beides und einer, untrennbar der Zahl nach und erkennbar durch die Unterscheidung der Werke, nicht der Verschiedenheit der Person. Denn es ist

---

[291] Inc 5,35 (CSEL 77,241,17): s. u. Anm. 293; spir 3,22,168 (CSEL 79,221,32). Vgl. GAPP 45, 47, 71 f.; GRILLMEIER, Jesus der Christus 594.

[292] Exp Ps 61,5 (CSEL 64,380,26): s. u. S. 215 Anm. 297; inc 6,47 (CSEL 79,248,12); fid 2,9,77 (CSEL 77,84,33); 3,8,54 (127,6) u. ö. Vgl. GAPP 40, 72.

[293] Inc 5,35 (CSEL 79,240,8–241,19): *Adversus omnes tamen generalis ista est fides quia ‚Christus est dei filius' et sempiternus ex patre et natus ex virgine. Quem quasi gigantem sanctus David propheta describit, eo quod biformis geminaeque naturae unus sit, consors divinitatis et corporis, qui* tamquam sponsus procedens de thalamo suo exultavit tamquam gigans ad currendam viam, *sponsus animae secundum verbum, gigans terrae, quia usus nostri officia percurrens, cum deus semper esset aeternus, incarnationis sacramenta suscepit, non divisus, sed unus, quia utrumque unus et unus in utroque, hoc est vel divinitate vel corpore. Non enim alter ex patre et alter ex virgine, sed idem aliter ex patre, aliter ex virgine.* Vgl. GAPP 72.

[294] Fid 2,8,58 (CSEL 78,76,43–51): *...sed quia idem deus, idem homo,...quia consors utriusque naturae, id est humanae adque divinae, in natura hominis subiit passionem, ut indiscrete et ‚dominus maiestatis' dicatur esse, qui passus est, et* filius hominis, *sicut scriptum est,* qui descendit de caelo. Vgl. DUDDEN II 518; GAPP 76–84.

[295] Exam 5,20,65 (CSEL 32/1,188,25); vgl. DUDDEN II 598, 600.

[296] Vgl. die Indices der Editionen des CSEL und GAPP 68 f.

nicht einer aus dem Vater und ein anderer aus der Mutter ...“[297]. Dies ist
die einzige nachweisbar echte Stelle, an der Ambrosius von Christus als
persona, wenn auch nicht *una persona*, spricht. Ihre Bedeutung wird
durch den Kontext klar. Wir befinden uns in der Exegese. Die Werke
Christi sind auf seine Naturen aufzuteilen, ihr Subjekt *(persona)* ist aber
dasselbe. Auch der Terminus *numerus* stammt aus der Grammatik.
Man wird daher annehmen dürfen, daß Ambrosius auch von der
Grammatik und Exegese zum Ausdruck *persona* für Christus geführt
wird.

Dies wird dadurch bestätigt, daß Ambrosius an zwei anderen Stellen
von den Namen Christi spricht, wobei man sich an den schon für
Tertullian, Hilarius und Augustinus dargestellten Grundsatz der Grammatik erinnern muß: *quot nomina – tot personae.* „Ein Gottessohn
nämlich ist geboren aus dem Vater und hervorgegangen aus der
Jungfrau auf verschiedene Weise, aber er kommt zusammen unter
einem Namen *(in uno convenit nomine)*“[298]. Diese Formulierung ist fast
deckungsgleich mit der des *Tomus ad Flavianum: in unam coeunte
personam*[299]. *Nomen* und *persona* sind durch den oben genannten
Zusammenhang der grammatischen Exegese deckungsgleich. Auch hier
ist es also die Exegese, wie auch der weitere Kontext zeigt, die
Ambrosius führt.

Auf eine dritte Stelle in Brief 12 (30) ist zu verweisen, wo Ambrosius
nochmals auf die Regel des *nomen* zurückkommt. Er zeigt, daß in *Apg*
1,12 *„Zorobabel ex tribu Iuda“* und *„Iesus magnus sacerdos“* beide
Typoi des einen Christus sind. Es sind zwei Namen und daher scheinbar
zwei (Personen), gemeint ist aber nur ein und derselbe, Christus[300]. Es
stellt sich also für Ambrosius dasselbe Problem wie für Tertullian, wenn

---

[297] Exp Ps 61,5 (CSEL 64,380,24–30): *unde ille summam tenere fidei pronuntiatus est,
qui et dei filium cognovit et hominem non negavit. ipse igitur utrumque unus, inseparabilis
numero et agnoscendus operis distinctione, non varietate personae. non enim alter ex patre et
alter ex Maria, sed qui erat ex patre carnem sumpsit ex virgine, affectum assumpsit ex matre,
ut infirmitates nostras ipse susciperet.* Vgl. GAPP 45; GRILLMEIER, Jesus der Christus
594.
[298] Exc fratr 1,12 (CSEL 73,215,3–216,10): *‚Factus‘ ex matre, ‚natus‘ ex patre, idem
tamen et ‚natus est‘ et ‚datus‘. non diversum sed unum putes; unus enim dei filius et ‚natus‘ ex
patre et ortus ex virgine distanti ordine, sed in uno concurrit nomine, sicut et praesens lectio
docet, quia ‚et homo factus est in ea, et ipse fundavit eam altissimus‘, ‚homo‘ utique corpore,
‚altissimus‘ potestate, etsi deus et homo diversitate naturae, idem tamen, non alter in
utroque.* Vgl. GAPP 75.
[299] S. o. S. 197 Anm. 221.
[300] Ep 12 (30),10 (CSEL 82,97,112–98,117): *Ipse igitur Zorobabel ex tribu Iuda, ipse
Iesus magnus sacerdos et tribu designatus et nomine. Duo significari videntur et unus
exprimitur, quia idem quasi potens natus ex potente, quasi redemptor ortus ex virgine, in
utriusque idem naturae diversitate dividuae unius fili dei veritate gigans salutaris implevit.*
Vgl. GAPP 72.

er es auch nicht weiter ausführt. Während der genannte Grundsatz der grammatischen Exegese für die Trinitätslehre eindeutig ist, ist er für die Christologie schwierig, da hier der eine Christus verschiedene Namen hat, zumindest zwei: Gott und Mensch.

Aus diesen Belegstellen erhellt aber, wie Ambrosius auf der Basis seiner Christologie, der anderen, traditionellen Formeln und seines gesamten *persona*-Sprachgebrauches dazu gelangt, von der *persona* Christi zu sprechen: über die grammatische Exegese.

Die Echtheit der beiden anderen Stellen, überliefert bei Theodoret von Kyros und Alkuin, an denen sogar die Formel *una persona* sowie die Leib-Seele-Analogie Verwendung findet, scheint äußerst zweifelhaft, so daß sie hier nicht analysiert zu werden brauchen[301].

Der Einfluß des Ambrosius auf Augustinus ist, wenn er auch noch weiter zu erforschen wäre[302], wohl kaum zu unterschätzen. Ambrosius unterwies Augustinus in der Taufkatechese, worin mit Sicherheit die Christologie einen zentralen Platz einnahm. Und der Einfluß des Ambrosius zeigt sich an vielen Stellen der Werke Augustins. Besonders aufschlußreich ist aber neben der reichen Zahl an Einheitsformeln und der klaren Theologie des einen Gottessohnes in zwei vollständigen Naturen, daß Ambrosius zum Terminus *persona* in der Christologie ebenfalls durch die Grammatik und Exegese gelangt. Selbst wenn Augustinus von Ambrosius unbeeinflußt wäre, wäre damit ein stützendes Argument für den Weg Augustins gefunden.

D. AMBROSIASTER

Als letzter lateinischer Autor aus dem Umkreis Augustins ist der sogenannte Ambrosiaster zu behandeln. Zwar ist nicht bekannt, wer er ist, ob Augustinus seine Schriften kennt oder nicht, in jedem Fall gehört er aber ins Ende des 4. Jh., in den Umkreis des Hilarius, Ambrosius und Augustinus. Die Christologie nimmt bei ihm einen hervorragenden Platz ein[303] und ähnelt stark der des Hilarius und Ambrosius[304]. Sie entwickelt sich aus der Trinitätslehre, und dem Ambrosiaster liegt vor allem daran, die Gottheit Christi und seine Substanzgleichheit mit dem Vater herauszustellen[305]. Dies ist begründet in der antiarianischen

---

[301] Frg. Ambr. (PL 16,850); ALKUIN adv Fel (PL 101,112). Vgl. GAPP 45, 63, 74, 85–95.
[302] Vgl. STUDER, Christologie 540.
[303] Vgl. SOUTER, Commentaries 78; POLLASTRI, Commento 64.
[304] Die Ähnlichkeit mit Hilarius stellt auch schon POLLASTRI, Commento 68 Anm. 183 fest.
[305] Vgl. SOUTER, Commentaries 78; POLLASTRI, Commento 68–75.

Zielrichtung seiner Christologie, wie sich auch im einzelnen zeigt[306]. Er nennt sie auch mit Namen und neben ihnen Juden, Markioniten, Manichäer, Sabellianer und Photinus[307], die alle die Gottheit Christi leugnen.

Wilhelm MUNDLE und Alexander SOUTER wollten beim Ambrosiaster einen gewissen Subordinatianismus feststellen aufgrund *Ro* 8,34[308]. Dies scheint jedoch nicht zutreffend[309]. Christus ist nach dem Ambrosiaster der Sohn Gottes[310], seine Kraft[311] und seine Weisheit[312], dem dieselbe Ehre zukommt wie dem Vater[313].

Von der Menschheit Christi spricht der Ambrosiaster immer nur in Verbindung mit seiner Gottheit, nie allein, was sich aus der Grundrichtung seiner Christologie erklärt. In der Menschwerdung verlor der Sohn nichts von seiner Gottheit, sondern nahm zur Gottheit den Menschen hinzu: „er verlor nicht, was er war, sondern nahm an, was er nicht war"[314] – eine Formulierung, die fast wörtlich mit der des Hilarius und Ambrosius übereinstimmt[315]. Christus habe bei seiner Inkarnation einen ganzen Menschen angenommen mit Leib und Seele[316]. Er bleibt also wahrer Gott und wird wahrer Mensch. Die Seele nimmt dabei eine Mittlerfunktion ein, denn „obwohl Gott ins Fleisch kam, wohnte er doch in der Seele."[317]

Die Unterscheidung der beiden Naturen nimmt der Ambrosiaster nach der *regula canonica* vor, indem er die Aussagen der Bibel teils der

---

[306] Vgl. POLLASTRI, Commento 66.

[307] Z.B. qu 76,1 (CSEL 50,129,7–21). Vgl. SOUTER, Commentaries 78f.; MARTINI 112f.; POLLASTRI, Commento 68, 76.

[308] MUNDLE 75f.; SOUTER, Commentaries 79.

[309] Vgl. POLLASTRI, Commento 73.

[310] Z.B. Ro 1,3,2 (CSEL 81/1,15,8.10): s. u. Anm. 316; qu 45 (CSEL 50,425,26f.): s. u. Anm. 317. Vgl. MARTINI 114.

[311] Z.B. Ro 1,20,2 (CSEL 81/1,41,22f.): s. u. S. 219 Anm. 325; 6,4,1 (193,6). Vgl. POLLASTRI, Commento 67.

[312] Z. B. Ro 16,27,3 (CSEL 81/1,495,16f.). Vgl. POLLASTRI, Commento 68.

[313] Vgl. Ro 5,11 (CSEL 81/1,163,4). POLLASTRI, Commento 69.

[314] 2 Kor 5,21,3 (CSEL 81/2,238,6f.): *non amittit quod erat, sed adsumit utique quod non erat.* Vgl. MUNDLE 74.

[315] S. o. S. 206, 211.

[316] Ro 1,3,2 (CSEL 81/1,15,8–14): *eum qui erat dei filius secundum sanctum spiritum, id est secundum deum, quia deus spiritus est et sine dubio sanctus est, factum dicit iuxta carnem dei filium ex Maria, iuxta illud:* Et verbum caro factum est, *ut iam unus sit et dei et hominis filius Christus Iesus, ut sicut verus deus est, verus esset et homo. verus autem non erit, nisi sit ex carne et anima, ut sit perfectus.* Vgl. MARTINI 113; POLLASTRI, Commento 79.

[317] Qu 45 (CSEL 50,425,26–426,2): *Et filii hominis et dei filii corpus templum esse intellegitur. deus tamen, id est dei filius, quamvis in carne venerit, in anima tamen habitavit. ergo tam anima quam corpus tabernaculum est filii dei, licet unus sit deus et homo filius dei et filius hominis.* Vgl. MARTINI 113.

Gottheit, teils der Menschheit Christi zuweist[318]. Diese Regel muß für ihn besonders wichtig sein, da er seine Christologie ja ganz aus der Exegese entwickelt. Er entdeckt sogar in der Bibel Stellen, an denen Christus selbst auf seine Doppelnatur hinweist, z. B. in *Mt* 26,41: „Er sagt: ‚der Geist ist zwar willig, aber das Fleisch ist schwach‘, um im Geist Gott, im Fleisch aber den Menschen zu bezeichnen.“[319] Der Ambrosiaster unterscheidet deutlich den Gottessohn vom Menschensohn, beeilt sich aber immer, sofort auch deren Einheit hervorzuheben, um der Gefahr einer Zwei-Söhne-Lehre zu entgehen[320]. In diesem Zusammenhang spricht er auch von den zwei Geburten Christi, „von Ewigkeit her als Sohn Gottes, ... im Fleische aber aus dem Samen Davids als Sohn für Gott“[321].

Die Einheit der beiden Naturen in Christus drückt der Ambrosiaster weiterhin in den traditionellen Formeln „einer ist Gott und Mensch“[322] und „ein und derselbe ist Gottessohn und Mensch“[323] aus, entwickelt aber auch einen christologischen *persona*-Begriff. Gleich zu Beginn des Römerkommentars nennt er Christus *persona* in einer Weise, die der Formel *una persona* sehr nahe kommt: „Indem er (Paulus) sich aber als Knecht Christi bekennt, zeigt er, daß er vom Gesetz ausgenommen ist. Und deswegen setzte er beides, nämlich Jesu Christi, um die Person sowohl des Gottes, als auch des Menschen zu bezeichnen, da in beiden der Herr ist.“[324] Die Interpretation dieser Stelle ist nicht ganz eindeutig. *Et Dei et hominis personam* kann heißen „sowohl die Person Gottes als auch die Person des Menschen“. Dann spräche der Ambrosiaster von

---

[318] Z. B. Ro 1,1,3 (CSEL 81/1,10,6–12): *nam quotiescumque aut Iesum dicit aut Christum, aliquando deum, aliquando hominem significat, sicut hoc (alio) loco:* Et unus, *inquit,* dominus Iesus per quem omnia, *quod utique ad dei filium pertinet, iuxta quod deus est. et alio loco (et in evangelio):* Iesus autem, *inquit,* proficiebat aetate et sapientia, *quod utique homini conpetit.* (Versio γ (11,7): *aliquando personam dei, aliquando hominis.)* Qu 44 (CSEL 50,442,16–18). Vgl. MARTINI 115; POLLASTRI, Commento 76 f.

[319] Ro 8,10,3a (CSEL 81/1,269,8–10): *ait:* Spiritus quidem promptus, caro vero infirma, *ut in spiritu deum, in carne autem hominem significat.* Vgl. POLLASTRI, Commento 77 f.

[320] Vgl. die Texte S. 217 Anm. 316, 317.

[321] Vgl. ebd. und qu 54 (CSEL 50,99,18–20): *Christus dei filius ex aeterno est secundum spiritum sanctitatis, iuxta carnem vero ex semine David natus est filius deo, ut in utroque non factus deo filius habeatur, sed natus.*

[322] Qu 45 (CSEL 50,426,1): s. o. S. 217 Anm. 317. Vgl. MARTINI 114.

[323] Phil 2,11,4 (CSEL 81/3,143,9 f.): *Christus dei filius idem ipse et homo est.* Vgl. MARTINI 114.

[324] Ro 1,1,2 (CSEL 81/1,9,16–19): *servum autem Christi se profitens a lege se exutum ostendit, et ideo utrumque posuit, id est Iesu Christi, ut et dei et hominis personam signaret, quia in utroque est dominus.* Zu den Namen Jesus Christus = Mensch und Gott vgl. auch Phil 2,8,3 (CSEL 81/3,140,18–21): *quod et in Christo Iesu, id est deo et homine...quia ambo nomina et hominis filium et dei filium significant.* Vgl. MARTINI 115; POLLASTRI, Commento 75 f.

zwei Personen, also Rollen Christi. Vielleicht hätte er dann aber eher *personas* gesagt, auch wenn dies grammatikalisch nicht nötig ist. Es kann aber auch, was mir wahrscheinlicher ist, heißen: „die (eine) Person aus Gott und Mensch". Damit steht der Ambrosiaster der Formel *una persona* nicht nur nahe, er hat sie praktisch schon erreicht. Es fehlt lediglich noch die Betonung der *una*.

Was ist es für ein Personbegriff, den der Ambrosiaster verwendet? Die Tatsache, daß seine Christologie ganz in die Exegese eingebettet ist, würde die Ableitung aus der Exegese wahrscheinlich machen. Zwei Stellen aus dem Römerkommentar und den *Quaestiones* bestätigen diese Vermutung. Im Römerkommentar spricht der Ambrosiaster in trinitätstheologischem Zusammenhang von der *persona* Christi: „Christus ist also die ewige Kraft Gottes, durch den er alles ins Leben rief, was nicht war, und in dem sie Bestand haben. Wenn auch dessen Person früher nicht bekannt war, waren doch seine Werke offenbar."[325] Zunächst ist zu bemerken, daß der Ambrosiaster, obwohl es sich um einen trinitätstheologischen Zusammenhang handelt, nicht von der Person des Logos oder des Sohnes spricht, also nicht von der zweiten Person der Trinität. Er spricht von der Person Christi, die früher durch die Werke, jetzt aber durch sein Erscheinen in der Welt bekannt ist. *Persona Christi* bezeichnet also den menschgewordenen Sohn. Außerdem geht es um das handelnde Subjekt der Werke Christi – wieder eine grammatische Kategorie.

In den *Quaestiones* behandelt der Ambrosiaster die Frage, warum gerade der Sohn Gottes auf Erden gesandt wurde und kein anderer, einer von den Engeln Gottes: „Denn es scheint seiner Person unangemessen, dieses Werk zu unternehmen, wenn nicht der Grund für die Tat bekannt wäre. ... Denn die Vorsehung des Vaters konnte diesen Auftrag durch eine andere Person ausführen lassen ..."[326]. *Persona* ist hier zunächst im allgemeinen Sinn des „Einzelwesens" zu nehmen. Das *incongruum* stellt es aber in einen grammatisch-exegetischen Zusammenhang, da dies eine Vokabel der Erläuterung eines Satzes ist, zu wem sein Inhalt paßt. Als zusätzliches Argument für einen grammatischen *persona*-Begriff beim Ambrosiaster ist die Verwendung der *regula canonica* anzuführen, die immer den Subjektsbegriff voraussetzt.

Wir haben also beim Ambrosiaster eine vor allem antiarianische Christologie aus dem Umkreis des Hilarius und Ambrosius, die deswe-

---

[325] Ro 1,20,2 (CSEL 81/1,41,22–25): *aeterna ergo virtus dei Christus est, per quem instituit quae non erant et in eo manent, cuius si dudum persona agnita non est, opera tamen manifesta sunt.* Vgl. POLLASTRI, Commento 67.

[326] Qu 113,3 (CSEL 50,300,8–11): *incongruum enim videtur personae eius hoc opus subisse, nisi causa facti noscatur. denique hoc est quod movet multos. nam potuit dei patris provisio per alteram personam hoc negotium gerere,...* Vgl. MARTINI 116.

gen aus der Trinitätslehre erwächst und am stärksten die volle Gottheit Christi betont. Sie findet aber auch schon auf dem Weg des grammatischen *persona*-Begriffes zur Terminologie der *persona Christi*, ohne aber noch die *una* hervorzuheben. Man sieht aber auch an diesem Beispiel gut, wie zur Zeit des Augustinus die Entwicklung der Christologie auf die neue Formel zusteuerte, und zwar nicht nur bei ihm aufgrund des grammatischen Subjektbegriffes.

III. DIE LEIB-SEELE-ANALOGIE

Bis hierher wurde die Dogmengeschichte vor Augustinus befragt, welche Vorbilder seiner Formel *una persona* er vorfand und in welchem theologischen Rahmen anderer Einheitsformeln und -gedanken er steht, unter besonderer Berücksichtigung der grammatischen Exegese. Auf einen dritten Kontext ist zur Klärung der Herkunft der Formel *una persona* bei Augustinus noch einzugehen: die Leib-Seele-Analogie, die in Brief 137 eine wesentliche Rolle spielt. Inwieweit führt der Vergleich der Einheit von Gott und Mensch in Christus mit dem Einheitsmodell von Leib und Seele im Menschen, wie Augustinus bereits in den Συμμίκτα ζητήματα des Porphyrios vorfand[327], zum Ausdruck *una persona* in Christus?

Die Geschichte dieser Analogie ist lang und kann hier nicht ausgebreitet werden[328]. Es sollen aber zwei griechische Autoren ausgewählt werden: Nemesios von Emesa und Theodor von Mopsuestia. Nemesios, weil, wie bereits oben erwähnt, Brief 137 des Augustinus seiner Doktrin offenbar sehr nahe steht, und Theodor, weil er nicht nur ebenfalls diesen Vergleich anwendet, sondern gleichzeitig auch aufgrund der grammatischen Exegese zur Formel ἕν πρόσωπον gelangt[329]. Zwar ist eine Kenntnis dieser Autoren seitens Augustinus oder gar Abhängigkeit auszuschließen[330], die Parallelität der Phänomene läßt aber weitere Rückschlüsse auf die Entwicklung Augustins erwarten.

---

[327] Vgl. FORTIN, Doctrine de l'âme 377 f.; DÖRRIE 12–103; PEPIN, Une nouvelle source 53–107 (= DERS., „Ex Platonicorum Persona". Etudes sur les lectures philosophiques de Saint Augustin, Amsterdam 1977, 211–268); DERS., Idées grecques sur l'homme et sur Dieu, Paris 1971, 101 f.; NEWTON, Neoplatonism 71–110. Zu Augustins Anthropologie vgl. auch o. S. 114–124.

[328] Vgl. jetzt GAHBAUER.

[329] Auf diese beiden Autoren verweist auch STUDER, Christologie 542.

[330] Dies ließen schon seine wohl geringen Griechischkenntnisse nicht zu (vgl. o. S. 13 Anm. 15). Zur Kenntnis der griechischen Literatur seitens Augustinus vgl. o. S. 4 Anm. 16.

A. NEMESIOS VON EMESA

Von den Lebensumständen des Nemesios ist praktisch nichts bekannt[331]. Wir wissen nur soviel, daß er an der Wende vom 4. zum 5. Jahrhundert lebte und Bischof von Emesa in Syrien war. Möglicherweise war er Arzt, jedenfalls verrät sein Werk gründliche medizinische Kenntnisse[332]. Er ist aber wohl nicht mit dem Nemesios zu identifizieren, der zunächst Advokat war, dann Gouverneur von Cappadocia Secunda, mit Gregor von Nazianz in Verbindung stand und den dieser zum katholischen Glauben zu bekehren versuchte[333].

Von Nemesios ist ein einziges Werk erhalten „Über die Natur des Menschen" (Περὶ φύσεως ἀνθρώπου)[334], das um das Jahr 400 verfaßt wurde[335] und unter dem Namen Gregors von Nyssa im Mittelalter keine geringe Nachwirkung hatte[336]. Es darf wohl zu recht als „das erste Buch der christlichen Anthropologie" bezeichnet werden[337]. Nemesios schreibt darin vor allem den Genesis-Kommentar des Origenes, die Schriften des Arztes und Stoikers Galenos, Poseidonios und die Συμμίκτα ζητήματα des Porphyrios aus[338]. Er ist Neuplatoniker, kennt offensichtlich die Werke Plotins und Porphyrios', und die Anthropologie, die er entwickelt, ist eher neuplatonisch als stoisch geprägt[339], wenn er auch, sich absetzend von der neuplatonischen Lehre, in manchem neue Wege geht[340].

---

[331] Vgl. BENDER 1–12; AMANN, Némésius d'Emèse 62; SKARD, Nemesios 562; TELFER 203–211; VERBEKE 6; SICLARI 8–17; VANHAMEL 92 f.

[332] Vgl. F. LAMMERT, Hellenistische Medizin bei Ptolemaios und Nemesios: Ph. 94 (1940) 125–141; TELFER 206 f.; VERBEKE 6; SICLARI 15 f.; VANHAMEL 93.

[333] Vgl. GR NAZ ep 198–201 (GCS 143–146); carm hist II 7 (PG 37,1551–1578). Biographie: JONES/MARTINDALE/MORRIS I 622. Für die Identifizierung: TILLEMONT 9/2, 971–974. Dagegen: AMANN, Némésius 62; SKARD, Nemesios 567; VERBEKE 6; SICLARI 13 Anm. 12; VANHAMEL 93.

[334] PG 40,503–818.

[335] Vgl. BENDER 13–30; SKARD, Nemesios 562; TELFER 206; VERBEKE 7; SICLARI 7–12; VANHAMEL 92.

[336] Zur Überlieferung und den Übersetzungen des Werkes vgl. O. BARDENHEWER, Geschichte der altkirchlichen Literatur. Vierter Band: Das fünfte Jahrhundert mit Einschluß der syrischen Literatur des vierten Jahrhunderts, Darmstadt 1962 (= Freiburg ²1924), 277 f.; AMANN, Némésius 65–67; TELFER 216–223; VERBEKE 7–14; CPG II Nr. 3550; VANHAMEL 93 f.

[337] So W. TELFER, The Birth of Christian Anthropology: JThS 13 (1962) 347–354.

[338] Zu den Quellen des Nemesios vgl. BENDER 31–99; JAEGER; H. A. KOCH, Quellenuntersuchungen zu Nemesios von Emesa, Berlin 1921; SKARD, Nemesiosstudien; DÖRRIE; E. A. WYLLER, Die Anthropologie des Nemesios von Emesa und die Alkibades I-Tradition. Eine Untersuchung zum Platon-Bild in der Schrift „Über die Natur des Menschen" (Kap. I,1): SO 44 (1969) 126–145; VANHAMEL 96 f.

[339] Vgl. DÖRRIE 127–131; VERBEKE 33 f.; VANHAMEL 97 gegen JAEGER.

[340] Vgl. ARNOU 127–131; SCIPIONI 20–22; GRILLMEIER, Jesus der Christus 574 f.

Seine Lehre von der Einheit von Leib und Seele im Menschen kann zusammenfassend so dargestellt werden[341]:

1. Der Mensch ist zusammengesetzt aus einer Geistseele und Leib[342]. Die Geistseele ist eine unkörperliche Substanz (οὐσία)[343], keine Mischung (κρᾶσις) mit den Elementen des Leibes[344], weder die aristotelische Entelechie, die nur eine Qualität des Körpers wäre[345], noch die Zahl der Pythagoreer[346]. Sie ist unsterblich[347], aber nicht einzigartig wie bei Platon, Kronos und Porphyrios, doch individuell[348]. Sie ist geistiger Natur, daher absolut unveränderlich und unvermischbar. Eine Änderung oder Vermischung würde die Zerstörung ihrer ureigenen Natur bedeuten[349].

Der Leib ist dagegen der Bereich der Veränderung, Vermischung, Teilung und des Nebeneinander[350].

2. Die Einheit dieser beiden *per definitionem* unvereinbaren Teile (intelligibel - stofflich) ist weder eine Mischung, noch ein Nebeneinander, sondern der Einheit von Licht und Luft vergleichbar. Die Gegenwart der Sonne verwandelt die Luft in Licht, Licht und Luft werden eins und bleiben doch unvermischt. Ebenso bleibt die Seele in ihrer Einheit mit dem Leib gänzlich unvermischt[351], obwohl an der Realität der Einigung nicht zu zweifeln ist. Die Seele ist im Leib ἀσύγχυτος, ἀπερίληπτος, ἀδιάφθορος[352].

3. Die Art und Weise der Verbindung ist keine lokale. Die Seele hat keinen Ort im Leib, da sie unstofflich ist und so den ganzen Leib durchdringt. Die Einheit geschieht vielmehr durch eine Teilnahme (ἐν σχέσει), Neigung (ῥοπῇ), Zuwendung (διαθέσει) oder Durchdringung (διαχωρεῖν), so wie z. B. zwei Liebende vereint sind[353].

---

[341] Vgl. AMANN, Némésius 62f.; ARNOU 118–124; SCIPIONI 15f.; NORRIS 73–77; WOLFSON I 399–407; SICLARI 115–123; VERBEKE 14–31; A. KALLIS, Der Mensch im Kosmos. Das Weltbild Nemesios' von Emesa (= MBTh 43), Münster 1978, 125–173; GRILLMEIER, Jesus der Christus 574–576; VANHAMEL 94–96.

[342] Nat hom 1 (PG 40,504 A): τὸν ἄνθρωπον ἐκ ψυχῆς καὶ σώματος ἄριστα κατεσκευάσθαι.

[343] 2 (552 A-553 B).

[344] 2 (556 A-560 B).

[345] 2 (560 B-569 A).

[346] 2 (569 A-572 A).

[347] 2 (589 B):...τὴν ψυχὴν ἀθάνατον οὖσαν.

[348] 2 (584 B-588 B).

[349] 3 (593 B-604 A).

[350] Ebd.

[351] 3 (597 B): ὡς γὰρ ὁ ἥλιος τῇ παρουσίᾳ αὐτοῦ τὸν ἀέρα εἰς φῶς μεταβάλλει, ποιῶν αὐτὸν φωτοειδῆ, καὶ ἑνοῦται τῷ ἀέρι τὸ φῶς, ἀσυγχύτως ἅμα καὶ κεχυμένως. τὸν αὐτὸν τρόπον καὶ ἡ ψυχή, ἑνουμένη τῷ σώματι, μένει παντελῶς ἀσύγχυτος.

[352] 3 (601 B).

[353] 3 (600 B): καὶ γὰρ τῇ σχέσει καὶ τῇ πρός τι ῥοπῇ καὶ διαθέσει, δεδέσθαι φαμὲν ὑπὸ τοῦ σώματος τὴν ψυχήν, ὡς λέγομεν ὑπὸ τῆς ἐρωμένης δεδέσθαι τὸν ἐραστήν, οὐ σωματικῶς, οὐδὲ τοπικῶς, ἀλλὰ κατὰ σχέσιν.

Vergleicht man diese Anthropologie des Nemesios mit seinem neu-platonischen Hintergrund, zeigen sich bedeutende Unterschiede[354]. Er weist die Theorie der Emanationen zurück, akzeptiert aber die Verbindung von Leib und Seele als die äußerste Ausdehnung der Weltseele. Nach Nemesios entsteht aber aus der Verbindung von Leib und Seele kein neues drittes Element, das der Träger der Handlungen des Menschen wäre. Dies ist vielmehr die Seele, der auch die menschlichen Emotionen zuzurechnen sind.

Dieselben Kriterien, die Nemesios zur Lösung des Problems der Einheit von Seele und Leib im Menschen anwendet, dienen ihm auch zur Beschreibung der Inkarnation, wie sich der geistige Logos mit dem stofflichen Leib verbinden kann, ohne sich mit ihm zu vermischen[355]. Die Einheit von Gott und Mensch in Christus ist die Verbindung zweier Substanzen (κατ' οὐσίαν), nicht, wie die Eunomianer vertreten, κατὰ δυνάμεις[356]. Diese Einheit übersteigt die Verbindung von Leib und Seele insofern, als in ihr die Seele vom Leib betroffen wird, der Logos aber, der absolut einfach ist, geht mit dem Leib keine Einheit der *compassio*, sondern der *coactio* ein, ohne jede Vermischung[357]. Die Anwendung auf die Inkarnation gibt ihrerseits weiteren Aufschluß über Nemesios' Auffassung der Seele im Menschen[358], ja, es scheint, als ob Nemesios von der vorausgesetzten Einheit des Logos mit dem Menschen ausgeht, um von daher die Einheit des Menschen zu klären[359].

Vergleicht man die Doktrin des Nemesios von Emesa mit Brief 137 Augustins, ergeben sich eine Reihe von Übereinstimmungen, aber auch deutliche Unterschiede. Sie haben beide dieselbe Quelle: die Symmikta Zetemata des Porphyrios. Sie beschreiben beide die Einigung als κρᾶσις/*mixtura* und benutzen damit einen stoisch definierten Begriff, der aussagt, daß sich zwei Elemente miteinander verbinden unter Verlust ihrer jeweiligen Charakteristika, aber ohne ein neues drittes zu bilden[360]. Da dies für Christus nicht zutreffen kann, wenn man nicht die Unveränderlichkeit Gottes aufgeben will, lehnen beide den Inhalt dieses Begriffes als unzutreffend ab mit dem Bild, die Einigung sei nicht mit der Mischung zweier Flüssigkeiten vergleichbar, sondern vielmehr mit der Durchdringung von Licht und Luft. Dieses Bild ist traditionell

---

3 (605 B-608 A): ἡ καθαρῶς ἀσώματος φύσις, χωρεῖ μὲν ἀκωλύτως διὰ πάντων, δι' αὐτῆς δὲ οὐδέν· ὥστε τῷ μὲν χωρεῖν αὐτὴν διὰ πάντων, ἡνῶσθαι.

[354] Vgl. die auf S. 221 Anm. 339 zitierte Literatur.

[355] 3 (601 A-604 B). Vgl. SICLARI 124–133.

[356] 3 (605 A).

[357] 3 (604 B-608 A).

[358] Vgl. SCIPIONI 24.

[359] Vgl. STUDER, Christologie 542.

[360] S. o. S. 187.

im Neuplatonismus, bereits bei Plotin selbst verwendet[361]. Daneben
verwenden auch beide das platonische Vokabular des „Gebrauches"
des Leibes seitens der Seele[362].

Die Folgerungen aus der Unmöglichkeit einer *mixtura*/κρᾶσις sind
jedoch bei Nemesios und Augustinus grundverschieden. Nemesios
grenzt zunächst noch gegen die beiden anderen (stoisch) möglichen
Arten der Einigung ab, παράθεσις und σύγχυσις[363], und gelangt
schließlich zu dem neuen Begriff der ἕνωσις ἀσύγχυτος[364]. Danach
benutzt er auch das Mischungsvokabular weiter, aber in Verbindung mit
ἕνωσις und in synonymer Bedeutung[365]. Fragt man, mit wem sich der
Logos nach Nemesios verbindet, findet sich sowohl der Ausdruck
ἄνθρωπος, als auch σάρξ[366]. Da er aber in diesem Zusammenhang nicht
von der Seele spricht, darf man annehmen, daß er zwischen diesen
beiden Begriffen keinen Unterschied im Sinne eines Logos-Sarx bzw.
Logos-Anthropos-Schemas macht. Beide stellen lediglich im Gegensatz
zur intelligiblen Natur der Gottheit die stoffliche des Menschen dar.

Augustinus dagegen spricht zwar auch von *unitas* (ἕνωσις), und
davon, daß sich Gott dem Menschen eint, denkt aber in Termini der
Mittlerschaft. Die Verbindung Gott-Mensch hat zweiseitige Wirkung:
Erhöhung des Menschen und Herablassung Gottes[367]. Vor allem aber
löst Augustinus das Problem, wie sich der intellegible Gott mit dem
stofflichen Menschen verbinden kann, auf eine Weise, die eigentlich der
Schärfe des Problems ausweicht. Gott verbindet sich nicht mit dem
stofflichen Leib, sondern der intelligiblen Seele, die ihrerseits den Leib
mit einbringt („hat"). Es existiert also nach Augustinus gar keine
direkte Verbindung zwischen Gott und der Materie des Menschen,
sondern lediglich vermittelt durch die Seele.

Noch ein letzter Punkt ist allerdings bei Nemesios und Augustinus
vergleichbar: nicht die Anthropologie gibt der Christologie den entscheidenden Impuls, sondern umgekehrt. Nemesios nimmt die voraus-
gesetzte Einigung zwischen Gott und dem Menschen in Christus als

---

[361] Enn 4,3,22: Ἆρ᾽ οὖν οὕτω φατέον, ὅταν ψυχὴ σώματι παρῇ, παρεῖναι αὐτὴν ὡς
τὸ πῦρ πάρεστι τῷ ἀέρι; καὶ γὰρ αὖ καὶ τοῦτο παρὸν οὐ πάρεστι καὶ δι᾽ ὅλου παρὸν
οὐδενὶ μίγνυται. Vgl. FORTIN, Doctrine de l'âme 374 Anm. 3.

[362] NEM nat hom 3 (PG 40,595 B): ψυχὴν σώματι κεχρημένην (Πλάτων). AUG ep
137,11: QA 283f.

[363] Nat hom 3 (PG 40,592 B-593 A. 608 A).

[364] 3 (595 B): ἑνούμενα μένειν ἀσύγχυτα καὶ ἀδιάφθορα. (596 A): ἀσυγχύτως ἥνωται
τῷ σώματι ἡ ψυχή. (605 B): ἀσυγχύτως τὴν ἕνωσιν γίνεσθαι.

[365] 3 (605 A): συγγενέσθαι θνητῇ φύσει τὸ Θεῖον κατὰ κρᾶσιν καὶ ἕνωσιν. ... τὰς
ἑνωθείσας ἢ κραθείσας...αἱ θεῖαι δυνάμεις συγκιρνάμεναι τὴν ἕνωσιν ἀπειργάσαντο.

[366] Ebd.: ἥνωσθαι τὸν Θεὸν Λόγον τῷ σώματι. (604 B): τῆς τοῦ Θεοῦ ἑνώσεως πρὸς
τὸν ἄνθρωπον.

[367] Ep 137,10 (CSEL 44,108,14–16): *ut...et solita sublimaret insolitis et insolita solitis
temperaret.*

Erklärungsmodell für den Menschen, Augustinus zieht die Leib-Seele-Analogie erst für die Christologie heran und nennt erst danach auch den Menschen *una persona*[368]. Bei beiden scheint insgesamt, als ob dieses neuplatonische Gedankengut eher illustrativen als konstitutiven Stellenwert hat. D.h. nicht der Neuplatonismus gibt den Anstoß zur christologischen Klärung, sondern bietet lediglich das Modell, anhand dessen die zugrunde liegenden philosophischen Probleme erörtert werden. Für Augustins Entwicklung der Formel *una persona* hieße das, daß der Neuplatonismus keinen wesentlichen Impuls dazu geleistet hat, sondern lediglich das Vergleichsraster bot. Denn Augustinus kommt sehr bald wieder von dieser Analogie und ihrem Vokabular ab, weil er offenbar deren Implikationen (akzidentelle Einheit, Gefahr der Beeinträchtigung der Integrität der Naturen etc.) nicht akzeptieren konnte[369]. Denkbar ist allerdings auch, daß Augustinus diese Argumentation deswegen nicht weiter verfolgt, weil es sich in Brief 137 um eine *argumentatio ad hominem*, d.h. speziell für den Adressaten des Briefes, Volusianus, handelt. Das ist aber nicht zu entscheiden.

B. THEODOR VON MOPSUESTIA

Der zweite griechische Autor, der zur Zeit Augustins den Leib-Seele-Vergleich verwendet und der hier näher analysiert werden soll, ist Theodor von Mopsuestia (um 352–428), den Nemesios wohl noch persönlich kannte[370]. Bei ihm kommt jedoch hinzu, daß er auch die Bezeichnung des ἓν πρόσωπον für Christus kennt[371] und gleichzeitig der größte Vertreter der antiochenischen, literalen Schriftexegese ist[372], dem auch die Person-Exegese vertraut ist[373]. Er steht damit Augustinus von den Phänomenen her so nahe, daß von einem Vergleich beider weitere Klärung der Entwicklung Augustins bzw. Unterstützung der bisherigen Ergebnisse zu erwarten ist.

Nun sind zwar bislang sowohl die Christologie Theodors[374] als auch seine Exegese und ihre Techniken[375] recht gut erforscht, es fehlt jedoch

---

[368] Vgl. o. S. 117–122.

[369] S. u. S. 253.

[370] Vgl. TELFER 303; VANHAMEL 93.

[371] S. u. S. 228–230.

[372] So K. STAAB, Pauluskommentare aus der griechischen Kirche (= NTA 15), Münster 1933, XXIX.

[373] S. u. S. 232–236.

[374] Vgl. neben den Handbüchern und Lexika hauptsächlich AMANN, Doctrine christologique 161–190; DERS., Théodore de Mopsueste 244–255; SULLIVAN; GALTIER, Théodore de Mopsueste 161–186, 338–360; J. L. McKENZIE, Annotations on the Christology of Theodore of Mopsuestia: TS 19 (1958) 345–373; ROMANIDES 140–185; NORRIS; GREER, Captain of Our Salvation 210–220; DEWART 199–207; STUDER/DALEY, Soteriologie 181–190.

noch eine eingehende Analyse seiner grammatischen und Person-
Exegese und ihrer Beziehungen zur Christologie Theodors. Auch ist
Theodor bisher noch nicht als Parallele zu Augustinus herangezogen
worden. Dies soll nun im folgenden geschehen, indem zunächst die
Grundzüge der Christologie Theodors, seine Theologie des ἓν πρόσωπον und der Leib-Seele-Vergleich dargestellt werden, dann seine
Exegese unter besonderer Berücksichtigung der Person-Exegese vorgestellt und nach ihrem Einfluß auf Theodors Christologie gefragt wird,
und schließlich Theodor und Augustinus verglichen werden.

1. GRUNDZÜGE SEINER CHRISTOLOGIE[376]

Grundsätzliches Anliegen der Christologie Theodors war die Suche
nach einem gangbaren Mittelweg zwischen dem Monophysitismus der
Arianer und Apolinaristen und dem Adoptianismus eines Photin.
Gegenüber den Arianern mußte die göttliche Zeugung des Sohnes
Gottes und seine Transzendenz hervorgehoben werden, gegenüber den
Apolinaristen die Wirklichkeit und Vollständigkeit der Menschwerdung
und gegen beide ihr Logos-Sarx-Schema kritisiert werden. Es galt also
die Wahrheit und Vollständigkeit beider Naturen zu vertreten, ohne
einer Zwei-Söhne-Lehre zu erliegen, aber auch ohne einem adoptiani-
stischen Modell zu folgen. Es mußte eine Formel dafür gefunden
werden, wie zwei wirkliche, vollständige Substanzen ohne Einbuße
ihrer Charakteristika und ohne auseinanderzufallen eine reale Einheit
in Christus bilden konnten.

a. *Homo assumptus*

Die Lösung dieses Problems geht Theodor so an, daß er zunächst das
Logos-Sarx-Schema grundsätzlich kritisiert[377]. Er geht dabei von dem
soteriologischen Argument aus, daß sowohl Leib, als auch Seele ange-

---

[375] Vgl. hauptsächlich Ph. HERGENRÖTHER, Die antiochenische Schule und ihre
Bedeutung auf exegetischem Gebiete, Würzburg 1866, 20–29; SPECHT; KIHN 3–212;
PIROT; DEVRESSE, Essai 51–93; GREER, Theodore of Mopsuestia; DERS., Salva-
tion 224–263; SCHÄUBLIN 84–170.

[376] Im folgenden halte ich mich eng an GRILLMEIER, Jesus der Christus 614–634,
der Theodors Christologie sehr knapp und klar darstellt. Die übrige Literatur ist aber
jeweils mit berücksichtigt. Vgl. auch LIEBART 92–95; STUDER, Erlösung 240–242.

[377] AMANN, Doctrine christologique 168–187; DERS., Théodore 259f.; DEV-
REESSE, Essai 112–118; SULLIVAN 228–259; GALTIER, Theodore 173–183;
GREER, Theodore 50–57; NORRIS 216–228; ZIEGENAUS 20–24; KOCH 27–37;
STUDER/DALEY, Soteriologie 182f.; GRILLMEIER, Jesus der Christus 619–622.

nommen werden mußten, weil sowohl der Tod des Leibes als auch der Seele behoben werden mußte: „Es war nicht nur ein Leib, den (der Sohn) annehmen mußte, sondern auch eine unsterbliche und intelligente Seele. Und es war nicht nur der Tod des Leibes, den es zu vernichten galt, sondern ebenso (den) der Seele, die die Sünde ist;"[378]. Er stützt sich damit auf das von Gregor von Nazianz formulierte Argument „was nicht angenommen ist, ist nicht gerettet"[379]. Die Annahme auch der menschlichen Seele ist aber nach Theodor gerade deswegen unabdingbar, weil in ihr die Sünde entsteht, die der Leib dann lediglich ausführt. Deswegen muß vor allem die Seele erlöst werden und durch sie der Leib: „Denn es ist klar, daß die Neigung zur Sünde im Willen der Seele beginnt ... Deswegen ist es nicht nur ein Leib, den Christus annehmen mußte, sondern auch eine Seele; ja im Gegenteil, es ist zunächst die Seele, die angenomme werden mußte, und danach ihretwegen der Leib."[380] Der Weg der Erlösung entspricht also dem Weg des Sündenfalls (Convenienz-Argument), was die Annahme von Leib *und* Seele unabdingbar macht: „Und er nahm nicht nur einen Leib an, sondern den ganzen Menschen, zusammengesetzt aus einem Leib und einer unsterblichen Seele. Er nahm ihn an um unseres Heiles willen und wirkte durch ihn das Heil für unser Leben."[381]

E contrario ist zu argumentieren, daß, wenn der Logos anstelle der Seele wäre, ihm die πάθη zuzuschreiben wären, was dem Wesen Gottes widerspricht, oder aber Christus keine πάθη gehabt haben könnte, was dem Zeugnis der Schrift widerspricht: „Die Schüler des Arius und Eunomius sagen, daß er (Christus) einen Leib, aber keine Seele angenommen habe: an Stelle der Seele, sagen sie, (ist) die göttliche Natur. Und sie erniedrigen die göttliche Natur des Eingeborenen (Sohnes) bis zu dem Punkt (zu sagen), daß er seine natürliche Größe verloren und die Handlungen der Seele übernommen habe, indem er sich in den Leib eingeschlossen und alles gewirkt habe, um ihn ‚subsistieren‘ zu lassen. Daher hatte er, da die Gottheit die Stelle der Seele annimmt, weder Hunger noch Durst, noch fühlte er Ermüdung, noch Bedürfnis nach Speise. Denn dies alles überkommt den Körper aufgrund seiner Schwäche und weil die Seele seinen Bedürfnissen nur mit dem genügen kann, was sie nach dem ihr von Gott gegebenen Naturgesetze besitzt."[382] „Wenn aber die Gottheit dem Angenommenen nach euren Worten als Seele diente, wie konnte er dann im Leiden Furcht haben? Was brauchte er dann beim Andringen der Not noch inständi-

---

[378] Hom cat 5,10 (115 Tonneau).
[379] S. o. S. 199 Anm. 225.
[380] Hom cat 5,11 (115–117 Tonneau).
[381] Ebd. 5,19 (127).
[382] Ebd. 5,9 (111–113).

gere Gebete, die er mit lauter und schreiender Stimme mit vielen Tränen
nach dem seligen Paulus vor Gott brachte (*Hebr* 5,7)? Wie konnte er
von solcher Furcht ergriffen werden, daß er unter ungeheurem Zittern
Ströme von Schweiß vergoß?"[383] Auch wäre in dem Falle, daß der Logos
das ἡγεμονικόν des Leibes Christi gewesen wäre, dieser so übermächtig,
daß der Leib keine eigenständige Rolle mehr spielen würde.

b. Ἕν πρόσωπον

Diese starke Betonung der selbständigen vollen Menschennatur
Christi rückt Theodor in die Gefahr einer Zwei-Söhne-Lehre, der er
aber nicht erliegt. Seine Vorstellung von der Einheit Christi geht über
die moralische Ebene hinaus, auf der die *homo-assumptus*-Formel
steht, die er zunächst verwendet. Er ahnt zumindest dunkel die Idee der
substantialen Einheit, wie sich vor allem bei seiner Auslegung von *Jo*
1,14 zeigt: „Er wurde *Mensch*, sagten sie (*sc.* die 318 Väter von Nizäa).
Und das war nicht durch eine einfache *Vorsehung*, daß er sich herabließ,
auch nicht durch die Gabe einer *machtvollen Hilfe*, wie er es oftmals tat
und auch jetzt noch (tut); vielmehr hat er unsere Natur selbst angenommen, er bekleidete sich mit ihr und wohnte in ihr, um sie durch das
Leiden vollkommen zu machen; mit ihr hat er sich vereint."[384] Ja,
Theodor gelangt sogar zur Idee der Subjektseinheit in Christus: „Er (*sc.*
Paulus) sagt folgendes: *Jesus Christus, der Gott ist über alles* (*Ro* 9,5),
um die Herrlichkeit Christi zu zeigen, die von Gott dem Worte kommt,
der ihn annahm und ihn sich einte, für ihn Ursache und Herr von allem.
Und aufgrund dieser genauen Verbindung, die dieser Mensch mit Gott
dem Sohne hat, ehrt ihn die ganze Schöpfung und betet ihn selbst an.
Ohne Zweifel hätte der selige Paulus sagen können: *in dem* Gott ist über
alles, aber er ließ diese (Redeweise) und sagt so: *der Gott ist über allem*
aufgrund der genauen Verbindung der zwei Naturen."[385] „Wenn sie (*sc.*
die Schriften) *wie von einem* sagen, was einer jeden von ihnen (*sc.* den
Naturen) zukommt, begreifen wir, welch wunderbare und erhabene
Verbindung (zwischen ihnen) gewirkt worden ist."[386]
   Über die Formel „*unus atque idem et Deus Verbum … et homo*"[387]
kommt Theodor schließlich zum Begriff des einen πρόσωπον: „So

---

[383] SWETE II 315,6–10: *sed si deitas pro sensu fiebat illi qui adsumptus est, secundum*
vestra verba, quomodo timorem in passione suscipiebat? quid vehementioribus orationibus
ad imminentem necessitatem indigebat, quas cum magna quidem et clamosa voce, cum
plurimis autem lacrimis, secundum beatum Paulum, referebat Deo?
[384] Hom cat 7,1 (161 Tonneau).
[385] Ebd. 6,4 (137).
[386] Ebd. 8,10 (201).
[387] Ps 8,5 (45,10f. Devreesse).

bezog auch unser Herr, als er von seiner Menschheit und von seiner Gottheit sprach, das Fürwort ‚Ich' auf die gemeinsame Person."[388] Πρόσωπον ist hier aber noch nicht der spätere, chalkedonische Bedeutungsgehalt beizulegen. Es bedeutet für Theodor „die Form, in der eine Natur oder Hypostase erscheint oder sich gibt". Insofern Theodor daher die Vollständigkeit der beiden Naturen Christi betont, hat er zwei πρόσωπα, ihre Verbindung aber nur eines: „Denn wenn wir die Naturen unterscheiden, sagen wir, daß die Natur des Gott-Logos vollständig ist und daß (ihr) *Prosopon* vollständig ist (denn es ist nicht richtig, von einer Hypostase ohne ihr *Prosopon* zu sprechen); und (wir sagen) auch, daß die Natur des Menschen vollständig ist und gleicherweise (ihr) *Prosopon*. Wenn wir aber auf die Verbindung schauen, sprechen wir von einem *Prosopon*."[389] Dazu ist ein erst in neuerer Zeit entdecktes Zitat aus dem Werk Theodors *Contra Eunomium* hinzuzunehmen[390]: „Dies sagt mit vielem anderen auch der selige Theodor im 18. Buch gegen Eunomius so: ‚Prosopon' wird auf doppelte Weise gebraucht: entweder bezeichnet es die Hypostase und das, was jeder von uns ist, oder es wird der Ehre und der Größe und der Anbetung zuerkannt, folgendermaßen: ‚Paulus' und ‚Petrus' bezeichnen Hypostase und Prosopon jedes von ihnen (beiden); das Prosopon aber unseres Herrn Christus bedeutet Ehre und Größe und Anbetung. Weil sich der Gott-Logos in der Menschheit offenbarte, verband er die Ehre seiner Hypostase mit dem Sichtbaren. Und deswegen bezeichnet das ‚Prosopon Christi', daß es (ein Prosopon) der Ehre ist, nicht (ein Prosopon) der Usia der zwei Naturen. Denn Ehre ist weder Natur noch Hypostase, sondern eine sehr große Erhöhung, die zugesprochen wird aus Ursache der Offenbarung."[391]

Πρόσωπον kann also für Theodor identisch sein mit ὑπόστασις, d. h. mit der konkreten individuellen Natur eines Einzelwesens. Πρόσωπον

---

[388] Jo 8,16 (119,34–36 Vosté): *ita etiam dominus noster, quando de humanitate sua et de sua divinitate loquebatur, pronomen ego retulit ad personam* (syr. parṣopa) *communem*. Vgl. Jo 14,13 (193,36–194,7). – AMANN, Théodore 258f.; DEVREESSE, Essai 114–116; GREER, Theodore 57–60; NORRIS 228–233; ZIEGENAUS 24–36; KOCH 37–50, 54–57.

[389] LEONTIUS frg. 6 (II 299,18–26 Swete): ὅταν μὲν γὰρ τὰς φύσεις διακρίνωμεν, τέλειαν τὴν φύσιν τοῦ θεοῦ λόγου φαμέν, καὶ τέλειον τὸ πρόσωπον. οὐδὲ γὰρ ἀπρόσωπόν ἐστιν ὑπόστασιν εἰπεῖν· τελείας δὲ καὶ τὴν τοῦ ἀνθρώπου φύσιν, καὶ τὸ πρόσωπον ὁμοίως, ὅταν μέντοι ἐπὶ τὴν συνάφειαν ἀπίδωμεν, ἓν πρόσωπον τότε φαμέν. Vgl. NORRIS 228f. Syrische Parallele mit griechischer Rückübersetzung bei RICHARD, Tradition 64f.

[390] Vgl. ABRAMOWSKI, Contra Eunomium 97–104.

[391] ABRAMOWSKI, Contra Eunomium 99f. Text nochmals abgedruckt in: A Nestorian Collection of Christological Texts. Cambridge University Library Ms. Oriental 1319. Ed. and trans. L. ABRAMOWSKI and A. E. GOODMAN, vol.1, 180 (syr.), vol.2, 107 (engl.), Cambridge 1972. Vgl. dazu ABRAMOWSKI, Zur Theologie Theodors von Mopsuestia 263–266.

ist dabei der Ausdruck der Natur und insofern hat Christus zwei πρόσωπα, das göttliche und das menschliche. Das eine gemeinsame πρόσωπον des Gottmenschen bezieht sich aber nicht auf eine neue zusammengesetzte Natur in Christus[392], sondern ist der Ausdruck der Gleichheit an Ehre, Größe und Anbetung, die aufgrund der neuen, engen Verbindung der menschlichen Natur mit der göttlichen Hypostase nun beiden gleichermaßen zukommt. Das eine *Prosopon* Christi ist also „dadurch verwirklicht, daß der Logos sich der menschlichen Natur schenkt, die er sich vereint"[393].

Ein Beispiel dafür ist für Theodor die Vereinigung von Mann und Frau, „die nicht länger zwei *prosopa* sind, sondern eines, obwohl es klar ist, daß die Naturen verschieden sind"[394], gemäß *Mt* 19,6 „so sind sie nicht mehr länger zwei, sondern ein Fleisch".

c. Der Leib-Seele-Vergleich

Zur Illustration der Einheit Christi vergleicht Theodor sie mit der Einheit von Leib und Seele im Menschen: „Auch nach uns besteht der Mensch aus Leib und Seele, die wir als zwei Naturen bezeichnen, als Seele und Leib; dennoch ergibt sich aus der Zusammensetzung nur ein Mensch. Ist es notwendig, die Naturen zu vermischen, um in beiden eine Einheit zu haben? Müssen wir sagen, daß die Seele Fleisch ist und das Fleisch die Seele? Weil jene unsterblich und vernünftig ist, das Fleisch aber sterblich und unvernünftig, müssen wir deshalb im Austausch sagen: die Unsterbliche (Seele) ist sterblich, das Unvernünftige (das Fleisch) ist vernunftbegabt? … Was unter einer Rücksicht verschieden ist, unter einer anderen geeint, bewahrt in der Unterscheidung seine Eigenart unversehrt, und hat doch echte Einheit … Die Scheidung der Naturen bleibt; die Seele ist eines, das Fleisch ein anderes, jenes unsterblich, dieses sterblich; jenes vernunftbegabt, dieses vernunftlos. Dennoch ist aus beiden ein Mensch; und keine der beiden (Naturen) wird für sich absolut und eigentlich Mensch genannt, es sei denn mit

[392] Die Theodor-Fragmente, die von einem dritten gemeinsamen *prosopon* der zwei *prosopa* sprechen, sind als unecht einzustufen, da diese Lehre in keinem der mit Sicherheit authentischen Werke Theodors zu finden ist. Vgl. GRILLMEIER, Jesus der Christus 626 Anm. 19.

[393] GRILLMEIER, Jesus der Christus 629. Vgl. RICHARD, „Hypostase" 21–29; DEWART 199–207.

[394] II 299,4–13 Swete: διὰ γὰρ ταύτης συναχθεῖσαι αἱ φύσεις ἓν πρόσωπον κατὰ τὴν ἕνωσιν ἀπετέλεσαν. ὥστε ὅπερ ὁ κύριος ἐπί τε τοῦ ἀνδρὸς καὶ τῆς γυναικὸς φησίν. ὥστε οὐκέτι εἰσὶν δύο, ἀλλὰ σὰρξ μία, εἴπομεν ἂν καὶ ἡμεῖς εἰκότως κατὰ τὸν τῆς ἑνώσεως λόγον, ‚ὥστε οὐκέτι εἰσὶν δύο πρόσωπα ἀλλ' ἕν', δηλονότι τῶν φύσεων διακεκριμένων.

einem Zusatz, wie ‚innerer Mensch‘, ‚äußerer Mensch‘ (*2 Kor* 4,16)."[395]
„Auf dieselbe Weise wird die Einheit des *prosopon* in Christus gewirkt."[396]

Diese Position zeigt deutlich, daß für Theodor die Einheit von Leib und Seele im Menschen und damit ebenso die Einheit von Gott und Mensch in Christus die funktionale Ebene weit übersteigt. Beide haben ihre eigene φύσις und ὑπόστασις. Beide spielen in der Einigung miteinander selbständige Rollen. Weder stellt die Seele allein den Menschen dar (wie nach neuplatonischer Doktrin), sondern der Leib ist ein ebenso konstitutiver Teil des Menschen, noch wird die Seele in ihrer Verbindung mit dem Leib diesem untergeordnet oder verändert. D. h. beide Teile behalten trotz der besonders engen Verbindung ihre Eigenständigkeit und ihre Eigenheiten.

Von Nemesios unterscheidet sich Theodors Doktrin vor allem darin, daß er jedes Mischungsvokabular, offenbar bewußt, vermeidet. Auch sind Parallelen zur quasi-voluntaristischen Leib-Seele-Einigung, wie sie Nemesios von Ammonios und Porphyrios übernimmt, nicht zu entdecken[397].

Da für Christus dieselbe Art der Einigung gilt, ist der Leib-Seele-Vergleich für Theodor also Vorbild der echten und untrennbaren Vereinigung von Gott und Mensch in Christus, wobei dennoch beide Komponenten unvermischt ihre eigene Natur und Hypostase behalten, aber ein gemeinsames *prosopon* haben.

d. Die christologische Formel

Zwar ist bei Theodor noch nicht die chalkedonische Formel der zwei Naturen und einen Person oder Hypostase zu erwarten, er kommt ihr jedoch sehr nahe, wenn auch bei ihm die Verschiedenheit von Gott und Mensch in Christus auf der Ebene der φύσις *und* ὑπόστασις, die Einheit

---

[395] II 318,20–319,15 Swete: *Quoniam autem et iuxta nos homo dicitur ex anima et corpore constare, et duas quidem has dicimus naturas, animam et corpus, unum vero hominem ex ambobus compositum; ut conservemus unum esse utrumque, oportet confundere naturas et reconvertentes dicere quoniam anima caro est et caro anima? et quoniam illa quidem inmortalis est et rationalis, caro vero mortalis et inrationalis reconvertentes dicamus quia inmortalis est mortalis et inrationalis rationalis?...quaecumque enim secundum aliquid discreta, secundum aliquid acceperunt unitatem, servant suam qua discreta sunt incolumem rationem et unitatem integram habent. ...manet naturam divisio, alia quidem anima est, alia vero caro; et illud quidem inmortale est, illud vero mortale; et illud quidem rationale est, illud autem inrationale. unus autem homo utrumque, alterutrum vero in seipso homo numquam dicitur absolute et proprie, nisi forte cum aliquo additamento, sicut interior homo et exterior homo.* Vgl. GREER, Theodore 60.
[396] II 299 Swete. Vgl. zum folgenden SULLIVAN 259–284; NORRIS 149–159.
[397] NORRIS 153.

durch das πρόσωπον garantiert wird: „Auf dieselbe Weise (*sc.* wie beim
Menschen) sagen wir auch hier (= bei Christus), daß es die göttliche
Natur und die menschliche Natur gibt und daß – die Naturen so
verstanden – die Person der Vereinigung eins ist. Wenn wir darum die
Naturen zu unterscheiden suchen, sagen wir, daß der Mensch vollkommen ist in seiner Hypostase und vollkommen der Gott. Wenn wir aber
die Einigung betrachten wollen, so sagen wir aus, daß die beiden
Naturen eine einzige Person (und Hypostase) sind, und anerkennen,
daß aufgrund seiner Einigung mit der Gottheit das Fleisch eine Ehre
über alle Kreatur erhält und die Gottheit alles in ihm erfüllt."[398]

2. THEODORS EXEGESE

Inwieweit wurde diese Christologie Theodors von seiner Exegese,
insbesondere von seiner Person-Exegese beeinflußt? – Eine Frage, die,
wie gesagt, trotz der grundlegenden Behandlung der Exegese Theodors
bisher nicht gestellt wurde, im Zusammenhang mit der Christologie
Augustins aber von herausragendem Interesse ist. Generell ist darüber
hinaus festzustellen, daß die bisherige Literatur zur Exegese Theodors
zwar ihre Grundzüge[399], Regeln[400], Techniken[401], Verhältnis zur antiken Schulwissenschaft[402] und Theologie[403] darstellt, nirgends aber auf
die Person-Exegese eingeht, obwohl diese Technik bei Theodor z. B. im
Psalmenkommentar, dem „berühmtesten Kommentar des berühmtesten Bibelauslegers"[404], häufig angewendet wird.

Eine Durchsicht des Psalmenkommentars ergibt folgendes Bild.
Schon in der von Julian von Eclanum übertragenen lateinischen Fassung
des Kommentars[405] ist *persona* in person-exegetischer Bedeutung 86mal
zu finden[406]. Besonders häufig sind die Ausdrücke *ex persona*, *in
persona* und *sub persona*:

---

[398] Frg. De inc 8,62 (69 Sachau). Griech. Rückübersetzung bei RICHARD, Tradition
64f. Vgl. dazu DEVREESSE, Essai 46; TONNEAU XXIV n. 6.

[399] Vgl. KIHN 3–60; PIROT 95–120; D. TYNG, Theodore of Mopsuestia as an
Interpreter of the Old Testament: JBL 50 (1931) 298–303.

[400] Vgl. SPECHT 15–26; KIHN 93–115; PIROT 157–213; AMANN, Théodore
247–249.

[401] Vgl. SPECHT 26–59; KIHN 115–171; PIROT 235–301; AMANN, Théodore
249–255; GREER, Theodore 86–111; SCHÄUBLIN 84–155.

[402] SCHÄUBLIN 84–170.

[403] KIHN 171–197; U. WICKERT, Studien zu den Pauluskommentaren Theodors von
Mopsuestia. Als Beitrag zum Verständnis der antiochenischen Theologie (= BZNW 27),
Berlin 1962.

[404] So LIETZMANN: DLZ 61 (1940) 841.

[405] Ed. L. DE CONINCK: CCL 88 A (1977).

[406] Vgl. den Index CCL 88 A, 409.

ex persona ...[407],
                        absolvere[408],
                        canere[409],
                        componi (carmen[410]*, psalmus*[411]*)*,
                        continuare[412],
                        dicere[413],
                        formari (canticum[414]*, carmen*[415]*, oratio*[416]*, psalmus*[417]*,
                                    sermo*[418]*)*,
                        inducere[419],
                        induci (cohortatio[420]*, sermo*[421]*)*,
                        inserere[422],
                        instituere carmen[423],
                        loqui[424],
                        narrare[425],
                        ponere[426],
                        praedicare[427],
                        pronuntiare[428],
                        prophetare[429],
                        allocutio[430],
                        responsio[431],
                        sermo[432].

[407] Ps 74,4ᵇ (CCL 88 A,271,22); 107,10ᶜ (348,33).
[408] Ps 88,4ᵃ (304,25f.).
[409] Z.B. Ps 15 pr (73,4); 74 pr (271,3f.); 91 pr (314,3f.).
[410] Ps 25 pr (121,2f.); 138 (382,2–4).
[411] Ps 60 pr (234,2); 115 pr (359,2).
[412] Ps 113,10ᵃ (2ᵃ) (357,33f.).
[413] Z.B. Ps 15,4ᶜ (78,120f.); Ps 19 pr (103,3); 57,2ᵃ (227,12f.).
[414] Ps 53 pr (219,3).
[415] Ps 100 pr (326,2).
[416] Ps 46 pr (205,4f.); 47,9ᵃ (207,31f.); 144 pr (390,2f.).
[417] Ps 45 pr (203,8–10).
[418] Ps 72,10ᵃ (264,65f.).
[419] Ps 94,8–9ᵃ (320,41f.).
[420] Ps 146 pr (392,3f.).
[421] Ps 10,3ᵇ⁻ᶜ (55,19f.).
[422] Ps 34 pr (154,81).
[423] Ps 41 pr (191,4f.).
[424] Z.B. Ps 2,8–(9) (16,266); 7,9ᵇ (35,95f.); 25 pr (121,8).
[425] Ps 73 pr (267,3).
[426] Ps 70,14ᵃ (258,83); 91,11ᵇ (315,53).
[427] Ps 85 pr (299,3).
[428] Ps 21,2ᶜ (108,10f.).
[429] Ps 5 pr (25,1); 25 pr (121,7f.).
[430] Ps 23,8ᵃ (115,34f.).
[431] Ps 23,8ᵇ (115,37).
[432] Ps 113,21–22 (13–14) (358,75f.).

in persona ...[433],

   canere[434],

   conscribere[435],

   facere[436],

in personam psalmus formari[437],

   carmen inscribi[438],

sub persona agere[439],

   canere[440],

   componi carmen[441],

   hortari[442],

   loqui[443],

   orare[444],

   prophetare[445].

Die Personen, die bei diesen Ausdrücken stehen, sind: *David*[446], *Ezechias*[447], *Jeremias*[448], *Machabaei*[449], *propheta*[450], *populus Israel*[451] u.a.

Überraschend selten ist die theologische Auslegung der Psalmen, d. h. mit Gott (Vater, Sohn, Geist, Herr) als sprechende Person, obwohl insgesamt vier Psalmen von Theodor messianisch gedeutet werden[452].

Lediglich dreimal spricht er im Psalmenkommentar von der *persona Dei*:
– *Jer 18,6* „Oder werde ich euch nicht machen können wie dieser Töpfer, Haus Israel, spricht der Herr" sagt Jeremias *ex persona Dei*, wie der Text ja schon selbst ausdrücklich sagt[453].

---

[433] Ps 3,2^b (18,18); Ps 21,2^c (108,8).
[434] Ps 125 pr (370,2); 130 pr (371,2).
[435] Ps 3,2^a (18,7).
[436] Ps 3,7^b–8^a (19,73).
[437] Ps 58 pr (229,3).
[438] Ps 78 pr (286,2).
[439] Ps 34 pr (153,27).
[440] Z. B. Ps 28 pr (128,7); 33 (148,3); 107 pr (347,5).
[441] Ps 123 (368,2).
[442] Ps 33,11 (150,43).
[443] Ps 28 pr (129,28 f.).
[444] Ps 5,2^a (26,16).
[445] Ps 29 pr (132,5–7. 15 f.); 34 (154,78 f.).
[446] Ps 3,2^a (18,7); 10,3^{b-c} (55,18 f.); 119 pr (365,2).
[447] Z. B. Ps 28 pr (128,7); 29 (132,16); 33 (148,3).
[448] Ps 34 pr (153,27).
[449] Z. B. 57,2^a (227,12); 58 pr (229,3); 77 (286,2).
[450] Ps 23,8^b (115,37).
[451] Z. B. Ps 5 pr (25,1); 15 pr (75,4); 19 pr (103,3).
[452] Vgl. PIROT 237–257.
[453] Ps 2,8–(9) (CCL 88 A,16,265–268).

- *Ps 72,10ᵃ* „Deswegen wird mein Volk hier zurückkehren": Die Aussage wird gleichsam *ex persona Dei* gemacht. Anstoß für diese Exegese ist offenbar das *meus*, das sich nur auf Gott beziehen kann[454].
- *Ps 74,4ᵇ* „Ich halte die Säulen der Erde fest": *ex persona Dei*, da er der Schöpfer ist[455].

Diese drei Stellen zeigen, daß Theodor eine Deutung der Psalmen *ex persona Dei* nur dort vornimmt, wo es aufgrund der biblischen Aussage selbst oder des Sinnes zwingend ist.

Zweimal erklärt Theodor Psalmen *ex/in persona Domini:*
- *Ps 21* ist nach Theodor zwar nicht als ganzes *ex persona Domini* zu deuten, wie es sonst üblich ist[456], Vers 2ᶜ, kann aber als einzelner auf die Passion Christi bezogen werden. „Die Worte meiner Vergehen" ist *ex persona Domini* quasi als Frage zu verstehen: Haben nicht die Worte meiner Vergehen, die es nicht gibt, dich von meiner Hilfe entfernt?[457]
- *Ps 88,4ᵃ* „Ich habe einen Bund geschlossen mit meinen Erwählten" bedeutet *ex persona Domini*, daß der Herr mit den Juden, mit David einen Bund geschlossen hat[458].

Ex persona Spiritus Sancti ist nach Theodor nur *Ps 94,8–9ᵃ* („ wenn ihr doch auf seine Stimme hörtet ... Dort versuchten mich eure Väter") zu deuten[459].

Es ist also festzustellen, daß im Psalmenkommentar Theodors die Exegese *in/ex persona Dei, Domini, Spiritus Sancti* äußerst zurückhaltend angewendet wird; praktisch nur dort, wo es der Bibeltext zwingend vorschreibt. Eine weitergehende Exegese *ex persona alicuius*, etwa auf der Basis des Kriteriums des *aptius*, findet nicht statt. Ebenso fehlt jede christologische Person-Exegese. Von daher ist es zunächst unwahrscheinlich, daß Theodor etwa πρόσωπον in seiner Christologie aufgrund seiner christologischen Person-Exegese verwendet.

Die Mittel der Person-Exegese im Psalmenkommentar Theodors gehen jedoch über *ex/in/sub persona* hinaus. So verwendet er, wenn auch nur wenige Male, die Ausdrücke

[454] Ps 72,10ᵃ (264,65f.).
[455] Ps 74,4ᵇ (271,22f.).
[456] Ps 21,2ᶜ (108,7–9. 24–26).
[457] Ebd. 10f.
[458] Ps 88,4ᵃ (304,25–27).
[459] Ps 94,8–9ᵃ (320,41f.).

personam assumere[460],
inducere[461],
induere[462],
suscipere[463].

Noch wichtiger sind Theodors Auslassungen über die Kriterien der
Person-Exegese, das *aptum, conveniens* und *accommodatum*. Er
spricht von einer „zur angenommenen Person passenden Ermah-
nung"[464], davon, daß der Psalm „in der Person der Heimkehrer
sprechend seine Worte der Lage anpaßt"[465] bzw. „aus seiner Gewohn-
heit heraus alles der Person derer anpaßt, die ..."[466] So gebraucht
Theodor noch eine Reihe von Malen die Ausdrücke *aptare*[467], *aptum*[468]
und *convenire*[469].

Daneben findet sich *aptum* einmal in eher rhetorischem Sinn, als
Theodor einleitend über Psalm 68 spricht: „Zur Zeit der Makkabäer
wurde dieses Lied in prophetischem Geist geschrieben und die Rede den
Personen und Umständen derselben Zeit angemessen angepaßt."[470] Er
nimmt damit offensichtlich die rhetorischen Regel auf, daß die Rede
entsprechend den vorliegenden *personae* und *causae* zu gestalten ist[471].

Insgesamt ergibt sich also, daß Theodor mit den Regeln und Techniken der Person-Exegese wohlvertraut war und sie auch häufig verwendet. Sehr sparsam geht er jedoch mit der theologischen Deutung der
Psalmen um, nur dort zieht er sie heran, wo sie vom Bibeltext her
unabweisbar ist[472]. Christologische Person-Exegese fehlt ganz. Dieser
Befund wird von einer Durchsicht der griechischen Überlieferung des
Psalmenkommentars gestützt[473], wie überhaupt der Psalmenkommentar als repräsentatives Beispiel für das gesamte exegetische Werk
Theodors gelten darf[474].

---

[460] Ps 34 (152,3); 77,1ᵇ (278,12).

[461] Ps 9,33ᵇ (52,334); 49,1ᵇ⁻ᶜ (211,13f.).

[462] Ps 34 pr (154,83f.).

[463] Ps 61,9ª (236,43).

[464] Ps 61,9ª (236,42f.): *conveniens adhortatio personae susceptae.*

[465] Ps 64 pr (240,3f.): *ex persona revertentium loquens causis accommodat verba.*

[466] Ps 70 pr (256,8): *ex consuetudine sua personae eorum aptat, quos...*

[467] Ps 118,11–13 (363,30).

[468] Ps 126 pr (370,3f.).

[469] Ps 34 pr (154,80); 104,8–9ª (320,42f.); 128 pr (372,4f.).

[470] Ps 68 pr (251,2f.): *in tempore Machabaeorum profetali spiritu hoc carmen scribitur,
et personis causisque eiusdem aetatis conveniens aptatur oratio.*

[471] Vgl. o. S. 25f., 99f.

[472] Mit zu berücksichtigen sind noch Ps 7,15ª (CCL 88 A,37,153f): *persona patris* und
Ps 49,1ᵇ⁻ᶜ (211,13f): *persona Dei*, was aber an der Beurteilung des Befundes nichts
ändert.

[473] Vgl. DEVREESSE, Commentaire, Index 568.

[474] Außerhalb vgl. z. B. Mt frg 108 (134,2f Reuss): ἐν περιτιθέναι πρόσωπον.

3. PERSON-EXEGESE UND CHRISTOLOGIE BEI THEODOR

Dennoch wäre es nun falsch, aus diesem Befund zu schließen, daß Theodors Person-Exegese keinen formenden Einfluß auf seine Christologie ausgeübt habe. Theodor hält sich in der reinen Exegese vielmehr deswegen so mit einer christologischen oder theologischen Deutung zurück, weil für ihn die Prophetien des Alten Testament nicht auf Christus deuten und in ihm erfüllt sind, sondern sich auf die unmittelbare Zukunft des Volkes Israel richten und in seiner Geschichte sich erfüllen[475].

Eine Durchsicht seiner dogmatisch-christologischen Texte zeigt sehr schnell, wie sehr die grammatische Exegese seinen christologischen Gebrauch von πρόσωπον, speziell ἓν πρόσωπον prägt. Oben sind bereits drei zentrale Texte vorgestellt worden, in denen sich zeigt, wie Theodor von der Auslegung der Schrift und der grammatischen Subjektseinheit dazu kommt, vom ἓν πρόσωπον Christi zu sprechen[476]. Noch einige weitere Texte sind als Belege anzuführen. Bei *Jo* 6,62 („wenn ihr den Menschensohn aufsteigen seht, wo er vordem war") beobachtet Theodor, daß hier ein Mensch von seiner Präexistenz spricht, und kommentiert: „Und wenn dies nicht so gewesen wäre, wie wir gesagt haben, hätte er (der Herr) sagen müssen: wenn ihr den Menschensohn dahin aufsteigen seht, wo der war, der in ihm ist, werdet ihr die Größe der göttlichen Natur begreifen, die in mir wohnt."[477] Theodor löst also das Problem, daß der Mensch Christus von sich als Gott spricht, dadurch, daß er Christus Gott und Mensch als ein Subjekt, ein Ich ansieht. Noch deutlicher wird dies in seiner Auslegung von *Jo* 14,25: „... von sich selbst als Mensch redend ging er über zu seiner göttlichen Natur, um dadurch klar seine Größe zu offenbaren."[478]

In *De incarnatione* legt Theodor *Ro* 8,29 aus („der Erstgeborene unter vielen Brüdern"). Er zeigt dabei, daß der Logos, der von Natur aus Sohn ist (ἀληθινὸς υἱός), und der angenommene Mensch (ἀναληφ-θεὶς ἄνθρωπος) nicht etwa zwei Söhne sind, sondern einer (τῇ τοῦ υἱοῦ φωνῇ συνεπινοούμενος συμπαραλαμβάνεται)[479]. Diese Einigung zu dem einen Sohn geschieht nicht auf der Ebene der Naturen, sondern des einen Subjektes, des einen *Prosopon*[480]. Theodor macht also hier die bereits oben bezüglich Isaak dem Juden besprochene[481], typisch östliche

---

[475] Vgl. GREER, Salvation 229.

[476] S. o. S. 228–230.

[477] Hom cat 8,11 (203 Tonneau).

[478] Jo 14,25 (198 Vosté). Vgl. GRILLMEIER, Jesus der Christus 624 f.

[479] II 298–303 Swete. Vgl. LOOFS 222 f.; STUDER, Christologie 542.

[480] Gegen LOOFS 223: „nur eine Einheit der υἱότης, nicht der Subjekte, die an ihr teilhaben, ist erreicht."

[481] CCL 9,342,189–343,192. Vgl. STUDER, Christologie 542.

Unterscheidung der zwei Naturen durch die zwei Geburten Christi in den Titeln *unigenitus – primogenitus*, was zeigt, daß die Idee der (grammatischen) Subjekteinheit der beiden Söhne von sich aus zum Terminus *persona*/πρόσωπον führt. Es weist aber gleichzeitig auf die Wichtigkeit der Zwei-Söhne-Problematik bei der Entwicklung der Formel *una persona*/ἓν πρόσωπον hin.

Der Liste der Stellen im Werk Theodors, die den Zusammenhang von Person-Exegese und Christologie zeigen, ließen sich noch einige hinzufügen[482]. Die angeführten Beispiele dürften jedoch genügen, um zu zeigen, daß Theodor auf der Basis seiner Kenntnis und Verwendung der grammatischen Exegese im allgemeinen aus der Exegese der Bibel seinen christologischen Person-Begriff entwickelt[483].

4. VERGLEICH THEODOR – AUGUSTINUS

Vergleicht man Theodors Christologie mit der Augustins, ergeben sich wenige Unterschiede, vor allem aber weitgehende Übereinstimmung, sowohl, was die christologischen Probleme ihrer Zeit angeht, als auch ihre gemeinsame Lösung und den Weg, auf dem sie dazu gelangen. Beiden geht es um eine Abwehr von Arianismus, Apolinarismus und Photinianismus, d.h. einer jeden Verkürzung der Wirklichkeit und Vollständigkeit beider Naturen Christi. Beide stehen damit in der Gefahr, Christus in zwei Söhne zu trennen; Theodor fast mehr noch als Augustinus, da er die östliche Begrifflichkeit der zwei Geburten hat. Beide haben vor sich auch die traditionellen Lösungen wie z.B. die Formel *unus atque idem* und den Schlüsseltext *Jo* 1,14. Beide verfassen ein großes exegetisches Werk unter Verwendung der Person-Exegese und bei beiden lassen sich Texte nachweisen, an denen der Übergang von exegetischem zu christologisch-dogmatischem Personbegriff deutlich wird. Theodor wendet lediglich die Exegese *ex persona Dei/Christi* im Gegensatz zu Augustinus kaum an, weil er ein anderes Prophetieverständnis des Alten Testamentes hat.

---

[482] Vgl. SULLIVAN 262–264; LOOFS 221–223.

[483] So schon SULLIVAN 263: „A comparison of the expressions listed here in the first category, with those of the second, adds weight to the idea that Theodore's use of the term *prosopon* in christology may have developed from his use of the term in exegesis." GREER, Theodore 65: „The christology is drawn from exegesis." STUDER, Christologie 542: „Einen Gegenbeweis dafür liefert die Tatsache, daß im Osten ungefähr zur selben Zeit Theodor von Mopsuestia mit der gleichen aus der Antike übernommenen exegetischen Methode zum gleichen Resultat der einen Person Christi gelangt." Vgl. KELLY 306f.: „His true teaching, it would seem, is that the Incarnate is ‚one *prosopon*‘, and by this he means that He is the ‚one subject‘ Who can be addressed now as God and now as man. This comes out in the fact that, while he was constantly alert to distinguish in his exegesis between the two natures, he was also aware that Scripture spoke of the two natures together."

Diese Übereinstimmung der Christologien Theodors und Augustins bietet also ein stützendes Argument dafür, daß der für Augustinus postulierte Weg von der grammatischen/Person-Exegese zur *una persona* richtig oder doch zumindest möglich und wahrscheinlich ist.

ERGEBNISSE

Die ideengeschichtliche Situation, in der Augustinus steht, ist eine zweifache. Zum einen existierten bereits Vorbilder der Formel *una persona,* zum anderen drängten die christologischen Probleme seiner Zeit zu ihr, insbesondere die Frage, wie die Einheit beider wahren und vollständigen Substanzen in Christus beschrieben werden kann, ohne ihn in zwei Söhne zu zerteilen. Dementsprechend viele Versuche gab es vor und zur Zeit Augustins, einen treffenden Ausdruck zu finden, die zu einer Reihe verschiedener Formeln bis hin zur *una persona* führten.

Das eine Vorbild seiner Formel *una persona* kannte Augustinus höchstwahrscheinlich: Tertullians *Adversus Praxean.* Dafür, daß er die beiden anderen kannte (Isaak der Jude, Pseudo-Vigilius), gibt es keine Hinweise. Dennoch ist wohl diese Kenntnis nicht als entscheidend einzuschätzen und auch keine direkte Abhängigkeit anzunehmen. Ohne die entsprechende theologische Situation und ohne eine entsprechend entwickelte Theologie Augustins hätte diese Einzelstelle wohl nichts bewirkt. Vielleicht hätte Augustinus sie übernommen, ob sie aber dann durch ihn zur endgültigen Lösung des christologischen Problems geworden wäre, ist zweifelhaft. Sie setzt sich ja durch, weil Augustinus es versteht, sie in seine bereits entwickelte Christologie einzufügen und mit ihr die vielfältigen Probleme zu lösen.

Umgekehrt war auf dem Hintergrund der theologischen Situation auch das direkte Vorbild nicht nötig, was sich daran zeigt, daß auch andere, weniger profilierte Theologen als Augustinus Ende des 4. Jh. zu ihr fanden. Entscheidender als Vorbilder scheinen also für Augustinus die christologische Problematik seiner Zeit und die grammatische/ Person-Exegese gewesen zu sein. Denn auch Tertullian und gleichzeitig zu Augustinus Theodor von Mopsuestia finden auf der Basis der Person-Exegese zur Formel *una persona*/ἓν πρόσωπον. Die griechischen Parallelen zeigen zudem, welchen Stellenwert auch die Leib-Seele-Analogie für die Formel *una persona* hat.

Augustinus hat in seinem Umkreis eine ganze Reihe von Theologen, die, wie er, versuchen, das christologische Problem befriedigend zu lösen und ihm bereits sowohl die Idee der Subjekteinheit in Christus bieten, als auch teils traditionelle, teils neugefundene Formeln bis hin zu *non duae personae* und *eadem res.*

Augustinus findet also zur Formel *una persona* aufgrund der ideengeschichtlichen Vorbilder seines theologischen Umfeldes, indem er die Terminologie der Person-Exegese an sie heranträgt. Daß dieser Weg möglich und wahrscheinlich ist, zeigen die Parallelen bei Tertullian und Theodor von Mopsuestia.

7. KAPITEL: *UNA PERSONA/UNITAS PERSONAE* NACH 411

Wie hat Augustinus nun ab 411 die neuentdeckte Formel der *una persona Christi* verwendet? Wie hat sie seine Christologie geformt? Welche christologischen Fragen und Probleme seiner Zeit konnte er jetzt damit lösen?

Persona, una persona, unitas personae, diese Ausdrücke sind ab 411 in einer Fülle von Texten zu finden. Man hat fast den Eindruck, als habe Augustinus damit die Zauberformel gefunden, mit deren Hilfe die Grund- und Einzelprobleme der Christologie seiner Zeit, wie sie dargestellt wurden, zu lösen seien. Bedenkt man allerdings, wie drängend diese Fragen waren und wie lange man nach einer überzeugenden Lösung gesucht hatte, versteht man auch die erlösende Kraft dieser neuen Formel. Augustinus zieht sie an den verschiedensten Stellen seiner Werke und zu den verschiedensten christologischen Einzelfragen heran. Einige (insgesamt vier) zentrale Passagen geben jedoch guten Einblick in die Komplexität dieser Probleme und ihre Verbindung untereinander. Diese sollen daher zunächst detailliert vorgestellt werden und von da aus danach den verschiedenen Einzelproblemen in den anderen Werken Augustins nachgegangen werden auf dem Hintergrund der dargestellten christologischen Diskussion Anfang des 5. Jahrhunderts.

I. ZENTRALE STELLEN

A. *SERMO* 186

Der erste Text aus der Weihnachtspredigt *sermo* 186 ist fast gleichzeitig zu Brief 137 in die Jahre 411/12 zu datieren[1]. Gleich zu Beginn dieser Predigt spricht Augustinus von der Geburt Christi aus der Jungfrau: „Er schuf sich eine Mutter, während er doch beim Vater war, und als er wurde aus der Mutter, blieb er im Vater. ... Daher hat dadurch, daß das Wort Fleisch geworden ist, das Wort nicht aufgehört, indem es im Fleisch unterging. Sondern das Fleisch trat zum Wort hinzu, damit es nicht selbst unterging, so daß wie der Mensch Seele und Leib ist, so Christus Gott und Mensch war. Derselbe ist Gott, der Mensch ist, und der Gott ist, derselbe ist auch Mensch; nicht durch eine Vermischung

---

[1] Vgl. VERBRAKEN 98.

der Natur, sondern durch die Einheit der Person. Schließlich fing
derselbe, der als Sohn Gottes aus dem Vater immer dem Zeugenden
gleich ewig ist, als Sohn des Menschen an, aus der Jungfrau zu sein. Und
so ist auch der Gottheit des Sohnes die Menschheit hinzugefügt. Und
trotzdem entsteht keine Vierfaltigkeit der Personen, sondern die Dreifaltigkeit bleibt bestehen."[2]

Eine Fülle von Problemen ist in diesem Text angesprochen und eine
Fülle von Theologumena genannt. Zunächst spürt man, wie nahe diese
Passage Brief 137 steht. Augustinus verwendet noch die alte Einheitsformel „Idem deus qui homo, et qui Deus idem homo", die für seine
Christologie zentral war vor der Entdeckung der una persona. Er
bezieht sich wieder auf den Vergleich von Seele und Leib des Menschen
zur Gottheit und Menschheit Christi. Die neue Konzeption der unitas
personae läßt ihn aber eine Reihe Probleme jetzt bewältigen:
– Die Frage, wie der Sohn Gottes bei der Menschwerdung sowohl beim
  Vater bleibt als Gott, als auch auf Erden weilt als Mensch, ohne daß
  er in zwei Söhne geteilt wird: durch die unitas personae.
– Zur Erklärung, wie diese Menschwerdung geschieht, dient, wie
  schon früher, Jo 1,14 „Verbum caro factum est". Das Fleisch tritt
  zum WORT hinzu (caro accedit ad Verbum), nicht umgekehrt: zur
  unitas personae.
– Der Sohn ist als Gott gleich ewig wie der Vater (coaeternus), als
  Mensch aber hat er einen Anfang.
– Dennoch spaltet ihn auch das nicht in zwei Söhne, zwei Subjekte, so
  daß vier Personen (in der einen Gottheit) entstünden, sondern durch
  die unitas personae der beiden bleibt es eine Trinität.

Das Grundproblem, das Augustinus also hier zu bewältigen hat, ist
die Wahrung der Wirklichkeit und des unveränderlichen Bestandes
beider Naturen in Christus, ohne ihn in zwei Söhne zu zerteilen. Der
Text läßt dadurch und durch die Hervorhebung vor allem der göttlichen
Zeugung Christi und seiner Gleichewigkeit mit dem Vater einen starken
antiarianischen Akzent spüren. Dies wird im folgenden noch verstärkt,
wenn Augustinus herausstellt, daß Verbum caro factum est nichts
anderes bedeutet als Verbum homo factum est. Diese Vollständigkeit
des von Christus angenommenen Menschen mußte ja nicht nur gegen
Apolinarios verteidigt werden, sondern auch gegen das Logos-Sarx-
Schema der Arianer[3]. Augustinus schließt die Predigt, indem er noch
einmal das Grundproblem des Textes und seine Lösung zusammenfaßt:
der Gottessohn und der Menschensohn sind nicht zwei, sondern nur eine
Person.

---

[2] S. 186,1,1 (PL 38,999): QA 288.
[3] S. u. S. 253 f.

B. *CONTRA SERMONEM ARIANORUM*

Zum Teil dieselben, zum Teil neue Probleme behandelt Augustinus in *c s Arian*[4]. Er widerlegt Punkt für Punkt einen *Sermo Arianorum*[5] und kommt schließlich zur Auslegung von *Jo* 6,38 „Ich bin vom Himmel herabgestiegen, nicht um meinen Willen zu tun, sondern den Willen dessen, der mich gesandt hat". Augustinus erklärt, daß sich gerade in diesem Zitat die beiden Naturen Christi spiegelten. Als Gott habe er denselben Willen wie der Vater, als Mensch und Mittler aber tue er nicht seinen eigenen, dem Willen Gottes etwa entgegengesetzten, Willen, sondern handle auch da ohne Sünde, da er Gott und Mensch ist. „Es zeigt also, daß es eine Person in zwei Naturen ist, d. h. Gottes und des Menschen, damit es nicht zwei ergibt und eine Quaternität zu sein beginnt, keine Trinität. Weil es daher eine doppelte Substanz, aber eine Person ist, deswegen bezieht sich, was gesagt wird ‚Ich bin vom Himmel herabgestiegen' auf die Hoheit Gottes. Was aber hinzugefügt wird ‚nicht um meinen Willen zu tun', wegen Adam, der den seinen tat, bezieht sich auf den Gehorsam des Menschen. Beides ist nämlich Christus, d. h. Gott und Mensch." Wir haben hier also wieder das Problem der Gottheit und Menschheit Jesu, allerdings unter dem neuen Aspekt des Willens und der Willenseinheit von Gott und Mensch. Dabei halten sich auch die Themen des *homo mediator* und der Ablehnung einer Quaternität aufgrund der Personeinheit durch.

Ein weiteres Problem folgt im Anschluß an *Ro* 5,19 ‚Wie nämlich durch den Ungehorsam eines Menschen viele Sünder geworden sind, so wurden durch den Gehorsam eines Menschen viele gerecht': das Problem der zwei Söhne. „Und nicht weil er sagte ‚des Menschen' trennte er Gott, der den Menschen annahm, weil er, wie ich sagte, und das ist sehr zu betonen, eine Person ist. Denn derselbe eine Christus ist sowohl immer Sohn Gottes von Natur aus, als auch Sohn des Menschen, der in der Zeit angenommen wurde aus Gnade. Und er ist nicht so angenommen worden, daß er zunächst erschaffen und danach angenommen wurde, sondern daß er durch die Annahme selbst geschaffen wurde. Und dadurch wird wegen dieser Einheit der Person, die in zwei Naturen zu erkennen ist, sowohl gesagt, daß der Menschensohn vom Himmel herabgestiegen ist, obwohl er aus der Jungfrau, die auf Erden war, empfangen wurde, als auch, daß der Gottessohn gekreuzigt und begraben wurde, obwohl er das nicht in der Gottheit selbst, in der er als Eingeborener dem Vater gleich ewig ist, sondern in der Schwäche der menschlichen Natur durchlitten hat." Augustinus belegt diese Theolo-

---

[4] C s Arian 7–9 (PL 42,688–690): QA 280–282.
[5] PL 42,677–684.

gie mit zwei Bibelzitaten: *Jo* 3,13 ‚Niemand ist in den Himmel aufgestiegen außer dem, der vom Himmel herabgestiegen ist, der Sohn Gottes,
der im Himmel ist' und *1 Kor* 2,8 ‚Wenn sie ihn nämlich erkannt hätten,
hätten sie niemals den Herrn der Herrlichkeit gekreuzigt'.

Es ist wieder das Problem der zwei Söhne, diesmal aber mit neuen
Aspekten. Augustinus spricht ausführlich von den zwei Naturen Christi.
Christus ist Sohn Gottes der Natur nach, Sohn des Menschen aus
Gnade. Er nahm den Menschen an im Augenblick der menschlichen
Zeugung, er schafft ihn, indem er ihn annimmt. Und wegen der *unitas
personae* ist sowohl der Mensch vom Himmel herabgestiegen, als auch
hat der Gottessohn gelitten, was er wiederum exegetisch untermauert.
Er ist damit bei der Lehre der *communicatio idiomatum* angelangt, die
mit aller Deutlichkeit folgt.

„Diese Personeinheit unseres Herrn Jesus Christus, die so aus zwei
Naturen besteht, der göttlichen nämlich und der menschlichen, so daß
jede von ihnen die Bezeichnung auch der anderen mitteilt, sowohl die
göttliche der menschlichen als auch die menschliche der göttlichen, zeigt
auch der heilige Apostel. ... Es erscheint trotzdem derselbe Christus,
der Gigant doppelter Substanz *(geminae gigas substantiae)*, insofern er
gehorcht und insofern er Gott gleich ist; insofern er Menschensohn und
insofern er Gottessohn ist; insofern er sagt ‚Der Vater ist größer als ich'
(*Jo* 14,28) und insofern er sagt ‚Ich und der Vater sind eins' (*Jo* 10,30);
insofern er nicht seinen eigenen Willen tut, sondern dessen, von dem er
gesandt ist (*Jo* 6,38) und insofern ‚Wie der Vater Tote auferweckt und
belebt, so auch der Sohn belebt, die er will' (*Jo* 5,21)."

Damit schließt Augustinus die Erörterung ab, wie sich die beiden
Naturen Christi zueinander verhalten und wendet sich der spezielleren
Frage zu, wie die menschliche Natur beschaffen ist, die zu dieser
Personeinheit gehört. Es geht um die Verteidigung der ganzen Mensch-
heit Christi, daß er Leib und Seele annahm – eine Frage, die durch
Apolinarios ins Licht gerückt wurde, aber auch die Arianer leugneten
die Seele Christi, was nur aufgrund der Problematik der Leugnung der
Gottheit überdeckt wurde und weil die Frage nach der Seele Christi
einfach nicht akut war. Selbst ein Athanasius hält eine explizite Lehre
von der Seele Christi nicht für nötig. Deswegen schließt Augustinus die
Frage in anti-arianischem Kontext an. Er zitiert ein Stück aus dem
Sermo Arianorum[6], wo aufgrund von *Lk* 13,46 geschlossen wird, am
Kreuz sei eine *depositio corporis* geschehen, Christi Gottheit in die
Hände des Vaters gelegt. Augustinus antwortet darauf: „Siehe, in
diesen ihren Werken zeigen sie klar, daß sie leugnen, daß zur Personeinheit Christi auch die menschliche Seele gehört, sondern daß sie lediglich

---

[6] PL 42,679.

in Christus Fleisch und Gottheit bekennen. Als er nämlich am Kreuze hing, wo er sagt ‚Vater, in deine Hände befehle ich meinen Geist‘, wollen sie erkennen, daß er seine Gottheit selbst dem Vater übergeben habe, nicht den menschlichen Geist, der die Seele ist.“ Er führt daraufhin eine ganze Reihe von Bibelbelegen für die Seele Christi an (*Mt* 26,38f. *Jo* 10,18. 15,13. *Ps* 15,10. *Apg* 2,31. 13,35) und schließt: „Und diesen und ähnlichen Zeugnissen der heiligen Schriften sollen sie nicht widerstehen und bekennen, daß Christus nicht nur das Fleisch, sondern auch eine menschliche Seele dem eingeborenen Wort zugefügt hat, so daß eine Person ist, was Christus ist, Wort und Mensch. Aber gerade Mensch, Seele und Leib, und dadurch Christus Wort, Seele und Leib. ... Deswegen ist gesagt ‚Das Wort ist Fleisch geworden‘, als ob gesagt werde ‚Das Wort ist Mensch geworden‘.“

C. *ENCHIRIDION*

Noch dichter und komplexer ist Augustins Christologie im *Enchiridion*[7]. Vor allem ist jetzt, zehn Jahre nach der Entdeckung der Formel *una persona*, die Sprache ausgefeilter, präziser und gedrängter. Dem *Enchiridion* geht es ja auch nicht um die Abwehr einzelner Angriffe von Häresien, sondern um eine knappe systematische positive Darstellung des orthodox katholischen Glaubensgutes.

Nachdem Augustinus über Schöpfung, Sündenfall und erlösende Mittlerschaft Christi gesprochen hat, erklärt er die Christologie der einen Person in zwei Naturen: „Folgerichtig ist Christus Jesus, der Sohn Gottes, sowohl Gott als auch Mensch; Gott vor aller Zeit, Mensch in unserer Zeit; Gott, weil er Gottes Wort ist – ‚denn Gott war das Wort‘ (*Jo* 1,1) –, Mensch aber, weil zur Personeinheit zum Wort eine Vernunftseele und das Fleisch hinzutrat. Deswegen ist er selbst, insofern er Gott ist, und der Vater eins; insofern er aber Mensch ist, ist der Vater größer als er. Obwohl er nämlich der einzige Sohn Gottes nicht aus Gnade, sondern von Natur aus war, damit er auch der Gnade voll sei, ist er auch Menschensohn geworden. Er derselbe ist beides aus beidem, ist ein Christus, weil er, als er in der Gestalt Gottes war, es nicht für einen Raub hielt, was er von Natur aus war, nämlich Gott gleich zu sein. Er entäußerte sich aber, nahm Knechtsgestalt an, ohne jedoch die Gestalt Gottes zu verlieren oder zu vermindern. Und dadurch wurde er sowohl kleiner und blieb gleich, beides einer, wie gesagt wurde. Aber etwas anderes ist er wegen des Wortes, und etwas anderes wegen der Menschen, wegen des Wortes gleich, wegen der Menschen kleiner; ein

---

[7] Ench 10,35–11,36 (CCL 46,69,48–70,30): QA 282f.

Gottessohn, derselbe auch Menschensohn; ein Menschensohn, derselbe auch Gottessohn; nicht zwei Gottessöhne, Gott und Mensch, sondern ein Gottessohn; Gott ohne Anfang, Mensch ab einem gewissen Anfang, unser Herr Jesus Christus."

In sehr präziser und dichter Form ist hier die Problematik der zwei Söhne, der zwei Naturen und ihrer Attribute dargestellt. Neu ist das Element der Kenosis. Kapitel 36 behandelt jedoch eine neue Frage: Ob es die menschliche Natur verdiente, in Christus zur Einheit der Person angenommen zu werden? – eine Frage, die wohl auf dem Hintergrund des Pelagianismus zu sehen ist. „Hier wird überhaupt großartig und offensichtlich die Gnade Gottes empfohlen. Denn was verdiente die menschliche Natur im Menschen Christus, um zur Personeinheit des einzigen Sohnes Gottes in einmaliger Weise angenommen zu werden? Welcher gute Wille, der Eifer welchen guten Vorsatzes, welche guten Werke gingen voran, durch die jener Mensch es verdiente, eine Person mit Gott zu werden? War er denn etwa vorher ein Mensch, und diese einzigartige Wohltat ist ihm gewährt worden, damit er in einzigartiger Weise Gott verdiene? Aus dem er nämlich anfing, Mensch zu sein, fing er nichts anderes an zu sein als Gottessohn, und das der einzige; und wegen Gott Wort, das durch jene Annahme Fleisch geworden ist, so daß Gott, wie jeder Mensch eine Person ist, Vernunftseele nämlich und Fleisch, so auch Christus eine Person ist, Wort und Mensch. ... Über denselben Christus aber sprach Johannes, als er sagte: ,Und das Wort ist Fleisch geworden und hat unter uns gewohnt, und wir haben', sagt er, ,seine Herrlichkeit gesehen, gleichsam die Herrlichkeit des Eingeborenen vom Vater, voll der Gnade und Wahrheit'. Was er sagt: ,Das Wort ist Fleisch geworden', das ist voll der Gnade; was er aber sagt: ,Die Herrlichkeit des Eingeborenen vom Vater', das ist voll der Wahrheit. Die Wahrheit selbst freilich, der eingeborene Sohn nicht aus Gnade, sondern der Natur nach, nahm den Menschen aus Gnade in eine so große Personeinheit auf, daß derselbe auch Menschensohn war."

Mit dieser antipelagianischen Gnadenchristologie beendet Augustinus seine Behandlung der Personeinheit Christi, kommt aber kurz danach noch einmal in wenigen Sätzen darauf zurück. So betont er in Kapitel 40 nochmals, daß Christus von Anfang an Gottheit und Menschheit vereinte: „Direkt zu Beginn seiner Natur, an dem er (sc. der Mensch) zu sein begann, wurde er dem Wort Gott in eine so große Personeinheit verbunden, daß derselbe Gottes Sohn war, der Menschensohn war, und Menschensohn, der Gottessohn war. ... Deswegen wurde er ohne jede Lust fleischlicher Begierde gezeugt und empfangen, und deswegen zog er sich keine Erbsünde zu. Die Gnade Gottes verbindet und vermischt ihn auch mit dem eingeborenen Wort des Vaters, das Sohn war nicht aus Gnade, sondern von Natur aus, in der Personeinheit auf wunderbare und unaussprechliche Weise. Und dadurch begeht er selbst keine Sünde, dennoch heißt er wegen der Ähnlichkeit des sündigen Fleisches, in das er gekommen war, auch selbst Sünde, weil er sich opfern wollte zur Vernichtung der Sünden.“[8a]

Noch etwas später bezieht Augustinus auch die Lehre von der *communicatio idiomatum* in diese Christologie ein im Zusammenhang der Trinitätslehre: „... alles, was über den Menschen Christus gesagt ist, bezieht sich auf die Personeinheit des Eingeborenen.“[8b] Es erklärt, wie der Mensch Christi zur Trinität steht, wie sie trotz des angenommenen Menschen Christi keine Quaternität wird.

D. *DE DONO PERSEVERANTIAE*

Einen relativ kurzen Text, der aber gut zeigt, gegen welche Häresien Augustinus seine Christologie entwickelt, bietet *perseu*[8c]. Augustinus betont zunächst, daß wegen der Personeinheit von Gott und Mensch in Christus keine vierte Person in die Trinität eingeführt wird, so daß eine Quaternität entstünde, und grenzt dann seine Lehre der Personeinheit von voller Gottheit und Menschheit Christi gegen die verschiedenen Häresien seiner Zeit ab. „Keines aber ist ein glänzenderes Beispiel der Prädestination als Jesus selbst. Daher habe ich dies sowohl im ersten Buch besprochen (*praed sanct* 15,30–31) und habe es an das Ende dieses Buches zur Behandlung verwiesen. Es gibt kein glänzenderes Beispiel der Prädestination, sage ich, als der Mittler selbst. Jeder Gläubige, der sie gut erkennen will, soll auf ihn achten und in ihm selbst sich selbst finden. Der Gläubige, meine ich, der in ihm an die wahre Natur glaubt und die menschliche bekennt, d. h. unsere, wenn auch das Wort Gott sie in einzigartiger Weise aufgenommen hat, sie, die in dem einzigen Sohn Gottes erhöht wurde, so daß der sie annahm und was er annahm eine Person in der Trinität waren. Denn durch die Annahme des Menschen entstand keine Quaternität, sondern blieb die Trinität, indem jene Annahme auf unaussprechliche Weise die Wahrheit einer Person in Gott und Mensch schuf. Denn nennen wir Christus weder nur Gott wie die manichäischen Häretiker, noch nur Mensch wie die photinianischen Häretiker, noch so Mensch, daß ihm etwas fehlt, was mit Sicherheit zur menschlichen Natur gehört, sei es die Seele oder in der Seele selbst die Vernunft oder das Fleisch, das nicht von einer Frau genommen, sondern vom Wort, das in Fleisch verwandelt und verändert wurde, geschaffen sei – dies alles drei ist falsch und nichtig, sie bilden drei unterschiedliche und verschiedene Teile der apolinaristischen Häretiker. Sondern wir nennen Christus wahren Gott, geboren aus dem Vater ohne jeden

---

[8a] Ench 12,40–13,41 (CCL 46,72,56–8).
[8b] Ebd. 15,56 (79,9f.).
[8c] Perseu 24,67 (PL 45,1033f.): QA 287.

Beginn der Zeit, denselben nennen wir auch wahren Menschen, geboren aus einer menschlichen Mutter zur sicheren Fülle der Zeit. Und wir sagen nicht, daß seine Menschheit, worin er geringer ist als der Vater, irgendetwas von seiner Gottheit verringere, worin er dem Vater gleich ist. Das aber ist beides der eine Christus, der sowohl als Gott völlig wahrheitsgemäß sagte ‚Ich und der Vater sind eines‘ (*Jo* 10,30) und als Mensch völlig wahrheitsgemäß sagte ‚Der Vater ist größer als ich‘ (*Jo* 14,28).“

Hiermit sind die hauptsächlichen Probleme, die Augustinus mit Hilfe und im Zusammenhang der *unitas personae Christi* behandelt, genannt:
– Die volle Gottheit Christi ist zu wahren, d. h. seine Gottessohnschaft, seine Gleichheit und Gleich-Ewigkeit mit dem Vater.
– Gleichzeitig ist seine volle Menschheit nicht zu verkürzen, d. h. seine Geburt aus Maria als Menschensohn, seine Mensch- (nicht nur Fleisch-) Werdung (*Jo* 1,14), seine Unterordnung unter den Vater als Mensch sowie seine Mittlerschaft.
– Schließlich ist an der wahren Einheit festzuhalten, der Einheit der Person und der Übereinstimmung der Willen, ohne eine der beiden Naturen zu verkürzen und ohne ihn in zwei Söhne zu spalten; die *communicatio idiomatum* ist zu vertreten und die Gefahr der Entstehung einer Quaternitas ist zu bannen.

Die konkreten häretischen Strömungen, mit denen sich Augustinus dabei auseinanderzusetzen hat, nennt er selbst beim Namen: Arianer, Apolinaristen, Manichäer und Photinianer. Die theologischen Positionen der Arianer und Apolinaristen wurden bereits geschildert und sie waren mit Sicherheit auch in Nordafrika virulent. Hinzu kommen die Manichäer, denen Augustinus ja einmal selbst zugehörte und deren Position er daher genau kennen mußte. Da für die Manichäer Gott und das Böse, Lichtreich und Materie zwei völlig getrennte Prinzipien darstellten, konnte sich Christus als Emanation des Lichtreiches nicht mit einem materiellen Leib befleckt haben. Der Leib Jesu, der den Kreuzestod erlitt, muß also ein Scheinleib gewesen sein[9]. Augustinus beschreibt also die Manichäer zu Recht als Leute, die die Menschheit Christi leugnen[10]. Anders verhält es sich mit den Photinianern. Obwohl

[9] Vgl. F. Chr. BAUR, Das manichäische Religionssystem, Osiander 1831, 368–415; E. WALDSCHMIDT/W. LENZ, Die Stellung Jesu im Manichäismus (= APAW 4), Berlin 1926, 24f.; E. PETERSON, Jesus bei den Manichäern: ThLZ 53 (1928) 239–250; J. SAINT-MARTIN, n.8: BAug 3 (1939) 522; E. ROSE, Die Christologie des Manichäismus, Diss. Marburg 1941 (daktyl.); L. H. GRONDIJS, Analyse du Manichéisme numidien au IVᵉ siècle: AugM 3 (1955) 408–410; J. de MENASSE, Augustin manichéen: Freundesgabe für E. R. CURTIUS, Bern 1956, 77–93; R. JOLIVET/M. JOURJON, n.12: BAug 17 (1961) 769; A. SOLIGNAC, n.19: BAug 13 (1962) 674–676; M.-F. BERROUARD, n.59: BAug 71 (1969) 893–895; GEERLINGS 249–255.
[10] S. o. S. 247.

Augustinus in den *confessiones* schreibt, er habe photinianische Positionen vertreten[11], ist es doch höchst zweifelhaft, ob er selbst dieser Sekte jemals zugehörte, oder nicht vielmehr auch dort, wie an verschiedenen anderen Stellen[12], damit lediglich eine christologische Position beschreibt, nämlich die Leugnung der vollen Gottheit Christi[13]. Photeinos war Bischof von Sirmium (um 343–351, † 376), Schüler Markells von Ankyra. Er sah Christus lediglich als Menschen an, der allerdings auf wunderbare Weise vom Vater geboren und mit einer besonderen Kraft (δραστικὴ ἐνέργεια) ausgestattet und schließlich als Sohn angenommen worden war[14]. Die Photinianer waren mit Sicherheit nie sehr zahlreich, es ist jedoch kaum anzunehmen, daß Augustinus diesen Begriff benutzt, ohne bei seinen Lesern/Hörern die Kenntnis dieser Sekte voraussetzen zu können. Man muß also schließen, daß im Wirkungskreis Augustins Verfechter dieser Häresie, wenn auch vereinzelt, tatsächlich auftraten.

Auf diesem historischen Hintergrund sind die christologischen Probleme zu sehen, die Augustinus nach 411 mit Hilfe der neuen Formel *una persona* löst.

II. EINZELPROBLEME

A. *UNA PERSONA / UNITAS PERSONAE*

Bevor jedoch auf die einzelnen Probleme eingegangen wird, ist zu fragen, wie Augustinus die *una persona Christi* näherhin auffaßt und wie er ihre Entstehung beschreibt.

Bevorzugt verwendet Augustinus in den Jahren nach 411 die Aussagen

– *Christus una persona deus et homo*[15],
– *unus Christus*[16] und

---

[11] S. o. S. 159.

[12] Vgl. J. PINTARD, n.31: BAug 24 (1962) 835f.

[13] Vgl. o. S. 247.

[14] Vgl. G. BARDY, Paul de Samosate, Louvain ²1929, 407–414; DERS., Photin de Sirmium: DThC 12 (1935) 1532–1536; M. SIMONETTI, Studi sull'arianesimo, Rom 1965, 135–159; DERS., Crisi ariana 202–206, 590; M.-F. BERROUARD, n.56: BAug 72 (1977) 809; M. SIMONETTI, Fotino di Sirmio: DPAC 1 (1983) 1391f.

[15] C Max 2,20,3 (PL 42,789); en Ps 88,2,3 (CCL 39,1234,22); praes Dei 3,10 (CSEL 57,89,21–90,1); Io eu tr 27,4 (CCL 36,271,22f.); 107,6 (615,13f.); s 91,3,3 (PL 38,568); 130,3 (727); s Cas 2,76,2 (PLS 2,531). Vgl. für das folgende GEERLINGS 82–84, 118–125.

[16] Praes Dei 3,10 (CSEL 57,90,1); gr nou t 4,12 (CSEL 44,164,13); Io eu tr 19,15 (CCL 36,199,30); 27,4 (271,25f. bis); s 294,9,9 (PL 38,1341); s Cas 2,76,2 (PLS 2,531).

– *verbum et homo una persona est*[17].
Daneben kommen vereinzelt die Formulierungen vor
– *una persona verbum et caro*[18],
– *in unitate personae et deus homo et homo deus*[19], sowie
– *una persona dominus cum servo*[20].

Wenn Augustinus also nach 411 die Einheit der beiden Naturen in Christus beschreibt, verwendet er hauptsächlich die konkreten Ausdrücke Gott und Mensch, nicht Gottheit – Menschheit, die die Natur oder Substanz beschreiben würden. Der Grund dafür ist wohl darin zu suchen, daß Augustinus meist eine Zwei-Söhne-Lehre abwehren muß. Oft steht die Formel *una persona* im Gegensatz zu *non duae personae*[21]. Auffällig ist aber auch, daß Augustinus neben *una persona* den *unus Christus* hervorhebt, daß *deus* gegen *verbum* und *homo* gegen *caro* austauschbar ist. Hier schlägt wohl Augustins Exegese von *Jo* 1,14 durch: *Verbum caro factum est = Verbum homo factum est*[22]. In paulinischer Terminologie (*Phil* 2,7) kann auch einmal *dominus* und *servus* das Gegensatzpaar sein. Insgesamt lehnen sich alle diese Einheitsformeln sehr eng an die vor 411 an. Ein Vergleich zeigt, daß sie praktisch nur um den neuen Ausdruck der Einheit *una persona* erweitert sind[23]. Das bedeutet aber, daß sich Augustins Verständnis der Einheit Christi nicht geändert hat, er jetzt lediglich den treffenden Ausdruck dafür gefunden hat.

Auffallend wenig spricht Augustinus von den zwei Substanzen und zwei Naturen in Christus im Zusammenhang mit der einen Person. Lediglich viermal insgesamt formuliert er
– *duae substantiae deus et homo*[24],
– *per unitatem personae, qua utraque substantia unus Christus est*[25],
– *una persona ex duabus substantiis*[26] und
– *Christus una persona geminae substantiae*[27].

Zweimal nur spricht Augustinus von den zwei Naturen in der einen Person, wobei die dabei gefundene Formel fast „klassisch" zu nennen ist:

---

[17] C Max 1,19 (PL 42,756); corrept 11,30 (PL 44,934); ep 169,2,8 (CSEL 44,617,17); Io eu tr 69,3 (CCL 36,501,21 f.); 108,5 (618,26 f.).
[18] Io eu tr 110,6 (CCL 36,627,42).
[19] Ebd. 111,2 (629,13 f.).
[20] S 67,4,7 (PL 38,436).
[21] Z. B. gr nou t 4,12 (CSEL 44,164,12); Io eu tr 19,15 (CCL 36,199,29); s 130,3 (PL 38,727).
[22] Vgl. u. S. 253–256.
[23] S. o. S. 169.
[24] S 130,3 (PL 38,727).
[25] Pecc mer 1,31,60 (CSEL 61,6 f.).
[26] Io eu tr 99,1 (CCL 36,582,42 f.); trin 13,17,22 (CCL 50 A,412,5 f.).
[27] C Max 2,10,2 (PL 42,765).

- *Christus una persona in utraque natura (sermo* 294)[28],
- *unitas personae in utraque natura (c s Arian)*[29].

Daß Augustinus also die Definitionen der Personeinheit fast ausschließlich auf der konkreten Ebene hält, mag auch der Grund sein, warum er nach Brief 137 die Leib-Seele-Analogie nur noch dreimal insgesamt im Zusammenhang der *una persona* gebraucht[30], obwohl sie sowohl in der lateinischen als auch der griechischen Tradition, wie auch schon oben gesehen[31], eine bedeutende Rolle spielt und weiterhin spielen wird[32]. Aber auch sie beschreibt ja die Einigung zweier Substanzen, während das Vergleichspaar bei Augustinus immer *Verbum – homo* heißt, nie *divinitas–humanitas*. Denn auch diese Termini sind nur ein einziges Mal zu finden, als Augustinus in *sermo Cas* 2,76 die Art der Einigung beschreibt:

- *humanitas divinitati cohaesit*[33],

wobei Augustinus allerdings in anderen Kontexten durchaus von der *humanitas* und *divinitas* Christi spricht, ohne aber eine Einheitsformel zu prägen[34].

Zur Beschreibung der Art der Einheit bzw. der Einigung zieht Augustinus allerdings eine Fülle verschiedener Verben (und Substantive) heran:

---

[28] S 294,9,9 (PL 38,1340).

[29] C s Arian 8,6 (PL 42,688).

[30] Ep 169,2,8 (CSEL 44,617,14–17): *nam sicut in homine quolibet praeter unum illum, qui singulariter susceptus est, anima et corpus una persona est, ita in Christo verbum et homo una persona est.*
Gr nou t 4,12 (CSEL 44,164,10–13): *sicut enim non augetur numerus personarum, cum caro accedit animae, ut sit unus homo, sic non augetur numerus personarum, cum homo accedit verbo, ut sit unus Christus.*
Io eu tr 19,15 (CCL 36,199,25–31): *filius dei, quod est verbum dei, habet hominem, tamquam anima corpus. sicut anima habens corpus non facit duas personas, sed unum hominem; sic verbum habens hominem, non facit duas personas, sed unum Christum. quid est homo? anima rationalis habens corpus. quid est Christus? verbum dei habens hominem.*
Vgl. T. van BAVEL, Christologie 30–32; van BAVEL/BRUNING 46–55; GRILLMEIER, Jesus der Christus 599–603. Die Leib-Seele-Analogie wird von Augustinus noch ein paarmal verwendet ohne Bezug auf *persona.* Vgl. T. van BAVEL, Christologie 30–32. Zur anthropologischen Personeinheit bei Augustinus vgl. o. S. 114–124.

[31] Vgl. o. S. 221–225, 230f.

[32] Vgl. neben den Handbüchern und der oben zitierten Literatur J. STIGLMAYR, Der im sog. Symbolum Athanasianum verwendete Vergleich der Einheit von Leib und Seele mit der Einheit der zwei Naturen in Christus: ZKTh 49 (1925) 628–632; E. SCHILTZ, La comparaison du Symbole Quicumque vult: EThL 24 (1948) 440–454; FORTIN, Christianisme 111–161; F. M. YOUNG, A Reconsideration of Alexandrian Christology: JEH 22 (1971) 103–123.

[33] S Cas 2,76,2 (PLS 2,531). Vgl. GEERLINGS 49.

[34] Z.B. c Fel 2,9 (CSEL 25/2,838,9f.); c s Arian 8,6 (PL 42,689); pecc mer 1,31,60 (CSEL 60,61,11–13); s 186,1,1 (PL 38,999).

sechsmal

- *ad/in unitatem personae suscipere*[35],

je dreimal

- *in unitatem personae assumere*[36],
- *ad unitatem personae coaptare*[37],
- *in unam personam / ad unitatem personae copulare*[38],
- *susceptio hominis/humanitatis*[39],

je zweimal

- *homo accedit Verbo/Deo*[40],
- *ad unitatem personae haerere/inhaerere*[41],

je einmal

- *in unitatem personae accipere*[42],
- *hominem adsumere*[43],
- *humanitas divinitati cohaesit*[44],
- *in unam personam coniungere*[45],
- *in unitate personae coniungere*[46],
- *unam personam habere*[47],
- *Verbum hominem habens*[48],
- *humanam substantiam suscipere*[49].

Die Einigung von Gott und Mensch in Christus wird also von Augustinus vor allem als aktive Tätigkeit seitens des Logos beschrieben. Er nimmt den Menschen an, eint sich ihm etc. Kaum einmal wird die Einheit vom Menschen Jesu her gesehen und auch dann sind es Verben, die keine Einigung bedeuten, sondern lediglich das Hinzutreten, das Dabeisein. Die einigende Kraft geht ganz offensichtlich vom Wort aus. Auffällig und bezeichnend zugleich ist auch, daß Augustinus kein einziges Mal mehr das Verb *misceri* gebraucht wie in Brief 137. Dies

---

[35] C Iul imp 4,87 (PL 44,1388); c Max 1,19 (PL 42,756 bis. 757); corrept 11,30 (PL 44,934); Io eu tr 105,4 (CCL 36,605,8).

[36] Gest Pel 32 (CSEL 42,88,2–4); Io eu tr 74,3 (CCL 36,514,9f.); praed sanct 15,30 (PL 44,982).

[37] Ep 169,2,7 (CSEL 44,616,28f.); Io eu tr 99,1 (CCL 36,582,39f.); s 67,4,7 (PL 38,436).

[38] En Ps 67,23 (CCL 39,886,41f.); trin 4,20,30 (CCL 50,201,149); 4,21,30 (202,5f.). Vgl. auch SCHOLZ 79f.

[39] Praes Dei 13,40 (CSEL 57,117,10f.); s 67,4,7 (PL 38,436); s Cas 2,76,2 (PLS 2,531).

[40] Gr nou t 4,12 (CSEL 44,164,12f.); s 293,7 (PL 38,1332).

[41] Io eu tr 19,15 (CCL 36,199,22f.); trin 2,7,12 (CCL 50,96,71).

[42] C Max 1,19 (PL 42,757).

[43] Praes Dei 13,40 (CSEL 57,117,15).

[44] S Cas 2,76,2 (PLS 2,531).

[45] Trin 13,19,24 (CCL 50 A,415,26f. 416,33).

[46] Corrept 11,30 (PL 44,934).

[47] En Ps 40,2 (CCL 38,449,14).

[48] Io eu tr 19,15 (CCL 36,199,31).

[49] Pecc mer 1,31,60 (CSEL 60,61,10f.).

zeigt zweierlei: Er rückt von der neuplatonischen Terminologie ab und, nachdem er einen festen Ausdruck für die Einheit in *persona* gefunden hat, vermeidet er jedes andere, evtl. mißverständliche Wort, das über die Einheit hinaus etwa die Integrität beider Naturen in Zweifel ziehen könnte. Neben *persona* gebraucht er nur Vokabular, das die Verschiedenheit von Gott und Mensch in Christus bezeichnet. Er ist natürlich in der Wortwahl auch der Tradition verpflichtet (z. B. gerade bei *hominem assumere/suscipere)*, aber er kann diese möglicherweise auch mißverständlichen Termini jetzt auf dem Hintergrund der *una persona* gefahrlos verwenden.

Die meisten Probleme, die Augustinus mit Hilfe dieser Ausdrücke löst, sind exegetischer Art, d. h. entstehen aufgrund unterschiedlicher Schriftauslegung bzw. werden von Augustinus fest mit einem oder mehreren Bibelzitaten verbunden.

B. CHRISTUS GOTT UND MENSCH

1. *VERBUM CARO FACTUM EST (JO 1,14)*

Das Wort des Johannes-Evangeliums „Und das Wort ist Fleisch geworden" war zur Zeit Augustins zum schlagkräftigen Argument derer geworden, die die Existenz einer menschlichen Seele Christi bestritten (insbesondere Arianer und Apolinaristen), indem sie sich darauf beriefen, daß in *Jo* 1,14 ausdrücklich davon gesprochen würde, daß der Logos Fleisch (σάϱξ, *caro*) geworden sei, nicht Mensch (ἄνϑϱωπος, *homo*), wie es ja auch dem bis ins 4. Jh. weitgehend vertretenen Logos-Sarx-Schema entsprach. So schreibt z. B. sehr deutlich der Arianer Lukian, Bischof von Alexandrien (373–378): „was war da eine Seele nötig, um einen vollkommenen Menschen neben Gott zu verehren? Johannes selbst verkündet laut die Wahrheit: ‚Das Wort ist Fleisch geworden'. Das bedeutet, daß der Logos mit dem Fleisch zusammengebracht wurde, und sicherlich nicht mit einer Seele."[50]
Wie bereits oben gesehen[51], gab Augustinus selbst dieser Schriftstelle nach seiner Bekehrung zunächst eine falsche Deutung. Er schloß wohl daraus, daß der Logos im Menschen Jesu aufging[52], weil er sich im

---

[50] Doctrina Patrum de Incarnatione Verbi. Ein griechisches Florilegium aus der Wende des 7. und 8. Jahrhunderts. Zum ersten Mal vollständig herausgegeben und untersucht von F. DIEKAMP. Hrsg. E. CHRYSOS, Münster ²1981, 65, 15–24. Vgl. GRILLMEIER, Jesus der Christus 381 f. LIEBART 60–65, 79–83.

[51] S. o. S. 159.

[52] Vgl. zu dieser Deutung u. S. 254.

selben Atemzug des Photinianismus bezichtigt und kurz zuvor bekannt
hatte, daß er Christus für einen bloßen Menschen gehalten habe. Die
apolinaristische Interpretation ist wohl auszuschließen, da er zwar
wenige Zeilen zuvor vom Apolinarismus seines Freundes Alypius
berichtet, sich selbst aber klar davon absetzt. Immerhin trat die
Erkenntnis, daß *Jo* 1,14 auf die Gottmenschheit Christi zu deuten sei,
schon vor der Abfassung der *confessiones*, also vor 397/400 ein. Nach
411 stellt er immer wieder deutlich heraus, daß *Jo* 1,14 bedeute „das
Wort ist Mensch geworden in der Einheit der Person"[53].

Die Kontexte der *Jo* 1,14–Exegese Augustins sind vielfältig.
Zunächst ist der Irrtum, dem Augustinus wohl zunächst selbst erlegen
war, zurückzuweisen, daß nämlich die Fleischwerdung des Logos diesen
auf die menschliche Ebene herabgezogen habe: „Daher ist zu lesen:
‚Das Wort ist Fleisch geworden', damit wir die Einzigartigkeit dieser
Person erkennen und nicht eine in Fleisch verwandelte Gottheit annehmen."[54] Daß das Wort Fleisch wird, ändert nichts daran, daß es dem
Vater gleich und gleich ewig ist: „Denn auch im gezeugten Sohn bleibt er
(Gott) ganz; aber weil er ihn aus sich selbst gezeugt hat, hat er nichts
anderes gezeugt als das, was er selbst ist. Denn abgesehen davon, daß er
einen Menschen annahm und das Wort Fleisch geworden ist, ist zwar das
Wort Gottes als Sohn ein anderer, aber nichts anderes; d. h. er ist eine
andere Person, aber keine andere Natur."[55] Augustinus greift hier die
von Gregor von Nazianz geprägte und auch z. B. von Ambrosius[56]
angewandte Unterscheidung des ἄλλο, nicht ἄλλος auf, um die Gottes-
und Menschensohnschaft Christi zu erklären. Unterstützend zieht er an
anderer Stelle *Jo* 10,30 heran „ich und der Vater sind eins."[57]

Die Probleme der Gleichheit und Gleichewigkeit des Sohnes mit dem
Vater sowie sein Gott- und Menschsein bei der Auslegung von *Jo* 1,14
stellt Augustinus am ausführlichsten in *De trinitate* dar: „Dies alles aber,
was für uns das fleischgewordene Wort zeitlich und räumlich getan und
aufgrund der Unterscheidung durchgeführt hat, die wir zu zeigen
unternommen haben, bezieht sich auf das Wissen, nicht die Weisheit.

---

[53] Io eu tr 69,3 (CCL 36,501,19–22): *aliud quippe deus verbum est, aliud homo; sed
verbum caro factum est, id est homo. non itaque alia verbi, alia est hominis persona,
quoniam utrumque est Christus una persona.* 108,5 (618,26f.): QA 286. Vgl. auch
SCHOLZ 74f.

[54] Gr nou t 4,12 (CSEL 44,164,13–15): *legitur itaque: verbum caro factum, ut
intellegamus huius personae singularitatem, non ut suspicemur in carnem mutatam divinitatem.*

[55] Nat et or an 2,5,9 (CSEL 60,343,13–17): *nam et filio genito integer manet; sed quia
eum genuit de se ipso, non aliud genuit quam id quod est ipse. excepto enim quod hominem
assumpsit et verbum caro factum est, alius est quidem verbum dei filius, sed non est aliud;
hoc est alia persona est, sed non diversa natura.*

[56] S. o. S. 213.

[57] Io eu tr 49,18 (CCL 36,429,19f.): QA 285; s 91,3,2–3 (PL 38,568): QA 288.

Daß aber das Wort ohne Zeit und ohne Ort ist, dem Vater gleich ewig
und überall, darüber wird, wenn jemand eine so wahr wie mögliche
Rede vortragen kann, diese Rede der Weisheit sein ... Und wenn ich
lese, das Wort ist Fleisch geworden und hat unter uns gewohnt, erkenne
ich im Wort den wahren Sohn Gottes, im Fleisch anerkenne ich den
wahren Menschensohn, und beide sind zugleich durch den unaussprech-
lichen Reichtum der Gnade in der einen Person Gottes und des
Menschen verbunden."[58]

Weiterhin hat *Jo* 1,14 für Augustinus eine eminent soteriologische
Bedeutung. Das Wort nimmt Fleisch an aus Gnade, nicht aus Verdienst
des Menschen, heiligt dadurch diesen Menschen und alle Menschen und
wird so das Vorbild der Heiligung: „In ihm (dem Wort) ist der
Menschensohn selbst geheiligt seit Beginn seiner Erschaffung, als das
Wort Fleisch wurde, weil eine Person wurden Wort und Mensch.
Damals also heiligte er sich in sich, d.h. sich, den Menschen, in sich,
dem Wort, weil ein Christus ist Wort und Mensch, den Menschen im
Wort heiligend. Wegen seiner Glieder aber sagt er: ‚Und für diese
heilige auch ich mich' (*Jo* 17,19), d.h. ich heilige diese in mir gleich mir
selbst, weil auch sie selbst in mir sind."[59]

Dadurch erhält *Jo* 1,14 auch ekklesiologische Dimension. Durch die
Annahme des Menschen steigen mit Christus alle Gläubigen mit zum
Vater auf, da er ja das Haupt des Leibes ist[60].

Mit *Jo* 1,14 aufgrund der arianischen und apolinaristischen Fehlinterpretation aufs engste verbunden ist die Betonung der vollen Menschheit
Christi, Leib und Seele neben der Gottheit, die Augustinus allerdings
auch ohne direktes Zitat von *Jo* 1,14 darstellt, vor allem in seinen
Predigten[61]. Auch hierbei dringt wieder die ekklesiologische Bedeutung
durch. Christus nimmt den ganzen Menschen an, um das Haupt des
Leibes, der Kirche, zu sein[62].

---

[58] Trin 13,19,24 (CCL 50 A,415,1–416,27): QA 293.

[59] Io eu tr 108,5 (CCL 36,618,25–33): QA 286. Weiterhin: praes Dei 13,40 (CSEL
57,117,10–19): QA 287f.; trin 13,17,22 (CCL 50 A,412,11–16): QA 293; 15,26,46
(526,54–527,58): *sed ista mystica et invisibili unctione tunc intellegendus est unctus quando
verbum dei caro factum est, id est quando humana natura sine ullis praecedentibus bonorum
operum meritis deo verbo est in utero virginis copulata ita ut cum illo fieret una persona.*
Corrept 11,29 (PL 44,934). Zur Menschwerdung Christi als Typos der ungeschuldeten
Gnade vgl. auch J. CHENE, n.24: BAug 14 (1962) 819f.

[60] Pecc mer 1,31,60 (CSEL 60,61,8–21): QA 286f.

[61] Mit Zitat von *Jo* 1,14: corrept 11,29 (PL 44,934); trin 13,17,22 (CCL 50 A,412,4–7):
QA 293.
Ohne *Jo* 1,14: gest Pel 14,32 (CSEL 42,88,1–4); Io eu tr 27,4 (CCL 36,271,24f.): QA 285;
s 67,4,7 (PL 38,436); 242,4,6 (1141): QA 288f.; s Cas 2,76,2 (PLS 2,531): QA 291; s Morin
17,3 (705): QA 291.

[62] Gest Pel 14,32 (CSEL 42,88,1–4): *accepit ipsum totius corporis caput, sive in carne
sive in anima hominis, quam creaturam suam verbum dei in unitatem personae suae, ut
nostrum caput esset et corpus eius essemus, assumpsit.*

Schließlich greift *Jo* 1,14 noch in drei Themen ein, die im folgenden näher behandelt werden:

- Gedeutet durch die Personeinheit ist es Erklärung dafür, wie Christus gleichzeitig im Himmel und auf Erden sein konnte (*Jo* 3,13)[63];
- für die *communicatio idiomatum*[64] und
- für die Frage, ob auch die anderen Personen der Trinität mit einer Kreatur Personeinheiten eingegangen sind[65].

2. DIE PERSONEINHEIT DES GOTTES- UND MENSCHENSOHNES (*JO* 3,13)

Das Hauptproblem, das Augustinus nach 411 mit Hilfe der *una persona* löst, ist die Frage der doppelten Consubstantialität Christi. Bei aller Betonung der vollen Menschheit Christi einerseits und der vollen Gottheit andererseits darf er nicht der Gefahr erliegen, Christus in zwei Söhne zu teilen, einen Gottessohn und einen Menschensohn, wie es die Apolinaristen fürchten, wenn Christus auch eine menschliche Seele zugesprochen wird[66]. Zwar betont Augustinus immer wieder die *una persona* Christi, problematisch bleibt jedoch die Auslegung von *Jo* 3,13 „keiner ist in den Himmel aufgestiegen, außer dem, der vom Himmel herabgestiegen ist, der Menschensohn, der im Himmel ist". Wie ist das zu deuten, da doch nur der Logos herabgestiegen, aber der Gottmensch aufgestiegen sein soll? Ist diese Stelle nicht der Beweis, daß der Mensch Christi als Instrument nach Gebrauch auf der Erde (im Grab) zurückblieb bzw. nur ein Scheinleib war?

Dieses Problem beschäftigt Augustinus und seine Gemeinde schon mindestens seit den Jahren 396/97. Da er damals noch nicht das Instrument der *una persona* zur Verfügung hatte, löste er es mit der Unterscheidung zwischen der Person und ihren Akzidentien, wozu auch die äußere Gestalt zählt: „Das bezieht sich nämlich auf die Person, nicht auf das Äußere der Person. Er stieg herab ohne die Bekleidung des Leibes, stieg auf mit der Bekleidung des Leibes. Dennoch stieg keiner auf, außer dem, der herabgestiegen ist. Denn wenn er sich uns als seine Glieder so zuwählte, daß er auch mit uns verbunden derselbe blieb, um wieviel mehr kann jener Leib, den er von der Jungfrau annahm, keine

---

[63] Pecc mer 1,31,60 (CSEL 60,60,7–61,8): QA 286f.

[64] Io eu tr 69,3 (CCL 36,501,20–27).

[65] S. u. S. 262–264.

[66] Zur Frage der doppelten Consubstantialität Christi vgl. vor allem B. STUDER, *Consubstantialis Patri, Consubstantialis Matri. Une antithèse christologique chez Léon le Grand*: REAug 18 (1972) 87–115. Kurzfassung mit demselben Titel in: StPatr 13 (= TU 116), Berlin 1975, 286–294. DERS., *Erlösung* 248–251.

zweite Person in ihm haben? ... So ist niemand in den Himmel aufgestiegen außer Christus, weil vom Himmel außer Christus niemand herabgestiegen ist, obwohl er ohne Leib herabgestiegen ist, mit Leib aufgestiegen ist, indem auch wir aufgestiegen sind, nicht aufgrund unserer Tugend, sondern unserer und seiner Einheit. Zwei sind also in einem Fleisch; ein großes Geheimnis ist in Christus und der Kirche (*Eph* 5,31f.). Daher sagt er auch selbst: Deshalb sind nicht mehr zwei, sondern ein Fleisch" (*Mt* 19,6)[67].

Wenn auch Augustinus noch nicht die *una persona* hat, ist doch die Grundstruktur der Lösung schon dieselbe. Er beruft sich auf die Subjekteinheit des herabsteigenden Logos und des aufsteigenden Christus. Ja, Christus stieg herab, da er im Augenblick seines Abstiegs Fleisch annahm. Das Fleisch ist kein eigenes Subjekt *(persona)*, sondern lediglich die äußere Erscheinung *(habitus)* des einen Subjektes Christi. Vergleich dafür ist die ekklesiologische Einheit Christi als Haupt mit dem Leib, der Kirche, die ihrerseits der ehelichen Einheit vergleichbar ist[68]. Augustinus hat hier also sogar schon die einzelnen Elemente der späteren Terminologie zur Hand – *unitas, persona* –, ohne sie jedoch zu verbinden. Man wird hier eine der Entwicklungsstufen, die schließlich zur *una persona* führten, erkennen dürfen.

Nach 411 behandelt Augustinus das Problem häufig, die Lösung ist aber grundlegend dieselbe. Der Unterschied besteht lediglich darin, daß er nicht mehr zwischen der Person Christi und dem *habitus personae* unterscheidet, sondern den beiden Naturen in der einen Person: „Das ist nämlich wegen der Einheit der Person gesagt, weil Christus eine Person ist, Gott und Mensch (Zitat *Jo* 3,13). Wenn du also auf die Unterscheidung der Substanzen achtest, ist der Gottessohn vom Himmel herabgestiegen, der Menschensohn gekreuzigt worden, wenn aber auf die Einheit der Person, ist auch der Menschensohn vom Himmel herabgestiegen und der Gottessohn gekreuzigt worden."[69]

Auch ohne Bezug auf *Jo* 3,13 behandelt Augustinus das Problem der zwei Söhne mit derselben Lösung eine Reihe von Malen[70]. Gleichzeitig löst die Formel der doppelten Consubstantialität in einer Person noch zwei weitere Fragen:

[67] S 263,3 (PL 38,1211,16) = s Mai 98,3 (PLS 2,496): QA 289. Vgl. auch SCHOLZ 289–293. Zu *Eph* 5,32 vgl A.-M. LA BONNARDIERE, L'interprétation augustinienne du *magnum sacramentum* de Ephés. 5,32: RechAug 12 (1977) 3–45.
[68] Vgl. M.-F. BERROUARD, n.84: BAug 71 (1969) 927f.
[69] C Max 2,20,3 (PL 42,789–790): QA 279f. Weiterhin: Io eu tr 27,4 (CCL 36,271,15f.): QA 285; 111,2 (629,11f.): QA 286; pecc mer 1,31,60 (CSEL 60,61,4–16): QA 286f.; s Cas 2,76,2 (PLS 2,531): QA 291.
[70] Gr nou t 4,12 (CSEL 44,163,27–164,2); Io eu tr 19,15 (CCL 36,199,22): QA 284f.; 99,1 (582,40f.): QA 285f.; s 67,4,7 (PL 38,436); 242,4,6 (1140f.): QA 288f.; 294,9,9 (1341); trin 4,20,30 (CCL 50,201,149–152): QA 292.

- wie Christus gleichzeitig beim Vater und auf Erden gewesen sein kann[71] und
- die *communicatio idiomatum*[72].

3. *COMMUNICATIO IDIOMATUM*

Wie bereits gesehen, hängt für Augustinus die *communicatio idiomatum* eng mit der Menschwerdung des Logos und der damit gegebenen doppelten Consubstantialität Christi zusammen. Die Einheit beider in einer Person bildet ihre Grundlage. Zwar benutzt Augustinus den Terminus technicus *communicatio idiomatum* noch nicht, seine Aussagen darüber im Zusammenhang mit der *una persona* Christi sind jedoch eindeutig[73]: „Seine beiden Substanzen teilen sich nämlich einander die Benennungen der Eigenschaften mit, sowohl die göttliche der menschlichen, als auch die menschliche der göttlichen, so daß sowohl der Sohn Gottes Mensch genannt wird als auch der Menschensohn Gott genannt wird. Dennoch ist beides ein und derselbe Christus."[74] „Wegen dieser Personeinheit also sagte er nicht nur, daß der Menschensohn vom Himmel herabgestiegen sei, sondern sagte auch, daß er im Himmel sei, während er auf Erden redete."[75] Auch die Leidensaussagen sind nur aufgrund der *communicatio idiomatum* von Gott aussagbar[76].

4. *CHRISTUS MEDIATOR*

Mittler zwischen Gott und den Menschen ist Christus aufgrund seiner Menschwerdung[77]: „... und derselbe Gott ist Christus, der Bräutigam, der Mittler zwischen Gott und den Menschen, aber insofern er Mensch

---

[71] C Max 2,20,3 (PL 42,790): QA 279f. Weiterhin: Io eu tr 27,4 (CCL 36,271,27–30): QA 285; pecc mer 1,31,60 (CSEL 60,61,6–8): QA 286f.; s 67,4,7 (PL 38,436); 242,4,6 (1141): QA 288f.; 294,9,9 (1340f.).

[72] Vgl. c Max 2,20,3 (PL 42,790): QA 279f.

[73] Vgl. auch T. van BAVEL, Christologie 57–63; GEERLINGS 125–131.

[74] S Cas 2,76,3 (PLS 2,531): QA 291.

[75] C Max 2,20,3 (PL 42,790): QA 279f. Ebenso: pecc mer 1,31,60 (CSEL 60,61,4–8): QA 286f.

[76] Ep 169,2,8 (CSEL 44,617,22–26): QA 284.

[77] Zur Theologie der Mittlerschaft Christi bei Augustinus vgl. in neuerer Zeit SCHOLZ 51–222, Mittler als Mensch spez. 120–124; B. MUZUNGU, Le Médiateur entre Dieu et les hommes selon saint Augustin, Diss. Fribourg 1972 (daktyl.); J. PLAGNIEUX/F. J. THONNARD, n.17: BAug 22 (1975) 729–732; STUDER/DALEY, Soteriologie 160–162, 171–174; G. REMY, Le Christ médiateur dans l'œuvre de saint Augustin, 2 vol., Lille-Paris 1979, zur Mittlerschaft Christi als Mensch spez. 427–436; P. CIARLANTINI, Mediator. Paganesimo e cristianesimo nel De civitate Dei VIII,12–XI,2 di S. Agostino, Diss. IPA Rom 1981 (daktyl.); STUDER, Erlösung 213–215.

ist. Denn insofern er Gott ist, ist er nicht Mittler, sondern dem Vater gleich."[78] Christus ist als Mittler der *homo hominum*, aufgrund der Personeinheit bezieht sich aber auch seine Mittlerschaft auf die Person des Gottessohnes: „Denn wenn er sagt: ‚Wie mich der Vater geliebt hat, so liebe ich auch euch‘ (*Jo* 15,9), zeigt er die Gnade des Mittlers. Mittler aber ist er zwischen Gott und den Menschen nicht insofern er Gott ist, sondern insofern er Mensch ist, Christus Jesus. ...während zur Natur Gottes die menschliche Natur nicht gehört, gehört dennoch zur Person des eingeborenen Gottessohnes aus Gnade die menschliche Natur."[79]

Vor allem betont Augustinus bei der Mittlerschaft Christi gegen die Pelagianer, daß Christus aufgrund der Gnade Gottes Mittler ist: „Er ist auch eine äußerst klare Leuchte der Prädestination und der Gnade, der Heiland selbst, er selbst Mittler Gottes und Mensch der Menschen, Christus Jesus."[80] „Denn nicht ohne Gnade des Heiligen Geistes ist Mittler zwischen Gott und den Menschen der Mensch Christus Jesus."[81]

C. CHRISTOLOGISCH-TRINITARISCHE PROBLEME

1. DAS VERHÄLTNIS VATER – SOHN

Eng mit der Theologie der doppelten Consubstantialität Christi hängt ein christologisch-trinitarisches Problem zusammen, die Frage nämlich, wie denn nun das Verhältnis zwischen Gott Vater und Christus zu bestimmen ist[82].

Mehrere Bibelstellen sind dazu wesentlich:

– *Jo* 6,38: Ich bin vom Himmel gekommen, nicht um meinen Willen zu tun, sondern den Willen dessen, der mich gesandt hat[83].

– *Jo* 7,16: Meine Lehre ist nicht die meine, sondern dessen, der mich gesandt hat[84].

---

[78] S 293,7 (PL 38,1332): *et idem Deus Christus sponsus, mediator Dei et hominum; sed in quantum homo. Nam in quantum Deus non mediator, sed aequalis Patri.*

[79] Io eu tr 82,4 (CCL 36,435,13–21): *Nam dicendo*: Sicut dilexit me Pater, et ego dilexi vos, *gratiam mediatoris ostendit. Mediator autem Dei et hominum non in quantum Deus, sed in quantum homo est Christus Iesus. ...cum ad naturam Dei non pertineat humana natura, ad personam tamen unigeniti Filii Dei per gratiam pertinet humana natura.*

[80] Praed sanct 15,30 (PL 44,981): *Est etiam praeclarissimum lumen praedestinationis et gratiae, ipse salvator, ipse mediator dei et hominum homo Christus Iesus.*

[81] Io eu tr 74,3 (CCL 36,514,4f.): *Neque enim sine gratia Spiritus sancti est mediator Dei et hominum homo Christus Iesus.*

[82] Vgl. T. van BAVEL, Christologie 105–107; D. PUSKARIC, Il mistero trinitario nella predicazione di S. Agostino, Diss. IPA Rom 1977 (daktyl.), 257–265.

[83] C Max 2,20,3 (PL 42,789): QA 279f.

[84] Ebd. Vgl. M. MELLET/Th. CAMELOT, n.17: BAug 15 (1955) 577; M.-F. BERROUARD, n.78: BAug 72 (1977) 839–841.

- *Jo* 10,30: Ich und der Vater sind eins[85].
- *Jo* 14,28: Der Vater ist größer als ich[86].
- *Jo* 16,15: Alles, was der Vater hat, ist mein[87].

Augustinus wendet sich dabei vornehmlich gegen die Arianer, die Stellen wie *Jo* 14,28 als Beweis für die Unterordnung des Sohnes unter den Vater interpretierten[88].

Augustinus löst das Problem nach der schon von Origenes entwickelten, von vielen Theologen vor ihm verwendeten[89] und ihm selbst geläufigen *regula canonica*[90], daß Aussagen der Niedrigkeit in der Bibel dem Menschen Jesus zuzuschreiben sind, Hoheitsaussagen aber seiner Gottheit. Insofern Christus Mensch ist, ist er geringer als der Vater, verkündet er die Lehre des Vaters und tut seinen Willen. Insofern er aber Gott ist, ist er dem Vater gleich, mit dem Vater eins und hat alles mit ihm gemeinsam. Wichtig ist dabei aber wieder die Personeinheit Christi, die beides in sich eint.

Während Augustinus von den Niedrigkeitsaussagen Christi immer nur im Gegensatzpaar zu den Hoheitsaussagen spricht, betont er jedoch recht häufig im Zusammenhang der *una persona* die Gleichheit des Sohnes mit dem Vater. Er ist ihm *coaeternus et omnipotenti aequalis omnipotens*[91], er ist dem Vater von Natur aus gleich, nicht aus Gnade wie die anderen Menschen[92], er ist eins *(unum)* mit dem Vater[93]. Selbst seine Menschennatur ist allen anderen Menschen übergeordnet. Während diese durch die Gnade der Sohnschaft den Engeln gleich werden,

---

[85] Io eu tr 99,1 (CCL 36,582,45): QA 285f.; 107,5 (615,11): QA 286; s 91,3,3 (PL 38,568): QA 288; s Cas 2,76,3 (PLS 2,706): QA 291.

[86] C Max 1,19 (PL 42,756): QA 278f.; Io eu tr 99,1 (CCL 36,582,46): QA 285f.; 107,5 (615,13): QA 286; s 91,3,3 (PL 38,568): QA 288. Vgl. M. MELLET/Th. CAMELOT, n.15: BAug 15 (1955) 574f.

[87] C Max 2,20,3 (PL 42,789): QA 279f.

[88] Vgl. M. SIMONETTI, *Giovanni* 14:28 nella controversia ariana: Kyriakon (Festschrift J. QUASTEN), ed. P. GRANFIELD and J. A. JUNGMANN, vol. 1, Münster 1970, 151–161; DERS., Crisi ariana 581.

[89] S. o. S. 208f., 213, 217, 219.

[90] Augustinus spricht diese Regel am deutlichsten in diu qu 69,1 (CCL 44 A, 184,4–185,41) aus, auch dort unter Zitation von *Jo* 14,28 und *Jo* 10,30: *Regula autem catholicae fidei sic se habet, ut cum aliqua in scriptura dicuntur de filio quod minor sit patre, secundum susceptionem hominis intellegatur, cum vero ea dicuntur quibus demonstratur aequalis, secundum id quod deus est accipiuntur.* Vgl. G. BARDY, n.82: BAug 10 (1952) 743; M. MELLET/Th. CAMELOT, n.18: BAug 15 (1955) 577; M.-F. BERROUARD, n.11: BAug 72 (1977) 731f.; DIEPEN (72) 49.

[91] C Iul imp 4,87 (PL 44,1388): QA 277; trin 13,19,24 (CCL 50 A,415,5): QA 293; corrept 10,30 (PL 44,934): QA 280. Vgl. auch SCHOLZ 3f.

[92] Io eu tr 74,3 (CCL 36,514,8–10): *quod enim est unigenitus aequalis patri, non est gratiae, sed naturae; quod autem in unitatem personae unigeniti assumtus est homo, gratiae est, non naturae.*

[93] S 293,7 (PL 38,1332): *aequalis Patri, hoc idem quod Pater, cum Patre unus Deus.*

steht die Menschheit Christi noch über den Engeln, weil sie in Personeinheit mit dem Logos verbunden ist.[94]

2. QUATERNITAS?

Die Lehre von den zwei vollständigen Naturen in Christus führt zu
einem zweiten trinitätstheologischen Problem: wird dadurch Christus
nicht in zwei Söhne geteilt, in zwei Subjekte, und entsteht somit nicht
eine Quaternität anstatt der Trinität? Schon Athanasius mußte sich mit
diesem Vorwurf auseinandersetzen[95], richtig virulent scheint er aber
erst durch den Apolinarismus geworden zu sein, da sowohl Ambrosius
wie Hieronymus sich gegen Apolinaristen wenden[96]. Alle drei Kirchenväter betonen, daß die Katholiken Christus nicht in zwei Söhne teilen,
also auch keine Quaternität lehren. Keiner aber findet eine schlagkräf-
tige Formel. Am nächsten kommt ihr Ambrosius, der vom *unus Christus*
spricht, und davon, daß er mit dem Vater von einer Substanz, nicht eine
Person ist[97].

Augustinus vermag nun ab 411 auch dieses Problem mit der Formel
una persona klar zu lösen: „Der Mensch wird nicht als eigene Person
gerechnet, sondern eine Person ist Gott und der Mensch."[98] Er vergleicht mit der Einheit von Leib und Seele. Wie bei der Annahme des
Fleisches durch die Seele die Zahl der Personen nicht steigt, so auch bei
Christus. Er ist eine Person, damit eben keine Quaternität eingeführt
wird[99]. Augustinus verwendet daher in diesem Zusammenhang für die

---

[94] Io eu tr 110,6 (CCL 36,627,36–42).

[95] Ep ad Epict = EPIPH haer 77,4,6 (GCS 3,419,16–18): ὁ λέγων ἐκ Μαρίας εἶναι τὸ
Κυριακὸν σῶμα οὐκέτι τριάδα, ἀλλὰ τετράδα ἐν τῇ θεότητι φρονεῖ. Ebd. 77,11,1
(425,11–14). Vgl. DIEPEN (71) 370. Weitere Belege bei: G. MÜLLER, Lexikon
Athanasianum, Berlin 1952, 1420 s. v. τετράς; G. W. H. LAMPE, A Greek Patristic
Lexicon, Oxford ⁴1976 (= ¹1961), 1391 s. v. τετράς.

[96] HIER Mk 11,1–10 (CCL 78,487,81–100): s. o. S. 209 Anm. 258. AMBR inc 7,77–78
(CSEL 79,263,141–264,155): s. u. Anm. 97.

[97] *Nec timeo, ne ‚tetrada' videar inducere. Nos enim vere solam, qui hoc adserimus,
colimus trinitatem. Non enim Christum divido, cum carnis eius divinitatisque distinguo
substantiam, sed unum Christum cum patre et spiritu dei praedico, et illos magis, qui carnem
Christi unius cum divinitate eius dicunt esse substantiae, tetrada inducere demonstrabo. Non
enim, quod eiusdem substantiae, tetrada inducere demonstrabo. Non enim, quod eiusdem
substantiae est, unus, sed unum est. Nam utique filium eiusdem cum patre substantiae
confitentes in tractatu concilii Nicaeni non unam personam, sed unam divinitatem in patre et
filio crediderunt. 78. Ergo cum dicunt eiusdem carnem, cuius et filius dei erat, fuisse
substantiae, ipsi, quod nobis obiciunt, ineptiis vanae adsertionis incurrunt, ut dividant
Christum. Itaque quartum increatum, quod adoremus, inducunt, cum sola increata sit
divinitas trinitatis.*

[98] En Ps 88,3 (CCL 39,1234,21 f.): *non enim pro persona sua ibi computatur homo, sed
una persona est deus et homo.*

[99] Gr nou t 4,12 (CSEL 44,164,8–13); ep 169,2,8 (CSEL 44,617,12–17): QA 284. Vgl.
DIEPEN (72) 42.

Menschheit Christi gern den paulinischen Ausdruck der *forma servi*, da er weniger Anlaß gibt, an zwei vollständige Substanzen zu denken[100]. Auch Augustinus wendet sich übrigens ausdrücklich gegen Apolinaristen[101].

In *c Max* schließlich ist der Ausgangspunkt der Frage zunächst nicht Christus, sondern Gott Vater[102]. Gott Vater ist kein Teil Gottes, sondern in der Trinität kann es nur eine Substanz und eine Natur geben, sonst wäre es nicht ein Gott. Die Trinität sind *tres personae*, nicht *una*, sondern *unum*. Christus jedoch ist *una persona geminae substantiae*. Aber auch hier kann Gott nicht ein Teil der Person genannt werden, sonst wäre der Sohn vor seiner Menschwerdung nicht vollständig gewesen. In beiden Fällen zeigt sich also, daß Gott immer einer und unteilbar ist, nie nur ein Teil einer Person.

Darüber hinaus läßt Augustinus immer wieder die Ablehnung einer Quaternität einfließen, ohne aber näher darauf einzugehen[103].

Man sieht an diesen Problemen, wie eng für Augustinus christologischer und trinitarischer *persona*-Begriff zusammenhängen. Man wird wohl sogar davon ausgehen können, daß der trinitarische Personbegriff, wie auch der ekklesiologische, die ja beide dem christologischen vorangehen, diesen nicht unwesentlich geformt haben[104], auch wenn Augustinus, wie er selbst sagt, nur von *tres personae* spricht, weil es keinen besseren Terminus gibt[105]. Die Fragen nach dem Zusammenhang und der gegenseitigen Beeinflussung dieser drei Personbegriffe bei Augustinus übersteigt den Rahmen dieser Arbeit, verdiente aber sicher eine ausführliche Darstellung im Zusammenhang von Augustins gesamter Trinitätslehre und Christologie. Dabei wäre vor allem auch zu fragen, wie sich *persona* in der Christologie zum Einheits-, in der Trinitätslehre aber zum Unterscheidungsbegriff entwickelt.

3. PERSONEINHEITEN DES VATERS UND DES GEISTES?

Mit der Aussage, daß Christus durch seine Menschwerdung auf Erden erschien, ohne die Zahl der Trinität zu vermehren, hängt die Frage zusammen, ob auch der Vater und der Hl. Geist bei ihren Erscheinun-

---

[100] Io eu tr 99,1 (CCL 36,582,39): QA 285 f.; s 47,20 (CCL 41,593,655); c Max 2,10,2 (PL 42,765): QA 279.

[101] Perseu 24,67 (PL 45,1034): QA 287. Vgl. DIEPEN: (72) 44.

[102] C Max 2,10,2 (PL 42,765): QA 279.

[103] Io eu tr 27,4 (CCL 36,271,23 f.): QA 285; s 130,3 (PL 38,727); 242,4,6 (PL 38,1140): QA 288 f.

[104] So schon T. van BAVEL, Christologie 18. Vgl. auch GEERLINGS 21–63.

[105] AUG trin 5,9,10 (CCL 50,217,10 f.): *Dictum est tamen tres personae non ut illud diceretur sed ne taceretur*. Vgl. TRAPE, „natura" e „persona" 584.

gen auf Erden eine Kreatur zu ihrer Person hinzugenommen haben (der
Vater das Feuer im brennenden Dornbusch[106], die Wolkensäule beim
Auszug aus Ägypten[107], das Feuer und den Blitz auf dem Berg Horeb[108],
die Wolke bei der Verklärung Jesu[109]; der Geist die Taube[110] und die
Feuerzungen an Pfingsten[111]). Das grundsätzliche Problem, das dahin-
tersteht, ist die Frage, wer erscheint bei den Theophanien des Alten
Testamentes und worin unterscheiden sich diese Gottesoffenbarungen
grundsätzlich von der Menschwerdung des Sohnes?[112]

Augustinus beantwortet diese Fragen ausführlich in Brief 169 (a.
145[113]): „In der Tat ist weder jener Klang der Stimme, der beständig zu
sein er ablehnt, zur Personeinheit des Vaters vereint, noch ist jene
körperliche Form der Taube zur Personeinheit des Heiligen Geistes
hinzugenommen; denn auch jene leuchtende Wolke selbst, die auf dem
Berg den Heiland mit seinen drei Jüngern bedeckte, oder vielmehr wie
jenes Feuer, das denselben Heiligen Geist zeigte, hörte bald auf zu sein,
nachdem die Aufgabe der Sichtbarmachung erfüllt war. Sondern der
Mensch allein, weil wegen der Befreiung seiner Natur selbst all das
geschah, ist zur Personeinheit des Wortes Gottes, d. h. des einzigen
Sohnes Gottes, durch eine wunderbare und einmalige Annahme hinzugenommen worden, wobei jedoch das Wort unwandelbar in seiner
Natur blieb, in der nichts von etwas Zusammengesetztem anzunehmen
ist, womit irgendeine Vorstellung des menschlichen Geistes besteht."[114]

Der grundlegende Unterschied zwischen den Theophanien des Alten
Testaments und der Menschwerdung Christi besteht also darin, daß im
AT die Kreatur lediglich die äußere Erscheinungsform darstellte, die
nicht mit Gott identisch war, keine Person- (d. h. Subjekteinheit) mit
Gott einging und daher beliebig austauschbar und nicht von Bestand
war. In der Menschwerdung Christi ereignet sich dagegen eine Identifi-
zierung des Menschen mit dem Sohn durch die *unitas personae*, so daß
Christus immer Gott und Mensch ist.

Bemerkenswert ist deswegen der Ausdruck *in unitatem personae
coaptare*, den Augustinus dabei mehrfach verwendet. *Coaptatio/coap-
tare* ist im klassischen Latein ein seltenes Wort[115], bezeichnet aber z. B.

---

[106] *Ex* 3,2: trin 2,7,12 (CCL 50,97,2): QA 291 f.
[107] *Ex* 13,21 f.: c Max 1,19 (PL 42,756): QA 278 f.; trin 2,7,12 (CCL 50,97,2): QA 291 f.
[108] *1 Kön* 19,11 f.: trin 2,7,12 (CCL 50,97,2 f.): QA 291 f.
[109] *Mt* 17,5 parr: ep 169,2,7 (CSEL 44,616,23 f.): QA 284.
[110] *Mt* 3,16 f. parr: c Max 1,19 (PL 42,756–757): QA 278 f.; trin 2,7,13 (CCL 50,98,37):
QA 291 f.; 4,21,30 (202,2): QA 292; ep 169,2,7 (CSEL 44,616,21 f.): QA 284.
[111] *Apg* 2,3 f.: ebd.
[112] Vgl. trin 2,7,13 (CCL 50,97,17–98,37): QA 291 f.
[113] Vgl. NBA 21, CXIV.
[114] Ep 169,2,7 (CSEL 44,616,20–617,2): QA 284.
[115] Vgl. Thesaurus Linguae Latinae s. v.

bei Apuleius die Einheit in der Ehe[116]. In nachklassischer Zeit und bei den Vätern ab dem 4.Jh. werden diese Worte häufiger verwendet, wobei *coaptatio* die Übersetzung des griechischen ἁρμονία ist[117]. Dies kann sich, wie bei Hilarius, auf den musikalischen Bereich beziehen[118], Augustinus verwendet *coaptatio/coaptare* hingegen zur Bezeichnung einer angemessenen und engen Einheit wie z. B. der Glieder des Leibes oder des Leibes und der Seele[119]. Wenn er also hier den Ausdruck in die Christologie überträgt, will er offenbar die passende und enge Einheit von Gott und Mensch in Christus zum Ausdruck bringen.

Dieses Problem beschäftigt Augustinus bis zu Ende seines Lebens[120]. In *c Max* schließlich ist es keine christologische Fragestellung, sondern eine rein trinitarische. Es geht darum, die Gleichheit von Vater und Geist zu beweisen, die von Maximinus angezweifelt wird mit dem Argument, der Geist habe körperliche Form angenommen, sei also dem Vater untergeordnet[121]. Dem tritt Augustinus mit dem bereits besprochenen Argument entgegen, daß von den drei Personen der Trinität nur einer permanent kreatürliche Gestalt angenommen hat, Christus. Diese *forma servi* ordnet aber auch ihn nicht dem Vater unter, vielmehr bleibt er gleichzeitig in der *forma Dei* durch die Personeinheit und „in der Gestalt des Menschen stand er auf, und stieg in den Himmel auf, und sitzt zur Rechten des Vaters, um in ihr die Lebenden und Toten zu richten"[122].

III. WEITERER *PERSONA*-GEBRAUCH IN DER CHRISTOLOGIE AUGUSTINS NACH 411

Außer in den vorgestellten Kontexten der *una persona/unitas personae* gebraucht Augustinus das Wort *persona* nach 411 in seiner Christologie verschwindend wenig; insgesamt fünfmal in fünf verschiedenen Bedeutungen. Es handelt sich also durchgehend um Einzelstellen.

---

[116] Met 9,8.

[117] AUG ciu 22,24 (CCL 48,850,150–152): *numeros tamen de quibus loquor, quibus coaptatio, quae ἁρμονία Graece dicitur, tamquam cuiusdam organi, extrinsecus atque intrinsecus totius corporis constat.* Gn litt 10,21 (CSEL 28/1,325,23–25): *ut vel corpus esse animam vel aliquam corpoream qualitatem sive coaptationem, si ita dicenda est, quam Graeci ἁρμονίαν vocant.*

[118] HIL Ps 65,1 (CSEL 22,249,7–10): *canticum enim vocis officium est; psalmus autem ex coaptatione, quam harmoniam nuncupant, organi conparatur. fitque ex inparibus ac dissimilibus modis artificis ingenio apta et consonans et amoena modulatio.*

[119] S. o. Anm. 117.

[120] Trin 2,6,11–7,12 (CCL 50,93,1–98,37); 4,21,30–32 (202,1–205,85); c Max 1,19 (PL 42,756–757): QA 278f.

[121] C Max 1,19 (PL 42,756): QA 278f.

[122] Ebd. 757.

Im *Speculum* zitiert Augustinus *2 Kor* 2,5–11, worin Paulus der Gemeinde *in persona Christi* vergibt[123].

In *c Iul imp* stellt Julian Adam und die „Person Christi" gegenüber. In Adam zeigte sich die Beschaffenheit des Todes, in der Person Christi aber die ersten Früchte der Auferstehung[124]. *Persona* ist hier wohl lediglich als pleonastische Erweiterung zu verstehen.

In *sermo* 288 nimmt *persona* die Bedeutung „Rolle" an. Der Logos war der Lehrer der Engel beim Vater gewesen. Als aber der greise Simeon ihn als kleines Kind sah, lehrte er noch nicht, „hatte er noch nicht die Rolle des Lehrers offenbart"[125].

Ähnlich dazu ist *sermo* 80. Dort spricht Augustinus davon, daß Christus „am Kreuz nicht seiner Aufgabe vergaß und uns seine Geduld zeigte und ein Beispiel gab, unsere Feinde zu lieben"[126].

Einmal ist auch, neben den oben dargestellten Texten des Übergangs von grammatisch-exegetischem zu dogmatisch-christologischem *persona*-Gebrauch auch nach 411, der Ausdruck *ex persona dicere* zu finden. In *sermo* 170 deutet Augustinus den Psalmvers „dir allein habe ich gesündigt und Böses vor dir getan" (*Ps* 50,6): „Stellvertretend für das Menschengeschlecht wird nämlich zu Christus gesagt: (Zitat *Ps* 50,6). Nicht in Person des einen David sagt er das, sondern in der Person Adams, von dem das Menschengeschlecht stammt"[127].

Persona ist in der Christologie nach 411 also für Augustinus praktisch exklusiv ein Terminus für die Personeinheit Christi. Alle anderen Bedeutungen treten dahinter zurück, ja sind geradezu Einzelstücke.

IV. DIE BEWÄHRUNG DER CHRISTOLOGIE AUGUSTINS: DER FALL LEPORIUS

Daß Augustins Christologie auch für die Zukunft richtungsweisend sein würde oder zumindest sein könnte, deutete sich schon zu seinen Lebzeiten an: im Fall Leporius. Leporius war ein Mönch (später auch

---

[123] Spec 32 (CSEL 12,222,10).

[124] C iul imp 6,36 (PL 45,1592): *sed in Adam mortis conditio, in persona vero Christi primitiae resurrectionis claruerunt.* Zur Antithese Adam – Christus in den Schriften Augustins vgl. G. PLINVAL/L. de la TULLAYE, n. 4: BAug 21 (1966) 585f.

[125] S 288,2 (PL 38,1303): *sed nondum docebat, nondum magistri personam professus erat.*

[126] S 80,5 (PL 38,496): *primo enim non obliviscens in cruce personam suam, et demonstrans nobis patientiam suam, et exemplum praebens diligendi inimicos nostros.*

[127] S 170,3,3 (PL 38,928): *ex persona enim generis humani dicitur Christo*: Tibi soli peccavi, et malignum coram te feci. *Non ex persona unius David hoc dicit, sed ex Adam persona, de quo est genus humanum.*

Priester) in Gallien (Marseille?)[128], wurde vom Bischof von Marseille und einigen Amtskollegen wegen christologischer Häresie verurteilt und wohl auch exkommuniziert. Er floh daraufhin nach Nordafrika zu Augustinus, der ihn unterrichtete, so daß er seine Irttümer erkannte und lösen konnte und sie in einem *Libellus emendationis sive satisfactionis* widerrief[129]. Aufgrund der darin in zufriedenstellender Weise darge-stellten Christologie wurde er von einer Synode in Karthago unter Beteiligung Augustins rehabilitiert[130] und mit einem Begleitschreiben[131] nach Gallien zurückgeschickt[132].

Leporius wird gemeinhin als erster Fall von „Nestorianismus" bezeichnet, obwohl die Häresie des Nestorius noch nicht aktuell war, da seine Irrlehre der des Nestorius sehr ähnelt. Bei der Apostrophierung als „Pelagianer" durch Cassian[133] dürfte es sich wohl um eine Fehldefi-nition handeln[134], die vielleicht auch daher rührt, daß es eben noch keinen Namen für diese Häresie gab. Leporius vertrat nach Cassians Bericht eine adoptianistische Christologie, die Christus als bloßen Menschen auffaßte, der aufgrund seiner Verdienste, insbesondere durch sein Leiden und Sterben, von Gott als Sohn angenommen wurde[135]. Ob diese schematische Darstellung zutrifft, darf bezweifelt werden[136]. Leporius scheint nämlich Schwierigkeiten mit der Einheit

---

[128] Zur Herkunft des Leporius vgl. G. MORIN, Notes d'ancienne littérature chré-tienne V: Solution d'un probleme de histoire littéraire: le diocèse d'origine de Leporius, théologien gaulois du Ve siècle: RBen 14 (1897) 102f.; AMANN, Léporius 434f.; TRAPE, Nestorianismo 47.

[129] PL 31,1221–1230. Abgedruckt in der Sammlung pränestorianischer Texte von P. GLORIEUX, Prénestorianisme en Occident (= MCS 6), Tournai u. a. 1959, 14–25.

[130] AUG ep 219 (CSEL 57,428–431) = GLORIEUX 11–13 = MANSI IV 518–520.

[131] Vgl. MANSI IV 517–520.

[132] Zur Biographie des Leporius vgl. AMANN, Léporius 434–436; TRAPE, Nestoria-nismo 46–49.

[133] CASS inc 1,4 (CSEL 17,241,8f.) = GLORIEUX 35,9f.: *Leporius enim, tunc monachus, modo presbyter, qui ex Pelagii ut supra diximus institutione*…Dies übernimmt GENNADIUS vir ill 60 (TU 14/1,81,16–20 Richardson): *Leporius adhuc monachus, post presbyter…Pelagianum dogma coeperat sequi.* Die Konzilsakten kompilieren beide Vor-würfe des Pelagianismus und Nestorianismus: *occasionem huic synodo dedit Leporius monachus Massiliensis, qui praeter Pelagianum, qua laborabat, haeresim, eamdem, ut ait Facundus lib. I. cap. 4. doctrinam tradidit, quam postea in oriente Nestorius.* (MANSI IV 517).

[134] Vgl. AMANN, Léporius 434f.; TRAPE, Nestorianismo 49; MOREL 31–52.

[135] CASS inc 1,2 (CSEL 17,239,5–12 = GLORIEUX 33,7–14): *solitarium quippe hominem dominum nostrum Iesum Christum natum esse blasphemans hoc, quod ad dei postea honorem potestatemque pervenerit, humani meriti, non divinae asseruit fuisse naturae, ac per hoc eum deitatem ipsam non ex proprietate unitae sibi divinitatis semper habuisse, sed postea pro praemio laboris passionisque meruisse, cum utique dominum salvatoremque nostrum non deum natum, sed a deo blasphemaret adsumptum.*

[136] Vgl. AMANN, Léporius 436f.; TRAPE, Nestorianismo 49–58; AMANN, Nesto-rius 227–230; GRILLMEIER, Jesus der Christus 662f.

der beiden Naturen in dem einen Christus gehabt zu haben und ihrer *communicatio idiomatum.* Im Bestreben, eine Vermischungslehre der beiden Naturen Christi zu vermeiden und vor allem die unversehrte, transzendentale Gottheit Christi nicht zu verkürzen, fiel es ihm schwer, einen geborenen, gekreuzigten und gestorbenen Gott anzuerkennen: „Er wollte nicht bekennen, daß Gott von einer Frau geboren worden sei, daß Gott gekreuzigt werden konnte und auf menschliche Weise gelitten habe, aus Furcht davor, daß man glauben könne, die Gottheit sei in einen Menschen verwandelt oder durch Vermischung korrumpiert worden; fromme Furcht, aber leichtsinniger Irrtum; fromm war es, zu sehen, daß die Gottheit unveränderlich ist, aber leichtsinnig und waghalsig anzunehmen, daß der Menschensohn vom Gottessohn getrennt werden könne; so hätte es hier und dort einen je anderen gegeben, so daß der eine von ihnen nicht der Christus wäre oder Christus in zwei zerfiele."[137] Leporius lief also, wie Augustinus sofort erkennt, die Gefahr einer Zwei-Söhne-Lehre, bei aller frommen und richtigen Intention seiner Christologie.

Das Datum der Affäre Leporius ist bis heute nicht zweifelsfrei geklärt. Sie muß in die Jahre 418–428 fallen, aber während TRAPE (1974) das Jahr 426 „communemente accettata" nennt[138], entscheiden sich GRILLMEIER (1979) und eine Reihe anderer Autoren für die Jahre 418–421[139]. Die Gründe und Schwierigkeiten beider Datierungen brauchen hier nicht diskutiert zu werden, da für uns genügt, daß die Affäre in jedem Fall in eine Periode des Lebens Augustins fällt, in der seine Christologie bereits ihre endgültige Gestalt gewonnen hat. Es wurde auch vermutet, daß der *Libellus emendationis* aus der Feder Augustins selbst stammt[140], aber auch dieser Frage braucht nicht

---

[137] AUG ep 219,3 (CSEL 57,430,17–24 = GLORIEUX 12,30–13,3): *hoc namque iste metuebat, quando nolebat fateri deum natum ex femina, deum crucifixum et alia humana perpessum, ne divinitas in homine commutata vel hominis permixtione corrupta crederetur; pius timor sed incautus error: pie vidit divinitatem non posse mutari, sed incaute praesumpsit filium hominis a filio dei posse separari, ut alius iste alius ille sit et ut alter eorum Christus non sit aut Christi duo sint.* Zur ursprünglichen Theologie des Leporius, seinen „Irrtümern", vgl. AMANN, Léporius 436f.; TRAPE, Nestorianismo 49–58; AMANN, Nestorius 227–230; de BEER 150–162; GRILLMEIER, Jesus der Christus 662f.

[138] NBA 23 (1974) 619 Anm. 5. Er folgt MANSI IV 517; C. J. HEFELE/H. LECLERCQ, Histoire des conciles d'après les documents originaux, tome 2, Paris 1908, 215; Al. GOLDBACHER: CSEL 58, 58; AUDOLLENT, Afrique 819; DERS., Aurelius 735; MOREL 35.
Um oder in das Jahr 428 datieren H. LECLERCQ, Marseille: DACL 10/2 (1932) 2218 und G. BARDY, Conciles d'Hippone au temps de saint Augustin: Aug(L) 5 (1955) 458.

[139] GRILLMEIER, Jesus der Christus 662. Er folgt AMANN, Léporius 436; T. J. van BAVEL, Leporius: LThK² 6 (1961) 973; J.-L. MAIER, La date de la rétractation de Leporius et celle du „sermon 396" de saint Augustin: REAug 11 (1965) 39–42; de BEER 145.

[140] Vgl. TRAPE: NBA 23 (1974) 619 Anm. 5.

nachgegangen zu werden, da der *Libellus* in jedem Fall die Theologie
Augustins widerspiegelt[141].

Leporius bekennt im Libellus die beiden Naturen in dem einen
Christus aufgrund seiner beiden *generationes:* „Wir bekennen also
unseren Herrn und Gott Jesus Christus als einzigen Sohn Gottes, der vor
den Zeiten aus dem Vater geboren wurde, in jüngster Zeit aber vom
Heiligen Geist und von der allzeit jungfräulichen Maria Mensch wurde
und als Gott geboren wurde. Und wir bekennen beide Substanzen und
betrachten Gott und Mensch als untrennbar in frommer Gläubig-
keit."[142] Die Menschwerdung bedeutet das Annehmen eines ganzen
Menschen und das gleichzeitige Gott bleiben: „Und so, daß Gott, das
Wort, indem es alles annimmt, was zum Menschen gehört, Mensch wird;
und daß er nach der Annahme des Menschen, indem er alles annimmt,
was zu Gott gehört, nichts anderes sein kann als Gott."[143]

Die Anerkennung Christi als Gottmensch von Geburt an führt
Leporius zur Personeinheit Christi und der *communicatio idiomatum*
der Naturen: „... und dennoch ist in voller Wahrheit das Wort Fleisch
geworden. Aber dies geschah, wie wir gesagt haben, ausschließlich nur
auf der Ebene der Person, nicht auf der Ebene der Natur, die ihm mit
dem Vater und dem Hl. Geist gemeinsam ist."[144] „Nicht Gott Vater ist
geworden, nicht der Heilige Geist, sondern der Eingeborene des Vaters.
Deshalb sind Fleisch und Wort nur eine Person, damit wir ohne allen
Zweifel glauben: ein und derselbe ungetrennte Sohn Gottes ist immer
‚Riese zweifacher Substanz' genannt worden. In den Tagen seines
Fleisches hat er wahrhaft und immer alles getragen, was zum Menschen
gehört; aber er hat auch in Wahrheit immer alles besessen, was Gottes
ist. Er wurde gekreuzigt in Schwachheit, er lebt aber aus der Kraft
Gottes. Deshalb haben wir auch keine Angst zu sagen, daß Gott aus dem
Menschen geboren sei, daß Gott als Mensch gelitten habe, daß Gott

---

[141] GRILLMEIER, Jesus der Christus 664: „Es ist Augustinus, der in diesem libellus
spricht." Das enge Verhältnis spiegelt sich z. B. auch darin wider, daß beide Tertullian, De
carne Christi, zitieren. Vgl. MEHLMANN: SE 17 (1966) 269–301. Zur orthodoxen
Theologie des Leporius vgl. AMANN, Léporius 437–439; de BEER 163–185.

[142] Lib 3 (PL 31,1224 AB = GLORIEUX 16,23–28): *Ergo confitemur Dominum ac
Deum nostrum Jesum Christum, unicum Filium Dei, qui ante saecula natus ex patre est,
novissimo tempore de Spiritu sancto et Maria semper virgine factum hominem Deum natum:
et confitentes utramque substantiam, Deum atque hominem inseparabilem pia fidei
credulitate suscipimus.*

[143] Lib 3 (PL 31,1224 C = GLORIEUX 17,4–7): *Ac sic ut ipse Deus Verbum, totum
suscipiens quod est hominis, homo sit; et assumptus homo, totum accipiendo quod est Dei,
aliud quam Deus esse non possit.*

[144] Lib 4 (PL 31,1225 A = GLORIEUX 17,24–26): *et tamen verissime Verbum caro
factum est. Sed, ut diximus, solum proprie personaliter, non cum patre aut cum Spiritu
sancto naturaliter.* Vgl. GRILLMEIER, Jesus der Christus 663.

gestorben sei, usw. Sondern wir rühmen uns, daß Gott geboren worden ist und er als Mensch gelitten habe; ich schäme mich ja des Evangeliums nicht."[145]

Der *Libellus* des Leporius enthält also praktisch eine Zusammenfassung der Christologie Augustins:
- Christus als Gottes- und Menschensohn aufgrund seiner zwei Geburten;
- die Realität und Vollständigkeit der zwei Substanzen und Naturen mit dem ambrosianischen Ausdruck *geminae gigas substantiae* ohne jede Veränderung in der Gottheit Christi;
- die dennoch untrennbare Einheit von Gott und Mensch in Christus;
- ihre Subjektseinheit in den Formeln *unus atque idem* und *una persona* und
- die daraus resultierende *communicatio idiomatum*.
Auf trinitätstheologischer Ebene lehnt Leporius/Augustinus
- jeden Monarchianismus (Sabellianismus) ab;
- unterscheidet die christologische und trinitarische Einheitsebene (Person/Natur);
- lehnt Personeinheiten des Vaters und des Geistes ab und
- auch den Vorwurf einer Quaternitas.

Im Falle des Leporius bewährt sich also Augustins christologisches Konzept und führt die Lösung des Konfliktes herbei. Inwieweit Augustinus sich im Fall des Nestorius durchgesetzt hätte, insbesondere gegenüber Kyrill von Alexandrien, ist nicht zu sagen – er hat die Entscheidung der Kontroverse nicht mehr erlebt. In jedem Fall aber zeigt sich Augustins Christologie, zunächst für den Westen, als richtungsweisend und zukunftsträchtig. Eine genaue Studie des Nachwirkens der augustinischen Christologie, insbesondere auf Leo den Großen und die Theologie des Konzils von Chalkedon, steht zwar aus den bereits eingangs genannten Gründen noch aus, würde sich aber mit Sicherheit lohnen.

---

[145] Lib 6 (PL 31,1225 D-1226 A = GLORIEUX 18,30–19,10): *Non enim Deus pater homo factus est, nec Spiritus sanctus, sed unigenitus patris. Ideoque una persona accipienda est carnis et Verbi, ut fideliter sine aliqua dubitatione credamus, unum eundemque Dei filium inseparabilem semper, geminae substantiae etiam gigantem nominatum, in diebus carnis suae, et vere semper gessisse omnia quae sunt hominis, et vere semper possedisse quae Dei sunt: quoniam etsi crucifixus est ex infirmitate, sed vivit ex virtute (2 Kor 13,4). Quapropter iam non pertimescimus dicere, secundum Deum, et ex homine natum Deum, secundum hominem, Deum passum, Deum mortuum, et caetera. Sed gloriamur dicere Deum natum, eumdemque secundum hominem Deum passum.* Non enim erubesco evangelium.

ERGEBNISSE

Die Formel *Christus una persona / unitas personae Christi* wird ab dem Jahre 411 zum Schlüsselbegriff der Christologie Augustins. Er vermag damit alle anstehenden, drängenden Probleme der Christologie überzeugend zu lösen. Sie definiert treffend die Einheit zweier vollständiger Substanzen/Naturen in Christus. Sie beantwortet damit die Frage, wie der Sohn Mensch werden konnte und nicht nur Fleisch annahm (*Jo* 1,14). Sie löst das Problem der damit gegebenen Gefahr der Teilung Christi in zwei Söhne und zeigt, wie Christus immer derselbe war, vor und nach seiner Menschwerdung, vor dem Abstieg vom Himmel und nach seiner Rückkehr dorthin (*Jo* 3,13). Aus der Wahrung der Subjektseinheit der beiden Naturen ergibt sich die *communicatio idiomatum*, die wechselseitige Aussagemöglichkeit aller Attribute des Gottmenschen, und seine Mittlerschaft zwischen Gott und den Menschen als *homo hominum*.

Die neue Formel der Personeinheit erklärt dann auch die mit der Christologie verbundenen trinitätstheologischen Probleme: die wahre Menschwerdung des Sohnes, ohne daß er jedoch etwas von seiner Göttlichkeit einbüßt, d. h. der Gleichheit und der Konsubstantialität mit dem Vater; die Gefahr der Einführung einer vierten Person in die Trinität und die wesenhafte Verschiedenheit zwischen der Menschwerdung des Sohnes und den Theophanien von Vater und Geist.

Augustins Christologie ist im Jahre 411 mit der Entdeckung der Formel *una persona* praktisch abgeschlossen. Das umfassende christologische Konzept Augustins bleibt auch nicht seine private theologische Auffassung. Im Fall Leporius wird es sowohl von den nordafrikanischen als auch den südgallischen Bischöfen als die gültige Lösung akzeptiert – ein deutlicher Hinweis, daß diese Christologie Zukunft haben wird.

SCHLUSS: DER WEG AUGUSTINS ZUR FORMEL
CHRISTUS UNA PERSONA

Während der drei ersten Jahrhunderte des Christentums trat die
Einheit des Gottmenschen Jesus Christus nicht in den Mittelpunkt des
Interesses. Vielmehr mußte gegen die heidnische Umwelt die Transzendenz des Logos und gegen gnostische Tendenzen im Christentum selbst
die Wirklichkeit der Menschwerdung dieses Logos herausgestellt werden. Die Christologie dieser Jahrhunderte war daher hauptsächlich eine
„Unterscheidungschristologie", wenn auch die Einheit durchaus formuliert wurde. Irenäus prägte die biblisch inspirierte Formel εἷς καὶ αὐτός
(*unus atque idem*) (vgl. *Jo* 3,13 und *Eph* 4,10). Die Einheit der Naturen
wurde gemäß *Jo* 1,14 fast durchgehend in einem Logos-Sarx-Schema
begriffen, in dem nicht eine menschliche Seele, sondern der Logos das
Hegemonikon Christi war und so die Einheit garantierte. Aber auch die
Defizienz dieses Schemas trat nicht ins Bewußtsein.

Die Problematik des Logos-Sarx-Schemas und der Beschreibung der
Einheit in Christus stellte sich erst mit voller Schärfe, als die Arianer die
göttliche Zeugung Christi verneinten, die katholische Kirche dadurch
gezwungen wurde, die Wirklichkeit der zwei Naturen Christi noch
deutlicher hervorzuheben als bisher. Als sich diese auf dem Konzil von
Nikaia 325 formulierte, von dem trinitätstheologischen Problem der
Konsubstantialität des Vaters und des Sohnes herkommende Christologie um das Jahr 350 durchgesetzt hatte, wurde bewußt, daß die starke
Betonung der zwei Naturen Christi Gefahr lief, seine Einheit aufzuge-
ben, ihn in zwei Söhne zu zerteilen.

Diese Situation wurde noch zugespitzt durch den Lösungsversuch des
Apolinarios. Um die Einheit Christi zu wahren, führte er das traditionelle Logos-Sarx-Schema konsequent weiter und leugnete ausdrücklich
die Existenz einer menschlichen Seele in Christus. Denn nach allgemein
verbreiteter (stoisch begründeter) Auffassung konnten zwei vollständige Substanzen keine echte Einheit, sondern lediglich ein Nebeneinander eingehen. Auch hätte nach Apolinarios die Existenz eines menschlichen Willens in der menschlichen Seele Christi die Einheit seines
göttlichen Heilswillens gefährdet. In dieser Leugnung der Seele Christi
traf sich Apolinarios mit den Arianern, die ebenfalls an dem alten
Logos-Sarx-Schema festhielten.

Den orthodoxen Theologen wurde klar, daß das Logos-Sarx-Schema
aus soteriologischen Gründen unzureichend war. Wie sollte die Menschheit als Ganze erlöst worden sein, wenn Christus keinen vollständigen
Menschen angenommen hatte, insbesondere keine Seele, in der doch

der Entschluß zur Sünde entsteht? Man versuchte, die Einheit des Subjektes trotz der Verschiedenheit der beiden vollständigen Naturen in Christus zu verteidigen mit der traditionellen Formel εἷς καὶ αὐτός, mit der negativen Formel οὐκ ἄλλος καὶ ἄλλος, sondern ἄλλο καὶ ἄλλο u.a. Eine überzeugende Lösung war damit jedoch nicht erreicht.

Obwohl die christologische Problematik und die daraus entstehenden Häresien den ganzen Mittelmeerraum umfaßten, gingen zu dieser Zeit (Ende des 4. Jh.) Osten und Westen theologisch immer mehr getrennte Wege, wenn es auch immer wieder Männer gab, die den anderen Reichsteil bereist hatten und/oder dessen Theologien kannten. Die Entwicklung der östlichen Theologie beeinflußt daher, soweit wir wissen, Augustinus kaum, da er weder den Osten besuchte, noch seine Griechischkenntnisse wohl für die eingehende Original-Lektüre griechischer Traktate ausreichend war. Was er vom Osten weiß, kennt er weitgehend nur durch Vermittlung anderer bzw. aus Übersetzungen.

Der erste, der ihm östliche Theologie vermittelte, war Hilarius von Poitiers, dessen großen Traktat *De trinitate* er gelesen und ausgewertet hatte. Bei ihm fand Augustinus die Einheitsformel *Christus eadem res*, die im Grunde schon dieselbe Aussage beinhaltet wie später seine eigene Formel *una persona*: die zwei Söhne, Gottessohn und Menschensohn, sind ein und derselbe, ein Subjekt. Hieronymus, mit dem Augustinus in regem Briefwechsel und Werkaustausch stand, lehrt ihn die negative Komplementärformel *Christus non duae personae*. Von seinem Taufvater Ambrosius (und dem Ambrosiaster) kennt er die Benennung Christi als *persona*. Augustinus findet also in seinem theologischen Umkreis bereits alle Elemente seiner späteren Formel vor: den Terminus *persona* und die Idee des einen Subjektes.

Keiner von den genannten Theologen gelangt aber zur Formel *una persona*. Warum nicht? Weil ihnen der Anstoß fehlte, diese beiden Elemente zu verbinden. *Persona* hatte für alle noch zu sehr die Konnotation der „Rolle", in der man wirklich Christus nicht *una persona* nennen konnte. Der entscheidende Anstoß, der bei Augustinus schließlich die Verbindung gelingen läßt, kommt von der grammatischen/Person-Exegese. Augustinus ist mit dieser antiken, profanen Technik aufgrund seiner Schulbildung und seiner Lehrtätigkeit als Rhetor bestens vertraut. Er wendet sie selbst an sowohl an klassischem Texten als auch an der Bibel. Ja, diese *persona*-Verwendung nimmt über zwei Drittel seines *persona*-Sprachgebrauchs ein. Die einzelnen Ausdrücke der Person-Exegese Augustins sind dabei zum kleineren Teil klassisch, zum größeren Teil gehören sie der christlichen Weiterentwicklung der grammatisch-exegetischen Terminologie an. Es war ja nicht so, daß die Person-Exegese von Augustinus neu entdeckt wurde, sie hielt sich seit Jahrhunderten durch. Auch die anderen besprochenen Autoren kennen sie und wenden sie an. Sie sehen aber noch nicht, daß der einheitliche Subjektsbegriff, den die grammatische *persona*-Bedeutung enthält, die Lösung für das christologische Problem bietet.

Das ist die originelle Leistung Augustins aufgrund seiner Schulbildung und Kenntnis der grammatischen/Person-Exegese, sowie der christologischen Problematik und ihren Lösungsversuchen seiner Zeit. Er erkennt, daß der grammatische Personbegriff, angewandt auf die christologische Problematik die dauernde Lösung dafür ist. Er ist darin gleichzusetzen mit Tertullian und Theodor von Mopsuestia. Bei Tertullian setzte sich die Lösung nur nicht durch, weil die Zeit noch nicht reif dafür war. Das Beispiel Theodors zeigt aber gut, daß derselbe Weg auch im Osten unabhängig gegangen wurde.

Der Einfluß der neuplatonischen Leib-Seele-Analogie, die Augustinus von Porphyrios übernahm, ist bei ihm nur vorübergehend und wohl nicht entscheidend. Ebenso darf klar verneint werden, daß der christologische Personbegriff sich bei Augustinus aus der Theater- oder juridischen Sprache ableitet. Sie spielen in Augustins Sprachgebrauch insgesamt nur eine untergeordnete Rolle und in der Christologie gar keine. Zwar stammt die grammatische Terminologie ursprünglich von der Bedeutung „Maske", hat sich aber längst davon gelöst und bildet eine eigene Gattung.

Augustins Weg ist von seiner theologischen wie sprachlichen Entwicklung her auch kein einfacher. Er benötigt fast 25 Jahre nach seiner Konversion, um zunächst das Mysterium der vollen Gott-Menschheit Christi zu begreifen und über verschiedene Versuche, diese Einheit auszudrücken, schließlich zu *persona* und *una persona* zu gelangen.

War also Augustinus ein origineller Christologe oder nicht doch „weitgehend traditionell"? Ein treffendes Urteil gibt m.E. Albert C. OUTLER ab[1]: „At his normal best, he is a faithful and powerful interpreter of the orthodox traditional Christian teaching concerning the mystery of the Incarnation and of the saving work of Jesus Christ. There is little reflection in his thought of the ferment and confusion about the theoretical explanation of the Incarnation which kept the Eastern Church in such a prolonged uproar. He was a Chalcedonian before Chalcedon, largely because he was so representative a spokesman of the mind of the Latin Church, which had already begun to settle along the lines later stabilized at Chalcedon. In Augustine's thought, the vision of the Incarnate Lord has come as a climax and a capstone." Augustins Leistung in der Entwicklung der Formel *una persona* besteht nicht so sehr darin, daß er eine große spekulative Begabung zeigt. Er erweist sich als synthetischer Geist, der zupackend auf dem Boden der Tradition diese zu einem Kulminationspunkt zusammenführt und den Knoten löst. Auch das ist eine originelle Denkleistung.

---

[1] OUTLER 345f.

Die Christologie Augustins ist damit nicht zur Gänze erforscht. Nicht einmal alle Faktoren, die zur (Wieder-) Entdeckung der Formel *una persona* führen, sind behandelt. Die vorliegende Studie beschränkte sich bewußt und ausschließlich auf die Erforschung des Einflusses der Person-Exegese, des *persona*-Sprachgebrauchs insgesamt und Augustins klassischer Bildung auf die Entwicklung der Formel *una persona.* Es wären weiterhin der Einfluß von Trinitätslehre und Ekklesiologie zu klären, es wäre die Rolle der grammatischen Exegese auch bei anderen Autoren vor und zur Zeit Augustins weiter zu erforschen und es wäre wohl lohnend zu untersuchen, welche Nachwirkungen die Christologie Augustins auf Leo den Großen und die Theologie des Konzils von Chalkedon hatte. Der Dogmatiker müßte sich zudem fragen, was die Herkunft der Formel *una persona* aus der Person-Exegese für das Verständnis der Glaubensformel bedeutet. Der grammatische Personbegriff enthält lediglich die Aussagen der Einheit und des Subjektes als Träger von Eigenschaften, Aussagen und Handlungen, nicht aber Bedeutungen der Individualität, des psychologischen Zentrums o.ä. Dies alles muß aber weiteren Studien vorbehalten bleiben.

QUELLENANHANG

AUGUSTINUS

Quellensammlungen christologischer Texte Augustins auch bei:

F. MORIONES, Enchiridion Theologicum Sancti Augustini, Madrid 1961, 291–351.
B. M. XIBERTA, Enchiridion de Verbo Incarnato, Madrid 1957, 296–340.

AUG c Adim 9 (CSEL 25,131,13–133,3)

De eo, quod scriptum est, quod locutus est deus cum Adam et Eva et cum serpente et cum Cain et ceteris antiquis, inter quos et nonnullis adparuisse scribitur et ab eis visus esse non uno, sed multis scripturarum locis, in quibus et locutus esse deus cum hominibus invenitur et nonnullis adparuisse: insidiantur ergo Manichaei et dicunt omnia contraria esse novo testamento, quoniam dominus dicit: Deum nemo vidit umquam nisi unicus filius, qui est in sinu patris; ille adnuntiavit nobis de eo, *et iterum quod dicit Iudaeis:* Nec vocem illius aliquando audistis nec faciem eius vidistis nec verbum eius habetis in vobis manens, quia ei, quem ille misit, non credidistis. *quibus respondemus de ipso, quod in evangelio scriptum est:* Deum nemo vidit umquam nisi unicus filius, qui est in sinu patris; ipse adnuntiavit nobis de eo *totam ipsam solvi posse quaestionem, quia ipse filius, quod est verbum dei, non solum novissimis temporibus, cum in carne adparere dignatus est, sed etiam prius a constitutione mundi, cui voluit de patre adnuntiavit sive loquendo sive adparendo vel per angelicam potestatem vel per quamlibet creaturam: quia ipse est in omnibus veritas et omnia illi constant et omnia illi ad nutum serviunt atque subiecta sunt, ut etiam oculis per visibilem creaturam qui vult, cum dignatur, adpareat, cum ipse tamen secundum divinitatem suam et secundum id, quod verbum est patris, coaeternum patri et incommutabile, per quod facta sunt omnia, non nisi purgatissimo et simplicissimo corde videatur. et ideo quibusdam locis etiam scriptura ipsa testatur angelum visum, ubi dicit deum visum. sicut in illa luctatione Iacob et angelus dictus est ille, qui adparuit. et cum adparuit in rubo Moysi et item in heremo, cum iam eduxisset populum de terra Aegypti, quando legem accepit, deus ei locutus est. sed sive in rubo, cum eum misit, sive postea, cum ei legem dedit, angelum dicit Stephanus in actibus apostolorum ei adparuisse. quod ideo dicimus, ne quis arbitretur verbum dei, per quod facta sunt omnia, quasi per locos posse definiri et alicui visibiliter adparere nisi per aliquam visibilem creaturam. sicut enim verbum dei est in propheta et recte dicitur ‚dixit propheta' recte item dicitur ‚dixit dominus', quia verbum dei, quod est Christus, in propheta loquitur veritatem: sic et in angelo ipse loquitur, quando veritatem angelus adnuntiat, et recte dicitur ‚deus dixit' et ‚deus adparuit' et item recte dicitur ‚angelus dicit' et ‚angelus adparuit', cum illud dicatur ex persona inhabitantis dei, illud ex persona servientis creaturae. ex hac regula etiam apostolus ait:* An vultis experimentum accipere eius, qui in me loquitur, Christi?

AUG c Iul imp 4,87 (PL 44,1388)

Quid enim, homo multum loquens et parum sapiens, si dicerent homines Christo: Quare nobis iubetur, ut imitemur te? Numquid nos de Spiritu sancto et Maria virgine nati sumus? Postremo, numquid tanta nobis esse virtus potest quanta tibi est, qui ita homo es, ut etiam Deus sis, et hoc Patri coaeternus et omnipotenti aequalis omnipotens? Ideone non debuit sic nasci, vel sic in unitatem personae a Verbo Dei suscipi, ut hominibus eum nolentibus imitari, talis excusatio non daretur?

AUG c Max 1,7 (PL 42,749–750)

Septimo loco dixi: Usque adeo autem Filium agnoscimus magnum Deum, ut Patri dicamus aequalem. Itaque sine causa, *inquam,* nobis quod valde profitemur, testimoniis, et multiloquio probare voluisti. *Et his verbis meis addidi disputationem, in qua rationem reddidi, quare Filius cum sit Patri aequalis, dicat eum tamen Deum suum, ubi ait:* Ascendo ad Patrem meum et ad Patrem vestrum, Deum meum et Deum vestrum. *Quoniam tu commemoraveras hoc evangelicum testimonium, quo te probare existimasti quod Patri Filius non esset aequalis. Ego itaque tibi ad ista respondens, dixi Patrem propterea etiam Deum esse unigeniti Filii, quoniam factus est homo et natus ex femina: et hoc esse quod dicit in Psalmo, ubi quod futurum fuerat praenuntiavit,* De ventre matris meae Deus meus es tu; *ut ostenderet Patrem hinc esse Deum suum, quia homo factus est. Homo enim de ventre matris est natus, et secundum hominem de virgine natus est Deus: ut non solum Pater illi esset qui eum de se ipso genuit, verum etiam Deus eius esset quem de ventre matris hominem creavit. Ad haec tu cum respondere voluisses, multa dixisti, et multa testimonia quae te nihil adiuvat, protulisti. Quomodo tamen dictum sit,* De ventre matris meae Deus meus es tu; *quamvis eadem Scripturae sanctae verba memorasses, nullo modo invenire potuisti. Cur autem in eo loco posueris psalmi alterius testimonium, ubi scriptum est,* Tecum principium in die virtutis tuae, in splendoribus sanctorum, ex utero ante luciferum genui te; *omnino non video. Non enim Filii persona est dicentis,* Ex utero tuo, *aut,* De ventre tuo, Deus meus es tu. *Illa ineffabilis generatio etiam si ex utero Patris accipitur, hoc significatum est, quia de se ipso, hoc est, de substantia sua Deus Deum genuit, sicut ex utero matris quando natus est, homo hominem genuit, sicut ex utero matris quando natus est, homo hominem genuit: ut intellegeremus in utraque generatione non diversas eius qui est natus, et eorum de quibus est natus, esse substantias. Diversa quidem substantia est, Deus Pater, et homo mater: non tamen diversa substantia est, Deus Pater, et Deus Filius; sicut non est diversa substantia, homo mater, et homo filius. Sed audi quid dicat in prophetia iste Filius:* De ventre, *inquit,* matris meae Deus meus es tu. *Noli multis verbis ad rem non necessariis conari operire res claras. Qui est Pater Filio ex utero suo, de ventre matris Deus eius est, non de suo. Ad hoc ergo prorsus nihil respondere potuisti.*

AUG c Max 1,19 (PL 42,756–757)

Nono decimo loco, quia poposceras a me, ut ostenderem aequalem esse Patri Spiritum sanctum; respondi tibi dicens: Quid est autem quod poscis, ut ostendam tibi aequalem patri esse Spiritum sanctum, quasi tu Patrem ostenderis maiorem esse Spiritu sancto; sicut potuisti ostendere de Filio, propter formam servi? Scimus enim, *inquam,* dictum esse Patrem Filio maiorem, quia in forma servi erat Filius; et adhuc in forma est humana Filius, quam levavit caelum: propterea de illo dictum est quod et nunc „interpellat pro nobis" *(Ro 8,34).* Et sempiterna erit in regno haec eadem forma immortalis: propter quod dictum est „Tunc et ipse Filius subiectus erit ei qui illi subiecit omnia" *(1 Kor 15,28).* Nam de Spiritu sancto qui nullam suscepit creaturam ad unitatem personae suae, quamvis se per subiectam creaturam visibiliter et ipse, sive per columbae speciem, sive per linguas igneas sit demonstrare dignatus *(Mt 3,16 et Apg 2,3),* nunquam dictus est eo maior Pater; nunquam dictus est Spiritus adorasse Patrem; nunquam dictus est minor Patre.

Ad hoc tu quasi respondens, non tamen respondisti. Non enim potuisti ostendere Spiritu sancto alicubi Patrem dictum fuisse maiorem, sicuti Filius propter formam servi dixit, Pater maior me est *(Jo 14,28). Et cum ego dixerim, Spiritum sanctum non ad unitatem personae suae ullam suscepisse creaturam; tu ita Spiritum sanctum in columba et igne apparuisse dixisti, sicut apparuit Christus in homine: quasi columba et Spiritus, vel ignis et Spiritus una persona sit, sicut Verbum et homo una persona est. Ad horam quippe apparuerunt illa, quae Spiritum sanctum significando monstrarent visibiliter invisibilem; columba, propter amorem sanctum; ignis autem, propter caritatis lumen atque fervorem; et peracto significationis officio, corporales illae species transierunt, atque esse ulterius destiterunt; sicut columna nubis, nebulosa per diem, luminosa per noctem (Ex 13,21 f.).*

Denique ne putaretur columba vel flamma ad substantiam pertinere Spiritus sancti, vel quod se in haec visibilia tantae maiestatis natura converterit, aut in unitatem personae suae ista susceperit, nunquam postea sic apparuisse legitur Spiritus sanctus. Christus autem, qui humanam non ad horam sumpsit effigiem, in qua hominibus appareret, ac deinde illa species praeteriret; sed in unitatem personae suae, manente invisibili Dei forma, accipit visibilem hominis formam; non solum natus est in ea de homine matre, verum etiam crevit in ea, et manducavit, et bibit, et dormivit in ea, et occisus est in ea, et resurrexit in ea, et ascendit in caelum, et sedet ad dexteram Patris in ea, ad iudicandos vivos et mortuos est venturus in ea, et in regno suo, ei qui illi subiecit omnia, erit subiectus in ea.

AUG c Max 2,10,2 (PL 42,765)

Ergo, *inquis,* Deus Pater pars est Dei. *Absit. Tres enim personae sunt Pater et Filius et Spiritus sanctus: et hi tres quia unius substantiae sunt, unum sunt, et summe unum sunt, ubi nulla naturarum, nulla est diversitas voluntatum. Si autem natura unum essent, et consensione non essent, non summe unum essent: si vero natura dispares essent, unum non essent. Hi ergo tres, qui unum sunt propter ineffabilem coniunctionem deitatis, qua ineffabiliter copulantur, unus Deus est. Porro autem Christus una persona est geminae substantiae, quia et Deus et homo est. Nec tamen Deus pars huius personae dici potest: alioquin Filius Dei antequam susciperet formam servi, non erat totus, et crevit cum homo divinitati eius accessit. Quod si in una persona absurdissime dicitur, quia pars rei ullius esse non potest Deus; quanto magis pars Trinitatis esse non potest, quicumque unus in tribus?*

AUG c Max 2,18,1 (PL 42,785)

Quid, si audieris, *inquis,* Patrem dicentem, „Tecum principium in die virtutis tuae, in splendoribus sanctorum, ex utero ante luciferum genui te"? *Quid promittis, vel quid minaris, si audiero quod frequenter audio, et fideliter credo? Sed hinc te nihil adiuvari, cur non videas, plurimum miror. Sive enim ex persona sua hoc propheta dicat ad Dominum Iesum, sive ex persona Patris ad Filium, cum ego ambas generationes Christi, et ex Deo Patre sine tempore, et ex homine matre in plenitudine temporis accipiam, venerer, praedicem, non est hoc testimonium adversum me. Sed moras innectere voluisse indicat te, ubi ego potius intelligo, quare* ex utero *dixerit* genui te: *quia hoc et tu ex persona Patris accipis dictum. Non enim quemadmodum corporis humani sunt membra disposita, sic habet uterum Deus; sed verbum translatum est a corporali ad incorporalem substantiam, ut intellegeremus de Patris substantia genitum Filium; ac per hoc quid aliud quam unius eiusdemque substantia? Ego itaque hoc testimonium proferre contra te debui; sed gratias ago quia commonuisti.*

AUG c Max 2,20,3 (PL 42,789–790)

Nam et illud quod dictum est, Descendi de coelo, non ut faciam voluntatem meam, sed voluntatem eius qui me misit *(Jo 6,38): potest quidem accipi etiam secundum id quod est unigenitum Verbum; ut ideo voluntatem non suam dixerit esse, sed Patris, quoniam de Patre est quidquid est Filius; non est autem de Filio quidquid est Pater: secundum quod dictum est,* Mea doctrina non est mea, sed eius qui me misit *(Jo 7,16); quoniam Patris doctrina ipse est qui Patris est Verbum, et utique non est a se ipso, sed a Patre. Et rursus cum dicit,* Omnia quae habet Pater, mea sunt *(Jo 16,15); Patri ostendit se aequalem. Non absurdum est tamen, ut etiam hoc secundum id quod homo factus est, dixisse accipiatur:* Descendi de coelo, non ut faciam voluntatem meam, sed voluntatem eius qui me misit. *Secundus enim Adam, qui tollit peccatum mundi, isto modo se discrevit a primo Adam, per quem peccatum intravit in mundum (Ro 5,12): quia iste non fecit voluntatem suam, sed eius a quo missus est; cum ille fecerit suam, non eius a quo creatus est. Nec moveat quomodo Christus secundum id quod homo est, descenderit de coelo, cum de matre quae in terra erat factus sit homo. Hoc enim propter unitatem personae dictum est, quoniam una persona est Christus Deus et homo. Propter quod etiam:* Nemo, *inquit,* ascendit in coelum, nisi qui de coelo descendit, Filius hominis, qui est in coelo *(Jo 3,13). Si ergo attendas distinctionem substantiarum, Filius Dei de coelo descendit, Filius hominis crucifixus est: si unitatem personae, et Filius hominis descendit de coelo, et Filius Dei est crucifixus. Ipse est enim Dominus gloriae, de quo ait Apostolus:* Si enim cognovissent, numquam Dominum gloriae crucifixissent *(1 Kor 2,8). Propter hanc ergo unitatem personae, non solum Filium hominis dixit descendisse de coelo, sed esse dixit in coelo, cum loqueretur in terra. Non ergo voluntatem suam fecit, quia peccatum non fecit: sed voluntatem fecit illius qui eum misit. Tunc enim facit homo voluntatem Dei, quando facit iustitiam quae ex Deo est.*

AUG corrept 10,30 (PL 44,934–935)

Proinde etsi non interim laetiore nunc; verumtamen potentiore gratia indigent isti: et quae potentior quam Dei unigenitus Filius, aequalis Patri et coaeternus, pro eis homo factus, et sine suo ullo vel originali vel proprio peccato ab hominibus peccatoribus crucifixus? Qui quamvis die tertio resurrexit, nunquam moriturus ulterius; pertulit tamen pro mortalibus mortem, qui mortuis praestitit vitam, ut redempti eius sanguine, tanto ac tali pignore accepto dicerent: Si Deus pro nobis, quis contra nos? Qui Filio suo proprio non pepercit, sed pro nobis omnibus tradidit eum, quomodo non et cum illo omnia nobis donavit *(Ro 8,31f)?*

Deus ergo naturam nostram, id est animam rationalem carnemque hominis Christi suscepit, susceptione singulariter mirabili vel mirabiliter singulari, ut nulli iustitiae suae praecedentibus meritis Filius Dei sic esset ab initio quo esse homo coepisset, ut ipse et Verbum quod sine initio est, una persona esset. Neque enim quisquam tanta rei huius et fidei caecus est ignorantia, ut audeat dicere, quamvis de Spiritu sancto et virgine Maria filium hominis natum, per liberum tamen arbitrium bene vivendo, et sine peccato bona opera faciendo meruisse ut esset Dei Filius, resistente Evangelio atque dicente, Verbum caro factum est *(Jo 1,14).*

Nam ubi hoc factum est, nisi in utero virginali, unde fuit initium hominis Christi? Itemque Virgine requirente, quo modo fieret quod ei per angelum nuntiabatur, angelus respondit, Spiritus sanctus superveniet in te, et virtus Altissimi obumbrabit tibi: propterea, quod nascetur ex te Sanctum, vocabitur Filius Dei *(Lk 1,35). Propterea, inquit: non propter opera, quae nondum nati utique nulla sunt; sed* propterea quia Spiritus sanctus superveniet in te, et virtus Altissimi obumbrabit tibi, quod nascetur ex te Sanctum, vocabitur Filius Dei. *Ista nativitas profecto gratuita coniunxit in unitate personae hominem Deo, carnem Verbo. Istam nativitatem bona opera secuta sunt, non bona opera meruerunt. Neque enim metuendum erat, ne isto ineffabili modo in unitatem personae a Verbo Deo natura humana suscepta, per liberum voluntatis peccaret arbitrium, cum ipsa susceptio talis esset, ut natura hominis a Deo ita suscepta, nullum in se motum malae voluntatis admitteret. Per hunc Mediatorem Deus ostendit eos, quos eius sanguine redemit, facere se ex malis deinceps in aeternum bonos, quem sic suscepit, ut nunquam esset malus, nec ex malo factus semper esset bonus.*

AUG c s Arian 7,6–9,7 (PL 42,688–690)

(7,6) Quanquam *et hoc ipsum quod dicit Jesus,* Descendi de caelo, non ut faciam voluntatem meam, sed voluntatem eius qui me misit; *ad illud referatur quod homo primus Adam (de quo dicit Apostolus,* Per unum hominem peccatum intravit in mundum, et per peccatum mors; et ita in omnes homines pertransiit, in quo omnes peccaverunt) *faciendo voluntatem suam, non eius a quo factus est, universum genus humanum propagine vitiata culpae et poenae fecit obnoxium. Unde a contrario, per quem liberandi fueramus, non fecit voluntatem suam, sed eius a quo missus est. Ita quippe hoc loco dicitur voluntas sua, ut intelligatur esse propria contra voluntatem Dei. Neque enim cum obedimus Deo, eaque facere voluntatem, nolentes id facimus, sed volentes, ac per hoc si volentes id facimus, quomodo voluntatem nostram non facimus, nisi quia illa dicitur voluntas, nostra, quando Scriptura ita loquitur, quae intelligitur esse propria contra voluntatem Dei? Hanc habuit*

Adam, ut in illo moreremur: hanc non habuit Christus, ut in illo viveremus. De natura quippe humana hoc recte dici potest, in qua exstitit per inobedientiam voluntas propria, quae Dei voluntati esset adversa. Caeterum quod attinet ad divinitatem Filii, una eademque voluntas est Patris et Filii: nec potest ullo modo esse diversa, ubi est natura Trinitatis immutabilis universa. Ut autem Mediator Dei et hominum homo Christus Iesus non faceret propriam, quae Deo adversa est, voluntatem, non erat tantum homo, sed Deus et homo: per quam mirabilem singularemque gratiam humana in illo sine peccato ullo posset esse natura. Propter hoc ergo ait, Descendi de caelo, non ut faciam voluntatem meam, sed voluntatem eius qui me misit: *ut ea causa esset tantae obedientiae, quae omnino sine ullo peccato esset hominis quem gerebat, quia de caelo descenderat; hoc est, non tantum homo, verum etiam Deus erat. Unam quippe ostendit esse personam in utraque natura, hoc est, Dei et hominis, ne si duas faciat, quaternitas incipiat esse, non trinitas. Quoniam itaque gemina quidem substantia, sed una persona est, propterea quod dictum est,* Descendi de caelo, *refertur ad Dei excellentiam; quod vero adiunctum est,* non ut faciam voluntatem meam, *propter Adam qui fecit suam, refertur ad hominis obedientiam: utrumque autem Christus, id est, Deus et homo; tamen obedientia in illo quae contraria est inobedientiae primi hominis, secundum id quod homo est commendatur. Unde ait Apostolus:* Sicut enim per inobedientiam unius hominis, peccatores constituti sunt multi; ita et per obedientiam unius hominis iusti constituentur multi.

(8,6) Nec quia dixit, hominis, *separavit Deum, qui hominem assumpsit; quia, sicut dixi, et valde commendandum est, una persona est. Ipse namque unus Christus et Dei Filius semper natura, et hominis Filius qui ex tempore assumptus est gratia: nec sic assumptus est ut prius creatus post assumeretur, sed ut ipsa assumptione crearetur. Ac per hoc propter istam unitatem personae in utraque natura intelligendam et Filius hominis dicitur descendisse de coelis, quamvis sit ex ea quae in terra fuerat Virgine assumptus; et Filius Dei dicitur crucifixus et sepultus, quamvis haec non in divinitate ipsa qua est Unigenitus Patri coaeternus, sed in naturae humanae sit infirmitate perpessus. Nam Filium hominis descendisse de coelo, ipsum dixisse sic legimus:* Nemo ascendit in coelum, nisi qui de coelo descendit, Filius hominis, qui est in coelo. *Unigenitum vero Filium Dei crucifixum et sepultum, omnes etiam in Symbolo confitemur. Unde est et illud Apostoli:* Si enim cognovissent, nunquam Dominum gloriae crucifixissent. *Hanc unitatem personae Christi Iesu Domini nostri, sic ex natura utraque constantem, divina scilicet atque humana, ut quaelibet earum vocabulum etiam alteri impertiat, et divina humanae, et humana divinae, beatus ostendit Apostolus, ubi nos cum ad humilitatem misericordem per Christi exhortaretur exemplum:* Hoc sentite, *inquit,* in vobis quod et in Christo Iesu, qui cum in forma Dei esset, non rapinam arbitratus est esse aequalis Deo; sed se ipsum exinanivit formam servi accipiens, in similitudinem hominum factus, et habitu inventus ut homo: humiliavit se ipsum factus obediens usque ad mortem, mortem autem crucis. *Cum ergo Christi nomen ex eo illi sit quod scriptum est in prophetia,* Unxit te Deus, Deus tuus, oleo exsultationis prae participibus tuis; *unde ad id quod homo factus est pertinet id* quod formam servi accipiens habitu est inventus ut homo, *qui utique habitus coepit ex tempore: de ipso tamen eodemque Christo dictum est,* Cum in forma Dei esset; *cum profecto in forma Dei antequam ab illo forma servi esset accepta, nondum erat Filius hominis, sed Filius Dei, cui Patris aequalitas rapina non erat, sed natura. Non enim erat usurpando elatus, sed hoc erat natus, et ideo veritas. Nondum ergo erat Christus, quod esse coepit cum semetipsum* exinanivit, *non formam Dei amittens, sed* formam servi accipiens. *Verum si quaeramus, Quis est ille* qui cum in forma Dei esset, non rapinam arbitratus est esse aequalis Deo? *Respondetur nobis voce apostolica,* Christus Iesus. *Ergo et illa divinitas huius humanitatis nomen accepit. Item si quaeramus, quisnam sit* factus obediens usque ad mortem, mortem autem crucis; *rectissime respondetur, ille* qui cum in forma Dei esset, non rapinam arbitratus est esse aequalis Deo. *Ergo et ista humanitas illius divinitatis nomen accepit. Apparet tamen idem ipse Christus, geminae gigas substantiae, secundum quid obediens, secundum quid aequalis Deo; secundum quid Filius hominis, secundum quid Filius Dei: secundum quid dicat,* Pater

maior me est; *secundum quid,* Ego et Pater unum sumus: *secundum quid, non facit voluntatem suam, sed eius a quo missus est; secundum quid,* Sicut Pater suscitat mortuos et vivificat, sic et Filius quos vult vivificat.

(9,7) Item sequuntur et dicunt: Is et in cruce pendens, voluntate et praecepto Patris, carnem humanam quam de sancta virgine Maria suscepit, in manus hominum dereliquit, et divinitatem suam in manus Patris commendavit, dicens: Pater, in manus tuas commendo spiritum meum. Quia Maria moriturum corpus peperit, Deus autem immortalis immortalem Filium genuit. Ergo mors Christi non diminutio est divinitatis, sed depositio corporis. Sicuti enim generatio eius ex virgine non fuit corruptio deitatis, sed susceptio corporis; ita et in morte ipsius non fuit passio et defectio deitatis ipsius, sed separatio carnis ipsius. Sicuti enim qui indumentum conscindit, induto facit iniuriam; ita et qui carnem ipsius crucifixerunt, divinitati ipsius contumeliam intulerunt. *Ecce in quibus verbis suis omnino manifestant negare se, quod ad unitatem personae Christi etiam humana anima pertineat; sed in Christo carnem et divinitatem tantummodo confiteri. Quandoquidem cum penderet in ligno, illud ubi ait,* Pater, in manus tuas commendo spiritum meum, *divinitatem ipsam volunt eum intelligi commendasse Patri, non humanum spiritum, quod est anima. Merito in ista ipsa disputatione superius, ubi voluerunt intelligi Christum Patris voluntatem fecisse, non suam, hinc eum minoris atque diversae putantes esse naturae, illud commemorant quod ait,* Pater, transeat a me calix iste; non tamen quod ego volo, sed quod tu vis: *illud autem noluerunt quod ait,* Tristis est anima mea usque ad mortem. *Audiant ergo ista commemorantibus nobis:* Tristis est anima mea usque ad mortem; Potestatem habeo ponendi animam meam; Maiorem hac caritatem nemo habet, quam ut animam suam ponat pro amicis suis: *et quod de illo intellexerunt Apostoli prophetatum,* Quoniam non derelinques animam meam in inferno. *Et his atque huiusmodi sanctarum Scripturarum testimoniis non resistant, fateanturque Christum, non tantum carnem, sed animam quoque humanam Verbo unigenito coaptasse; ut esset una persona, quod Christus est, Verbum et homo: sed ipse homo, anima et caro; ac per hoc Christus Verbum anima et caro. Et ideo sic intelligendus geminae substantiae, divinae scilicet et humanae, ut ipsa humana ex anima constet et carne. Aut si eo moventur quod scriptum est,* Verbum caro factum est; *nec illic anima nominata est: intelligant carnem pro homine positam, a parte totum significante locutionis modo; sicuti est,* Ad te omnis caro veniet: *item,* Ex operibus Legis non iustificabitur omnis caro. *Quod apertius alio loco dixit,* Ex Lege nemo iustificabitur: *itemque alio,* Non iustificabitur homo ex operibus Legis. *Ita ergo dixit,* Omnis caro; *ac si diceret,* Omnis homo. *Sic itaque dictum est,* Verbum caro factum est; *ac si diceretur,* Verbum homo factum est. *Verumtamen isti cum eius solam humanam carnem velint intelligi hominem Christum; non enim negabunt hominem, de quo apertissime dicitur,* Unus mediator Dei et hominum homo Christus Iesus: *miror quod nolint consentire, propter hanc humanam quomodocumque naturam dici potuisse,* Pater maior me est; *non propter illam de qua dictum est,* Ego et Pater unum sumus. *Quis enim ferat, si quantuscumque homo dicat, Ego et Deus unum sumus? Et quis non accipiat, si homo dicat, Deus maior me est? Quale illud est quod ait beatus Ioannes:* Maior est Deus corde nostro.

AUG ench 10,35–11,36 (CCL 46,69,48–70,30)

(10,35) Proinde Christus Iesus, dei filius, est et deus et homo: deus ante omnia saecula, homo in nostro saeculo: deus quia dei verbum – Deus enim erat verbum – homo autem quia in unitatem personae accessit verbo anima rationalis et caro. Quocirca in quantum deus est, ipse et pater unum sunt: in quantum autem homo est, pater maior est illo. Cum enim esset unicus dei filius non gratia sed natura, ut esset etiam plenus gratia, factus est et hominis filius; idem ipse utrumque, ex utroque unus Christus, quia, cum in forma dei esset, non rapinam arbitratus est quod natura erat, id est esse aequalis deo. Exinanivit autem se, accipiens formam servi, non amittens vel minuens formam dei. Ac per hoc et minor factus est et mansit aequalis, utrumque unus, sicut dictum est. Sed aliud est propter verbum, aliud propter hominem: propter verbum aequalis, propter hominem minor; unus dei filius, idemque

hominis filius; unus hominis filius, idemque dei filius; non duo filii dei, deus et homo, sed unus dei filius; deus sine initio, homo a certo initio, dominus noster Iesus Christus.

(11,36) Hic omnino granditer et evidenter dei gratia commendatur. Quid enim natura humana in homine Christo meruit, ut in unitatem personae unici filii dei singulariter esset assumpta? Quae bona voluntas, cuius boni propositi studium, quae bona opera praecesserunt, quibus mereretur iste homo una fieri persona cum deo? Numquid antea fuit homo, et hoc ei singulare beneficium praestitum est, ut singulariter promereretur deum? Nempe ex quo esse coepit, non aliud coepit esse quam dei filius, et hoc unicus; et propter deum verbum, quod illo suscepto caro factum est, utique deus, ut, quemadmodum est una persona quilibet homo, anima scilicet rationalis et caro, ita sit Christus una persona, verbum et homo. Unde naturae humanae tanta gloria, nullis praecedentibus meritis sine dubitatione gratuita, nisi quia magna hic et sola dei gratia fideliter et sobrie considerantibus evidenter ostenditur, ut intellegant homines per eandem gratiam se iustificari a peccatis, per quam factum est ut homo Christus nullum posset habere peccatum? Sic et eius matrem angelus salutavit quando ei futurum nuntiavit hunc partum: Ave, *inquit,* gratia plena: *et paulo post:* Invenisti gratiam apud deum. *Et haec quidem gratia plena, et invenisse apud deum gratiam dicitur, ut domini sui, immo omnium domini, mater esset. De ipso autem Christo Ioannes evangelista cum dixisset:* Et verbum caro factum est et habitavit in nobis, et vidimus, *inquit,* gloriam eius, gloriam quasi unigeniti a patre, plenum gratiae et veritatis. Quod ait:* Verbum caro factum est, *hoc est plenum gratiae; quod autem ait:* Gloriam unigeniti a patre, *hoc est plenum veritatis. Veritas quippe ipsa, unigenitus dei filius non gratia sed natura, gratia suscepit hominem tanta unitate personae ut idem ipse esset etiam hominis filius.*

AUG ench 12,40–13,41 (CCL 46,72,51–8)

(12,40) Cum itaque de aliquo nascatur aliquid etiam non eo modo ut sit filius, nec rursus omnis qui dicitur filius de illo sit natus cuius dicitur filius, profecto modus iste quo natus est Christus de spiritu sancto non sicut filius, et de Maria virgine sicut filius, insinuat nobis gratiam dei qua homo, nullis praecedentibus meritis, in ipso exordio naturae suae quo esse coepit, verbo deo copularetur in tantam personae unitatem ut idem ipse esset filius dei qui filius hominis, et filius hominis qui filius dei, ac sic in naturae humanae susceptione fieret quodammodo ipsa gratia illi homini naturalis quae nullum peccatum posset admittere. Quae gratia propterea per spiritum sanctum fuerat significanda quia ipse proprie sic et deus ut dicatur etiam dei donum; unde sufficienter loqui, si tamen id fieri potest, valde prolixae disputationis est.

(13,41) Nulla igitur voluptate carnalis concupiscentiae seminatus sive conceptus, et ideo nullum peccatum originaliter trahens, dei quoque gratia verbo patris unigenito, non gratia filio sed natura, in unitate personae modo mirabili et ineffabili adiunctus atque concretus, et ideo nullum peccatum et ipse committens, tamen propter similitudinem carnis peccati in qua venerat dictus est et ipse peccatum, sacrificandus ad diluenda peccata.

AUG ep 137,9–11 (CSEL 44,108,13–110,11)

Nunc vero ita inter deum et homines mediator apparuit, ut in unitate personae copulans utramque naturam et solita sublimaret insolitis et insolita solitis temperaret.

(10) Quid autem non mirum deus facit in omnibus creaturae motibus, nisi consuetudine cotidiana viluissent? denique quam multa usitata calcantur, quae considerata stupentur! sicut ipsa vis seminum quos numeros habet, quam vivaces, quam efficaces, quam latenter potentes, quam in parvo magna molientes, quis adeat animo, quis promat eloquio? ille igitur sibi sine semine operatus est hominem, qui in rerum natura sine seminibus operatur et semina; ille mira quod in suo corpore numeros temporum mensurasque servavit aetatum, qui sine ulla sui mutabilitate mutando contexit ordinem saeculorum. hoc enim crevit in tempore, quod coepit ex tempore; verbum autem in principio, per quod facta sunt tempora, tempus elegit, quo susciperet carnem, non tempori cessit, ut verteretur in carnem; homo quippe deo accessit, non deus a se recessit.

(11) Sic autem quidam reddi sibi rationem flagitant, quo modo deus homini permixtus sit, ut una fieret persona Christi, cum hoc semel fieri oportuerit, quasi rationem ipsi reddant de re, quae cotidie fit, quo modo misceatur anima corpori, ut una persona fiat hominis. nam sicut in unitate personae anima utitur corpore, ut homo sit, ita in unitate personae deus utitur homine, ut Christus sit. in illa ergo persona mixtura est animae et corporis, in hac persona mixtura est dei et hominis, si tamen recedat auditor a consuetudine corporum, qua solent duo liquores ita misceri, ut neutrum servet integritatem suam, quamquam et in ipsis corporibus aeri lux incorrupta misceatur. ergo persona hominis mixtura est animae et corporis, persona autem Christi mixtura est dei et hominis; cum enim verbum dei permixtum est animae habenti corpus, simul et animam suscepit et corpus.

AUG ep 169,2,7–8 (CSEL 44,616,20–617,26)

(7) Nec sane sonus ille vocis, qui continuo esse destitit, coaptatus est in unitatem personae patris nec illa columbae species corporalis coaptata est in unitatem personae spiritus sancti; nam ipsa quoque sicut nubes illa lucida, quae operuit in monte cum tribus discipulis salvatorem, vel potius sicut ille ignis, qui eundem spiritum sanctum demonstravit, officio significationis impleto mox esse destitit. sed solus homo, quia propter ipsam naturam liberandam illa omnia fiebant, in unitatem personae verbi dei, hoc est unici filii dei mirabili et singulari susceptione coaptatus est permanente tamen verbo in sua natura incommutabiliter, in qua nihil compositi, cum quo subsistat ulla phantasia humani animi, suspicandum est. legitur quidem: Et spiritus sapientiae multiplex *(Sap 7,22), sed recte dicitur etiam simplex; multiplex enim, quoniam multa sunt, quae habet, simplex autem, quia non aliud, quam quod habet, est, sicut dictus est filius* habere vitam in semetipso *(Jo 5,26. 14,6) et eadem vita ipse est. homo autem verbo accessit, non verbum in hominem convertibiliter accessit; atque ita et filius dei simul cum homine suscepto dicitur, unde idem filius dei incommutabilis est atque coaeternus patri sed in verbo solo et sepultus est filius dei sed in carne sola.*

(8) Proinde, quae de filio dei verba dicuntur, videndum est, secundum quid dicantur. non enim homine adsumpto personarum numerus auctus est, sed eadem trinitas mansit. nam sicut in homine quolibet praeter unum illum, qui singulariter susceptus est, anima et corpus una persona est, ita in Christo verbum et homo una persona est. et sicut homo verbi gratia philosophus non utique nisi secundum animam dicitur nec ideo tamen absurde sed congruentissima et usitatissima locutione dicimus philosophum caesum, philosophum mortuum, philosophum sepultum, cum totum secundum carnem accidat non secundum illud, quod est philosophus, ita Christus deus, dei filius, dominus gloriae et si quid huius modi secundum verbum dicitur et tamen recte dicitur deus crucifixus, cum hoc eum secundum carnem passum esse non secundum illud, quod dominus gloriae est, non habeatur incertum.

AUG Io Eu tr 19,15 (CCL 36,198,7–199,31)

Et dedit ei potestatem et iudicium facere *(Jo 5,27). Quis? Pater. Cui dedit? Filio. Cui enim dedit habere vitam in semetipso, potestatem dedit ei et iudicium facere.* Quia filius hominis est *(Jo 5,27). Iste enim Christus, et Filius Dei et filius hominis est.* In principio erat Verbum, et Verbum erat apud Deum, et Deus erat Verbum; hoc erat in principio apud Deum *(Jo 1,1–2). Ecce quomodo dedit ei vitam habere in semetipso. Sed quia* Verbum caro factum est, et habitavit in nobis *(Jo 1,14), ex virgine Maria homo factus, filius hominis est. Proinde quia filius hominis est, quid accepit? potestatem et iudicium facere. Quod iudicium? in fine saeculi; et tibi erit resurrectio mortuorum, sed corporum. Animas ergo suscitat Deus, per Christum Filium Dei; corpora suscitat Deus, per eumdem Christum filium hominis.* Dedit ei potestatem *(Jo 5,27). Hanc potestatem non haberet nisi acciperet, et esset homo sine potestate. Sed ipse est filius hominis, qui et Filius Dei. Haerendo enim ad unitatem personae filius hominis Filio Dei, facta est una persona, eademque Filius Dei, quae et filius hominis. Quid autem propter quid habeat, dignoscendum est. Filius hominis habet animam, habet corpus. Filius Dei, quod est Verbum Dei, habet hominem, tamquam anima corpus.*

*Sicut anima habens corpus, non facit duas personas, sed unum hominem; sic Verbum
habens hominem, non facit duas personas, sed unum Christum. Quid est homo? Anima
rationalis habens corpus. Quid est Christus? Verbum Domini habens hominem.*

AUG Io Eu tr 27,4 (CCL 36,271,1–30)

Et ait: Spiritus est qui vivificat, caro non prodest quidquam *(Jo 6,63). Hoc antequam
exponamus, ut Dominus donat, illud non negligenter praetereundum est, quod ait:* Si ergo
videritis Filium hominis adscendentem ubi erat prius *(Jo 6,62). Filius enim hominis
Christus, ex virgine Maria. Ergo filius hominis hic coepit esse in terra, ubi carnem assumsit
ex terra. Unde prophetice dictum erat:* Veritas de terra orta est *(Ps 84,12). Quid sibi ergo
vult quod ait:* Cum videritis Filium hominis adscendentem ubi erat prius *(Jo 6,62). Nulla
enim esset quaestio si ita dixisset:* Si videritis Filium Dei adscendentem ubi erat prius. *Cum
vero Filium hominis dixit adscendentem ubi erat prius, numquid Filius hominis in caelo erat
prius, quando in terra esse coepit? Hic quidem dixit:* Ubi erat prius, *quasi tunc non ibi esset
quando haec loquebatur. Alio autem loco ait:* Nemo adscendit in caelum, nisi qui de caelo
descendit, Filius hominis, qui est in caelo *(Jo 3,13); non dixit,* erat, *sed:* Filius, *inquit,*
hominis qui est in caelo. *In terra loquebatur, et in caelo se esse dicebat. Et non ita dixit:*
Nemo adscendit in caelum, nisi qui de caelo descendit, Filius Dei, qui est in caelo. *Quo
pertinet, nisi ut intellegamus, quod etiam pristino sermone commendavi caritati vestrae,
unam personam esse Christum Deum et hominem, non duas, ne fides nostra non sit Trinitas,
sed quaternitas? Christus ergo unus est: Verbum, anima et caro unus Christus; Filius Dei et
filius hominis unus Christus. Filius Dei semper, filius hominis ex tempore, tamen unus
Christus secundum unitatem personae. In caelo erat, quando in terra loquebatur. Sic erat
filius hominis in caelo, quomodo Filius Dei erat in terra; Filius Dei in terra in suscepta carne,
filius hominis in caelo in unitate personae.*

AUG Io Eu tr 49,18 (CCL 36,428,1–429,24)

Maria autem cum venisset ubi erat Iesus, videns eum, cecidit ad pedes eius, et dixit ei:
Domine, si fuisses hic, frater meus non esset mortuus. Iesus ergo ut vidit eam plorantem, et
Iudaeos qui cum illa erant plorantes, fremuit spiritu, et turbavit semetipsum, et dixit: Ubi
posuistis eum? *(Jo 11,32–34). Nescio quid nobis insinuavit fremendo spiritu, et turbando
seipsum. Quis enim eum posset, nisi se ipse, turbare? Itaque, fratres mei, primo hic adtendite
potestatem, et sic inquirite significationem. Turbaris tu nolens; turbatus est Christus, quia
voluit. Esurivit Iesus, verum est, sed quia voluit; dormivit Iesus, verum est, sed quia voluit;
contristatus est Iesus, verum est, sed quia voluit; mortuus est Iesus, verum est, sed quia
voluit; in illius potestate erat sic vel sic affici, vel non affici. Verbum enim animam suscepit et
carnem, totius hominis sibi coaptans in personae unitate naturam. Nam et anima apostoli
Verbo illustrata est, anima Petro Verbo illustrata est, anima Pauli, aliorum apostolorum,
sanctorum prophetarum Verbo illustratae sunt animae; sed de nulla dictum est:* Verbum
caro factum est *(Jo 1,14); de nulla dictum est:* Ego et Pater unum sumus *(Jo 10,30). Anima
et caro Christi cum Verbo Dei una persona est, unus Christus est. Ac per hoc ubi summa
potestas est, secundum voluntatis nutum tractatur infirmitas; hoc est:* Turbavit semetipsum.

AUG Io Eu tr 99,1 (CCL 36,582,33–583,53)

Non possum, *inquit,* a meipso facere quidquam; sicut audio, iudico *(Jo 5,30). Sed
numquid de Spiritu sancto quod dictum est:* Non enim loquetur a semetipso, sed
quaecumque audiet, loquetur *(Jo 16,13), secundum hominem vel secundum assumtionem
cuiusquam creaturae dictum esse audebimus opinari? Solus quippe in Trinitate Filius
formam servi accepit, quae forma illi ad unitatem personae coaptata est, id est, ut Filius Dei
et filius hominis unus sit Iesus Christus, ne non Trinitas, sed quaternitas praedicetur a nobis,
quod absit a nobis. Propter quam personam unam ex duabus substantiis divina humanaque
constantem, aliquando secundum id quod Deus est loquitur, ut est illud quod ait:* Ego et

Pater unum sumus *(Jo 10,30); aliquando secundum id quod homo est, sicuti est illud:* Quoniam Pater maior me est *(Jo 14,28); secundum quod accepimus esse ab eo dictum et hoc unde nunc disputo:* Non possum a meipso facere quidquam; sicut audio, iudico *(Jo 5,30). In persona vero Spiritus sancti quomodo accipiamus quod ait:* Non enim loquetur a semetipso, sed quaecumque audiet, loquetur, *cum in ea non sit alia divinitatis, alia humanitatis, vel alterius creaturae cuiuscumque substantia magna exoritur difficultas.*

AUG Io Eu tr 107,5 (CCL 36,614,1–615,17)

Commendat ergo eos Patri, quos corporali absentia relicturus est, dicens: Pater sancte, serva eos in nomine tuo quos dedisti mihi *(Jo 17,11). Nempe sicut homo Deum rogat pro discipulis suis, quos accepit a Deo. Sed adtende quod sequitur:* Ut sint, *inquit,* unum sicut et nos. *Non ait: Ut nobiscum sint unum, aut simus unum ipsi et nos, sicut unum sumus nos; sed ait:* Ut sint unum sicut et nos. *Ipsi utique in natura sua sint unum, sicut et nos in nostra unum sumus. Quod procul dubio verum non diceret, nisi secundum hoc diceret, quod eiusdem naturae Deus est cuius et Pater, secundum quod alibi dixit:* Ego et Pater unum sumus *(Jo 10,30), non secundum id quod etiam homo est; nam secundum hoc:* Pater maior me est *(Jo 14,28) dixit. Sed quoniam una eademque persona est Deus et homo, intellegimus hominem in eo quod rogat; intellegimus autem Deum in eo quod unum sunt et ipse et ille quem rogat. Sed est adhuc in consequentibus locus ubi de hac re diligentius disputandum est.*

AUG Io Eu tr 108,5 (CCL 36,618,20–38)

Cum enim dixisset: Et pro eis ego sanctifico meipsum *(Jo 17,19), ut intellegeremus hoc eum dixisse, quod eos sanctificaret in se, mox addidit:* Ut sint et ipsi sanctificati in veritate. *Quod quid est aliud quam, in me, secundum id quod veritas est Verbum illud in principio Deus? In quo et ipse filius hominis sanctificatus est ab initio creationis suae, quando* Verbum factum est caro *(Jo 1,14), quia una persona facta est Verbum et homo. Tunc ergo sanctificavit se in se, hoc est, hominem in se in Verbo se, quia unus Christus Verbum et homo, sanctificans hominem in Verbo. Propter sua vero membra,* Et pro eis, *inquit,* ego, *id est, quod prosit etiam ipsis, quia et ipsi sunt ego, sicut mihi profuit in me, quia homo sum sine ipsis:* Et ego sanctifico meipsum, *hoc est, ipsos in me tamquam meipsum sanctifico ego, quoniam in me etiam ipsi sunt ego.* Ut sint et ipsi sanctificati in veritate. *Quid est:* Et ipsi, *nisi:* quemadmodum ego; In veritate, *quod ipse sum ego? De inde iam non solum de apostolis, sed etiam de suis ceteris membris incipit dicere; quod donante ipso, alio sermone tractandum est.*

AUG Io Eu tr 111,2 (CCL 36,629,1–16)

Sed quoniam quibus promiserit et quam firma sit ipsa promissio, pro sermonis brevitate iam diximus; hoc ipsum quantum valemus, quid sit quod dignatus est promittere videamus: Quos dedisti mihi, *inquit,* volo ut ubi ego sum, et ipsi sint mecum *(Jo 17,24). Quantum adtinet ad creaturam in qua factus est ex semine David secundum carnem, nec ipse adhuc erat ubi futurus erat; sed eo modo dicere potuit:* Ubi ego sum, *quo intellegeremus quod cito fuerat adscensurus in caelum, ut iam ibi esse se diceret ubi fuerat mox futurus. Potuit et in illo modo, quo ante iam dixerat loquens ad Nicodemum:* Nemo adscendit in caelum, nisi qui descendit de caelo, Filius hominis, qui in caelo est *(Jo 3,13). Nam et ibi non dixit:* Erit; *sed:* Est, *propter unitatem personae, in qua et Deus homo est, et homo Deus. In caelo ergo nos futuros esse promisit, illo enim forma servi levata est, quam sumsit ex Maria virgine, et ad Patris dexteram collocata.*

AUG pecc mer 1,31,60 (CSEL 60,60,14–61,21)

Nisi ergo in unitatem Christi omnes mutandi levandique concurrant, ut Christus, qui descendit, ipse ascendat, non aliud deputans corpus suum, id est ecclesiam suam, quam se ipsum – quia de Christo et ecclesia verius intellegitur: Erunt duo in carne una *(Gen 2,24), de qua re ipse dixit:* Igitur iam non duo, sed una caro *(Mt 19,5. Mk 10,8) –, ascendere omnino non potuerunt, quia* nemo ascendit in caelum, nisi qui de caelo descendit, filius hominis, qui est in caelo *(Jo 3,13). quamvis enim in terra factus sit filius hominis, divinitatem tamen suam, qua in caelo manens descendit ad terram, non indignam censuit nomine filii hominis, sicut carnem suam dignatus est nomine filii dei, ne quasi duo Christi accipiantur, unus deus et alter homo, sed unus atque idem deus et homo: deus, quia* in principio erat verbum et deus erat verbum *(Jo 1,1), homo, quia* verbum caro factum est et habitavit in nobis *(Jo 1,14). ac per hoc per distantiam divinitatis et infirmitatis filius dei manebat in caelo, filius hominis ambulabat in terra; per unitatem vero personae, qua utraque substantia unus Christus est, et filius dei ambulabat in terra et idem ipse filius hominis manebat in caelo. fit ergo credibiliorum fides ex incredibilioribus creditis, si enim divina substantia longe distantior atque incomparabili diversitate sublimior potuit propter nos ita suscipere humanam substantiam, ut una persona fieret ac sic filius hominis, qui erat in terra per carnis infirmitatem, idem ipse esset in caelo per participatam carni divinitatem, quanto credibilius alii homines sancti et fideles eius fiunt cum homine Christo unus Christus, ut omnibus per eius hanc gratiam societatemque ascendentibus ipse unus Christus ascendat in caelum, qui de caelo descendit! sic apostolus ait:* Sicut in uno corpore multa membra habemus, omnia autem membra corporis, cum sint multa, unum est corpus, ita et Christus. *non dixit: ,ita et Christi‘, id est corpus Christi vel membra Christi, sed:* Ita et Christus, *unum Christum appellans caput et corpus.*

AUG perseu 24,67 (PL 45,1033–1034)

Nullum autem est illustrius praedestinationis exemplum quam ipse Iesus: unde et in primo libro iam disputavi, et in huius fine commendare delegi: nullum est, inquam, illustrius praedestinationis exemplum quam ipse Mediator. Quisquis fidelis vult eam bene intelligere, attendat ipsum, atque in illo inveniat et se ipsum: fidelis, inquam, qui in eo veram naturam credit et confitetur humanam, id est nostram, quamvis singulariter suscipiente Deo Verbo, in unicum Filium Dei sublimatam, ita ut qui suscepit et quod suscepit una esset in Trinitate persona. Neque enim homine assumpto quaternitas facta est, sed Trinitas mansit, assumptione illa ineffabiliter faciente personae unius in Deo et homine veritatem. Quoniam non Deum tantum dicimus Christum, sicut haeretici Manichaei; nec hominem tantum, sicut haeretici Photiniani; nec ita hominem, ut aliquid minus habeat quod ad humanam certum est pertinere naturam, sive anima sive in ipsa anima mentem rationalem, sive carnem, non de femina sumptam, sed factam de Verbo in carnem converso atque mutato; quae omnia tria falsa et vana, haereticorum Apollinaristarum tres partes varias diversasque fecerunt: sed dicimus Christum Deum verum, natum de Deo Patre sine ullo initio temporis; eumdemque hominem verum, natum de homine matre certa plenitudine temporis; nec eius humanitatem, qua minor est Patre, minuere aliquid eius divinitati, qua aequalis est Patri. Hoc autem utrumque unus est Christus, qui et secundum Deum verissime dixit, Ego et Pater unum sumus: *et secundum hominem verissime dixit,* Pater maior me est.

AUG praes Dei 13,40 (CSEL 57,117,8–118,2)

An etiam praeter hoc, quod tamquam in templo in illo corpore habitat omnis plenitudo divinitatis *(Kol 2,9), est aliud, quod intersit inter illud caput et cuiuslibet membri excellentiam? est plane, quod singulari quadam susceptione hominis illius una facta est persona cum verbo. de nullo enim sanctorum dici potuit aut potest aut poterit:* Verbum caro factum est *(Jo 1,14), nullus sanctorum qualibet praestantia gratiae unigeniti nomen accepit, ut, quod est ipsum de verbum ante saecula, hoc simul cum adsumpto homine diceretur. singularis ergo est illa susceptio nec cum hominibus aliquibus sanctis quantalibet sapientia et sanctitate praestantibus ullo modo potest esse communis. ubi divinae gratiae satis perspicuum clarumque documentum est. quis enim tam sit sacrilegus, ut audeat adfirmare aliquam posse animam per meritum liberi arbitrii, ut alter sit Christus, efficere? ut ergo ad personam verbi unigeniti pertineret, quo pacto per liberum arbitrium communiter omnibus et naturaliter datum una sola anima meruisset, nisi hoc singularis gratia praestitisset, quam fas est praedicare, de qua nefas est velle iudicare?*

AUG s 91,2,2–3,3 (PL 38,567–568)

Sed cum Iudaei respondere non possent Domino proponenti quaestionem et dicenti, cuius filium dicerent Christum; atque illi responderent, Filium David: addendo et proponendo, Quomodo ergo David in spiritu vocat eum Dominum, dicens: Dixit Dominus Domino meo, Sede ad dexteram meam, donec ponam inimicos tuos sub pedibus tuis? Si ergo David, *inquit,* in spiritu dicit eum Dominum, quomodo est filius eius? *(Mt 22,43–45). Non dixit,* Non est filius eius; *sed,* Quomodo est filius eius? Quomodo *cum dicit, verbum quaerentis est, non negantis: tamquam si hoc eis diceret, Bene quidem dicitis Christum filium David, sed ipse David Dominum eum dicit; quem dicit ille Dominum, quomodo est filius? Dicerent Iudaei, si instructi essent fide Christiana, quam nos tenemus; si contra Evangelium corda non clauderent, si vitam spiritualem in se habere voluissent, responderent instructi ecclesiastica fide huic quaestioni, et dicerent, Quoniam* in principio erat Verbum, et Verbum erat apud Deum, et Deus erat Verbum *(Jo 1,1): ecce quomodo est Dominus David. Sed quia* Verbum caro factum est, et habitavit in nobis *(Jo 1,14); ecce quomodo est filius David. Sed nescientes obmutuerunt, nec ore saltem clauso aures aperuerunt, ut quod respondere non potuerunt interrogati, nossent edocti.*

(3,3) Sed quia magnum est nosse mysterium, quomodo sit Dominus David et filius David: quomodo sit una persona homo et Deus: quomodo sit in forma hominis minor Patre, in forma Dei aequalis Patri: quomodo iterum dicit, et, Pater maior me est *(Jo 14,28); et,* Ego et Pater unum sumus *(Jo 10,30): quia magnum est sacramentum, ut capi possit, mores informandi sunt.*

AUG s 186,1,1 (PL 38,999)

Gaudeamus, fratres: laetentur et exsultent gentes. Istum diem nobis non sol iste visibilis, sed Creator ipsius invisibilis consecravit; quando eum pro nobis visibilem factum, a quo invisibili et ipsa creata est, visceribus fecundis et genitalibus integris Virgo Mater effudit. Concipiens virgo, pariens virgo, virgo gravida, virgo perpetua. Quid miraris haec, o homo? Deum sic nasci oportuit, quando esse dignatus est homo. Talem fecit illam, qui est factus ex illa. Antequam enim fieret, erat: et quia omnipotens erat, fieri potuit manens quod erat. Fecit sibi matrem, cum esset apud Patrem: et cum fieret ex matre, mansit in Patre. Quomodo Deus esse desisteret, cum homo esse coepit, qui genitrici suae praestitit ne desisteret virgo esse, cum peperit? Proinde quod Verbum caro factum est, non Verbum in carnem pereundo cessit; sed caro ad Verbum, ne ipsa periret, accessit ut quemadmodum homo est anima et caro, sic esset Christus Deus et homo. Idem Deus qui homo, et qui Deus idem homo: non confusione naturae, sed unitate personae. Denique qui Filius Dei generanti est coaeternus semper ex Patre, idem filius hominis esse coepit ex Virgine. Ac sic et Filii divinitati est addita humanitas; et tamen non est personarum facta quaternitas, sed permanet trinitas.

AUG s 242,4,6 (PL 38,1140–1141)

Audistis quod de Evangelio modo recens sonuit in auribus nostris: Elevatis manibus suis benedixit eis. Et factum est, dum benediceret eis, recessit ab eis, et ferebatur in coelum *(Lk 24,50–51). Qui ferebatur in coelum? Dominus Christus. Qui Dominus Christus? Dominus Jesus. Quid enim, separaturus es hominem a Deo, et facturus es aliam personam Dei, aliam hominis, ut iam non sit Trinitas, sed quaternitas? Quomodo tu homo anima es et corpus; sic Dominus Christus Verbum, anima et corpus. Sed Verbum non recessit a Patre: et ad nos venit, et Patrem non deseruit; et in utero carnem accepit, et mundum rexit. Quid ergo levatum est in coelum, nisi quod sumptum est de terra? id est, caro illa, corpus illud, de quo loquens ad discipulos ait:* Palpate, et videte, quia spiritus ossa et carnem non habet, sicut me videtis habere *(Lk 24,39). Credamus hoc, fratres: et si argumenta philosophorum difficile solvimus; illud quod demonstratum est in Domino, sine difficultate fidei teneamus. Illi garriant, nos credamus.*

AUG s 263,3 (PL 38,1211) = s Mai 98,3 (PLS 2,496)

Nam et illud nonnullos calumniantibus haereticis movet, quemadmodum Dominus sine corpore descenderit, cum corpore ascenderit, velut contrarium sit illis verbis quibus ait, Nemo ascendit in coelum, nisi qui de coelo descendit *(Jo 3,13). Corpus, inquiunt, quod non descendit de coelo, quomodo potuit ascendere in coelum? Quasi ille dixerit, Nihil ascendit in coelum, nisi quod de coelo descendit; sed ait,* Nemo descendit, nisi qui descendit. *Hoc enim ad personam, non ad personae habitum retulit. Descendit sine corporis indumento, ascendit cum corporis indumento. Nemo tamen, nisi qui descendit, ascendit. Nam si nos sibimet tanquam sua membra ita coaptavit, ut etiam nobis coniunctis idem ipse sit; quanto magis illud corpus, quod de virgine assumpsit, aliam non potest in illo habere personam? Quis enim vel in montem, vel in murum, vel in aliquem superiorem locum dicit non eum solum qui descenderit ascendisse, si cum descendisset exutus, ascendat indutus; aut cum descendisset inermis, ascendat armatus? Quemadmodum ergo de hoc dicitur, Nemo ascendit nisi qui descendit, quamvis cum ea re cum qua non descendit ascenderit: sic nemo in coelum nisi Christus ascendit; quia de coelo, nisi Christus, nemo descendit; quamvis sine corpore descenderit, cum corpore ascenderit, ascensuris et nobis non virtute nostra, sed nostra et illius unitate.* Duo quippe in carne una; sacramentum magnum est in Christo et in Ecclesia *(Eph 5,31–32). Unde et ipse dicit:* Igitur iam non duo, sed una caro *(Mt 19,6).*

AUG s 288,4–5 (PL 38,1306–1307)

Personam gerebat Joannes vocis in sacramento: nam non ipse solus vox erat. Omnis enim homo annuntiator Verbi, vox Verbi est. Quod enim est sonus oris nostri ad verbum quod in corde gestamus, hoc omnis anima pia praedicatrix ad illud Verbum de quo dictum est: In principio erat Verbum, et Verbum erat apud Deum, et Deus erat Verbum: hoc erat in principio apud Deum. *Quanta verba, imo quantas voces facit verbum corde conceptum! Quantos praedicatores fecit Verbum apud Patrem manens! Misit Patriarchas, misit Prophetas, misit tot et tantos praenuntiatores suos. Verbum manens voces misit, et post multas praemissas voces, unum ipsum Verbum venit tanquam in vehiculo suo, in voce sua, in carne sua. Collige ergo tanquam in unum omnes voces, quae praecesserunt Verbum, et eas omnes constitue in persona Joannis. Harum omnium sacramentum ille gestabat, harum omnium persona sacrata et mystica ille unus erat. Ideo proprie dictus est vox, tanquam omnium vocum signaculum atque mysterium.*

(5) Ergo attendite iam quo pertineat, Illum oportet crescere, me autem minui. *Attendite, si possim eloqui; si non dicam, insinuare, sed saltem cogitare sufficiam, quo modo, qua ratione, qua intentione, qua causa, secundum distinctionem quam locutus sum vocis et verbi, dixerit ipsa vox, ipse Joannes,* Illum oportet crescere, me autem minui. *O magnum et mirabile sacramentum! Attendite personam vocis, in qua persona erant sacramenta omnium vocum, dicentem de persona Verbi,* Illum oportet crescere, me autem minui. *Quare? Attendite. Apostolus dicit,* Ex parte scimus, et ex parte prophetamus; cum autem venerit quod perfectum est, quod ex parte est evacuabitur. *Quid est perfectum?* In principio erat Verbum, et Verbum erat apud Deum, et Deus erat Verbum. *Hoc est perfectum! Quid est perfectum? Dicat et apostolus Paulus,* Qui cum in forma Dei esset, non rapinam arbitratus est esse aequalis Deo. *Hunc aequalem Deo Patri, hoc Verbum Dei apud Deum, per quod facta sunt omnia, videbimus sicuti est, sed in fine. Nam nunc, quod evangelista Joannes dicit,* Dilectissimi, filii Dei sumus, et nondum apparuit quid erimus. Dilectissimi, scimus, quia cum apparuerit, similes ei erimus, quoniam videbimus eum sicuti est. *Haec visio nobis promittit ut, ad hanc visionem erudimur, ad hanc visionem corda mundamus.* Beati enim,

inquit, mundo corde, quoniam ipsi Deum videbunt. *Ostendit carnem suam, ostendit servis, sed formam servi; tanquam propriam vocem suam, inter multas voces, quas praemisit, ipsam etiam carnem suam ostendit. Pater quaerebatur, quasi iam ipse sicuti est videretur: qui aequalis Patri Filius, in forma servi servis loquebatur.* Domine, ait illi Philippus, ostende nobis Patrem, et sufficit nobis. *Omnis intentionis suae finem quaerebat, hoc est, profectus sui terminum, quo cum pervenisset, nihil amplius iam requireret.* Ostende, *inquit*, nobis Patrem, et sufficit nobis. *Bene, Philippe, bene, optime intelligis quod tibi sufficit Pater. Quid est* sufficit? *Nihil ultra quaeres: implebit te, satiabit te, perficiet te. Sed vide ne forte sufficiat tibi et iste quem audis. Solus sufficit, an cum Patre? Sed quomodo solus, quando nunquam discedit a Patre? Ergo respondeat Philippo volenti videre:* Tanto tempore vobiscum sum, et non cognovistis me? Philippe, qui vidit me, vidit et Patrem. *Quid est,* Philippe, qui vidit me, vidit et Patrem; *nisi, Tu me non vidisti, ideo quaeris Patrem?* Philippe, qui me vidit, vidit et Patrem. *Tu autem vides me, et non vides me. Non vides enim me qui feci te; sed vides quod factus sum propter te.* Qui me, *inquit*, vidit, vidit et Patrem. *Unde, nisi quia* in forma Dei non rapinam arbitratus est esse aequalis Deo? *Quid ergo* Philippus *videbat? Quod* semetipsum exinanivit formam servi accipiens, in similitudinem hominum factus, et habitu inventus ut homo. *Hoc videbat Philippus, formam servi, liber futurus ad formam Dei. Ergo omnium vocum persona Joannes, Verbi persona Christus.*

AUG s 294,9,9–10,10 (PL 38,1340–1341)

(Kapitel IX) Inter caetera enim ostendens quem admodum fiat, etiam similitudinem posuit. Sed prius ait: Nemo ascendit in coelum, nisi qui de coelo descendit, Filius hominis qui est in coelo *(Jo 3,13). In terra erat, et in coelo se esse dicebat; et quod est maius, in coelo Filius hominis: ut unam demonstraret in utraque natura personam, et in eo quod Dei Filius erat aequalis Patri, Verbum Dei in principio Deus apud Deum, et in eo quod filius hominis erat, assumens animam humanam et carnem humanam, et indutus hominem, exiens ad homines: quia in hoc utroque non duo christi sunt, nec duo filii Dei sed una persona, unus Christus Dei Filius, idemque unus Christus, non alius, hominis filius; sed Dei, Filius secundum divinitatem, hominis filius secundum carnem. Quis autem nostrum, qui parum advertimus, aut parum sapimus, non potius ita vellet distinguere, Filius Dei in coelo, et Filius hominis in terra? Sed ne sic divideremus, et ita dividendo duas personas induceremus,* Non ascendit in coelum, *inquit*, nisi qui de coelo descendit Filius hominis. *Filius ergo hominis descendit de coelo. Nonne filius hominis in terra factus est? nonne filius hominis per Mariam factus est? Sed, o homo, noli, inquit, separare, quem volo copulare. Parum est quia Filius hominis descendit (Christus enim descendit, idemque filius hominis qui Filius Dei est); sedet in coelo, qui ambulat in terra. In coelo erat, quia ubique est Christus, idemque Christus est et filius hominis. Propter unitatem personae in terra Filius Dei, propter eamdem unitatem personae esse probavimus in coelo filium hominis, ex his verbis Domini,* Filius hominis, *inquit*, qui est in coelo. *Propter unitatem personae, nonne in terra constituto atque conspicuo Petrus dicit,* Tu es Christus Filius Dei vivi *(Mt 16,17)?*

(10.) Ergo discat Nicodemus quomodo fiat illud, quod ei minus intelligenti, incredibile et quasi impossibile videbatur: Nemo ascendit in coelum, nisi qui de coelo descendit.

(Kapitel X) Omnes autem qui renascuntur, utique ascendunt in coelum: caeterorum nemo prorsus. Et omnes qui renascuntur, per gratiam Dei ascendunt in coelum: et nemo ascendit in coelum, nisi qui de coelo descendit, Filius hominis qui est in coelo. *Unde hoc? Quia omnes qui renascuntur, membra ipsius fiunt; et solus Christus de Maria natus unus est Christus, et cum corpore suo caput unus est Christus. Hoc ergo dicere voluit,* Nemo ascendit, nisi qui descendit. *Non ergo ascendit, nisi Christi. Si vis ascendere, esto in corpore Christi: si vis ascendere, esto membrum Christi.* Sicut enim in uno corpore multa membra habemus, omnia autem mebra corporis, cum sint multa, unum est corpus; sic et Christus *(1 Kor 12,12): quia caput et corpus Christus. Et quomodo fit hoc adhuc quaeramus. Latet quaestio, exaltatur illa profunditas.*

AUG s Cas 2,76,2–3 (PLS 2,531–532)

(2.) Mirum sane quibusdam videtur, quod dominus in evangelio ait, nemo ascendit in caelum, nisi qui descendit de caelo. Filius hominis qui est in caelo *(Jo 3,13). Quemad-modum dicitur filius hominis, inquiunt, descendisse de caelo, cum hic assumptus sit in virginis utero? Haec qui dicunt, spernendi non sunt, sed docendi sunt: arbitror enim eos pie quaerere, sed necdum quod quaerunt posse intellegere. Ignorant enim quia ipsa divinitas ita illam humanitatem suscepit, ut una persona fieret deus et homo; et illa humanitas illi divinitati ita cohaesit, ut unus Christus esset Verbum anima et caro. Et propterea dictum est:* Nemo ascendit in caelum, nisi qui de caelo descendit, Filius hominis qui est in caelo.

(3.) Utraque enim substantia sua sibi proprietatis nomina impertit, et divina humanae, et humana divinae; ut et Filius dei dicatur homo, et filius hominis dicatur deus, utrumque tamen idem ipse Christus. Ita enim ipse dominus noster Iesus Chritus dignatus est hominem suscipere, et se filium hominis non dedignaretur dicere, sicut multis locis in evangelio legimus.

AUG s Morin 17,3 (PLS 2,705–706)

Curetur, fratres, si qui forte inde dubitat: audiat veritatem, deponat contentionem. Christus, Verbum anima et caro. Homo quilibet, anima et caro: Christus, Verbum et homo. Si Verbum et homo, Verbum et anima et caro. Non tres personae sunt, Verbum et anima et caro; quia nec tu duae, anima et caro. Tu, anima et caro, homo unus; ille, Verbum anima et caro, Christus unus. Aliquando autem secundum id quod Verbum est loquitur, et tamen ipse Christus loquitur; aliquando secundum id quod anima est loquitur, et tamen ipse Christus loquitur; aliquando secundum id quod caro est loquitur, et tamen ipse Christus loquitur. Probemus ista exemplis divinorum eloquiorum. Secundum Verbum audi: Ego et Pater unum sumus *(Jo 10,30). Secundum animam audi:* Tristis est anima mea usque ad mortem *(Mt 26,38). Secundum carnem audi:* Oportebat Christum pati, et resurgere tertia die *(Lk 24,46).*

AUG trin 2,7,12–13 (CCL 50,96,66–98,37)

Propter has ergo corporales formas quae ad eum significandum et sicut humanis sensibus oportebat demonstrandum temporaliter exstiterunt missus dicitur etiam spiritus sanctus; non tamen minor patre *(Jo 14,28) dictus est sicut filius propter* formam servi *(Phil 2,7), quia illa* forma servi *inhaesit ad unitatem personae, illae vero species corporales ad demonstrandum quod opus fuit ad tempus apparuerunt et esse postea destiterunt.*

Cur ergo non et pater dicitur missus per illas species corporales, ignem rubi et columnam nubis vel ignis et fulgura in monte et si qua talia tunc apparuerunt, cum eum coram locutum patribus teste scriptura didicimus, si per illos creaturae modos et formas corporaliter expressas et humanis aspectibus praesentatas ipse demonstrabatur? Si autem filius per ea demonstrabatur, cur tanto post dicitur missus cum ex femina factus est, sicut dicit apostolus: Cum autem venit plenitudo temporis, misit deus filium suum factum ex muliere *(Gal 4,4), quandoquidem et antea mittebatur cum per illas creaturae mutabiles formas patribus apparebat? Aut si non recte posset dici missus nisi cum* verbum caro factum est *(Jo 1,14), cur missus dicitur spiritus sanctus cuius nulla talis incorporatio facta est? Si vero per illa visibilia quae in lege et prophetis commendantur nec pater nec filius sed spiritus sanctus ostendebatur, cur etiam ipse nunc dicitur missus cum illis modis et antea mitteretur?*

(13) In huius perplexitate quaestionis primum domino adiuvante quaerendum est utrum pater an filius an spiritus sanctus; an aliquando pater, aliquando filius, aliquando spiritus sanctus; an sine ulla distinctione personarum sicut dicitur deus unus *et* solus *(Jo 17,3), id est ipsa trinitas, per illas creaturae formas patribus apparuerit. Deinde quodlibet horum inventum visumve fuerit, utrum ad hoc opus tantummodo creatura formata sit in qua deus sicut tunc oportuisse iudicavit humanis ostenderetur aspectibus, an angeli qui iam erant ita mittebantur, ut ex persona dei loquerentur assumentes corporalem speciem de creatura*

corporea in usum ministerii sui sicut cuique opus esset, aut ipsum corpus suum cui non subduntur, sed subditum regunt in species quas vellent accommodatas atque aptas actionibus suis mutantes atque vertentes secundum attributam sibi a creatore potentiam. Postremo videbimus id quod quaerere institueramus, utrum filius an spiritus sanctus et antea mittebantur, et si mittebantur, quid inter illam missionem et eam quam in evangelio legimus distet; an missus non sit aliquis eorum nisi cum vel filius factus esset ex Maria virgine *(Gal 4,4) vel cum spiritus sanctus visibili specie sive in columba sive in igneis linguis apparuit.*

AUG trin 4,20,30–21,30 (CCL 50,201,149–202,10)

(30) Verbo itaque dei ad unitatem personae copulatus, et quodam modo commixtus est homo cum veniente plenitudine temporis missus est in hunc mundum *(Jo 3,17) factus ex femina* filius dei *ut esset et* filius hominis *propter filios hominum. Hanc personam angelica natura figurae antea potuit ut praenuntiaret, non expropriare ut ipsa esset.*

(XXI) De sensibili autem demonstratione spiritus sancti sive per columbae speciem sive per linguas igneas cum eius substantiam patri et filio coaeternam pariterque incommutabilem subdita et serviens creatura *(Sap 16,24) temporalibus motibus et formis ostenderet, cum ad eius personae unitatem sicut* caro *quod* verbum factum est *(Jo 1,14) non copularetur, non audeo dicere nihil tale factum esse antea. Sed plane fidenter dixerim patrem et filium et spiritum sanctum* unius eiusdemque substantiae *deum creatorem, trinitatem omnipotentem inseparabiliter operari.*

AUG trin 12,6,6–7 (CCL 50,360,1–362,62)

(6) Non ergo propterea respuimus istam sententiam quia timemus sanctam et inviolabilem atque incommutabilem caritatem tamquam coniugem dei patris de illo exsistentem sed non sicut prolem ad gignendum verbum per quod facta sunt omnia *cogitare, sed quia eam falsam divina scriptura evidenter ostendit. Dixit enim deus:* Faciamus hominem ad imaginem et similitudinem nostram; *paulo post autem dictum est:* Et fecit deus hominem ad imaginem dei. Nostram *certe quia pluralis est numerus non recte diceretur si homo ad unius personae imaginem fieret sive patris sive filii sive spiritus sancti, sed quia fiebat ad imaginem trinitatis propterea dictum est,* ad imaginem nostram. *Rursus autem ne in trinitate credendos arbitraremur tres deos cum sit eadem trinitas unus deus:* Et fecit, *inquit,* deus hominem ad imaginem dei, *pro eo ac si diceret,* ad imaginem suam.

(7) Sunt enim tales usitatae in illis litteris locutiones quas nonnulli, etiam catholicam fidem asserunt, non tamen diligenter advertunt ut putent ita dictum, Fecit deus ad imaginem dei, *quasi diceretur, ,Fecit pater ad imaginem filii', sic volentes asserere in scripturis sanctis deum dictum etiam filium quasi desint alia verissima et manifestissima documenta ubi non solum* deus *sed etiam* verus deus *dictus est* filius. *In hoc enim testimonio dum aliud solvere intendunt sic se implicant ut expedire non possint. Si enim pater fecit ad imaginem filii ita ut non sit homo imago patris sed filii, dissimilis est patri filius. Si autem pia fides docet, sicuti docet, filium esse ad aequalitatem essentiae similem patri, quod* ad similitudinem filii factum *est necesse est etiam* ad similitudinem patris factum *sit. Deinde si hominem pater non* ad suam *sed ad filii fecit* imaginem, *cur non ait:* Faciamus hominem ad imaginem et similitudinem ,tuam', *sed ait,* nostram, *nisi quia trinitatis imago fiebat in homine ut hoc modo esset homo* imago unius veri *dei quia ipse trinitas* unus verus deus *est?*

Locutiones autem sunt innumerabiles tales in scripturis, sed has protulisse suffecerit. Est in psalmis ita dictum: Domini est salus, et super populum tuum benedictio tua *quasi alteri dictum sit, non ei de quo dixerat,* Domini est salus. *Et iterum:* A te, *inquit,* eruar a temptatione, et in deo meo transgrediar murum *quasi alteri dixerit.* A te eruar a temptatione. *Et iterum:* Populi sub te cadent in corde inimicorum regis *ac si diceret, in* corde inimicorum ,tuorum'; *ei quippe regi dixerat, id est, domino Iesu Christo,* Populi sub te cadent, *quem regem intellegi voluit cum diceret,* in corde inimicorum regis. *Rarius ista in novi testamenti litteris inveniuntur, sed tamen ad Romanos apostolus:* De filio suo, *inquit,* qui factus est ei ex semine David secundum carnem, qui praedestinatus est filius dei in virtute secundum spiritum sanctificationis ex resurrectione mortuorum Iesu Christi domini nostri *tamquam de alio supra diceret. Quid est enim* filius dei praedestinatus ex resurrectione mortuorum Iesu Christi *nisi idem Iesus Christus* qui praedestinatus est filius dei? *Ergo quomodo hic cum audimus* filius dei in virtute Iesu Christi, *aut* filius dei secundum spiritum sanctificationis Iesu Christi, *aut* filius dei ex resurrectione mortuorum Iesu Christi, *cum dici potuisset usitate,* in virtute ,sua', *aut* secundum spiritum sanctificationis ,suae', *aut* ex resurrectione mortuorum ,eius' vel mortuorum ,suorum', non cogimur intellegere aliam personam sed unam eandemque, scilicet filii dei domini nostri Iesu Christi; ita cum audimus: Fecit deus hominem ad imaginem dei, *quamvis posset usitatius dici,* ad imaginem suam, *non tamen cogimur aliam personam intellegere in trinitate, sed ipsam unam eandemque trinitatem qui est* unus deus, ad *cuius* imaginem factus est homo.

AUG trin 13,17,22 (CCL 50 A,412,1–16)

Sunt et alia multa quae in Christi incarnatione, quae superbis displicet, salubriter intuenda atque cogitanda sunt. Quorum est unum quod demonstratum est homini quem locum haberet in rebus quas deus condidit quandoquidem sic deo coniungi potuit humana natura ut ex duabus substantiis fieret una persona ac per hoc iam ex tribus, deo, anima et carne, ut superbi illi maligni spiritus qui se ad decipiendum quasi ad adiuvandum medios interponunt non ideo se audeant homini praeponere quia non habent carnem maxime quia et mori in eadem carne dignatus est ne ideo illi tamquam deos se coli persuadeant quia videntur esse immortales. Deinde ut gratia dei nobis sine ullis praecedentibus meritis in homine Christo commendaretur quia nec ipse ut tanta unitate vero deo coniunctus una cum illo persona filius dei fieret ullis praecedentibus meritis assecutus, sed ex quo esse homo coepit, ex illo est et deus, unde dictum est: Verbum caro factum est *(Jo 1,14).*

AUG trin 13,19,24 (CCL 50 A,415,1–416,27)

Haec autem omnia quae pro nobis verbum caro factum *(Jo 1,14) temporaliter et localiter fecit et pertulit secundum distinctionem quam demonstrare suscepimus ad scientiam pertinent non ad sapientiam. Quod autem verbum est sine tempore et* sine loco *est patri coaeternum et* ubique totum, *de quo si quisquam potest veracem proferre sermonem,* sermo erit ille *sapientiae; ac per hoc* verbum caro factum, quod est Christus Iesus et sapientiae thesauros habet et scientiae *(Jo 1,14. Kol 2,2–3). Nam scribens apostolus ad Colossenses:* Volo enim vos scire, *inquit,* quantum certamen habeam pro vobis et pro his qui Laodiciae sunt et quicumque non viderunt faciem meam in carne ut consolentur corda eorum copulati in caritate et in omnibus divitiis plenitudinis intellectus ad cognoscendum mysterium dei quod est Christus in quo sunt omnes thesauri sapientiae et scientiae absconditi *(Kol 2,1–3). Quatenus noverat apostolus thesauros istos, quantum eorum penetraverat et in eis ad quanta pervenerat, quis potest nosse? Ego tamen secundum id quod scriptum est:* Unicuique autem nostrum datur manifestatio spiritus ad utilitatem; alii quidem datur per spiritum sermo sapientiae, alii sermo scientiae secundum eundem spiritum *(1 Kor 12,7–8), si ita inter se distant haec duo ut sapientia divinis, scientia humanis attributa sit rebus, utrumque agnosco in Christo et mecum omnis eius fidelis. Et cum lego* verbum caro factum est et habitavit in nobis *(Jo 1,14), in verbo intellego verum* dei filium, *in carne agnosco verum* hominis filium, *et utrumque simul in unam personam dei et hominis ineffabili gratiae largitate coniunctum.*

HILARIUS

HIL trin 9,3 (CCL 62 A,373,6–374,23)

Nescit plane vitam suam, nescit, qui Christum Iesum ut verum Deum ita et verum hominem ignorat. Et eiusdem periculi res est, Christum Iesum vel Spiritum Deum vel carnem nostri corporis denegare. Omnis ergo qui confitebitur me coram hominibus, confitebor et ego eum coram Patre meo qui est in caelis. Qui autem negaverit me coram hominibus, negabo et ego coram Patre meo qui est in caelis. *Haec verbum caro factum loquebatur et homo Iesus Christus Dominus maiestatis docebat, mediator ipse in se ad salutem ecclesiae constitutus, et ipso illo inter Deum et homines mediatoris sacramento utrumque unus existens: dum ipse ex unitis in idipsum naturis naturae utriusque res eadem est, ita tamen ut neutro careret in utroque, ne forte Deus esse homo nascendo desineret, et homo rursus Deus manendo non esset.*

Haec itaque humanae beatitudinis fides vera est, Deum et hominem praedicare, verbum et carnem confiteri, neque Deum nescire quod et homo sit, neque carnem ignorare quod verbum sit.

HIL trin 9,5 (CCL 62 A,375,1–376,18)

Natus igitur unigenitus Deus ex virgine homo et secundum plenitudinem temporum in semetipso provecturus in Deum hominem, hunc per omnia evangelici sermonis modum tenuit, ut se Dei Filium credi doceret, ut hominis filium praedicari admoneret. Locutus et gerens homo universa quae Dei sunt, loquens deinde et gerens Deus universa quae hominis sunt. Ita tamen ut ipso illo utriusque generis sermone numquam nisi cum significatione et hominis locutus et Dei sit; uno tamen Deo Patre semper ostenso, et se in natura unius Dei per nativitatis veritatem professo; nec tamen se Deo Patri non et Fili honore et hominis condicione subdente: cum et nativitas omnis se referat ad auctorem, et caro se universa secundum Deum profiteatur infirmam.

Hinc itaque fallendi simplices adque ignorantes hereticis occasio est, ut quae ab eo secundum hominem dicta sunt, dicta esse secundum naturae divinae infirmitatem mentiantur; et quia unus adque idem est loquens omnia quae loquatur, de seipso omnia eum locutum esse contendant.

HIL trin 9,40 (CCL 62 A,415,22–32)

Hoc vero quod sequitur quid significet, interrogo: Et Deus honorificatus est in eo. *Honorificatum enim in eo Deum audio, et quid istud sit secundum intellegentiam tuam, heretice, ignoro. Deus in eo honorificatus est, in filio utique hominis; et quaero an filius hominis idem sit et Filius Dei. Et cum non alius sit filius hominis, neque alius sit Filius Dei, –* Verbum *enim* caro factum est, *– et cum qui Filius Dei est, ipse et hominis sit filius; requiro quis in hoc filio hominis, qui et Filius Dei est, glorificatus sit Deus: quia in filio hominis, qui et Filius Dei est, glorificatus Deus est.*

HIL trin 10,22–23 (CCL 62 A,475,1–477,44)

22. Sed ut per se sibi et ex virgine corpus, ita ex se sibi animam adsumpsit, quae utique numquam ab homine gignentium originibus praebetur. Si enim conceptum carnis nisi ex Deo virgo non habuit, longe magis necesse est anima corporis, nisi ex Deo, aliunde non fuerit. Et cum ipse ille filius hominis ipse sit qui et Filius Dei, quia totus hominis filius totus Dei Filius sit, – quam ridicule praeter Dei Filium qui verbum caro factum est, *alium nescio quem tamquam profetam verbo Dei animatum praedicabimus, cum Dominus Iesus Christus et hominis filius et Dei Filius sit.*

Nam quomodo Iesus Christus Dei Filius natus ex Maria est, nisi verbum caro factum est, *scilicet quod Filius Dei,* cum in forma Dei esset, formam servi *accepit? Accepisse autem formam servi eum qui esset in Dei forma, de contrariis conparatur: ut quanta veritas est manere in Dei forma, tanta veritas sit accepisse formam servi. Ad proprietatem enim naturae intellegendam significatione verbi ad id communis inpellimur. In forma enim servi est, qui et in forma Dei est. Et cum hoc naturae, illud vero dispensationis sit, in eiusdem tamen est veritatis proprietate quod utrumque est: ut tam verus sit in Dei forma, quam verus in servi. Ut vero adsumpsisse formam servi non aliud est quam hominem natum esse, ita in forma Dei esse non aliud est quam Deum esse: unum tamen eundemque, non Dei defectione sed hominis adsumptione, profitentes et in forma Dei per naturam divinam, et in forma servi ex conceptione Spiritus sancti secundum habitum hominis repertum fuisse.*

Itaque cum Iesus Christus et natus et passus et mortuus et sepultus sit, et resurrexit. Non potest in his sacramentorum diversitatibus ita ab se dividuus esse, ne Christus sit: cum non alius Christus, quam qui in forma Dei erat, formam servi acceperit; neque alius quam qui natus est, mortuus sit; neque alius quam qui mortuus est, resurrexit; neque alius quam qui resurrexit, sit in caelis; in caelis autem non alius sit, quam qui descendit ante de caelis.

23. Homo itaque Christus Iesus unigenitus Deus, per carnem et verbum ut hominis filius ita et Dei Filius, hominem verum secundum similitudinem nostri hominis, non deficiens a se Deo, sumpsit.

HIL trin 10,52 (CCL 62 A,505,1–506,14)

Sed inter has inpias infirmasque sententias ecclesiae fides apostolicis inbuta doctrinis novit in Christo nativitatem, sed ignorat exordium. Scit dispensationem, sed nescit divisionem. Non patitur Iesum Christum, ut Iesus non ipse sit Christus. Nec filium hominis discernit a Dei Filio, ne Filius Dei forte non et filius hominis intellegatur. Non absumit Filium Dei in filium hominis. Neque tripertita Christum fide scindit, cuius desuper texta vestis inscissa est: ut Iesum Christum et in verbum et in animam et in corpus incidat, neque rursum Deum verbum in animam et in corpus absumat. Totum et Deus verbum est, totum et homo Christus est: retinens hoc in sacramento confessionis suae unum, nec Christum aliud credere quam Iesum, nec Iesum aliud praedicare quam Christum.

INDICES

ABKÜRZUNGEN

AKG	Arbeiten zur Kirchengeschichte, Berlin.
AnGr	Analecta Gregoriana, Rom.
Anton.	Antonianum. Periodicum philosophico-theologicum trimestre, Rom.
APAW	Abhandlungen der (k.) preußischen Akademie der Wissenschaften, Berlin.
ARW	Archiv für Religionswissenschaft, Leipzig u. a.
AThA	Année théologique augustinienne, Paris.
AThANT	Abhandlungen zur Theologie des Alten und Neuen Testaments, Zürich u. a.
AuC.E	Antike und Christentum. Von F. J. DÖLGER. Ergänzungsband, Münster.
Aug.	Augustinianum. Periodicum quadrimestre collegii internationale Augustiniani, Rom.
Aug(L)	Augustininana. Tijdschrift voor de studie van Sint Augustinus en de Augustijnenórde, Louvain.
AugM	Augustinus magister. Congrès international augustinien, 3 tomes, Paris 1954–55.
AugSt	Augustinian Studies, Villanova, Pa.
BAug	Bibliothèque augustinienne, Paris.
BEFAR	Bibliothèque des écoles françaises d'Athènes et de Rome, Paris.
BGBE	Beiträge zur Geschichte der biblischen Exegese, Tübingen.
BGBH	Beiträge zur Geschichte der biblischen Hermeneutik, Tübingen.
BHTh	Beiträge zur historischen Theologie, Tübingen.
Bijdr.	Bijdragen. Tijdschrift voor philosophie en theologie, Nijmegen.
BKP	Beiträge zur klassischen Philologie, Meisenheim/Glan.
BLE	Bulletin de littérature ecclésiastique, Toulouse.
BPTF	Bijdragen van de philosophische en theologische faculteiten der nederlandsche Jezuiten, Nijmegen.
ByZ	Byzantinische Zeitschrift, Leipzig u. a.
BZNW	Beihefte zur Zeitschrift für die neutestamentliche Wissenschaft, Berlin u. a.
CCL	Corpus Christianorum, Series Latina, Turnholt.
CDios	Ciudad de Dios, El Escorial u. a.
CM	Classica et mediaevalia, Kopenhagen.
CPG	Clavis Patrum Graecorum, ed. M. GEERARD, 4 vol., Turnholt 1974–1983.
CQR	Church Quarterly Review, London.
CSCO	Corpus scriptorum Christianorum orientalium, Rom u. a.
CSEL	Corpus scriptorum ecclesiasticorum Latinorum, Wien.
DACL	Dictionnaire d'archéologie chrétienne et de liturgie, Paris.
DHGE	Dictionnaire d'histoire et de géographie ecclésiastique, Paris.
DLZ	Deutsche Literaturzeitung, Berlin.
DPAC	Dizionario patristico e di antichità cristiane, Casale Monferrato.
DSp	Dictionnaire de spiritualité, ascétique et mystique, Paris.
DT	Divus Thomas. Jahrbuch für Philosophie und spekulative Theologie, Fribourg.
DThC	Dictionnaire de Théologie Catholique, Paris.
EHPhR	Etudes d'histoire et de philosophie religieuses, Paris.
EL	Ephemerides liturgicae, Vatikanstadt.

EOr	Echoes d'Orient, Bukarest u. a.
EPhM	Etudes de philosophie médiévale, Paris.
ERE	Encyclopaedia of religion and ethics, Edinburgh.
EThL	Ephemerides theologicae Lovanienses, Louvain.
Exp⁵	Expositor 5.Ser., London.
FChLDG	Forschungen zur christlichen Literatur- und Dogmengeschichte, Paderborn.
FKGG	Forschungen zur Kirchen- und Geistesgeschichte, Stuttgart.
FThSt	Freiburger theologische Studien, Freiburg.
GCS	Die griechischen christlichen Schriftsteller der ersten drei Jahrhunderte, Berlin.
GL	Grammatici Latini, ed. H. KEIL, 7 vol., Leipzig 1855–1890.
GLSup	GL Supplementum, ed. H. HAGEN, Leipzig 1870.
GNO	Gregorii Nysseni Opera, Leiden.
GOTR	Greek Orthodox Theological Review, Brookline, Mass.
Gr.	Gregorianum. Commentarii de re theologica et philosophica, Rom.
HAW	Handbuch der Altertumswissenschaft, München.
HDG	Handbuch der Dogmengeschichte, Freiburg u. a.
Hermes	Hermes. Zeitschrift für klassische Philologie, Wiesbaden.
Hist	Historia. Zeitschrift für alte Geschichte, Wiesbaden u. a.
IP	Instrumenta Patristica, Steenbrugge.
IPA	Institutum Patristicum „Augustinianum", Rom.
JAC	Jahrbuch für Antike und Christentum, Münster.
JBL	Journal of biblical literature, Philadelphia, Pa.
JEH	Journal of ecclesiastical history, London u. a.
JThS	Journal of theological Studies, Oxford u. a.
Kath.	Der Katholik. Eine religiöse Zeitschrift zur Belehrung und Warnung, Straßburg.
KGA	Kirchengeschichtliche Abhandlungen, Breslau.
KGS	Kirchengeschichtliche Studien, Münster.
LCC	Library of Christian Classics, London u. a.
LCP	Latinitas Christianorum primaeva, Nijmegen.
LF	Liturgiegeschichtliche Forschungen, Münster.
LouvSt	Louvain Studies. Semiannual publication of the faculty of theology of the university of Louvain, Louvain.
LThK²	Lexikon für Theologie und Kirche, Freiburg ²1957–68.
MAg	Miscellanea Agostiniana. Testi e Studi pubblicati a cura dell' ordine eremitano di S. Agostino nel XV centenario dalla morte del santo dottore, 2 vol., Rom 1930/31.
MANSI	J. D. MANSI, Sacrorum conciliorum nova et amplissima collectio, Graz 1960 (= Paris-Leipzig 1901 = Florenz 1759).
MBM	Münchener Beiträge zur Mediävistik und Renaissance-Forschung, München.
MBTh	Münsterische Beiträge zur Theologie, Münster.
MCS	Monumenta Christiana selecta, Tournai u. a.
MGH	Monumenta Germaniae historica inde ab a. C. 500 usque ad a. 1500, Hannover u. a.
MH	Museum Helveticum. Schweizerische Zeitschrift für klassische Altertumswissenschaft, Basel u. a.
MSLCA	Miscellanea di studi letteratura cristiana antica, Catania.
MSR	Mélanges de science religieuse, Lille.
MSU	Mitteilungen des Septuaginta-Unternehmens der Gesellschaft/Akademie der Wissenschaften in Göttingen, Göttingen.

MThS	Münchener Theologische Studien, München.
Muséon	Muséon. Revue d'études orientales, Louvain u. a.
NBA	Nuova Biblioteca Agostiniana, Rom.
NF	Neue Folge
NGWG.PH	Nachrichten der Gesellschaft der Wissenschaften in Göttingen, Philolo-gisch-historische Klasse, Göttingen.
NRTh	Nouvelle revue théologique. Museum Lessianum. Section théologique, Louvain u. a.
NTA	Neutestamentliche Abhandlungen, Münster.
OrChrA	Orientalia Chriatiana analecta, Rom.
Par.	Paradosis. Etudes de littérature et de théologie ancienne, Fribourg.
PastB	Pastor bonus. Zeitschrift für kirchliche Wissenschaft und Praxis, Trier.
PG	Patrologiae cursus completus. Accurante J.-P. MIGNE. Series Graeca, Paris.
Ph.	Philologus. Zeitschrift für das klassische Altertum, Wiesbaden u. a.
PhJ	Philosophisches Jahrbuch der Görres-Gesellschaft, Fulda u. a.
PhP	Philosophia Patrum. Interpretations of Patristic Texts, Leiden.
PL	Patrologiae cursus completus. Accurante J.-P. MIGNE. Series Latina, Paris.
PLS	PL Supplementum.
PRE	Paulys Real-Encyclopädie der classischen Altertumswissenschaft, Stutt-gart.
PTA	Papyrologische Texte und Abhandlungen, Bonn.
PUG	Pontificia Università Gregoriana, Rom.
QUASTEN	Patrologia vol. III. Dal Concilio di Nicea (325) al Concilio di Calcedonia (451). I Padri latini a cura di A. di BERARDINO con una presentazione di J. QUASTEN, Rom 1978.
RAC	Reallexikon für Antike und Christentum, Stuttgart.
RAug	Revue augustinienne, Paris.
RBen	Revue bénédictine de critique, d'histoire et de littérature religieuse, Abbaye de Maredsous.
RCSF	Rivista critica di storia della filosofia, Mailand u. a.
RE³	Realencyclopädie für protestantische Theologie und Kirche, Gotha ³1896–1913.
REA	Revue des études anciennes, Bordeaux.
REAug	Revue des études augustiniennes, Paris.
RechAug	Recherches augustiniennes, Paris.
RevSR	Revue des sciences religieuses. Faculté catholique de théologie, Straßburg.
RHDF	Revue historique de droit français et étranger, Paris.
RHE	Revue d'histoire ecclésiastique, Louvain.
RHLR	Revue d'histoire et de littérature religieuses, Paris.
RicRel	Ricerche religiose, Rom.
RicSRel	Ricerche di storia religiosa, Rom.
RIGI	Rivista indo-greco-italica di filologia, lingua, antichità, Neapel.
RLM	Rhetores Latini minores, emend. C. HALM, Leipzig 1863.
RNSP	Revue néoscolastique de philosophie, Louvain.
RQ	Römische Quartalschrift für christliche Altertumskunde und für Kirchen-geschichte, Freiburg.
RQ.S	RQ Supplementhefte.
RSLR	Rivista di Storia e Letteratura religiosa, Florenz.
RSR	Recherches de science religieuse, Straßburg.
RThom	Revue thomiste, Bruges u. a.
RVV	Religionsgeschichtliche Versuche und Vorarbeiten, Gießen.

SBAW.PPH	Sitzungsberichte der bayerischen Akademie der Wissenschaften in München. Philosophisch-philologische und historische Klasse, München.
SBW	Studien der Bibliothek Warburg, Leipzig.
SC	Sources chrétiennes, Paris.
ScC	Scuola cattolica. Rivista di scienze religiose, Mailand.
Schol.	Scholastik. Vierteljahresschrift für Theologie und Philosophie, Freiburg.
SE	Sacris erudiri. Jaarboek voor godsdienstwetenschappen, Steenbrugge u.a.
SEAug	Studia ephemeridis „Augustinianum", Rom.
SeL	Storia e letteratura. Raccolta di studi e testi, Rom.
SGKA	Studien zur Geschichte und Kultur des Altertums, Paderborn.
SO	Symbolae Osloenses. Societas Graeco-Latina, Oslo.
SPAA	Spicilegium pontificii athenaei Antoniani, Rom.
SPAW.PH	Sitzungsberichte der preußischen Akademie der Wissenschaften. Philosophisch-historische Klasse, Berlin.
SSL	Spicilegium sacrum Lovaniense, Louvain.
StAns	Studia Anselmiana. Philosophica (et) theologica, Rom.
StC	Studia Catholica, Nijmegen u.a.
StD	Studies and Documents, London u.a.
StPatr	Studia Patristica. Papers presented to the international conference of patristic studies, Berlin u.a. 1,1957ff., Oxford 17,1982.
StT	Studi e testi. Bibliotheca apostolica Vaticana, Vatikanstadt.
SVF	Stoicorum Veterum Fragmenta, ed. J. von ARNIM, 3 Bde., Leipzig 1903-05.
TaS	Texts and Studies. Contribution to biblical and patristic literature, Cambridge.
TBAW	Tübinger Beiträge zur Altertumswissenschaft, Tübingen.
Theoph.	Theophaneia. Beiträge zur Religions- und Kirchengeschichte des Altertums, Bonn.
ThGl	Theologie und Glaube. Zeitschrift für den katholischen Klerus, Paderborn.
ThH	Théologie historique, Paris.
ThJber	Theologischer Jahresbericht, Leipzig u.a.
ThLBl	Theologisches Literaturblatt, Leipzig.
ThLZ	Theologische Literaturzeitung, Leipzig.
ThQ	Theologische Quartalschrift, Tübingen u.a.
ThR	Theologische Rundschau, Tübingen.
ThRv	Theologische Revue, Münster.
ThWNT	Theologisches Wörterbuch zum Neuen Testament, Stuttgart.
Tr.	Traditio. Studies in ancient and medieval history, thought and religion, New York u.a.
TRE	Theologische Realenzyklopädie, Berlin.
TS	Theological Studies. Theological Faculties of the Society of Jesus in the United States, Woodstock, Md. u.a.
TThSt	Trierer theologische Studien, Trier.
TThZ	Trierer theologische Zeitschrift, Trier.
TU	Texte und Untersuchungen zur Geschichte der altchristlichen Literatur, Berlin u.a.
VetChr	Vetera Christianorum, Bari.
VigChr	Vigiliae Christianae. Review of early Christian life and language, Amsterdam.
VL	Vetus Latina. Die Reste der altlateinischen Bibel, Freiburg.
WdF	Wege der Forschung, Darmstadt.
WiWei	Wissenschaft und Weisheit. Zeitschrift für augustinisch-franziskanische Theologie und Philosophie in der Gegenwart, Freiburg.

WSt	Wiener Studien. Zeitschrift für klassische Philologie, Wien.
ZKG	Zeitschrift für Kirchengeschichte, Stuttgart u. a.
ZKTh	Zeitschrift für katholische Theologie, Wien u. a.
ZNW	Zeitschrift für neutestamentliche Wissenschaft und die Kunde der älteren Kirche, Berlin u. a.
ZSRG.R	Zeitschrift der Savigny-Stiftung für Rechtsgeschichte. Romanische Abteilung, Weimar.
ZThK	Zeitschrift für Theologie und Kirche, Tübingen u. a.

QUELLEN

Alkuin
adv Fel – Adversus Felicem libri VII: PL 101, 119–230.
Ambrosiaster (AMBRS)
 – Commentarius in epistulas Paulinas, ed H. J. VOGELS: CSEL 81/1–3 (1966–69).
   1 Kor – 81/2 (1968) 3–194.
   2 Kor – Ebd. 195–314.
   Phil – 81/3 (1969) 129–163.
   Ro – 81/1 (1966).
   qu – Quaestiones Veteris et Novi Testamenti CXXVII, ed. A. SOUTER: CSEL 50
     (1908).
Ambrosius (AMBR)
ep – Epistolae: PL 16, 875–1286.
 – Epistularum liber decimus: Opera X (Epistulae et Acta III), ed. M. ZELZER: CSEL
   82 (1982) 1–140.
 – Epistulae extra collectionem: ebd. 141–311.
Exam – Exameron, ed. C. SCHENKL: CSEL 32/1 (1897) 3–261.
exc fratr – De excessu fratris, ed. O. Faller: CSEL 73 (1955) 209–325.
exp Lk – Expositio Evangelii secundum Lucam, ed. M. ADRIAEN: CCL 14 (1957)
   1–400.
exp Ps – Expositio Psalmi CXVIII, ed. M. PETSCHENIG: CSEL 62 (1913).
fid – De fide ad Gratianum, ed. O. FALLER: CSEL 78 (1962).
frg – Fragmentum Ambrosianum ex Theodoreto desumptum, Polymorphi dialogo II:
   PL 16, 847–850.
inc – De incarnationis dominicae sacramento, ed. O. FALLER: CSEL 77 (1964)
   225–281.
spir – De spiritu sancto, ed. O. FALLER: CSEL 79 (1964) 7–222.
Apuleius (APUL)
met – Metamorphosen, ed. D. S. ROBERTSON, vol. 2–3, Paris ³1956–58.
Aquila
rhet – Aquilae Romani de figuris sententiarum et elocutionum liber: RLM 22–37.
Athanasius (ATH)
 – H. NORDBERG, Athanasiana: Five Homilies, Expositio Fidei, Sermo maior (=
   Societas Scientiarum Fennica, Commentationes Humanarum Litterarum 30,2),
   Helsinki-Helsingfors 1962.
Ar – Orationes contra Arianos: PG 26, 11–526.
ep ad Epict – Epistola ad Epictetum: Ephiphanius, Panarion 65–80, ed. K. HOLL: GCS
   3 (1933) 417–427.
Augustinus (AUG)
adn Iob – Adnotationes in Iob, ed. J. ZYCHA: CSEL 28/2 (1895) 509–628.
agon – De agone christiano, ed. J. ZYCHA: CSEL 41 (1900) 101–138.
 – Der christliche Kampf und Die christliche Lebensweise, übers. A. HABITZKY,
   eingel. und erkl. A. ZUMKELLER, Würzburg 1961.
bapt – De baptismo, ed. M. PETSCHENIG: CSEL 51 (1908) 145–375.
b coniug – De bono coniugali, ed. J. ZYCHA: CSEL 41 (1900) 187–231.
beata u – De beata vita, ed. W. M. GREEN: CCL 29 (1970) 65–85.
breuic – Breviculus collationis cum Donatistis, ed. S. LANCEL: CCL 149 A (1974)
   261–306.
b uid – De bono viduitatis, ed. J. ZYCHA: CSEL 41 (1900) 305–343.

c acad – Contra academicos, ed. W. M. GREEN: CCL 29 (1970) 3–61.

c Adim – Contra Adimantum, ed. J. ZYCHA: CSEL 25 (1892) 115–190.

c adu leg – Contra adversarium legis et prophetarum: PL 42, 603–666.

c Cresc – Contra Cresconium grammaticum et Donatistam, ed. M. PETSCHENIG:
    CSEL 52 (1909) 325–582.

c Don p gesta – Contra partem Donati post gesta, ed. M. PETSCHENIG: CSEL 53
    (1910) 97–162.

c ep Parm – Contra epistulam Parmeniani, ed. M. PETSCHENIG: CSEL 51 (1908)
    19–141.

c ep Pel – Contra duas epistulas Pelagianorum, ed. K. F. URBA et J. ZYCHA: CSEL 60
    (1913) 423–570.

– Gegen die zwei pelagianischen Briefe, übers. D. MORICK: Aurelius Augustinus,
    Schriften gegen die Pelagianer, Bd. 3, Würzburg 1977, 283–408.

c Faust – Contra Faustum, ed. J. ZYCHA: CSEL 25 (1892) 251–797.

c Fel – Contra Felicem, ed J. ZYCHA: CSEL 25 (1892) 801–852.

ciu – De civitate Dei, ed. B. DOMBART et A. KALB: CCL 47–48 (1955).

c Iul – Contra Iulianum: PL 44, 641–874.

c Iul imp – Contra Iulianum (Opus imperfectum). Libri I–III, ed. M. ZELZER: CSEL
    85/1 (1974).

– Libri IV–VI: PL 45, 1337–1608.

c litt Pet – Contra litteras Petiliani, ed. M. PETSCHENIG: CSEL 52 (1909) 3–227.

c Max – Contra Maximinum haereticum Arianorum episcopum: PL 42, 743–814.

c mend – Contra mendacium, ed. J. ZYCHA: CSEL 41 (1900) 469–528.

coll Max – Collatio cum Maximino Arianorum episcopo: PL 42, 709–742.

conf – Confessionum libri XIII, ed. L. VERHEIJEN: CCL 27 (1981).

cons eu – De consensu Evangelistarum, ed. F. WEIHRICH: CSEL 43 (1904).

corrept – De correptione et gratia: PL 44, 915–946.

c s Arian – Contra sermonem Arianorum: PL 42, 683–708.

c Sec – Contra Secundinum, ed. J. ZYCHA: CSEL 25 (1892) 905–947.

cura mort – De cura pro mortuis gerenda, ed. J. ZYCHA: CSEL 41 (1900) 621–660.

dial – Principia dialecticae: PL 32, 1409–1420.

– S. Aurelii Augustini de dialectica liber, rec. et adn. W. CRECELIUS, Elberfeld 1857.

– B. FISCHER, De Augustini disciplinarum libro, qui est de dialectica, Diss. Jena
    1912.

diu qu – De diversis quaestionibus, ed. A. MUTZENBECHER: CCL 44 A (1975)
    11–249.

diu qu Simpl – De diversis quaestionibus ad Simplicianum, ed. A. MUTZENBECHER:
    CCL 44 (1970).

doctr chr – De doctrina christiana, ed. J. MARTIN: CCL 32 (1962) 1–167.

duab an – De duabus animabus, ed. J. ZYCHA: CSEL 25 (1892) 51–80.

Dulc qu – De octo Dulcitii quaestionibus, ed. A. MUTZENBECHER: CCL 44 A (1975)
    253–297.

ench – Enchiridion ad Laurentium de fide et spe et caritate, ed. E. EVANS: CCL 46
    (1969) 49–114.

en Ps – Enarrationes in Psalmos, ed. E. DEKKERS et I. FRAIPONT: CCL 38–40
    (1956).

ep – Epistulae, ed. A. GOLDBACHER: CSEL 34/1 (1895), 34/2 (1898), 44 (1904), 57
    (1911).

– Epistolae ex duobus codicibus nuper in lucem prolatae, ed. J. DIVJAK: CSEL 88
    (1981).

ep cath – Epistula ad catholicos de secta Donatistarum, ed. M. PETSCHENIG: CSEL
    52 (1909) 231–322.

exp prop Rom – Expositio quarundam propositionum ex epistola ad Romanos, ed. J.
    DIVJAK: CSEL 84 (1971).

f et symb – De fide et symbolo, ed. J. ZYCHA: CSEL 41 (1900) 3–32.

f inuis – De fide rerum invisibilium, ed. M. P. J. VAN DEN HOUT: CCL 46 (1969) 1–19.

Gal exp – Epistolae ad Galatas expositio, ed. J. DIVJAK: CSEL 84 (1971) 55–141.

gest Pel – De gestis Pelagii, ed. K. F. URBA et J. ZYCHA: CSEL 42 (1902) 51–122.

Gn c Man – De Genesi contra Manichaeos: PL 34, 173–220.

Gn litt – De Genesi ad litteram, ed. J. ZYCHA: CSEL 28/1 (1894) 3–435.

Gn litt imp – De Genesi ad litteram imperfectus liber, ed. J. ZYCHA: CSEL 28/1 (1894) 459–503.

gr et lib arb – De gratia et libero arbitrio: PL 44, 881–912.

gr et pecc or – De gratia Christi et de peccato originali, ed. K. F. URBA et J. ZYCHA: CSEL 42 (1902) 125–206.

gr nou t – De gratia Novi Testamenti ad Honoratum (= ep 140), ed. A. GOLDBACHER: CSEL 44 (1904) 155–234.

haer – De haeresibus ad Quodvultdeum, ed. R. van der PLAETSE et C. BEUKERS: CCL 46 (1969) 273–351.

Hier – Ad Hieronymum presbyterum (ep 166–167), ed. A. GOLDBACHER: CSEL 44 (1904) 545–609.

imm an – De immortalitate animae: PL 32, 1021–1034.

inqu Ian – Ad inquisitionem Ianuari (= ep 54–55), ed. A. GOLDBACHER: CSEL 34/2 (1898) 158–213.

Io ep tr – Commentaire de la première épître de S. Jean, ed. P. AGAESSE: SC 75 (1961).

Io eu tr – In Iohannis Evangelium tractatus CXXIV, ed. R. WILLEMS: CCL 36 (1954).

lib arb – De libero arbitrio, ed. W. M. GREEN: CCL 29 (1970) 211–321.

loc hept – Locutiones in Heptateuchum, ed. I. FRAIPONT: CCL 33 (1958) 381–465.

mag – De magistro, ed. K.-D. DAUR: CCL 29 (1970) 157–203.

– Einführung, Übersetzung und Kommentar von E. SCHADEL, Bamberg 1975.

mend – De mendacio, ed. J. ZYCHA: CSEL 41 (1900) 413–466.

mor – De moribus ecclesiae catholicae et de moribus Manichaeorum: PL 32, 1309–1378.

mus – De musica: PL 32, 1081–1194.

nat b – De natura boni, ed. J. ZYCHA: CSEL 25 (1892) 855–889.

nat et gr – De natura et gratia, ed. K. F. URBA et J. ZYCHA: CSEL 60 (1913) 233–299.

nat et or an – De natura et origine animae: ebd. 303–419.

nupt et conc – De nuptiis et concupiscentia ad Valerium comitem, ed. K. F. URBA et J. ZYCHA: CSEL 42 (1902) 211–319.

ord – De ordine, ed. W. M. GREEN: CCL 29 (1970) 89–137.

pecc mer – De peccatorum meritis et remissione et de baptismo parvulorum ad Marcellinum, ed. K. F. URBA et J. ZYCHA: CSEL 60 (1913) 3–151.

perf iust – De perfectione iustitiae hominis, ed. K. F. URBA et J. ZYCHA: CSEL 42 (1902) 3–48.

perseu – De dono perseverantiae: PL 45, 993–1034.

praed sanct – De praedestinatione sanctorum: PL 44, 959–992.

praes Dei – De praesentia Dei (= ep 187), ed. A. GOLDBACHER: CSEL 57 (1911) 81–119.

quant an – De quantitate animae: PL 32, 1035–1080.

qu c pag – Quaestiones expositae contra paganos (= ep 102), ed. A. GOLDBACHER: CSEL 34/2 (1898) 544–578.

qu Eu – Quaestiones Evangeliorum, ed. A. MUTZENBECHER: CCL 44 B (1980) 1–118.

qu hept – Quaestiones in Heptateuchum, ed. I. FRAIPONT: CCL 33 (1958) 1–377.

qu uet t – De octo quaestionibus ex Veteri Testamento, ed. D. de BRUYNE: CCL 33 (1958) 469–472.

retr – Retractationes, ed. P. KNÖLL: CSEL 36 (1902).

Rom inch exp – Epistolae ad Romanos inchoata expositio, ed. J. DIVJAK: CSEL 84
(1971) 145–181.

s – Sermones de Vetere Testamento, ed. C. LAMBOT: CCL 41 (1961).

– Sermons pour la pâque, ed. S. POQUE: SC 116 (1966).

– Sermones 51–363: PL 38, 332–1484; PL 39, 1493–1638.

– Sermones post Maurinos reperti, ed. G. MORIN (= MAg 1), Rom 1930.

– Sermones: PLS 2, 417–840.

s dom m – De sermone Domini in monte, ed. A. MUTZENBECHER: CCL 35 (1967).

spec – Speculum de Scriptura sacra, ed. F. WEIHRICH: CSEL 12 (1887) 3–285.

spir et litt – De spiritu et littera, ed. K. F. URBA et J. ZYCHA: CSEL 60 (1913)
155–229.

trin – De trinitate, ed. W. J. MOUNTAIN et Fr. GLORIE: CCL 50–50 A (1968).

un bapt – De unico baptismo, ed. M. PETSCHENIG: CSEL 53 (1910) 3–34.

util cred – De utilitate credendi, ed. J. ZYCHA: CSEL 25 (1891) 3–48.

Cassian (CASS)

inc – De incarnatione Domini contra Nestorium libri VII, ed. M. PETSCHENIG: CSEL
17 (1888) 235–391.

Cassiodor (CASSIOD)

Var – Variarum liber, ed. Å. J. FRIDH: CCL 96 (1973) 12–499.

Charisius (CHAR)

gramm – Ars grammatica, ed. C. BARWICK, add. et corr. F. KUHNERT, Leipzig
1964.

Cicero (CIC)

Arch – Pro Archia, ed. F. GAFFIOT: Discours XII, Paris 1959.

Att – Epistulae ad Atticum I–VIII, ed. W. S. WATT: Epistulae II/1, Oxford 1965.

– Epistulae ad Atticum IX–XVI, ed. D. P. SHACKLETON BAILEY: Epistulae II/2,
Oxford 1961.

Cael – Pro Caelio, ed. J. COUSIN: Discours XV, Paris 1962, 86–146.

Clu – Pro A. Cluentio, ed. P. BOYANCE: Discours VIII, Paris 1953, 60–178.

de orat – De Oratore I–II, ed. E. COURBAUD, Paris ⁵1962/³1959.

– De Oratore III, ed. H. BORNECQUE, Paris ³1961.

dom – De domo sua, ed. P. WUILLEUMIER: Discours VIII, Paris 1952, 91–171.

Flac – Pro L. Flacco, ed. A. BOULANGER: Discours XII, Paris 1959, 78–140.

har – De haruspicum responso, ed. G. PETERSON: Orationes V, Oxford 1947
(= 1910).

inv – De inventione, ed. E. STROBEL, Stuttgart 1965 (= Leipzig 1915).

leg agr – De lege agraria, ed. A. BOULANGER: Discours IX, Paris 1960, 36–114.

Mur – Pro L. Murena, ed. A. BOULANGER: Discours XI, Paris 1957, 30–85.

nat deor – De natura deorum, ed. A. S. PEASE, Cambridge (Mass.) 1955.

off – De officiis, ed. M. TESTARD, 2 vol., Paris 1965/70.

orat – Orator, ed. P. REIS, Stuttgart 1963 (= Leipzig 1932).

part – Partitiones oratoriae, ed. H. BORNECQUE, Paris ²1960, 2–54.

Phil – Philippicae I–IV, ed. A. BOULANGER et P. WUILLEUMIER: Discours XIX,
Paris 1959.

– Philippicae V–XIV, ed. P. WUILLEUMIER: Discours XX, Paris 1960.

Pis – In L. Pisonem, ed. A. C. CLARK: Orationes IV, Oxford 1950 (= 1909).

Planc – Pro Cn. Plancio, ed. A. C. CLARK: Orationes VI, Oxford 1952 (= 1911).

Quinct – Pro P. Quinctio, ed. H. de la VILLE DE MIRMONT et J. HUMBERT:
Discours I, Paris ³1960, 15–57.

rep – De Republica, ed. E. BREGUET, 2 vol., Paris 1980.

S Rosc – Pro Sex. Roscio Amerino: ebd. 78–140.

Sul – Pro P. Sulla, ed. A. BOULANGER: Discours XI, Paris 1957, 110–160.

Ver – Actiones in C. Verrem, ed. H. de la VILLE DE MIRMONT: Discours II, Paris
    1960, 86–205; Discours III, Paris 1960.
Clemens von Alexandrien (CLEM AL)
    exc Thdt – Excerpta ex Theodoto, ed. O. STÄHLIN: GCS 3² (1970) 103–133.
    – Extraits de Théodote, ed. F. SAGNARD: SC 23 (1970) (= 1948).
    paed – Paedagogus, ed. O. STÄHLIN: GCS 1³ (1972) 89–292.
    str – Stromata, ed. O. STÄHLIN: GCS 2³ (1960); 3² (1970) 1–102.
Codex Iustiniani (Cod Iust)
    – ed. P. KRÜGER (= Corpus Iuris Civilis 2), Berlin ¹¹1954 (= ¹1877).
Codex Theodosianus
    – Theodosiani libri XVI cum constitutionibus Sirmondianis, ed. P. KRÜGER et Th.
    MOMMSEN, 2 vol., Berlin ²1954.
Commentum Einsidlense
    in Donati artem minorem, ed. H. HAGEN: GL Sup (1870) 202–218.
Consentius (CONSENT)
    gramm – Ars de duabus partibus orationis nomine et verbo, ed. H. KEIL: GL V (1868)
    338–385.
Cyrill von Alexandrien (CYR AL)
    inc.– Deux dialogues christologiques, ed. G. M. de DURAND: SC 97 (1964).
    Thes – Thesaurus de sancta et consubstantiali trinitate: PG 75, 9–656.
    trin – Dialogues sur la trinité, ed. G. M. de DURAND: SC 231, 237, 246 (1976/77/78).
Didymus der Blinde (DIDYM)
    Ps – Psalmenkommentar (Tura-Papyrus). Teil III: Kommentar zu Psalm 29–34, in
    Verb. mit A. GESCHE hrsg. und übers. von M. GRONEWALD (= PTA 8),
    Bonn 1969.
Diomedes (DIOM)
    gramm – Artis grammaticae libri III, ed. H. KEIL: GL I (1857) 297–529.
Doctrina Patrum
    de Incarnatione Verbi. Ein griechisches Florilegium aus der Wende des 7. und 8.
    Jahrhunderts. Zum ersten Mal vollständig herausgegeben und untersucht von F.
    DIEKAMP. Hrsg. E. CHRYSOS, Münster ²1981.
Donatus (DON)
    gramm – Ars grammatica, ed. H. KEIL: GL IV (1864) 367–402.
    Ter – Commentum Terentii, ed. F. LINDENBROGIUS, Frankfurt 1673.
Eusebius (EUS)
    dem ev – Die demonstratio evangelica, ed. I. A. HEIKEL: GCS 6 (1913).
Excerpta rhetorica (Exc rhet)
    e cod. Parisino n. 7530 edita: RLM 585–589.
Explanatio in artem Donati (EXPLAN IN DON)
    – ed. H. KEIL: GL IV (1864) 486–565.
Fortunatian (FORTUN)
    rhet – Artis rhetoricae libri III: RLM 81–134.
Fulgentius von Ruspe (FULG)
    praed – De veritate praedestinationis et gratiae, ed. J. FRAIPONT: CCL 91 A (1968)
    458–548.
Gaius
    inst – Institutiones, ed. J. REINACH, Paris ²1965.
Gellius (GEL)
    – Noctes Atticae, ed. C. HOSIUS, 2 vol., Stuttgart 1967 (= Leipzig 1903).
Gennadius von Marseille (GENN)
    vir ill – Liber de viris inlustribus, ed. E. C. RICHARDSON: TU 14/1, Berlin 1896,
    57–97.
Gesta conlationis Carthaginiensis (GESTA)
    anno 411, ed. S. LANCEL: CCL 149 A (1974) 3–257.

- Actes de la conférence de Carthage en 411, ed. S. LANCEL: SC 194, 195, 224 (1972/75).

GLORIEUX, P.
- Prénestorianisme en Occident (= MCS 6), Tournai u. a. 1959.

Grammaticae Romanae fragmenta
- ed. H. FUNAIOLI, Leipzig 1907.

Grammatici Latini (GL)
- ed. H. KEIL, 7 vol., Hildesheim 1961 (= Leipzig 1855–1880).
Sup – Supplementum, ed. H. HAGEN, Hildesheim 1961 (= Leipzig 1870).

Gregor von Nazianz (GR NAZ)
carm hist – Carminum liber II: Historica: PG 38, 11–130.
ep – Epistulae: PG 37, 21–588.
- Briefe, ed. P. GALLAY: GCS, Berlin 1969.

Gregor von Nyssa (GR NYSS)
c Eun – Contra Eunomium libri, ed. W. JAEGER: GNO ²I–II (1960).

Hegesipp
- Hegesippi qui dicitur historiae libri V, ed. V. USSANI, praefatio C. MRAS: CSEL 66 (1932/60).

Hieronymus (HIER)
comm Tit – Commentariorum in epistolam ad Titum liber unus: PL 26, 589–636.
ep – Epistulae, ed. I. HILBERG: CSEL 54–56 (1910/12/18); A. GOLDBACHER: CSEL 58 (1923).
Es – Commentariorum in Esaiam libri XVIII, ed. M. ADRIAEN: CCL 73 (1963); 73 A (1963) 465–799.
Gal – Commentariorum in Epistolam ad Galatas libri tres: PL 26, 307–438.
Jer – In Hieremiam libri VI, ed. S. REITER: CCL 74 (1960).
Mk – Tractatus in Marci Evangelium, ed. G. MORIN: CCL 78 (1958) 451–500.
Mt – Commentariorum in Matheum libri IV, ed. D. HURST et M. ADRIAEN: CCL 77 (1969).
Ps comm – Commentarioli in Psalmos, ed. G. MORIN: CCL 72 (1959) 177–245.
Ps tract – Tractatus in librum Psalmorum, ed. G. MORIN: CCL 78 (1958) 3–447.
vir ill – Liber de viris inlustribus, ed. E. C. RICHARDSON: TU 14/1, Berlin 1896, 1–56.
Zach – Commentariorum in Zachariam prophetam ad exsuperium Tolosanum episcopum, ed. M. ADRIAEN: CCL 76 A (1970) 747–900.

Hilarius von Poitiers (HIL)
Mt – Commentarius in Evangelium Matthaei: PL 9, 917–1078.
Ps – Tractatus super Psalmos, ed. A. ZINGERLE: CSEL 22 (1891).
trin – De trinitate, ed. P. SMULDERS: CCL 62–62 A (1979–80).

Hippolyt (HIPP)
Dan – Kommentar zum Buche Daniel, ed. G. N. BONWETSCH: GCS 1/1 (1879) 1–340.
Noet – E. SCHWARTZ, Zwei Predigten Hippolyts (= SBAW 1936/3), München 1936, 5-18.

Hirt des Hermas
- Die Apostolischen Väter I: Der Hirt des Hermas, ed. M. WHITTAKER: GCS (²1967).
mand – mandatio: ebd. 23–46.
sim – similitudo: ebd. 46–113.
vis – visio: ebd. 1–23.

Horaz (HOR)
- Opera, ed. E. C. WICKHAM, 2. Ed. cur. H. W. GARROD, Oxford 1947 (= 1901).

Hyginus (HYG apud GEL)
- Hygini fragmenta apud A. Gellii noctium Atticarum libros XX, rec. C. HOSIUS, vol. 1, Stuttgart 1967 (= Leipzig 1903).

Irenäus von Lyon (IREN)
dem – Démonstration de la prédication apostolique, ed. L. M. FROIDEVAUX: SC 62 (1959).
haer 3 – Contre les hérésies III, ed. A. ROUSSEAU et L. DOUTRELEAU: SC 210–211 (1974).
haer 4 – Contre les hérésies IV, ed. A. ROUSSEAU: SC 100 (1965).
haer 5 – Contre les hérésies V, ed. A. ROUSSEAU: SC 152–153 (1969).

Isaak der Jude (IS IUD)
exp fid – Expositio fidei catholicae, ed. A. HOSTE: CCL 9 (1957) 347 f.
fid – Fides Isatis ex Iudaeo: ebd. 337–343.

Iulian von Eclanum (IUL ECL)
ep ad Rufum – Epistula Iuliani communis cum pluribus Pelagianis episcopis ad Rufum Thessalonicensem, ed. L. de CONINCK: CCL 88 (1972) 336–340.

Iulius Victor (IUL VICT)
rhet – Ars rhetorica: RLM 371–448.

Justin (JUST)
apol 1 – Apologia I: Die ältesten Apologeten. Texte mit kurzen Einleitungen hrsg. von E. J. GOODSPEED, Göttingen 1915, 26–77.
dial – Dialogus: ebd. 90–265.

Laktanz (LACT)
diu inst – Divinae institutiones, ed. S. BRANDT: CSEL 19 (1890) 1–672.

Leo der Große (LEO)
ep – Epistolae: PL 54, 593–1218.

Leporius
lib – Libellus emendationis sive satisfactionis: PL 31, 1221–1230.

Liber Pontificalis
– Le Liber Pontificalis. Texte, introduction et commentaire par l'abbé L. DUCHESNE, tome I, Paris 1955.

Livius (LIV)
– Ab urbe condita, ed. R. S. CONWAY et Ch. F. WALTERS, vol. 1–3, Oxford 1914–29.
Vol. 4 ed. R. S. CONWAY et S. K. JOHNSON (1935).
Vol. 5 ed. A. H. McDONALD (1965).

Lucifer von Calaris (LUC)
Ath – Quia absentem nemo debet iudicare nec damnare sive De Athanasio, ed. G. F. DIERCKS: CCL 8 (1978) 3–132.

Macer
dig – Digesta seu pandectae: Corpus Iuris Civilis, pars I, ed. fratres KRIEGEL, Stuttgart [17]1887, 61–979.

Macrobius (MACR)
exc gramm – Excerpta de libro Macrobii Theodosii de verborum graeci et latini differentiis vel societatibus, ed. H. KEIL: GL V (1868) 631–655.

MANSI, J. D.
– Sacrorum conciliorum nova et amplissima collectio, vol. 3–4, Graz 1960 (= Paris-Leipzig 1901 = Florenz 1759).

Marius Mercator
– Dissertationes septem: PL 48, 255–698.

Marius Victorinus (MAR VICTORIN)
rhet – (Q. Fabius Laurentius) Victorini explanationum in Ciceronis rhetoricam libri II: RLM 153–304.

Martianus Capella (MART CAP)
– Liber de arte rhetorica: RLM 449–492.

Matthäus-Kommentare

aus der griechischen Kirche. Aus den Katenenhandschriften gesammelt und herausgegeben von J. REUSS (= TU 61), Berlin 1957.

Maximus Victorinus (MAX VICTORIN)

gramm – Ars grammatica, ed. H. KEIL: GL VI (1874) 187–205.

Nemesios von Emesa (NEM)

nat hom – De natura hominis: PG 40, 503–818.

Nepos Cornelius (NEP)

exc duc – Liber de excellentibus ducibus exterarum gentium, ed. A.-M. GUILLEMIN: Œuvres, Paris ³1970, 4–169.

Nestoriana

– A Nestorian Collection of Christological Texts. Cambridge University Library Ms. Oriental 1319. Ed. and trans. L. ABRAMOWSKI and A. E. GOODMAN (= University of Cambridge Oriental Publications 18–19), Cambridge 1972.

Novum Testamentum Graece

– ed. K. ALAND, M. BLACK, C. M. MARTINI, B. METZGER, A. WIKGREN, Stuttgart ²⁶1979.

Origenes (OR)

Cels – Contra Celsum, ed. P. KOETSCHAU: GCS 1 (1899), 2 (1899) 1–293.

Jo – Commentarium in Joannem, ed. E. PREUSCHEN: GCS 4 (1903).

Ovid (OV)

Pont – Epistulae ex Ponto, ed. S. G. OWEN, Oxford 1951.

Paulus Diaconus (PAUL)

Fest – Epitoma Festi, ed. W. M. LINDSAY, Leipzig 1913.

Petronius (PETR)

sat – Satyricon, ed. K. MÜLLER, München 1961.

C. Plinius Caecilius Secundus (PLIN)

ep – Epistulae, ed. A. M. GUILLEMIN, 3 vol., Paris ⁴1961, ²1962, ²1959.

C. Plinius Secundus (PLIN)

nat – Naturalis historia, ed. C. MAYHOFF, 5 vol., Stuttgart 1967 (= Leipzig 1892–1909).

Plotin

Enn – Enneaden IV–V, ed. P. HENRY and H.-R. SCHWYZER:Opera, vol. 2, Oxford 1977.

Pompeius (POMP)

gramm – Commentum artis Donati, ed. H. KEIL: GL V (1868) 95–312.

Pomponius Porphyrio (PORPH)

Hor – Commentum in Horatium Flaccum, ed. A. HOLDER (= Scholia Antiqua in Q. Horatium Flaccum 1), Otting 1894.

Possidius (POSS)

indic – Indiculus librorum, tractatuum et epistolarum sancti Augustini Hipponensis episcopi, editus cura Possidii episcopi Calamensis: PL 32, 5–22.

– Operum S. Augustini elenchus a Possidio eiusdem discipulo Calamensi episcopo digestus post Maurinorum labores novis curis editus critico apparatu numeris tabellis instructus: MAg (1931) 149–233.

v Aug – Vita di Agostino, ed. A. A. R. BASTIAENSEN: Vite dei Santi II, Mailand ²1981, 127–241.

Priscianus (PRISC)

aen – Partitiones duodecim versuum Aeneidos principalium, ed. H. KEIL: GL III (1859) 457–515.

gramm – Institutiones grammaticae, ed. M. HERTZ: GL II (1855), GL III (1859) 1–377.

rhet – Praeexercitamina, ed. H. KEIL: GL III (1859) 430–440 (= RLM 551–560).

Terent – De metris fabularum Terentii, ed. H. KEIL: GL III (1859) 418–429.

Pseudo-Athanasius (PS-ATH)
- R. P. CASEY, The Armenian Version of the Pseudo-Athanasian Letter to the
    Antiochenes and of the Expositio Fidei (= StD 15), London-Philadelphia 1947.
  dial – Dialogi de sancta trinitate: PG 28, 115–1286.
  exp fid – Expositio fidei: PG 25, 200–208.
Pseudo-Augustinus (PS-AUG)
  reg – Regulae, ed. H. KEIL: GL V (1868) 496–524.
  rhet – De rhetorica liber: RLM 137–151.
Pseudo-Didymus (PS-DIDYM)
  trin – De trinitate libri tres: PG 39, 269–992.
Pseudo-Vigilius (PS-VIG)
  trin – De trinitate X–XII, ed. V. BULHART: CCL 9 (1957) 133–205.
  – Pseudoathanasii De Trinitate LL. X–XII: *Expositio fidei catholicae, Professio arriana
    et confessio catholica, De Trinitate et de Spiritu Sancto,* rec. M. SIMONETTI,
    Bologna 1956.
Publilius Syrus (PUB)
  sent – Sententiae, ed. O. FRIEDRICH, Berlin 1880.
Quintilian (QUINT)
  decl – Declamationes, ed. C. RITTER, Stuttgart 1965 (= Leipzig 1884).
  inst – Institutio oratoria, ed. L. RADERMACHER et V. BUCHHEIT, Leipzig 1971.
Rhetorica ad Herennium (Rhet Her)
  – ed. G. CALBOLI (= Edizione e saggi universitari di filologia classica 11), Bologna
    1969.
Rhetores Latini minores (RLM)
  – emend. C. HALM, Leipzig 1863.
Scholia Graeca
  in Homeri Iliadem (Scholia Vetera), rec. H. ERBSE, 5 vol., Berlin 1969–77.
Seneca maior (SEN)
  con – Controversiae, ed. M. WINTERBOTTOM, 2 vol., Cambridge (Mass.) – London
    1974.
Seneca minor (SEN)
  ben – De beneficiis, ed. F. PRECHAC, 2 vol., Paris ³1976, 1961.
  dial – Dialogi, ed. L. D. REYNOLDS, Oxford 1977.
  ep – Epistulae, ed. F. PRECHAC, Paris, vol. 1: ⁶1969, vol. 3: ²1965, vol. 4: ²1971,
    vol. 5: 1964.
  nat – Naturales Quaestiones, ed. P. OLTRAMARE, vol. 2, Paris ²1961.
Septuaginta (LXX)
  id est Vetus Testamentum graece iuxta LXX interpretes, ed. A. RAHLFS, 2 vol.,
    Stuttgart 1935.
Sermo Arianorum
  – PL 42, 677–684.
Servius (SERV)
  – In Vergilium commentarius, ed. G. THILO, vol. 1, Leipzig 1881.
Stobaeus (STOB)
  ecl – Ioannis Stobaei anthologii libri duo priores qui inscribi solent eclogae physicae et
    ethicae, rec. C. WACHSMUTH, 2 vol., Berlin ²1958 (= ¹1884).
Stoicorum Veterum Fragmenta (SVF)
  – ed. J. von ARNIM, 3 Bde., Leipzig 1903–1905.
Sueton (SUET)
  Aug – Divus Augustus, ed. with introduction and commentary by J. M. CARTER,
    Bristol 1982.
  Dom – Domitianus, ed. H. AILLOUD: Vies des douze Césars III, Paris ²1957, 78–102.
  Nero – Nero, ed. H. AILLOUD: Vies des douze Césars II, Paris ³1961, 152–201.

poet – De poetis et biografi minori, ed. A. ROSTAGNI, Turin 1956.

Ves – Divus Vespasianus, ed. H. AILLOUD: Vies des douze Césars III, Paris ²1957, 47–67.

Terenz (TER)

Eun – Eunuchus, ed. R. KAUER, W. M. LINDSAY, O. SKUTSCH: Comoediae, Oxford 1958 (= 1926 with additions).

Tertullian (TERT)

an – De anima, ed. J. H. WASZINK: CCL 2 (1954) 781–869.

– Über die Seele. Eingeleitet, übersetzt und erläutert von J. H. WASZINK, Zürich-München 1980.

apol – Apologeticum, ed. E. DEKKERS: CCL 1 (1954) 85–171.

bapt – De baptismo, ed. J. G. Ph. BORLEFFS: CCL 1, 277–295.

carn – De carne Christi, ed. Aem. KROYMANN: CCL 2, 873–917.

cor – De corona: ebd. 1039–1065.

exh cast – De exhortatione castitatis: ebd. 1015–1035.

fuga – De fuga in persecutione, ed. J. J. THIERRY: CCL 2, 1135–1155.

Herm – Adversus Hermogenem, ed. Aem. KROYMANN: CCL 1, 397–435.

idol – De idololatria, ed. A. REIFFERSCHEID et G. WISSOWA: CCL 2, 1101–1124.

Iud – Adversus Iudaeos, ed. Aem. KROYMANN: CCL 2, 1339–1396.

Marc – Adversus Marcionem, ed. Aem. KROYMANN: CCL 1, 441–726.

mart – Ad martyras, ed. E. DEKKERS: CCL 1, 3–8.

mon – De monogamia, ed. E. DEKKERS: CCL 2, 1229–1253.

nat – Ad nationes, ed. J. G. Ph. BORLEFFS: CCL 1, 11–75.

paen – De paenitentia: ebd. 321–340.

praescr – De praescriptione haereticorum, ed. R. F. REFOULE: CCL 1, 187–224.

Prax – Adversus Praxean, ed. Aem. KROYMANN et E. EVANS: CCL 2, 1159–1205.

– Q. Septimii Florentis Tertulliani adversus Praxean liber. Tertullian's Treatise against Praxeas. The Text edited, with an Introduction, Translation, and Commentary by E. EVANS, London 1948.

– Q. S. F. Tertulliano, Adversus Praxean. Edizione critica con traduzione e note italiane di G. SCARPAT, Turin 1959.

pud – De pudicitia, ed. E. DEKKERS: CCL 2, 1281–1330.

res mort – De resurrectione mortuorum, ed. J. G. Ph. BORLEFFS: CCL 2, 921–1021.

scap – Ad scapulam, ed. E. DEKKERS: CCL 2, 1127–1132.

Scorp – Scorpiace, ed. A. REIFFERSCHEID et G. WISSOWA: CCL 2, 1069–1097.

spec – De spectaculis, ed. E. DEKKERS: CCL 1, 227–253.

Val – Adversus Valentinianos, ed. Aem. KROYMANN: CCL 2, 753–778.

virg – De virginibus velandis, ed. E. DEKKERS: CCL 2, 1209–1226.

Theodor von Mopsuestia (THDR MOPS)

– E. SACHAU, Theodori Mopsuesteni Fragmenta Syriaca, Leipzig 1869.

– H. B. SWETE, Theodori Episcopi Mopsuesteni in Epistolas B. Pauli Commentarii. The Latin Version with the Greek Fragments. With an Introduction, notes and Indices, 2 vol., Cambridge 1880–1882.

hom cat – Les homélies catéchétiques de Théodore de Mopsueste. Réproduction phototypique du Ms. Mingana Syr. 561 (*Selly Oak Colleges' Library, Birmingham*). Traduction, introduction, index par R. TONNEAU en collaboration avec R. DEVREESSE (= StT 145), Vatikanstadt 1949.

Jo – Commentarius in Evangelium Ioannis Apostoli, ed. et trad. J.-M. VOSTE: CSCO 115–116, Paris-Louvain 1940.

Ps – R. DEVREESSE, Le commentaire de Théodore de Mopsueste sur les Psaumes (I–LXXX) (= StT 93), Vatikanstadt 1939.

– Expositionis in Psalmos Iuliano Aeclanensi interprete in Latinum versae quae supersunt, ed. L. de CONINCK: CCL 88 A (1977).

Theophilus von Antiochien (THPHL ANT)
   Autol – Ad Autolycum, Text and Translation by R. M. GRANT (Oxford Early
      Christian Texts), Oxford 1970.
Ulpian (ULP)
   dig – Iurisprudentiae anteiustinianae reliquiae, ed. Ph. E. HUSCHKE, E. SECKEL, B.
      KUEBLER, vol. 1, Leipzig ⁶1908, 442–503.
Valerius Maximus (V MAX)
   – Facta et dicta memorabilia, ed. C. KEMPF, Stuttgart 1966 (= Leipzig ²1888).
Varro (VAR)
   L – De lingua Latina, ed. G. GOETZ et F. SCHOELL, Leipzig 1910.
Velleius Paterculus (VELL)
   – Ex historiae romanae libris duobus quae supersunt, ed. C. HALM et C. STEGMANN
      DE PRITZWALD, Stuttgart 1965 (= Leipzig 1933).
Vergil (VERG)
   – Opera, rec. R. A. B. MYNORS, Oxford 1972 (= 1969).
   Aen – Aeneis: 103–422.
   ecl – Eclogae: 1–28.
   georg – Georgica: 29–101.
Vitruv (VITR)
   – De architectura libri decem, ed. F. KOHN, Leipzig 1912.
Vulgata
   – Biblia Sacra iuxta vulgatam editionem, rec. R. WEBER, 2 vol., Stuttgart 1969.
   – Nova vulgata Bibliorum Sacrorum editio, Vatikanstadt 1979.

LITERATUR

(Nur mehrfach zitierte Titel sind aufgenommen; alle weitere Literatur in den Anmerkungen)

ABRAMOWSKI, L.: Ein unbekanntes Zitat aus Contra Eunomium des Theodor von Mopsuestia: Muséon 71 (1958) 97–104.
– Zur Theologie Theodors von Mopsuestia: ZKG 72 (1961) 263–293.
– Συνάφεια und ἀσύγχυτος ἕνωσις als Bezeichnungen für trinitarische und christologische Einheit: DIES., Drei christologische Untersuchungen (= BZNW 45), Berlin 1981, 63–109.
ALFARIC, P.: L'évolution intellectuelle de saint Augustin I. Du Manichéisme au Néoplatonisme, Paris 1918.
ALTANER, B.: Augustinus und Athanasius: RBen 59 (1949) 82–90 (= Kleine Schriften 260–268).
– Kleine patristische Schriften, hrsg. G. GLOCKMANN (= TU 83), Berlin 1967.
ALTHEIM, F.: Persona: ARW 27 (1929) 35–52.
– Terra Mater. Untersuchungen zur altitalischen Religionsgeschichte (= RVV 22/2), Gießen 1931.
– Geschichte der lateinischen Sprache von den Anfängen bis zum Beginn der Literatur, Frankfurt 1951.
AMANN, E.: Léporius: DThC 9/1 (1926) 434–440.
– Némésius d'Emèse: DThC 11/1 (1931) 62–67.
– La doctrine christologique de Théodore de Mopsueste (A propos d'une publication récente): RevSR 14 (1934) 161–190.
– Théodore de Mopsueste: DThC 15 (1946) 235–279.
– L'affaire Nestorius vue de Rome: RevSR 23 (1949) 5–37, 207–244; 24 (1950) 28–52, 235–265.
ANDRESEN, C.: Zur Entstehung und Geschichte des trinitarischen Personbegriffes: ZNW 52 (1961) 1–39.
– (Hrsg.) Zum Augustin-Gespräch der Gegenwart. Mit Bibliographie (= WdF 5), Darmstadt 1965.
ARNOU, R.: Nestorianisme et Néoplatonisme. L'unité du Christ et l'union des „Intelligibles": Gr. 17 (1936) 116–131.
AUDOLLENT, A.: Afrique: DHGE 1 (1912) 705–861.
– Aurelius de Carthage: DHGE 5 (1931) 726–738.
BARAVALLE, G.: La pedagogia nel suo sviluppo storico. I: Dai popoli primitivi alla decadenza scolastica, Rom 1970.
BARBEL, J.: Christos Angelos. Die Anschauung von Christus als Bote und Engel in der gelehrten und volkstümlichen Literatur des christlichen Altertums. Zugleich ein Beitrag zur Geschichte des Ursprungs und der Fortdauer des Arianismus (= Theoph. 3), Bonn 1941.
BARDY, G.: Saint Augustin et Tertullien: AThA 13 (1953) 145–150.
BAREILLE, G.: Donatisme: DThC 4/2 (1911) 1701–1728.
BAREILLE, G./MANGENOT, E.: Isaac: DThC 8/1 (1924) 1–8.
BAVEL, J. van: The Anthropology of Augustine: LouvSt 5 (1974) 34–47.
BAVEL, T. J. van: Recherches sur la christologie de saint Augustin. L'humain et le divin dans le Christ d'après saint Augustin (= Par. 10), Fribourg 1954.
BAVEL, T. J. van/BRUNING, B.: Die Einheit des „Totus Christus" bei Augustinus: Scientia Augustiniana. Studien über Augustinus, den Augustinismus und den Augusti-

nerorden (Festschrift A. ZUMKELLER), hrsg. C. P. MAYER und W. ECKER-MANN (= Cassiciacum 30), Würzburg 1975, 43–75.

BEER, F. de: Une tessère d'orthodoxie. Le ‚Libellus emendationis‘ de Leporius (vers 418–421): REAug 10 (1964) 145–185.

BENDER, D.: Untersuchungen zu Nemesius von Emesa, Leipzig 1898.

BENZ, E.: Marius Victorinus und die Entwicklung der abendländischen Willensmetaphysik (= FKGG 1), Stuttgart 1932.

BLOMENKAMP, P.: Erziehung: RAC 6 (1966) 502–559.

BOYER, C.: L'image de la Trinité synthèse de la pensée augustinienne: Gr. 27 (1946) 173–199, 333–352.

– Christianisme et Néoplatonisme dans la formation de saint Augustin, Rom ²1953.

BRAUN, R.: Deus Christianorum. Recherches sur le vocabulaire doctrinal de Tertullien, Paris ²1977.

BREAL, M./BAILLY, A.: Dictionnaire Etymologie Latine, Paris 1885.

BURNS, P. C.: The Christology in Hilary of Poitiers' Commentary on Matthew (= SEAug 16), Rom 1981.

CANTALAMESSA, R.: La cristologia di Tertulliano (= Par. 18), Fribourg 1962.

– Tertullien et la formule christologique de Chalcédoine: StPatr 9 (= TU 94), Berlin 1966, 139–150.

CASPAR, E.: Geschichte des Papsttums von den Anfängen bis zur Höhe der Weltherrschaft. Erster Band: Römische Kirche und Imperium Romanum, Tübingen 1930.

CAYRE, R.: Le Christ dans les Confessions: AThA 13 (1953) 232–259.

CHAMPOUX, R.: L'union du corps et de l'âme selon saint Augustin: Dialogue 1 (1962) 309–315.

COURCELLE, P.: Les lettres grecques en occident de Macrobe à Cassiodore, Paris 1948.

– Saint Augustin Photinien à Milan: RicSRel 1 (1954) 63–71.

COUTURIER, C.: La structure essentielle de l'homme d'après saint Augustin, Diss. PUG Rom 1950.

– La structure métaphysique de l'homme d'après saint Augustin: AugM 1 (1954) 543–550.

CROUZEL, H.: Bild Gottes II. Alte Kirche: TRE 6 (1980) 499–502.

DEVREESSE, R.: Essai sur Théodore de Mopsueste (= StT 141), Vatikanstadt 1948.

DEWART, J. M.: The Notion of ‚Person‘ underlying the Christology of Theodore of Mopsuestia: StPatr 12 (= TU 115), Berlin 1975, 199–207.

DIEPEN, H.-M.: L'„Assumptus homo" patristique: RThom 71 (1963) 225–245, 363–388; 72 (1964) 32–52.

DINKLER, E.: Die Anthropologie Augustins (= FKGG 4), Stuttgart 1934.

DÖRRIE, H.: Porphyrios' „Symmikta Zetemata". Ihre Stellung in System und Geschichte des Neuplatonismus nebst einem Kommentar zu den Fragmenten (= Zetemata 20), München 1959.

DOIGNON, J.: Hilaire de Poitiers avant l'exil. Recherches sur la naissance, l'enseignement et l'épreuve d'une foi épiscopale en Gaule au milieu du IVe siècle, Paris 1971.

DOWDALL, H. C.: The Word „Persona": CQR 106 (1928) 229–264.

DROBNER, H. R.: Gregor von Nyssa. Die drei Tage zwischen Tod und Auferstehung unseres Herrn Jesus Christus. Eingeleitet, übersetzt und kommentiert (= PhP 5), Leiden 1982.

DUDDEN, F. H.: The Life and the Times of St. Ambrose, 2 vol., Oxford 1935.

DU ROY, O.: L'intelligence de la foi en la Trinité selon saint Augustin. Genèse de sa théologie trinitaire jusqu'au 391, Paris 1966.

ENSSLIN, W.: Miltiades 10: PRE 15 (1932) 1706f.

ERNOUT, A./MEILLET, A.: Dictionnaire étymologique de la langue latine. Histoire des mots, 2 vol., Paris ⁴1959–60.

FAY, T. A.: Imago Dei. Augustine's Metaphysics of Man: Anton. 49 (1974) 173–197.

FICKER, G.: Vigilius von Thapsus: RE³ 20 (1908) 640–644.

FIERRO, A.:Sobre la gloria en San Hilario. Una sintesis doctrinal sobre la noción biblica de „Doxa" (= AnGr 144), Rom 1964.

FINAERT, J.: Saint Augustin rheteur (= Collection d'Etudes Latines 18), Paris 1939.

FLASCH, K.: Augustin. Einführung in sein Denken, Stuttgart 1980.

FLOREZ, R.: Las dos dimensiones del hombre agustiniano (= Collección „Veritas" 1), Madrid 1958.

FORTIN, E. L.: Saint Augustin et la doctrine néoplatonicienne de l'âme (Ep. 137,11): AugM 3 (1955) 371–380.

– Christianisme et culture philosophique au cinquième siècle. La querelle de l'âme humaine en occident, Paris 1959.

FREDE, H. J.: Kirchenschriftsteller. Verzeichnis der Sigel (= VL 1/1), Freiburg ³1981.

FREND, W. H. C.: The Donatist Church. A Movement of Protest in Roman North Africa, Oxford 1952.

– Donatismus: RAC 4 (1959) 128–147.

FRIEDLÄNDER, P.: Persona: Glotta 2 (1910) 164–168.

FUCHS, H.: Bildung: RAC 2 (1954) 346–362.

– Enkyklios Paideia: RAC 5 (1962) 365–398.

GAHBAUER, F. R.: Das anthropologische Modell. Ein Beitrag zur Christologie der frühen Kirche bis Chalkedon (= Das östliche Christentum NF 35), Würzburg 1984.

GALTIER, P.: Théodore de Mopsueste: sa vraie pensée sur l'incarnation: RSR 45 (1957) 161–186, 338–360.

– La forma Dei et la forma servi selon saint Hilaire de Poitiers: RSR 48 (1960) 101–118.

– Saint Hilaire de Poitiers le premier docteur de l'église latine, Paris 1960.

GAPP, J.: La doctrine de l'union hypostatique chez saint Ambroise, Issodoun 1938.

GARCIA JIMENEZ, J.: La retórica de San Agustín y su patrimonio clásico: CDios 168 (1955) 11–32.

GARDEIL, A.: La structure de l'âme et l'experience mystique, 2 vol., Paris 1927.

GEERLINGS, W.: Christus Exemplum. Studien zur Christologie und Christusverkündigung Augustins (= TThS 13), Mainz 1978.

GEFFCKEN, J.: Allegory, allegoric interpretation: ERE 1 (1908) 327–331.

GILSON, E.: Introduction à l'étude de saint Augustin (= EPhM 11), Paris ³1949.

GREER, R. A.: Theodore of Mopsuestia, Exegete and Theologian, London 1961.

– The Captain of Our Salvation. A Study in the Patristic Exegesis of Hebrews (= BGBE 15), Tübingen 1973.

GRILLMEIER, A.: Ὁ ΚΥΡΙΑΚΟΣ ᾽ΑΝΘΡΩΠΟΣ. Eine Studie zu einer christologischen Bezeichnung der Väterzeit: Tr. 33 (1977) 1–63.

– Jesus Christ, the Kyriakos Anthropos: TS 38 (1977) 275–293.

– Gottmensch III (Patristik): RAC 12 (1982) 312–366.

– Jesus der Christus im Glauben der Kirche. Bd. 1: Von der Apostolischen Zeit bis zum Konzil von Chalcedon (451), Freiburg-Basel-Wien ²1982.

HADOT, P.: L'image de la Trinité dans l'âme chez Victorinus et chez saint Augustin: StPatr 6 (= TU 81), Berlin 1962, 409–442.

HAGENDAHL, H.: Augustine and the Latin Classics. I. Testimonia, with a contribution on Varro by B. CARDAUNS. II. Augustine's attitude (= Studia Graeca et Latina Gothoburgensia 22,1–2), Göteborg-Stockholm-Uppsala 1967.

HAHNER, U.: Cassiodors Psalmenkommentar. Sprachliche Untersuchungen (= MBM 13), München 1973.

HAMP, E. P.: Etruscan Φersu: Glotta 53 (1975) 299–301.

HARNACK, A. von: Lehrbuch der Dogmengeschichte, 3 Bde., Freiburg-Leipzig ³1894, Tübingen ⁵1931 (= ⁴1909).

HENRY, P.: Saint Augustine on Personality, New York 1960.

HEY, O.: Rezension zu SCHLOSSMANN, Persona und Πρόσωπον: Archiv für lateinische Lexikographie und Grammatik 15 (1908) 147–149.

HIERONYMUS A PARISIIS: De unione animae cum corpore in doctrina D. Augustini: Acta Hebdomadae Augustinianae-Thomisticae (Romae, 23–30 Aprilis 1930), Turin-Rom 1931, 271–311.

HIRZEL, R.: Die Person. Begriff und Name derselben im Altertum (= SBAW.PPH 10), München 1910.

HOEPFFNER, A.: Les deux procès du pape Damase: REA 50 (1948) 288–304.

JAEGER, W. W.: Nemesios von Emesa. Quellenforschungen zum Neuplatonismus und seinen Anfängen bei Poseidonios, Berlin 1914.

JONES, A. H. M./MARTINDALE, J. R./MORRIS, J.: The Prosopography of the Later Roman Empire, vol. 1, Cambridge 1971.

KAPP, F.: Zum Begriff und zur etymologischen Abteilung des Wortes Person: Jahrbuch für Psychologie und Psychotherapie 3 (1955) 294–300.

KELLER, O.: Lateinische Volksetymologie und Verwandtes, Hildesheim-New York 1974 (= Leipzig 1891).

KELLY, J. N. D.: Early Christian Doctrines, London 1980 (= ⁵1977).

KIHN, H.: Theodor von Mopsuestia und Junilius Africanus als Exegeten. Nebst einer kritischen Textausgabe von des letzteren Instituta regularia divinae legis, Freiburg 1880.

KOCH, G.: Die Heilsverwirklichung bei Theodor von Mopsuestia (= MThS 31), München 1965.

KRETSCHMAR, G.: Studien zur frühchristlichen Trinitätstheologie (= BHTh 21), Tübingen 1956.

LATTES, E.: Lat. dossenus maccus persona: Glotta 2 (1910) 269f.

LAUSBERG, H.: Handbuch der literarischen Rhetorik. Eine Grundlegung der Literaturwissenschaft, 2 Bde., München ²1973.

LIEBART, J.: Christologie. Von der Apostolischen Zeit bis zum Konzil von Chalcedon (451) (= HDG III/Ia), Freiburg u. a. 1965.

LINTON, O.: Interpretation of the Psalms in the Early Church: StPatr 4 (= TU 79), Berlin 1961, 143–156.

LOF, L. J. van der: L'exégèse exacte et objective des théophanies de l'Ancien Testament dans le „De Trinitate": Aug(L) 14 (1964) 485–499.

LOOFS, F.: Leitfaden zum Studium der Dogmengeschichte. 1. und 2. Teil: Alte Kirche, Mittelalter und Katholizismus bis zur Gegenwart, hrsg. K. ALAND, Tübingen ⁷1968.

LUIS VIZCAINO, P. de: Los hechos de Jesús en la predicación de San Agustín. La retórica clásica al servicio de la exégesis patristica, Rom 1983.

MAIER, J.-L.: Les missions divines selon saint Augustin (= Par. 16), Fribourg 1960.

– L'épiscopat de l'Afrique romaine, vandale et byzantine (= Bibliotheca Helvetica Romana 11), Rom 1973.

MANDOUZE, A.: Prosopographie de l'Afrique chrétienne (303–533) (= Prosopographie chrétienne du Bas-Empire 1), Paris 1982.

MARKUS, R. A.: „Imago" et „similitudo" in Augustine: REAug 10 (1964) 125–243.

– Marius Victorinus and Augustine: A. H. ARMSTRONG (Hrsg.), The Cambridge History of Later Greek and Early Mediaeval Philosophy, Cambridge 1970, 327–419.

MARROU, H.-I.: Histoire de l'éducation dans l'antiquité, Paris 1948,

– Augustinus und das Ende der antiken Bildung, übers. L. WIRTH-POELCHAU in Zsarb. mit W. GEERLINGS, hrsg. J. GÖTTE, Paderborn u. a. 1982.

MARTIN, J.: Antike Rhetorik. Technik und Methode (= HAW 2/3), München 1974.

MARTINDALE, J. R.: The Prosopography of the Later Roman Empire, vol. 2, Cambridge u. a. 1980.

MARTINI, C.: Ambrosiaster. De auctore, operibus, theologia (= SPAA 4), Rom 1944.

MATT, G.: Jesus Christus Fons Vitae. Ein Verständnis der Vermittlung des Lebens in der Theologie des Hl. Ambrosius, Diss. PUG Rom 1964.

MAYER, P.: Probleme der Christologie: Cor unum 38/4 (1980) 111–134.

MEHLMANN, J.: Tertulliani Liber de Carne Christi ab Augustino citatus: SE 17 (1966) 269–289.

– Tertulliani Liber De Carne Christi a Leporio citatus: SE 17 (1966) 290–301.

MERKI, H.: Ebenbildlichkeit: RAC 4 (1959) 459–479.

MICHAELIS, W.: Zur Engelchristologie im Urchristentum. Abbau der Konstruktion Martin Werners (= AThANT 1), Basel 1942.

MILANO, A.: Persona in Teologia. Alle origini del significato di persona nel cristianesimo antico (= Università degli studi della Basilicata-Potenza. Saggi e ricerche l), Neapel 1984.

MICHL, J.: Engel IV (christlich): RAC 5 (1962) 109–200.

MOHRMANN, C.: Saint Jérôme et saint Augustin sur Tertullien: VigChr 5 (1951) 111 f.

– Etudes sur le Latin des chrétiens (= SeL 65, 87, 103, 143), Rom 1958–1977.

– Die altchristliche Sondersprache in den Sermones des hl. Augustinus (= LCP 3), Amsterdam ²1965.

MOINGT, J.: Théologie trinitaire de Tertullien, 4 vol. (= Théologie 68–70, 75), Paris 1966–69.

MONCEAUX, P.: Histoire littéraire de l'Afrique chrétienne depuis les origines jusqu'à l'invasion arabe, 7 vol., Brüssel 1966 (= Paris 1901–23).

MOREL, B.: De invloed van Leporius op Cassianus' weerlegging van het nestorianisme: Bijdr. 20 (1960) 31–52.

MORGAN, J.: The Psychological Teaching of St. Augustine, London 1932.

MUNDLE, W.: Die Exegese der paulinischen Briefe im Kommentar des Ambrosiaster, Marburg 1919.

NEDONCELLE, M.: Prosopon und persona dans l'antiquité classique. Essai de bilan linguistique: RevSR 22 (1948) 277–299.

NEWTON, J. T.: Neoplatonism and Augustine's doctrine of the person and work of Christ: A study of the philosophical structure underlying Augustine's christology, Diss. Emory University 1969.

– The Importance of Augustine's use of the Neoplatonic Doctrine of Hypostatic Union for the Development of Christology: AugSt 2 (1971) 1–16.

NORRIS, R. A.: Manhood and Christ. A Study in the Christology of Theodore of Mopsuestia, London 1963.

O'DONNELL, J. J.: Augustine's Classical Readings: RechAug 15 (1980) 144–175.

OROZ RETA, J.: San Agustín y la cultura clásica: Augustinus 8 (1963) 5–20.

OUTLER, A. C.: The Person and Work of Christ: A Companion to the Study of St. Augustine, ed. R. W. BATTENHOUSE, New York 1955, 343–370.

PEPIN, J.: Une nouvelle source de St. Augustin. Le ζήτημα de Porphyre sur l'union de l'âme et du corps: REA 66 (1964) 53–107.

PEUSCH, E.: Cicero und die Civitas Dei. Eine philologisch-ideologische Untersuchung + Ergänzungsband, Diss. Mainz 1957 (daktyl.).

PHILIPSBORN, A.: Der Begriff der Juristischen Person im römischen Recht: ZSRG.R 71 (1954) 41–70.

PIETRI, C.: Roma Christiana. Recherches sur l'Eglise de Rome, son organisation, sa politique, son idéologie de Miltiade à Sixte III (331–440), 2 vol., Rom 1976.

PINCHERLE, A.: L'ecclesiologia nella controversia donatista: RicRel 1 (1925) 35–55.

PIROT, L.: L'œuvre exégétique de Théodore de Mopsueste, 350–428 après J.-C., Rom 1913.

POLLASTRI, A.: Ambrosiaster. Commento alla Lettera ai Romani. Aspetti cristologici, L'Aquila 1977.

– Ambrosiaster: DPAC 1 (1983) 156–158.

PRESTIGE, G. L.: God in Patristic Thought, London 1977 (= ²1952).

REMY, G.: Le Christ médiateur dans l'œuvre de saint Augustin, 2 vol., Lille-Paris 1979.

RHEINFELDER, H.: Das Wort „Persona". Geschichte seiner Bedeutungen mit besonderer Berücksichtigung des französischen und italienischen Mittelalters (= ZRP.B 77), Halle 1928.

RICHARD, M.: La tradition des fragments du traité Περὶ τῆς ἐνανθρωπήσεως de Théodore de Mopsueste: Muséon 56 (1943) 55–75.

– L'introduction du mot „Hypostase" dans la théologie de l'Incarnation: MSR 2 (1945) 5–32, 243–270.

ROMANIDES, J. S.: Highlights in the Debate over Theodore of Mopsuestia's Christology and some Suggestions for a Fresh Approach: GOTR 5 (1959/60) 140–185.

RONDEAU, M.-J.: Les Commentaires Patristiques du Psautier (IIIe-Ve siècles). II: Exégèse prosopologique et théologie (= OrChrA 220), Rom 1985.

RÜTING, W.: Untersuchungen über Augustins Quaestiones und Locutiones in Heptateuchum (= FChLDG 13,3/4), Paderborn 1916.

SCHÄUBLIN, C.: Untersuchungen zu Methode und Herkunft der Antiochenischen Exegese (= Theoph. 23), Köln-Bonn 1974.

SCHEEL, O.: Die Anschauung Augustins über Christi Person und Werk. Unter Berücksichtigung ihrer verschiedenen Entwicklungsstufen und ihrer dogmengeschichtlichen Stellung, Tübingen-Leipzig 1901.

SCHELKLE, K. H.: Virgil in der Deutung Augustins (= TBAW 32), Stuttgart 1939.

SCHILTZ, E.: Aux sources de la théologie du mystère de l'incarnation. La christologie de Saint Augustin: NRTh 63 (1936) 691–713.

SCHINDLER, A.: Afrika I: TRE 1 (1977) 640–700.

SCHLIEBEN, R.: Christliche Theologie und Philologie in der Spätantike. Die schulwissenschaftlichen Methoden der Psalmenexegese Cassiodors (= AKG 46), Berlin-New York 1974.

– Cassiodors Psalmenexegese. Eine Analyse ihrer Methoden als Beitrag zur Untersuchung der Geschichte der Bibelauslegung der Kirchenväter und der Verbindung christlicher Theologie mit antiker Schulwissenschaft (= GAB 110), Göppingen 1979.

SCHLOSSMANN, S.: Persona und πρόσωπον im Recht und im christlichen Dogma, Kiel 1906.

SCHMAUS, M.: Die psychologische Trinitätslehre des Hl. Augustinus (= MBTh 11), München 1927.

SCHOLZ, W.: Christus bei Augustin, Diss. Kiel 1956.

SCHRECKENBERG, H.: Exegese I (heidnisch, Griechen und Römer): RAC 6 (1966) 1174–1194.

SCHRÖDER, H. O.: Fatum (Heimarmene): RAC 7 (1969) 524–636.

SCHWARZ, R.: Die leib-seelische Existenz bei Aurelius Augustinus: PhJ 63 (1954) 323–360.

SCHWERDT, K.: Studien zur Lehre des heiligen Ambrosius von der Person Christi, Diss. Freiburg 1937.

SCIPIONI, L.: Ricerche sulla cristologia del ‚Libro Eraclide' di Nestorio. La formulazione teologica e il suo contesto filosofico (= Par. 11), Fribourg 1956.

SEMPLE, W. H.: Augustinus Rhetor. A study, from the *Confessions*, of St. Augustine's secular career in education: JEH 1 (1950) 135–150.

SICLARI, A.: L'antropologia di Nemesio di Emesa (= Istituto di scienze religiose. Università di Parma, Filosofia e Religione 9), Padua 1974.

SIMONE, C. de: Die griechischen Entlehnungen im Etruskischen. Bd. 1: Einleitung und Quellen. Bd. 2: Untersuchung, Wiesbaden 1968/70.

SIMONETTI, M.: *Persona Christi*: Tert. Adv. Prax. XXVII,11: RSLR 1 (1965) 97f.

– La crisi ariana nel IV secolo (= SEAug 11), Rom 1975.

SKARD, E.: Nemesios: PRE Suppl 7 (1940) 562–566.

– Nemesiosstudien: SO 15–16 (1936) 23–43; 17 (1937) 9–25; 18 (1938) 31–41; 19 (1939) 46–56; 22 (1942) 40–48.

SKUTSCH, F.: Persona: Archiv für lateinische Lexikographie 15 (1908) 145f.

– Literaturbericht für das Jahr 1907. Italische Sprachen und lateinische Grammatik: Glotta 1 (1909) 392–416.

SMULDERS, P.: La doctrine trinitaire de S. Hilaire de Poitiers. Etude précédée d'une Esquisse de mouvement dogmatique depuis le Concile de Nicée jusqu'au règne de Julien (325–362) (= AnGr 32), Rom 1944.

SOMERS, H.: La gnose augustinienne: sens et valeur de la doctrine de l'image: REAug 7 (1961) 1–15.

– Image de Dieu. Les sources de l'exégèse augustinienne: REAug 7 (1961) 105–125.

SOUTER, A.: A Study of Ambrosiaster (= TaS 4), Cambridge 1905.

– The Earliest Latin Commentaries on the Epistles of St. Paul, Oxford 1927.

SPECHT, F. A.: Der exegetische Standpunkt des Theodor von Mopsuestia und des Theodoret von Kyros in der Auslegung Messianischer Weissagungen aus ihren Commentaren zu den kleinen Propheten dargestellt, München 1871.

STUDER, B.: Zur Theophanie-Exegese Augustins. Untersuchung zu einem Ambrosiuszitat in der Schrift *De videndo Deo* (ep. 147) (= StAns 59), Rom 1971.

– *Consubstantialis Patri, Consubstantialis Matri.* Une antithèse christologique chez Léon le Grand: REAug 18 (1972) 87–115.

– Hypostase: HWP 3 (1974) 1255–1259.

– Consubstantialis Patri – consubstantialis matri, une antithèse christologique chez Léon le Grand: StPatr 13 (= TU 116), Berlin 1975, 286–294.

– Die Einflüsse der Exegese Augustins auf die Predigten Leos des Großen: Forma futuri (Studi in onore del Cardinale M. PELLEGRINO), Turin 1975, 915–930.

– Zur Christologie Augustins: Aug. 19 (1979) 539–546.

– Der Person-Begriff in der frühen kirchenamtlichen Trinitätslehre: ThPh 57 (1982) 161–177.

– Zur Entwicklung der patristischen Trinitätslehre. Die äußeren Faktoren in der Geschichte der frühkirchlichen Lehre von der Dreifaltigkeit: ThGl 74 (1984) 81–93.

– Gott und unsere Erlösung im Glauben der Alten Kirche, Düsseldorf 1985.

STUDER, B./DALEY, B.: Soteriologie. In der Schrift und Patristik (= HDG III/2 a), Freiburg-Basel-Wien 1978.

SULLIVAN, F. A.: The Christology of Theodore of Mopsuestia (= AnGr 82), Rom 1956.

SZEMERENYI, O.: The Origins of Roman Drama and Greek Tragedy: Hermes 103 (1975) 300–332.

TELFER, W.: Cyril of Jerusalem and Nemesius of Emesa (= LCC 4), London 1955.

TESTARD, M.: Saint Augustin et Cicéron. I: Cicéron dans l'œuvre de Saint Augustin. II: Répertoire des textes, Paris 1958.

TILLEMONT, S. LE NAIN DE: Mémoires pour servir à l'histoire ecclésiastique des six premiers siècles, tome 9/2, Brüssel 1728; tome 13, Venedig ²1732.

TRAPE, A.: Un caso de nestorianismo prenestoriano en occidente, resuelto por san Agustín: CDios 155 (1943) 45–67.

– I termini „natura" e „persona" nella teologia trinitaria di S. Agostino: Aug. 13 (1973) 577–587.

VANHAMEL, W.: Némésius d'Emèse: DSp 11 (1982) 92–99.

VERBEKE, G.: Filosofie en christendom in het mensbeeld van Nemesius van Emesa (with an English summary) (= Mededelingen van de Koninklijke Vlaamse Academie voor Wetenschappen, Letteren en Schone Kunsten van Belgie, Klasse der Letteren 33 (1971) Nr. 1), Brüssel 1971.

VERBRAKEN, P.-P.: Etudes critiques sur les sermons authentiques de saint Augustin (= TP 12), Steenbrugge 1976.

VETTER, E.: Phersu: PRE 19/2 (1938) 2057f.

WAGENINGEN, J. van: Persona: Mnemosyne II 35 (1907) 114–118.

WALDE, A./HOFMANN, J. B.: Lateinisches Etymologisches Wörterbuch, 2 Bde., Heidelberg ³1938/54.

WERNER, M.: Die Entstehung des christlichen Dogmas problemgeschichtlich dargestellt, Bern-Leipzig 1941.

WILLIS, G. G.: Saint Augustine and the Donatist Controversy, London 1950.

WITTIG, J.: Papst Damasus I. Quellenkritische Studien zu seiner Geschichte und Charakteristik (= RQ.S 14), Rom 1902.

– Der Ambrosiaster „Hilarius". Ein Beitrag zur Geschichte des Papstes Damasus I: KGA 4 (1906) 1–66.

WOLFSON, H. A.: The Philosophy of the Church Fathers. Vol. 1: Faith, Trinity, Incarnation, Cambridge (Mass.) ²1964.

ZARB, S. M.: Chronologia Enarrationum S. Augustini in Psalmos, Valetta (Malta) 1948.

ZIEGENAUS, A.: Das Menschenbild des Theodor von Mopsuestia, Diss. München 1963.

REGISTER

A. BIBEL

Altes Testament

Genesis	
1,6-7	43
1,7	34
1,26	29, 34, 37, 44, 185
1,26 f	119, 147
1,27	119 f
2,24	286 f
18,1-15	16
19,17-19	34
22,12	75
27,1-41	59
32,29	124
34,7	39
34,8	25
37,10	32, 141
46,32	42

Exodus	
3,1-4	48
3,2	263
3,6	75
13,21 f	263, 278
23,2	91
23,29 f	71
24,11	57
33,20	56
33,20-23	32, 133, 138
40,34 f	68

Leviticus	
18,16	30
19,15	90 f
19,32	113

Numeri	
19,17-19	65

Deuteronomium	
1,16	89 f
1,17	89-91, 94
10,17	89 f
10,18	89 f
16,18	89
16,19	89-91
16,20	89
33,1-5	72

1 Samuel	
15,28	56
21,4-6	165

2 Samuel	
7,8-16	141

1 Könige	72
3,16-27	31, 38
19,11 f	263

2 Könige	
2,23	60

2 Paralipomenon	
19,5	89
19,6	89
19,7	89 f, 184

Iob	
1,21	57
6,6	70
6,25	67
9,2	74
13,10	114
24,9	37
32,21	89
32,22	114
34,5	89 f
34,10	90
34,12	89
34,17	89
34,19	89 f
38,23	57

Psalmen	
1,1	158
2	35
2,1-9	72, 142
2,6	142
2,7	149
3	36, 130
3,5	36
3,6	72, 130
4	35, 48
4,2	52, 153, 155
4,4	142

B. ANTIKE AUTOREN UND WERKE

348

350

D. GRIECHISCHE WÖRTER UND BEGRIFFE

4

ἀσύγχυτος ἕνωσις   171, 188, 224
ἐγκύκλιος παιδεία   11
εἷς καὶ αὐτός   174, 199, 271 f
κρᾶσις   222-224
κρᾶσις καθ' ὅλων   187 f
κυριακὸς ἄνθρωπος   154
μῖξις   187 f
μονογενής   192
παράθεσις   224

πρόσωπον   6-8, 89, 204, 232, 235
ἓν πρόσωπον   174, 193, 220, 225 f,
  237-239
πρωτότοκος   192
σύγχυσις   187 f, 224
συνάφεια   188
ὑπόστασις   8, 124, 231
φύσις   231

E. LATEINISCHE WÖRTER UND BEGRIFFE

allegorice   61, 66
aptum   17, 236
argumentatio   83, 100
artes liberales   11f
causa   28, 106, 183, 236
Christus totus   15, 33, 36f, 40, 49, 62, 71, 73-75, 78, 86, 131, 142, 172
circumstantiae   83, 99, 183
coactio   223
coaptatio   263f
communicatio idiomatum   214, 244, 247f, 256, 267-270
compassio   223
concretio   187
confusio   187f
demonstratio   138-140
dignitas   38
enumeratio   39
fatum   71, 93
figura   56-59, 66-68, 140, 167
forma   132f, 144, 147, 196, 200, 205f, 212, 262, 264
filioque   193
generatio   268
gigas geminae substantiae   196, 244, 269
gratia   93, 211
homo assumptus   156
homo dominicus   33, 53, 131f, 164, 195
ineptum   17, 24
inventio   83, 99, 183
locus   183
mediator   144, 162, 166, 202, 243
mixtio   187f
mixtura   223f
narratio   29, 83, 100
natura   67, 148, 192, 200, 202f, 205, 211, 213
nomen   183, 185f, 215
numerus   215
persona
   p. dicens   150f
   p. loquens   29, 142
   p. maiestatis   43
   p. sapientiae   58, 62, 168
   p. trinitatis   35, 137, 139

ex persona   17-19, 21-24, 35, 41f, 48, 54, 69, 86, 107, 129-132, 136-144, 150f, 164, 233-235, 238, 265
in persona   19, 69, 103, 154, 234f
in p. constituere   146f
sub persona   234
habitus p.ae   257
mutatio p.ae   17, 153
p.m accipere   52
p.m agere   160-162, 165f
p.m demonstrare   166
p.m gerere   48, 62, 133, 137, 140, 146f, 161
p.m gestare   143
p.m habere   113, 160f
p.m imponere   137, 153
p.m insinuare   166
p.m intellegere   43, 137
p.m mutare   42, 46
p.m ostendere   63
p.m ostentare   18, 61
ad p.m pertinere   149, 167
p.m praefigurare   167
p.m significare   167
p.m suscipere   37
p.m sustinere   18, 47, 161, 167
p.m transfigurare   131
personare   6, 209
primogenitus   192, 194, 199, 238
proprie   67, 138f, 167
regio   183
regula canonica   208f, 213, 217, 219, 260
regula fidei   2
relatio   67
res   99, 239, 272
sacramentum   146
sapientia Dei   53, 157
significative   138f
substantia   148, 203, 250, 262
tempus   106
traditio   84f
unigenitus   192, 194, 199, 205, 238
unus atque idem   15, 149, 174, 196, 201, 206f, 214, 228, 238, 269, 271
vox   132, 138, 146, 185

352